Ernst Issberner-Haldane

CHIROSOPHIE-
WISSENSCHAFTLICHE
HANDLESEKUNST

Ernst Issberner-Haldane

CHIROSOPHIE -
WISSENSCHAFTLICHE
HANDLESEKUNST

HERMANN BAUER VERLAG
FREIBURG IM BREISGAU

Mit 80 Abbildungen und 8 Tabellen

12. Auflage 1978
ISBN 3-7626-0052-X
©|by Hermann Bauer Verlag KG, Freiburg im Breisgau.
Alle Rechte, auch die des auszugsweisen Nachdrucks,
der mechanischen Wiedergabe und der Übersetzung, vorbehalten.
Druck: Hain-Druck KG, Meisenheim/Glan.
Bindearbeiten: Walter Verlag GmbH, Heitersheim.
Printed in Germany.

INHALTSVERZEICHNIS

Prof. h. c. Ernst Issberner-Haldane

Prof. h. c. E. Issberner-Haldane

wurde am 11. 6. 1886 in Kolberg/Pommern geboren. Schon in früher Jugend naturverbunden, feinspürig und kosmisch denkend, wozu noch eine vererbte Anlage zur Hellsinnigkeit kam, zeigte er Interesse für Botanik, Zoologie, Physiologie. Seine besonderen Neigungen und Studien galten der Religion, der metaphysischen Zusammenhänge mit der Heilwissenschaft und Diagnostik, sowie Psychologie. Der angeborene Sinn für Mimik und Humor führte ihn zur intensiven Beobachtung und Einfühlung in Mensch und Tier. — Mit 12 Jahren durch seinen Bruder (Theologen) auf die Handlesekunst aufmerksam gemacht, ruhte dieses Interesse bis zum 17. Jahre. Von da ab vertiefte er sich ganz in die Charakterkunde, anfangs in graphologische Studien und mit besonderem Drang in die Handlesekunst. Diese wurde sein ernstes und intensivstes Studium und zugleich seine große Liebe, seine Lebensarbeit. Von Konfession hielt er nichts. —

Während seiner Militärzeit nahm er jede Gelegenheit wahr, dieses Studium zu vertiefen. Die alte Literatur wurde durchgearbeitet, später die neueren Bücher über dieses Spezialgebiet und als unzuverlässig erkannt: bis auf sehr wenige Merkmale. Diese bildeten das Fundament, worauf weitergebaut wurde mit Statistik erhärtet. 1910—1914 bereiste er überseeische Länder: Australien, Neuguinea, Südamerika, Indien, wo er das Wissen von der Hand- und Nagel-Diagnostik erfolgreich schuf und ausbaute.

In Indien besuchte Issberner-Haldane einige Fakire und Yogi, durch deren Unterweisungen er viele und weite Erkenntnisse und fundamentales Wissen erlangte, das den meisten Menschen nicht zugänglich ist. — Auf Grund seiner wissenschaftlichen Arbeiten über medizinische Hand- und Nagel-Diagnostik und die metaphysischen Zusammenhänge von Krankheit und Gedankenleben (Psychosomatik), wurde Issberner-Haldane 1912 von einer Universität mit dem Titel Professor h. c. und 1926 von der Plasmogenischen Gesellschaft, Barcelona, mit Ehrenmitgliedschaft geehrt. Weitere Titelehrungen lehnte er ab.

Während des Krieges 1914 in Zivilgefangenschaft geraten, nutzte er die Gelegenheit, an Tausenden von Menschen das Wissen von der Hand weitgehend zu bereichern, zu vervollständigen. —

Seit 1918 lebte Issberner-Haldane in Berlin, wo er weiter studierte, Mitglied der Arbeitsstätte für Menschenkunde Universität Berlin (Prof. Dr. med. H. Friedenthal), wurde und seine Praxis als gesuchter und weitbekannter wissenschaftlicher Charakterologe und seelischer Berater, Vortragsredner und Fachschriftsteller schuf. Seine Gutachten waren aus allen Ländern der Erde gefragt, nicht nur nach Handschriften und Lichtbildern, sondern auch nach eingeschickten Handabdrücken etc. zwecks Hand-Analysen oder Berufseignungsprüfung.

Kam Issberner-Haldane schon mit dem Ruf und Namen eines zuverlässigen Fachgelehrten nach Berlin, so wurde sein Name und Ruf noch weiter verbreitet und gefestigt durch die außergewöhnlich große Korrespondenz, seine Vorträge und das Erscheinen seiner Lehrwerke, die schnell den Weg in alle Erdteile fanden und unzählige Anerkennungen brachten. Seine Lehrbücher waren die ERSTEN zuverlässigen Veröffentlichungen auf diesem Spezialgebiet, womit er sich seit 1921 als Schöpfer der medizinischen Hand- und Nagel-Diagnostik und Begründer der Chirologie als empirische Wissenschaft dokumentierte.

Viele Ärzte und Heilpraktiker suchten um Unterricht nach und erhielten ihn. Issberner-Haldane beschenkte die Heilwissenschaft mit einer neuen, objektiven und zuverlässigen Diagnostik (ca. 150 Merkmale), die heute von modernen Ärzten und allen Heilpraktikern hoch geschätzt und praktisch angewandt wird, wie die vielen Wertgutachten beweisen!

Nur persönliche Schüler besitzen ein Zeugnis.

Seine Lehrwerke erreichten viele Auflagen, wurden aber auch von neueren Autoren gern plagiiert — ohne Quellenangabe! Daher Vorsicht! Es haben sich einige Mißgünstige bemerkbar gemacht, die s i c h als Schöpfer der Hand-Diagnostik auszugeben versuchten, oder sich von anderen Personen als solche propagieren ließen. (Z. B. Julius Spier † u. A.) — Vor dieser Art geistiger Elstern ist kaum ein Erfinder und Schöpfer geschützt.

1929 erhielt Issberner-Haldane in einem christlichen Orden die Priesterweihe. Der große geistige Anhang, den er sich durch sein weites Wissen und Können, durch seine Vorträge und Beratungen geschaffen hatte, machten ihn zu einer sachkundigen Auskunftsstelle über Yoga- und Rosenkreuzerlehren, Atemkunde, Theosophie, Metaphysik, Urreligion, Parapsychologie, lebensnahe Psychologie und alle Gebiete der Geistes- und sogen. Grenzwissenschaften. Darum auch wurde er später ein Opfer des Naziregimes durch Verhaftung und Ausraubung.

1945 begann er seine Praxis in Berlin neu zu schaffen und seine geistige und seelische Hilfe konnte er vielen Suchenden geben.

1950 erschienen einige seiner früheren Schriften wieder und weitere werden gelegentlich folgen, wie auch neue Arbeiten.

Es ist seit langem eine Zeiterscheinung, daß wissende Männer, wie Issberner-Haldane, ihre Neider und hinterhältigen Feinde haben. Doch das stört wenig. Man weiß, daß diese Leute von höheren Mächten ein entsprechendes Schicksal erhalten.

gez. F. Dietrich,   *Dr. Ivar O. Thorsten.*

Derzeitige Adresse:
  Frankfurt a. M.
  Hansa - Allee 9

Vorwort zur ersten bis siebenten Auflage.

Dieses Buch ist das Ergebnis meiner jahrzehntelangen Forschungen und praktischen Erfahrungen, die immer wieder überprüft wurden und sich in gleichbleibenden Bestätigungen als zuverlässig erwiesen haben. Die erste Auflage erschien 1920, womit erstmalig ein Lehrbuch der wissenschaftlichen Handlesekunst (Chirologie) vorlag, auf dessen Grundlage der Stoff objektiv lehr- und erlernbar wurde. Fachwelt und Kritik bezeichneten mich damals übereinstimmend als den Begründer der modernen Chirologie.

In der ersten Auflage war auch eine Anzahl von Krankheitsmerkmalen im Zusammenhang mit der Chirologie bearbeitet, die auf vielfachen Wunsch in späteren Auflagen abgetrennt wurden und als besonderes Buch unter dem Titel „Medizinische Hand- und Nageldiagnostik" erschien.

Beide Bücher haben inzwischen eine erfreuliche Verbreitung und starken Widerhall auch im Auslande gefunden.

Im Jahre 1941 wurden meine Bücher von der Gestapo verboten und die Bestände vernichtet. Sofort nach Kriegsende setzte erneut starke Nachfrage nach meinen Schriften ein; im Antiquariat gehörten sie zu den gesuchtesten und höchstbezahlten Titeln.

Nach gründlicher Bearbeitung mag nun die neue Auflage ihren Weg gehen und versuchen, zu den alten auch neue Freunde zu gewinnen.

Verschiedene Autoren haben in der Annahme, ich sei im Konzentrationslager umgekommen, Bücher, Lehrbriefe u. ä. herausgebracht, die meist teilweise oder ganz als Plagiat meiner Arbeiten anzusehen sind. Ein solches Verfahren richtet sich selbst; der ernsthafte Leser und Lernende merkt sehr bald, daß Publikationen dieser Art niemals die gründliche und systematische Aufbauarbeit ersetzen können, die, mein Buch bietet.

Prof. h. c. E. Issberner-Haldane

Genethliacum Chirosophicum à me erectum,
Mecaenati cuidam magno ex tempore elaboravi,
et adjeci:

Ihr naseweises Pack vermeinet, daß die Striche
der Faust nichts anders sei'n, als etwa solche Brüche,
So von der Zutuung und Beugung übrig seien,
wenn man die Hände schließt und zieht die Sehnen ein.
O albern dummes Volk, das in der Schrift und Bibel
so wohlbewandert ist, als eine Sau am Giebel.
Es möchte ja nur eins nachschlagen, was ein Blatt
Hiobs in Gottes Wort hiervon verfasset hat. (Hiob 37, V. 7)
Gewiß: das dumme Vieh wird etwas klüger werden,
und sagen, daß das Werk von solchen Handgebärden,
von Gott dem Schöpfer komm, der aus Bedachtsamkeit,
mit seiner Feder hab' die Striche zubereit'.
Daß leicht daraus ein jeder Mensch erkennen möge,
gleich als aus einem Brief und künstlichem Gepräge,
wozu er von Natur allhier geschaffen sei,
was seiner Art gemäß: Ob er auch bloß dabei.
Damit er viel, viel eh'r das Gute könne finden,
das Üble aber mög geschwinder überwinden.
Sieh! also lehret uns hiervon die heilge Schrift,
so ja die Wahrheit mehr, als ein Unweiser trifft,
derselben folgen dann auch billig alle Weisen,
und tun was sie gebeut und ihre Sprüche preisen:
und lassen allen Tand, des ungeschlachten Viehs,
Hingegen unerfahren zum ewigen Verdrieß.
Absonderlich weil auch zur Schrift zum Überflusse,
jetzt die Erfahrung kommt, so (wie mit einem Russe)
den wohlgelehrten Stand ihr angenehmlich macht,
und alle Widerred mit ihnen stark verlacht.
Denselben ihren Weg, nachdem er ihn gesehn,
hat mein geehrter Herr auch billig wollen gehn.
Anzeigend das er auch der Linien Kraft und Macht,
und die HAND-KÜNDIGUNG mehr achte, als veracht.
Glück zu! zu solchem Sinn und nützlichem Vornehmen,

damit er erstlich die Verächter will beschämen:
und den das gute Werk, so Gott und die Natur,
geordnet hat, beehrt, in seiner Hand Figur!
Glück zu, nochmals Glück zu im selbigen Beginnen,
das von dem Jove selbst und gleichfalls von Holdinnen,
in seiner eignen Hand gewiß gesegnet wird,
und mit kein böses Stück hinfort soll sein geirrt.
Was mehr ist, Gott hat ihn, für des Plutonis Listen
auch schon in seine Hand verzeichnet, mit den Christen, (Es. 49, V. 16)
so recht gottfürchtig seien: Daraus wird ihn und mich
kein Fried' ausreißen, noch auskratzen ewiglich! (Joh. 10, V. 29).

Aus: „Chiromantie" von Balthasero Summero,
Dr. med., und Samuel Kelnero, Dr. med. et philosoph,
anno 1674.

Erster Teil

Die Wissenschaft hat Grenzen,
das Wissen nicht!

Wissenschaftliche Begründung
der Chirosophie.

Der richtige Standpunkt in der Forschung ist immer der voraus-
setzungslose, rein objektive, sachliche, auf welchen auch durch ihr Alter
manchmal ehrwürdige Meinungen keinen maßgeblichen Einfluß ausüben dürfen.

Wissenschaft ist, was unter gleichen Umständen und Voraussetzungen jederzeit gleiche Resultate ergibt und sich objektiv lehren und erlernen läßt.

Ein großer Teil des menschlichen Wissens beruht auf dem Zeugnis
der Menschen. Wollte man diesen nicht glauben, so müßte jenes auf-
gegeben werden! Wenn die Freunde der wahren Aufklärung in dem
Glauben an Vorgänge, die nicht nach den „bekannten" Naturgesetzen
erfolgen, eine Gefahr für die Aufklärung sehen, so sind sie im Irrtum
begriffen.

Alles im menschlichen Körper drängt zum Aufbau einer einzigen,
vollkommenen Individualität. Alles steht in Beziehung miteinander,
um eine einmalige Persönlichkeit zu schaffen. Alles: die Gesichtszüge,
die Krümmungen und Ausbuchtungen des Schädels, die Größe oder
Länge oder Kleinheit der Glieder, die Haltung, der Gang und Blick, die
Stimme, die Gebärden und auch die Handschrift. Und w e r gestaltet
die Bewegung der Schrift? Die H a n d !

Nach den alten Philosophen ist alles in allem enthalten. Wenn dem
so ist, warum sollte dann die Hand, die so feinempfindend und voller
Ausdruck ist, nicht der treue Spiegel des inneren Menschen sein? — Es
wäre nicht logisch, wollte man das nicht anerkennen. Aristoteles nennt
die Hand das Organ der Organe, das Instrument der Instrumente des
menschlichen Körpers; und an anderer Stelle, in seinem „De coelo et
mundi causa", sagt er, daß die Linien nicht ohne Ursachen in die Hände
der Menschen geschrieben seien, sondern hauptsächlich dem Einfluß des
Himmels (kosmischen Strahlungen) und der eigenen menschlichen Indi-

vidualität zuzuschreiben wären. Gegenüber Plato betont Aristoteles die Empirie als wesentlichen Faktor der Erkenntnis: „Über die Seele", Kap. 8. (übersetzt von Busse, Leipzig 1922): „... So kann man auch die Seele mit der Hand vergleichen; denn wie die Hand das Werkzeug aller Werkzeuge ist, so ist die Vernunft die Form aller Formen und der Sinn die Form alles Wahrnehmbaren." —

M. E. ist die beweisende Empirie zuverlässiger als die Logik der Erkenntnis-Theorie, die der praktischen Beweisführung durchaus nicht immer standhält und daher der erfahrungsmäßigen Erkenntnis unterlegen ist.

Viele setzen das alleinige Heil in die Naturwissenschaft und verwerfen die philosophischen Doktrinen, weil sie nicht wissen, daß die Sicherheit der naturwissenschaftlichen Forschung nur in der Beschaffenheit der Naturdinge beruht, welche unter das Gesetz der Notwendigkeit gestellt sind, die sich nur im Endlichen bewegt, nie aber die Bedürfnisse des Herzens und des Geistes befriedigen kann. Glaubt man im Ernste, daß die Einsicht in die Gesetzmäßigkeit der Lösung und Bindung der Elemente die Menschen über den Verlust der Freiheit des Willens trösten und die Zerstörbarkeit und die Dauer der Atome, aus denen ihr Körper besteht, sie für die Vernichtung der Seele entschädigen können, die nur das Phänomen der Zusammenwirkung jener Atome sein s o l l?

Lassen sich aber schon die physiologischen Vorgänge nicht allein auf Bewegung der Atome zurückführen, so ist das mit den psychischen noch viel weniger der Fall! Die materialistische Ansicht kann aus den Kräften der einzelnen Atome nicht einmal die Sinnesempfindungen erklären, welche nur durch einheitliches Zusammenfassen der einzelnen Eindrücke, Bewegungen und Zustände möglich werden.

Wenn alles materielle nur Kraftspannung wäre oder eine Kraft, die ihren bestimmten Raum setzt, und die Seele selbst eine Kraft, die im Körper ihren bestimmten Raum setzt, so wird die Wechselwirkung zwischen Seele und Körper und die andere der Seele und Außenwelt nicht mehr unbegreiflich, weil die Materie wie die Seele sich als Kraftwesen erweisen, welche nur nach dem Modus ihres Seins und Wirkens, nicht aber ihrem innersten Wesen nach verschieden sind; auch die Materie ist etwas Geistiges, gebundener Geist.

Alles in der Natur steht nach seiner Ordnung, alles ist Harmonie. Jede seelisch-geistige Veränderung, ob Fortschritt oder Verschlechterung, findet äußerlich ihren Widerschein. Angeborene Schönheit und Vornehmheit werden durch Ausschweifung ausgelöscht und erhalten ein gewöhnliches, bzw. gemeines Gepräge. Häßlichkeit verschönt sich durch den Ausdruck guten Denkens und besonders durch Gewohnheit geistiger Arbeit.

Das Seelisch-Geistige beeinflußt das Physische, und der Körper wirkt auf das Seelisch-Geistige ein. Dies ist absolut richtig, und auch die Physiologen geben in vollständiger Übereinstimmung mit der Gnosis zu, daß die Körperformen beim Tier mit besonderen Eigenschaften und Naturtrieben in Verbindung stehen. (Siehe: Porta, Carus, Schewe, Lavater). Deshalb muß das Studium jeder einzelnen mit diesem oder jenem Naturtrieb in Beziehung stehenden Form dem Beobachter den Charakter des betreffenden Menschen zeigen, ihn erkennen lassen!

Diese sprechenden Formen, die von den alten Forschern Signaturen (Merkmale) genannt wurden, können am g a n z e n Körper gefunden und abgelesen werden — Formaldiagnose — und nicht n u r am Schädel und im Gesicht, wie Gall und Lavater es annahmen.

In dieser Arbeit will ich der Chirosophie eine ernsthafte Grundlage durch die Physiologie geben, trotz aller theoretischen Bedenken wegen ihres metaphysischen Ausgangspunktes. Es gibt in allen Wissenschaften und Künsten zwei Arten sinnvoller Betrachtung: durch intuitives Erkennen oder theoretisches u n d erworbenes Wissen. Theoretisches Berechnen ist z. T. ein empirisches Wissen, d. h. ein auf Tatsachen aufgebautes Erfahrungswissen und die Einteilung dieser Tatsachen durch Vergleichsetzungen. Diese Methode verwendete Gall beim Studium der Beziehungen zwischen Charakter und Trieb. Sind die Forschungen Galls heute auch zum größten Teil überholt, so hat er doch große Verdienste, denen man seine Anerkennung nicht versagen kann.

Die Nerven, die den ganzen Körper wie ein Netz durchziehen, lassen gemeinhin mit dem Blut die vitale Elektrizität kreisen, von der sie durchdrungen sind. In ihren hohlen, rohrförmigen Wänden enthalten sie einen durchsichtigen, sehr empfindlichen Strom, der das Fortpflanzungsmittel der Empfindung bildet. Das Gehirn ist der Behälter der noch wägbaren Kraft, Flüssigkeit oder Elektrizität, die von Blut und Nerven dargestellt wird. Es ist der Sitz des Lebens (Zirbeldrüse), des Verstandes, zum Teil auch der Seele (Kleinhirn) und deren vier Sinne: Gesicht, Gehör, Geruch und Geschmack. Der Tastsinn (Gefühl) ist weiter vom Gehirn entfernt, aber dennoch nicht weniger als die anderen Sinne eng mit ihm verbunden.

Bekanntlich gibt es zwei Arten von Nerven: Bewegungs- und Empfindungsnerven. Unter den Nerven, die vom Rückgrat und dem verlängerten Mark (Gehirn) ausgehen und sich zur Hand hin erstrecken, sind jene, die für die Empfindungen bestimmt sind, fünfmal so wichtig wie die Nerven, die der Bewegung dienen. Dagegen ist zu beobachten, daß bei Tieren, deren Gestalt noch nicht vollkommen entwickelt, deren Muskelkraft aber groß ist, wie z. B. bei einem jungen Pferde, die Bewegungsnerven um ein Drittel wichtiger sind als die der Empfindung.

Sind die Finger Werkzeuge des bewußten Seelenlebens, dann ist nach Ansicht einiger Physiologen die Handfläche, die durch Fieber, Auszehrungskrankheiten und wesentliche Reizstörungen erhitzt wird, gewissermaßen der Raum des unbewußt triebhaften Seelenlebens. Und das ist in der Tat so. Die Verbindungswege für diese Überfülle an triebhaftem Leben sind die unter den Fingern befindlichen Erhöhungen der Handfläche („Berge" genannt) und eine mehr oder weniger starke Anhäufung von Tastkörperchen auf den dort befindlichen Nerven. Das Innere der Hand, die p o s i t i v e Seite, der Sitz des Tastsinnes und der Nervenempfindlichkeit, zeigt etwa 250—300 Tastkörperchen (nach anderen Feststellungen 1600 Nervenenden) auf dem Raum von etwa 2,5 qcm.

Das Äußere der Hand — die n e g a t i v e Seite —, auf der sich die Chirognomie (die Physiognomik der Hand) aufbaut, weist nicht ein einziges Tastkörperchen auf! Die Bedeutung dieses Unterschiedes wird besonders klar, wenn man weiß, daß z. B. der Daumen eines Idioten an seiner Innenfläche keine, zumindest keine wahrnehmbaren Tastkörperchen aufweist. Auf Grund dieser Tatsachen wird man verstehen, daß die Chirognomie bisher ohnmächtig, mindestens aber unzulänglich bleiben mußte, trotz vieler sehr guter und treffsicherer Erkenntnismöglichkeiten (wie Teile der Charakteristik, Berufseignung, Grundrichtung des Denkens, Verhalten zur Umwelt usw.). Denn mit unbedingter Richtigkeit kann sie nur Naturtriebe und — teilweise — die Einstellung zur Umwelt anzeigen, die aber leicht durch das Überwiegen von Leidenschaften, Einsichten, Fähigkeiten, ja selbst durch den Grundtyp, den die Handlesekunst heute mit viel Sorgfalt und großer Genauigkeit aufdeckt, ihre ursprüngliche Bedeutung verlieren. Erst die Merkmale der Innenhand bringen die Korrekturen und daher das genaue Gesamtbild! Es ist hier wie bei der wissenschaftlichen Graphologie und wie überhaupt bei jeder Wissenschaft, die auch a l l e Merkmale genauestens in Betracht zieht, um ein vollständiges Gesamtbild zu erreichen.

Der physiologische und physiognomische Teil der Chirologie, der die äußeren Formen zu Charakter und Naturtrieben in Beziehung setzt, wird überwiegend anerkannt. Gall u. a. haben hierzu einen Weg gebahnt. Seit etwa 1920 ist die Charakterkunde auf der Basis der Hand-Typen (sieben Grundtypen), also die Bedeutung der Physiognomik der Handform, weitgehend ausgebaut und die Charakteristik gesichert worden. (Siehe: die erste Auflage meines Lehrbuches „Wissenschaftliche Handlesekunst" Berlin, 1920). Daß die Typologie der Hand in die Konstitutionsforschung (durch Kretzschmer, Marburg) mit einbezogen wurde und fruchtbare Verwendung findet, das sei nur nebenbei erwähnt.

Einige Krankheitsmerkmale der Fingernägel sind uralt. Etwa 150 Krankheitsmerkmale, solche der erblichen Belastung und Operationen, wurden von mir neuerlich gefunden und finden in der Heilpraxis aufmerksame Beachtung.

Wie schon erwähnt, ist die Hand f o r m für die Charakteristik nur teilweise verwendbar und sehr einseitig. Daher müssen die Merkmale der Innenhand in die Betrachtung mit ein- und zur Ergänzung herangezogen werden. Auch die Innenhand bietet durch die Verschiedenartigkeit der Plastik viele Ausdrucksmerkmale für die Charakteristik. Doch wird sie noch weitgehend durch Formation, Farbe und Konstitution der L i n i e n und kleiner Signifixe verstärkt oder abgeschwächt. Ohne diese einer genauen Betrachtung und entsprechenden Auswertung zu unterziehen, läßt sich kein genaues Gesamtbild ermitteln. Gemeinhin wird darüber, daß die Linien und kleinen Merkmale eine Bedeutung haben sollen, gelächelt, abfällig kritisiert. Doch das geschieht immer nur von Leuten, die sich mit dieser Wissenschaft nicht eingehend beschäftigt haben und damit nur ihre Voreingenommenheit beweisen. Solche „Meinungen" sind daher auch bedeutungslos. Was für die Graphologie recht sein darf, muß auch der Chirologie zugestanden werden, um so mehr als bei der Graphologie eine gewisse „gefühlsmäßige Betrachtung" nötig ist, insbesondere bei Feststellung des „Form-Niveaus". Der Physiker Fresnel (um 1800, „Oeuvres complétes", 3 Bände 1866) entdeckte die Transversalität der Lichtwellen und ersetzte das System der Leere durch das der Fülle. Das wurde allgemein von der Wissenschaft übernommen, seit man erkannte, daß der Himmelsraum von einer gasförmigen Substanz, dem Weltäther, angefüllt ist. Er bietet in seiner flüssigen Form genug Widerstand, um den Lauf der Planeten zu hemmen. Gleichzeitig verbindet er durch die Anfüllung des Raumes die Welten miteinander. Danach ist die Annahme durchaus berechtigt, daß die Elektrizität, die auch Wärme, Magnetismus und Licht ist, das B i n d e g l i e d aller Welten bedeutet und die wechselseitigen Einflüsse der Himmelskörper von einem Stern zum anderen leitet. Und bestimmt ist der Mensch, der selbst eine kleine Welt bildet, ein Glied in dieser unermeßlichen Kette der allumfassenden Harmonie.

Wenn nun die Elektrizität zugleich Licht, Wärme, Magnetismus, nur mit gewissen Unterschieden, darstellt, dann leben wir inmitten einer ungebundenen Elektrizität, die uns sehr wohl mittels der durch unser Nervensystem aufgenommenen und eingeatmeten Atmosphäre mit den kosmischen Kräften und Strahlungen in Verbindung setzen kann. Die Elektrizität oder die kosmischen Ströme, wie ich sie nennen will, fließen unaufhörlich von der Außenwelt zum Gehirn und vom Gehirn zur Außenwelt. Wenn sie durch Willensanstrengung in eine bestimmte

Richtung gedrängt werden, und wenn man diese Kraftströme als eine Ursache der Linienbildung ansehen will — was durchaus wahrscheinlich ist — so ist klar, daß dieser Durchgang Spuren hinterlassen muß, wie z. B. der dauernd auf eine Stelle fallende Wassertropfen in einem Felsen.

Es dürfte unmöglich sein, das Gegenteil zu beweisen.

Man kann bis zur Erbringung des Gegenbeweises mit dem s. Zt. berühmten Gelehrten Professor Chetenham d'Aubenay behaupten, daß die Alten nicht Unrecht hatten, wenn sie den kosmischen Kraftfeldern einen besonderen Einfluß auf die Erde und ihre Bewohner zuschrieben, was ja durch den Einfluß des Mondes (Ebbe und Flut, 28-Tage-Rhythmus der Frau usw.) und der Sonne (Sonnenflecken, Seuchen, Naturkatastrophen, 23-Tage-Rhythmus des Mannes) längst erwiesen ist. Und haben nicht alle großen und bedeutenden Männer der Weltgeschichte dieselbe Anschauung voll und ganz vertreten?

Es ist eine Tatsache, daß man von einem Teilchen der Materie stets auf die Art des Ganzen schließen kann. Um aber an dieser Stelle die Worte eines Wissenschaftlers von Ruf zu gebrauchen, bringe ich einen Auszug aus einer Vorlesung des Geh. Medizinalrates und Leibarztes Dr. Carl Gustav C a r u s *) von 1846:

„... Es ist aber, um hier sogleich durch ein Beispiel zu erläutern, in unseren Tagen auch außerhalb des Kreises eigentlicher Wissenschaft sattsam bekannt geworden, daß die neueren wissenschaftlichen Bestrebungen ausnehmend viel Merkwürdiges und Gewisses über Bildung und Lebensweise von Geschöpfen ans Licht gebracht haben, welche schon vor vielen Jahrtausenden als Lebende von der Erde verschwunden sind. Die Möglichkeit davon, daß solche Nachweisungen gegeben werden konnten, beruht n u r darauf, daß ein jeder Organismus, jedes organische Ganze, die Eigenschaft hat, daß alle Teile die genaueste, so nur eben hier vorkommende Beziehung aufeinander und zum Ganzen haben, und daß eben darum eigentlich allemal ein Teil — zumal ein irgend größerer oder wichtigerer — ein bestimmtes Symbol, ein entschiedenes Zeichen des Ganzen darbieten wird. Als daher G. Cuvier, welcher die Lehre von den fossilen Überresten größerer tierischer Geschöpfe mit Geist und Umsicht behandelte, aus den Steinbrüchen des Montmartre bei Paris die ersten Fragmente von Knochen jener dort in Gipslagern eingebetteten sonderbaren Lama-artigen Tiere, der Paläotherien und Anaplotherien, erhielt, entzifferte er, noch ehe die übrigen Skeletteile gefunden waren, aus den Knochen der Vorderläufe (streng genommen also auch eigentlich aus den Handknochen) nicht nur Größe und

---

*) Carus ist in vielem der geistige Nachfolger von Zeising.

Stärke des ganzen Tieres, sondern gab, erleuchtet durch das Licht der vergleichenden Anatomie, über Bau des Kopfes und der Zähne, über Lebensweise und Nahrung des Tieres die bestimmtesten Aufschlüsse. Dergleichen kommen uns wie Zeichendeuterei und Zauberei vor, aus so wenigen Stücken Knochen s o vieles herauslesen zu können, aber es ist die Zeichendeuterei und Zauberei der Wissenschaft, und dies ist von jeher die eigentlich rechte und einzige gewesen.

Ich komme jedoch nochmals darauf zurück, all dies wäre nicht möglich, wenn nicht jeder Organismus eben diese genaue Beziehung jedes Teiles auf den anderen und alle Teile auf das Ganze als wesentlichste Eigenschaft hätte; als Eigenschaft, die ihn eben zum Vorbilde für alles Große macht, was auch der Mensch erschaffen kann; denn sei es nun ein Kunstwerk oder ein Wissenschaftswerk oder der Bau und die Gründung einer Staatsverfassung, alle sollen sie nach dem Bilde des Organismus geschaffen sein, und alle sollen sie sich dieser engsten organischen Beziehung, der Teile unter sich und aller Teile zum Ganzen erfreuen, wenn sie überhaupt von Wert zu sein den Anspruch machen.

Schon aus dieser Erkenntnis folgt also mit der größten Entschiedenheit: Ein so edles Gebilde als die menschliche Hand müsse unbedingt in der engsten Beziehung zu dem ganzen menschlichen Organismus stehen, und sie müsse folglich auch ein bestimmtes Zeichen einer gewissen Individualität abgeben, und sowie es gewiß ist, daß z. B. die Stirn, das Auge, das Ohr nur gerade s o sein könne bei einem s o beschaffenen Kopfe, so kann nur eine s o beschaffene Hand nur s o bei einem s o beschaffenen Menschen vorkommen.

Hiermit wäre also wirklich bereits sehr viel, ja alles für Begründung einer wissenschaftlichen Chiroskopie gegeben, doch mehr wird sich die Wichtigkeit und Wahrheit derselben noch herausstellen, wenn wir nun weitergehen und einen Blick werfen auf die Geschichte der tausend merkwürdigen Formen, in welchen teils die der Hand entsprechenden Gebilde im Tierreiche, teils die Formen der eigentlichen Hand in der unendlichen Verschiedenheit der Menschheit selbst sich darstellen.

Wem d a s ganz und größtenteils fremd ist, was man ein organisches Ganzes, einen Organismus nennen darf, der wird nie und nimmermehr begreifen, wie überhaupt das einzelne Glied einer höheren Gesamtheit eine Bedeutung haben, ein Zeichen sein könne für die Eigentümlichkeit dieses Ganzen" —.

Aus dem Zitat geht klar hervor, daß es durchaus nicht so wunderbar oder gar übernatürlich und antireligiös ist, wenn man aus den einzelnen Merkmalen der Handformen, Zeichen und Linien, die Natur des betreffenden Menschen, seine Krankheiten, seine Gewohnheiten, seinen Lebenslauf feststellt und begutachtet.

Wer sich mit diesen Dingen nicht beschäftigt hat, dem wird es erscheinen, als ob z. B. von zwanzig Pferdebeinen eines wie das andere aussieht. Derselbe Mensch würde auch denken, daß von zwanzig Menschenhänden auch eine wie die andere aussieht. Es würde ihm ungefähr so ergehen wie einem zum erstenmal in ein afrikanisches Negerdorf kommenden Europäer, für den ein Neger wie der andere aussieht, was aber keineswegs der Fall ist.

Jedes einzelne Geschöpf ist individuell, d. h. einmalig im Innern und Äußeren, mögen die Nuancierungen mitunter auch noch so fein sein.

Wir lesen des öfteren in Zeitungsberichten, daß ein Polizeiarzt an einer Leiche durch seine Kenntnisse feststellen kann, w o r a n dieser Mensch gestorben ist. So wird auch an den Zähnen und anderen Merkmalen erkannt, wie alt der gefundene unbekannte Mensch war, — aber auch manches andere, wie Charaktereigenschaften. — Somit ist es logisch, daß man aus einem Körperteil eines Menschen oder eines Tieres erkennt, welcher Art dieses Wesen ist, welche Lebensweise es hatte und welche Gewohnheiten. Kann man das in diesem weiten Maße, warum sollte man es aus den Händen eines Menschen nicht erkennen können!? — Man k a n n es, wie ich im folgenden nachweisen werde.

Aus der Hand lassen sich aber auch bestimmte und bedeutsame Ereignisse des Lebens ablesen, des vergangenen wie des zukünftigen, vor allem schwere Operationen, Unfälle usw. — Starke Eingriffe in den Organismus, K r a n k h e i t e n, große Erschütterungen, wie Kummer, Gram, können Spuren auf dem Gesicht hinterlassen, Züge und Ausdruck verändern, Falten eingraben und die Haare des Kopfes in kürzester Zeit grau oder weiß werden lassen. Und ebenso wie im Gesicht können sich diese Spuren durch entsprechende Zeichen in die Hand eingraben, — was bewiesene Tatsache ist! — da die Hand bewiesenermaßen in innigster Verbindung mit dem Gehirn steht.

In bezug auf die künftigen Ereignisse sei zur Erklärung folgendes gesagt: Jeder noch so starke, noch so vollkommen gebaute Mensch wird mit irgendeinem krankhaften und zerstörenden Keim geboren. Es gibt keinen Menschen ohne bestimmte Krankheitsdispositionen von Jugend an! Er unterliegt früher oder später einer körperlichen Unvollkommenheit oder Schwäche, die zu gegebener Zeit seine Vernichtung herbeiführen muß. Noch ist dieser Keim nicht sichtbar, aber er wird eines Tages unvermeidlich in irgendeinem Teil des Organismus hervortreten, in den inneren Organen oder im Gehirn; er ist latent wie alle Keime. Aber die Zeit seines Aufbrechens ist schon festgesetzt!

Da alle Organe zusammenhalten und miteinander in Verbindung stehen, ist dieser Zeitpunkt auch im Gehirn vermerkt, und eben durch diese Verbindung kann und muß er auch in der mit dem Gehirn eng-verbundenen Hand angezeigt sein. Die Erfahrung beweist das und bewies es mir und anderen seit einigen Jahrzehnten an vielen Hunderten, ja Tausenden von Fällen.

Warum sollte die Natur nicht, dem Menschen erkennbar, die gefähr-lichen Zeitpunkte — Krisen — seines Lebens bezeichnen, damit er ihnen zuvorkommen und sie — wenigstens zum Teil — vermeiden oder ab-schwächen oder sie einer neuen Bewegung nutzbar machen kann durch Anwendung seiner Eigenschaften: Weisheit und Willenskraft? Das Observatorium sagt durch Berechnung Stürme und Unwetter voraus, und diese Voraussagen sind richtig. Dadurch wird viel Schaden ver-mieden und Unglück abgewendet — hier siegen Intelligenz und Wille. Aristoteles sagte: Der weise Mensch beherrscht die Sterne (kosmische Einflüsse)! —

Der bedeutende Astronom Albert Kniepf, Hamburg, schrieb in seiner Abhandlung „Die Psyche des Gangliensystems als Quelle der mediumi-stischen und verwandten Erscheinungen":

„Ich möchte darauf aufmerksam machen, daß es das Gangliensystem in erster Linie ist, welches die astrologischen Einflüsse empfängt, ja mit ihnen seinem Wesen nach in ursprünglicher, angeborener Verbin-dung steht. Es ist der Bildner unseres Körpers, es trägt von Hause aus auch die Zukunft desselben in sich, ebenso wie es uns diese Zukunft durch Reflexe auf das Gehirnsystem unter Umständen zu enthüllen vermag. Daß es aber durch die Gestirne stark beeinflußt wird, beweist die Übereinstimmung der Astrologie mit den physischen und psychischen Zeichen der Hände, und die astrologische Grundlage nicht nur der Handlesekunst, sondern auch der Phrenologie und Physiologie ist so exakt und so gewiß, wie die Wahrheit der Keppler'schen Gesetze! Es läßt sich dies bezüglich der Chirognomie sogar zahlen-mäßig nachweisen, und die Zeichen der Hände sind ein Horoskop, das uns die Natur mitgegeben. Ebenso ist daher auch alle „Magie" der Zahlen lediglich astrologisch, ja astronomisch begründet." —

Paracelsus nimmt an, daß alle Sterne in direkter Verbindung mit der Erde stehen und es unter ihnen Gestirne gibt, die erst dann sichtbar werden und für die Erde leuchten, wenn auf unserer Erde eine Gegen-wirkung durch diesen Einfluß entsteht. Wir kennen noch längst nicht alle die verschiedenartigen Strahlungen, die aus jenen Welten zu uns gelangen; wir kennen nicht einmal alle Strahlungen der Erde und ihre Auswirkung auf uns! Wo Aktion ist, da ist auch Re-aktion; es gibt nichts Einseitiges.

Dem Unwissenden erscheint es ebenso unmöglich, die Vergangenheit zu erkennen wie die Zukunft. Wenn aber vollzogene Geschehnisse

Spuren hinterließen, ist es ebenso wahrscheinlich, nein, sogar sicher, daß die kommenden Ereignisse ihre Wurzeln haben! Die metaphysischen Phänomene und Wirkungen sind nur eine Erweiterung des Kreises der Welterscheinungen, die den Menschen zur Wahrnehmung und zur Erkenntnis angewiesen sind. —

Wer bei der Erforschung der Natur und des Menschen nicht n u r dem Verstande und den sinnlichen Mitteln Anwendung zugesteht, sondern auch dem feinsten Gefühl und der Intuition eine Stimme gönnt, wird einsehen, daß die Dinge neben den offenkundigen auf der Oberfläche erkennbaren Beziehungen und Wechselwirkungen auch noch einen inneren Zusammenhang besitzen. Dieser wird durch andere Mittel und Vorgänge gekennzeichnet.

Nach Plotin und Platon ist die Lebenskraft mit der Seele vereinigt, und darauf beruht die Unsterblichkeit. Die Seele als Inbegriff des Lebens kann nicht sterben. Im „Phädrus" sagt Sokrates, die Seele lasse sich nur in ihren Funktionen teilen, nicht in ihrer Substanz; die Verschiedenheit der Funktionen liege an den Organen, die Seele aber sei die Quelle aller Funktionen, das Leben eingeschlossen, die sich im Menschen bis zum bewußten Denken erheben.

Aristoteles und Thomas von Aquin haben die Definition des Menschen als Einheit (Monismus) mit den Worten ausgedrückt: Die denkende Seele ist zugleich die F o r m des Körpers. Damit wollen sie sagen, daß Denken und Organisieren die Doppelfunktion einer Seele seien, nicht Tätigkeiten getrennter Prinzipien, daß also Psychologie und Physiologie, da aufeinander angewiesen, nicht auseinander gerissen werden dürfen. Auf demselben Standpunkt der Erkenntnis steht der Verfasser, und das praktische Leben beweist die Richtigkeit.

Auch die Naturwissenschaft hat sich gegen die Trennung ausgesprochen. Stahl schreibt der denkenden Seele auch die organischen Fähigkeiten zu und läßt ihre Tätigkeit nicht erst in dem fertig geformten Leib anheben, sondern schon bei der Formation des Leibes (Physiol. III. §§ 8—10).

Eine Medizin, welcher der wirkliche Träger des Lebens, die Seele, abhanden gekommen ist, und die den vermeintlichen Träger des Lebens, den Leib, therapeutisch behandelt, ist zum Scheitern verurteilt. Die wahre Therapie ist Psychotherapie, und schon der erste Schritt, der mit dem Hypnotismus getan wurde, hat sich als höchst erfolgreich erwiesen.

„Wer ist denn unser Ich? Der Träger aller jener Empfindungen, die uns durch das Gehirn vermittelt werden. Dieses Ich weiß nichts von der organischen Arbeit unseres Leibes. Ist aber dieser Leib von der Seele gebaut und wird er von ihr belebt und erhalten, so muß eben zwischen dem Ich und der Seele ein Unterschied, wenigstens des Umfanges, vorhanden sein; sie können sich nicht decken. Nur in diesem

Falle kann die Seele ein Bewußtsein haben, verschieden von dem des Ich, des Gehirns: ein transzendentales Bewußtsein, und eben dieses ist im Somnambulismus nachweisbar." (du Prel.)

„Die richtige Lösung des Menschenrätsels werden wir erst finden, wenn wir zuerst die Lebenskraft wieder zur Seele schlagen, d. h. wenn wir der Seele auch die organisierende Funktion zusprechen. Sodann aber muß der Grundfehler beseitigt werden, welcher Gehirnbewußtsein und Seele, also gleichsam die Brille und das Auge, verwechselt." (du Prel.)

„Der Tod ist nicht die absolute Aufhebung des Lebens, sondern eine Befreiung der Hindernisse eines vollständigen Lebens." Kant, Vorles. üb. die Metaphysik. 237. —

Oft hört man die unhaltbare Meinung, die Linien der Hände entstünden durch die Arbeit. Logischerweise müßten also Schwerarbeiter — z. B. Roll-, Bier- oder Müllkutscher, Bauern usw. — die meisten Linien in ihren Händen aufzuweisen haben, während die Hände jener zarten Damen, die nichts tun — also so gut wie gar keine schwere Arbeit leisten — fast frei von Linien wären. Die Erfahrung beweist aber, daß der Fall genau umgekehrt liegt: die Schwerarbeiter haben die allerwenigsten und die zartesten Menschen die meisten Linien und Zeichen in ihren Händen. Das ist anders auch nicht gut möglich, da nicht Arbeit, sondern intensive seelische Schwingungen die Linien hervorbringen. Auch müßte nach jener oberflächlichen Theorie ein neugeborenes Kind, das noch nicht gearbeitet hat, die wenigsten Handlinien haben. Tatsache ist jedoch, daß das Kind sehr viele aufweist, die nach wenigen Wochen z. T. verschwinden, um nach langen Jahren, ausgelöst durch tiefere Erlebnisse, wieder zu erscheinen.

Eine andere Behauptung sagt, die Handlinien entstünden durch das Falten der Hände. Auch das ist ein Irrtum; denn ein neugeborenes Kind hat sich in dieser Richtung bestimmt nicht betätigt, und die Schwerarbeiter haben, wie schon erklärt, die Anzahl ihrer Handlinien durch das dauernde „Falten" auch um nichts vermehrt! Sie könnten es auch nicht, weil die Bildung solcher Linien und Zeichen durch Faltungen unmöglich sind. Auch hätte ich noch einen weiteren Beweis dagegen anzuführen: Selbst wenn solche Linienbildungen durch Faltungen entstehen könnten und würden, wäre es wohl eindeutig klar, daß sich diese Linien vertiefen und verbreitern müßten in dem Maße, als die Faltungen geübt worden sind oder die Arbeit schwer ist. — Dem steht jedoch entgegen, daß es viele Personen gibt, deren manuelle Tätigkeit eine sehr reiche und dauernde ist, und daß sie trotzdem s e h r zarte, dünne, blasse oder gar rissige oder brüchige Linien aufweisen, — weil sie eine schwache oder kranke Körperlichkeit haben! Ganz abgesehen davon, wäre es bei aller schweren Arbeit oder bei noch so häufigen Faltungen der Hände gar nicht erklärlich, woher jene Signifixe in Form von Dreiecken, Vierecken, Sternen, Kreuzen, Ringen und Punkten stammen, bzw. wie sie zustande kommen sollten. Und womit will man wohl begründen, warum die großen Handlinien bei Negern, Mongolen, niederen Indern i m m e r breiter sind als jene in den Händen der weißen Rasse!? Dieses Breiteverhältnis beträgt etwa 1 : 4 bis 1 : 6! Bei aller Objektivität und Logik sind diese Bildungen n i c h t praktisch oder mechanisch zu erklären. Gewiß wird es immer Personen geben, die nicht nachdenken, von dem so beliebten „Zufall" sprechen und mit diesem billigsten und zugleich dummsten Mittel die Angelegenheit abtun. — Nein, n u r jahrzehntelange empirische Forschung konnte feststellen und h a t es festgestellt, daß sowohl diese Veränderung der Linien, ihre und der Signifixe Neubildung wie auch die Konstitution und Färbung der Linien und Zeichen organisch bedingt sind.

Oder wie kommt es, daß schon im fünften Monat des Menschwerdens die Handlinien in ganz bestimmter Art eingezeichnet sind und sich im Laufe des Lebens nicht oder nur ganz wenig ändern? Und wie kommt es, daß die feinen Hautlinien sich erst im siebenten Monat — also n a c h den Handlinien — entwickeln und den Verlauf der großen Linien n i c h t beeinträchtigen können? — Hier wirken die Gesetze von Ursache und Wirkung geistiger, seelischer und physischer Art. Sind der Hände Formen, ihre Linien und deren Verlauf aber schon v o r der Geburt festgelegt, unabänderlich eingegraben, so muß ein Gesetz vorhanden sein, nach dem dies — in diesen bestimmten Formationen — vor sich ging. Da allem Werden geistige Ursachen zugrunde liegen, schufen auch hier geistige Ursachen solche unveränderlichen Zeichnungen. Diese geistigen Ursachen liegen in der Individualität, in der Struktur der Persönlichkeit, fließen aus der eigenen geistigen Entwicklung der betreffenden Persönlichkeit, also damit auch aus ihrer schicksalhaften Erfahrung, ihrem Denken, ihrem Erleben, Fühlen und Handeln, was allerdings nicht erst vom Augenblick der Empfängnis an datiert! „Es ist der Geist, der sich den Körper baut" — das wird hier so recht deutlich. Somit ist immer der Geist die Triebkraft von allem, was sich materiell bildet oder manifestiert. Körperliche Vererbung? — Gewiß, aber nicht ursächlich, wenn der Geist das Primäre ist, der sich der Materie bedient, die ihm zur Weiter- und Höherentwicklung nützlich ist.

Die Gegner mögen mir auf Grund natürlicher Verbindungen erklären: die harmonische Übereinstimmung zwischen dieser oder jener Körperform, dieser oder jener Handlinie den Naturtrieben, mit denen diese Form, diese Linie in Verbindung steht, was zusammen das Alphabet der metaphysischen Beziehungen ausmacht, und ich bin bereit, das System anzunehmen. Solange aber keine tatsächlichen Gegenbeweise erbracht werden, bleibe ich bei der durch ihr Alter ehrwürdigen Tradition, deren Ursprung sich fern in grauer Vorzeit verliert. Sie ist mehr als nur beachtenswert, eben weil sie von großen Männern des Altertums, des Mittelalters und auch der Neuzeit gestützt wird.

Nach den bisher beschriebenen Richtlinien habe ich die alte Literatur und auch die neuere über Chirologie systematisch und intensiv durchgearbeitet. Ich begann damit 1904 und beendete die Hauptarbeiten 1920. Anfangs hoffte und glaubte ich, darin viel Brauchbares zu finden. Doch das Gegenteil war der Fall; denn der Merkmale, die bei gewissenhafter Nachprüfung der Kritik standhielten, waren so verschwindend wenige, daß sie kaum der Erwähnung wert sind. Was die ausländische Literatur angeht, so waren einige Werke, und zwar englische, recht gut, mir aber nicht ausführlich genug. Auf dem Gebiet der medizinischen Handdiagnostik gab es überhaupt kaum mehr als ein Dutzend Merkmale! Nur einige Hinweise waren brauchbar, um ausgearbeitet zu werden. Alles andere zu finden und festzulegen, blieb mir vorbehalten.

So veröffentlichte ich 1921 mein erstes Lehrbuch auf Grund der Ergebnisse meiner Forschungsarbeit. Die damalige Papierknappheit, die Inflation und andere Umstände erlaubten es leider nicht, das Werk so ausführlich zu gestalten, wie ich es gern getan hätte. Doch in den späteren Ausgaben meiner „Wissenschaftlichen Handlesekunst, Chirosophie" wurde alles ergänzt und erweitert. Um 1925 ließ ich erstmalig meine „Medizinische Hand- und Nagel-Diagnostik", vom Hauptwerk getrennt, also als selbständiges Spezialwerk — d a s e r s t e W e r k d i e - s e s S p e z i a l g e b i e t e s ! — erscheinen, das seither bereits mehrere Auflagen erlebte. Für den Wert des Gebrachten sprechen die vielen Gutachten von Ärzten, Heilpraktikern usw., die meine Hand-Diagnostik mit bestem Erfolge in ihrer Praxis verwandten.

Sechzehn Jahre intensiver empirischer Forschung, dazu laufende Statistiken bei den vielhundertfachen, ja tausendfachen von mir selbst und anderen Personen durchgeführten Nachprüfungen haben bewiesen, daß die erforschten Merkmale eine Treffsicherheit von 98% ergaben, bis auf einige wenige, weil seltene Merkmale, die sich jedoch ebenfalls, obwohl die Möglichkeit der Nachprüfung erschwert war, als richtig erwiesen. Diese Ergebnisse einer langwierigen Arbeit sind jederzeit nachprüfbar für jeden, der sich vorurteilslos und sachlich mit der Materie beschäftigt.

Der leider viel zu früh verstorbene bedeutende Arzt und Psychologe Prinzhorn, sagt über die Chirologie: „ . . . obgleich an der allseitigen Beziehung jedes einzelnen persönlichen Details derselben Person nicht zu zweifeln ist, so daß i n d e r I d e e bereits eine Zelle, eine Bewegung, eine seelische Regung die gesamte Persönlichkeit eindeutig repräsentiert, so ist doch unser Bewußtsein keineswegs und unser Unterbewußtsein nur in dem Maße, als es ganz rein elementar wäre, zu einer sicheren Rückdeutung des Ganzen aus seinen Teilen befähigt. ... Das Unternehmen etwa, aus der H a n d eines Menschen seine Eigenart zu erschließen, läßt sich mit den besten Gründen als das aussichtsreichste der sogenannten Physiognomik erweisen (eindrucksvolle Mannigfaltigkeit dieses nur-menschlichen Organs, dabei Unfähigkeit zum Lügen, wie es das Gesicht, der Kampfplatz des Geistes, vermag, u. ä. mehr)."

Der bedeutendste Arzt aller Zeiten, Paracelsus von Hohenheim, rühmte die Chiromantie als Astrum rerum naturalium, stellte sie neben die Physiognomik und Anatomie als das Fundament der Medizin und wollte denjenigen nicht als tüchtigen Arzt gelten lassen, der der Kenntnis dieses philosophisch-medizinischen Alphabetes entbehrte. (Dr. Joh. Müller, in „Lotosblätter" 1924, Vlg. O. W. Barth, München.)

1950: Die Universität Pennsylvania/USA hat einen Lehrstuhl für praktische Handlesekunst angegliedert.

Was bietet uns die wissenschaftliche Handlesekunst?

Sie bietet uns:

1. die m e d i z i n i s c h e H a n d - u n d N a g e l d i a g n o s t i k als eine Paralleldiagnostik mit einer Treffsicherheit von 98%, sowie das Erkennen der Erbmasse, der Erbkrankheiten, Veranlagung und deren Auswirkung auf das Denken, den Charakter und Erfolg;

2. eine B e r u f s e i g n u n g s p r ü f u n g in größtmöglichster Sicherheit und Feststellung der moralischen Qualitäten (was die Psychotechnik nicht kann!), der technischen Möglichkeiten und zu gleicher Zeit das Erkennen von der Auswirkung in bezug auf Erfolg;

3. gute Unterlagen zur A h n e n f o r s c h u n g, indem die Hinweise der Vererbung von Krankheits-, Charakteranlagen und Schicksalseinflüssen deutlich gegeben sind;

4. eine a u s g i e b i g e C h a r a k t e r k u n d e für praktische Menschenkenntnis, für die Leitung (Erziehung) von Kindern und Mitmenschen, sowie Eheberatung;

5. wertvolle Merkmale für die P o l i z e i w i s s e n s c h a f t, Erkennungsdienst;

6. die beste Basis für eine o b j e k t i v e P s y c h o a n a l y s e, Erkennen von seelischen Hemmungen und sonstigen Störungen und deren Herkunft (ob erblich, angeboren oder erworben);

7. eine psycho-physiologische Basis für die E r k e n n t n i s k o s m i s c h e r G e s e t z e und der individuellen Lebens-Rhythmen, die alle Geschehnisse als schicksalsmäßig bedingt erweisen, somit kosmische Religion (Yogalehre!), die uns zur Lebens-Kunst führt;

zusammengefaßt also: eine Anleitung zum b e w u ß t e n Denken und Leben, zur besten Nutzung der persönlichen Anlagen und der Menschenentwicklung

geistig: durch kosmisches und daher richtiges Denken*),
seelisch: durch b e w u ß t e s Erleben und gesundes Fühlen,
materiell: durch b e w u ß t e s Handeln, Nutzen günstiger Zeitperioden für den praktischen Erfolg im Alltagsleben.

Es gibt — außer der Astrologie — keine Wissenschaft, die d a s zu bieten imstande ist!

In drei Bänden des vorliegenden Werkes habe ich diese sieben Richtungen genügend weit und klar dargelegt, nicht in derselben Reihenfolge wie hier aufgezählt, sondern ineinander kombiniert verarbeitet, wie es dem Studium der wissenschaftlichen C h i r o l o g i e am zweckdienlichsten ist. Ich habe es absichtlich vermieden, über j e d e einzelne Richtung einen besonderen Band zu schreiben, weil dies die Verbreitung der Wissenschaft vorderhand noch hemmen würde.

Zur Geschichte der Handlesekunst.

„Deus et natura nibil faciunt frustra".
„Qui in manu omnium hominum signa posuit, ut cognoscerent opera ejus singuli".
(In die Hände der Menschen setzte ER Zeichen, auf daß ein jeder Seine Werke erkennen sollte.)
Hiob 37,7

Uralt sind die Lehren der Handlesekunst (Chiromantie). So alt wie alle Religionen, Astrologie, so alt wie das menschliche Denken. In den ältesten heiligen Büchern, in den Veden, im Buche Hiob finden wir Hinweise darauf. Zu allen Zeiten hat es Chiromanten gegeben, und fast alle bedeutenden Männer der Weltgeschichte haben sich mit dieser alten hohen Wissenschaft befaßt; alle, einerlei ob in Indien, Ägypten, Arabien, Griechenland, im Römischen Reich oder Germanien, besonders aber im alten Deutschland. Eine Menge alten und besten Wissens ist durch politische Umtriebe, die es zu allen Zeiten gab, verloren gegangen, durch Verfolgungen der „Ketzer" und „Zauberer", durch Vertreibung der Magier und der alten Meister. Jene Überlieferungen, die noch blieben, waren Stückwerk und reichlich mit Phantasien durchsetzt. Viele dieser spätmittelalterlichen Überlieferungen, unzuverlässig wie sie waren, wurden wieder und wieder abgeschrieben und weiter überliefert, so daß sich doch wenigstens ein guter Teil retten ließ. Diese Reste

---

*) Siehe mein Werk: „Kosmische Religion."

finden wir zum Teil heute noch in den Schriften, die zwischen 1500 und 1700 gedruckt wurden. Leider sind sie aus bestimmten Gründen nicht wertvoll genug, als daß man sie in der Fassung und Auslegung praktisch verwenden könnte oder dürfte. Man würde n u r Fehlschlüsse und Unwahrheiten erhalten. Gewiß finden sich in jedem Buche Teile — wenn auch nur kleine verstreute —, die Anspruch auf unbedingte Richtigkeit haben. Aber diese wenigen Goldkörnchen sind so verstreut, daß sie ein in diese Materie nicht wirklich tief Eingedrungener nicht finden würde. Daher haben diese „alten Bücher" heute als Überlieferung nur noch Sammlerwert.

Im alten Griechenland stand die Chiromantie bei allen großen Gelehrten und Philosophen in höchstem Ansehen und galt als eine heilige Wissenschaft. Die damalige griechische Kultur ist im Hinblick auf Kunst und Wissen klassisch und heute noch modern. Sie wird noch heute an unseren Hochschulen gelehrt. So sollte es auch mit der Handwissenschaft sein, wenn man gerecht denken will. Ein großer deutscher Gelehrter von Ruf, Johann Hartlieb, ließ um 1448 ein Buch über Chiromantie erscheinen. Melanchthon, zuerst ein Gegner der Astrologie und Chiromantie, studierte diese Wissenschaften, überzeugte sich von ihrer Richtigkeit und lehrte sie dann an der Universität Wittenberg. Zu Beginn des 18. Jahrhunderts wurde die Chiromantie an den Universitäten Halle, Jena und Königsberg gelehrt. In Dresden hielt um dieselbe Zeit der Arzt Philipp Meyens in diesen Wissenschaften Vorlesungen. In der ersten Hälfte des 19. Jahrhunderts waren es die Franzosen d'Arpentigne und etwas später Desbarolles, die die Chiromantie wieder neu aufleben ließen und einiges von dem Verlorenen ersetzten. Beide Autoren wurden weltbekannt durch ihre Schriften.

Auf dem 2. Kongreß für Experimental-Psychologie in Paris 1913 wurde die Chirologie als Wissenschaft anerkannt! Der Anfang war wieder gemacht. Die Chemie entstand einst aus der Alchimie, die Astronomie aus der Astrologie, die Physik aus der Metaphysik. Alle Wissenschaften haben ihren Grund im Okkulten, und mit Hilfe des Okkultismus und seiner Gesetze werden alle Wissenschaften erst vervollkommnet, zur Höhe entwickelt. In Deutschland ist man noch nicht so weit, obgleich Prof. Dr. med. H. Friedenthal zeitweise Vorlesungen über das Äußere der Hand hielt, und obgleich es bereits akademische Studiengesellschaften für Astrologie in Deutschland gibt. Aber es kann nicht mehr allzulange dauern, bis man auch hier einsehen muß, daß Chirosophie eine ernste Wissenschaft ist, die auf Physiologie und Psychologie, also auf Naturwissenschaft, begründet ist und deshalb als einer ihrer Zweige anerkannt werden muß.

Im letzten Jahrzehnt hat die Handlesekunst einen gewaltigen Aufschwung erhalten. Leider sind es sehr wenige, die Besonderes darin geleistet haben. In England war es „Cheiro" (Count Hamon), in Frankreich Comte de St. Germain, in der Schweiz der Arzt Ottinger, die wertvolle Bücher veröffentlicht haben. In Deutschland schrieb der bekannte Dr. med. Freiherr von Schrenck-Notzing eine kleine Abhandlung über das Thema.

Neuausgaben „alter Werke" sind und bleiben für den diese Wissenschaft Studierenden wertlos und verwirren nur, weshalb ich von ihrer praktischen Verwendung abraten muß. Auch in neuerer Zeit haben sich einige Leute gefunden, die aus den genannten alten Quellen geschöpft haben, um neue Schriften über Handlesekunst zu veröffentlichen. Diese Schriften haben, wie ich schon sagte, nur historischen Wert.

Solche Sammlung ist wohl interessant und verdienstvoll, denn ein Vergleich der Schriften mit der Erfahrung und Praxis zeigt uns, wieweit die Zigeuner u. a. das Wissen verwässert haben. Diese Bücher der Tradition sind in ungeheuren Massen verbreitet und richten viel Unheil an; denn Halbwissen ist in jedem Fall eine gefährliche Sache. Ich warne dringend davor, diese Schriften der Tradition praktisch zu gebrauchen, da fast alle Ausdeutungen darin falsch sind, den Tatsachen nicht entsprechen. Ein wertvolles Buch für den praktischen Gebrauch kann nur der schreiben, der mitten in der Praxis steht und aus der Praxis und tiefem Studium die Erfahrung seines Wissens hat, in jahrzehntelanger rastloser und gründlicher Arbeit den Weizen von der Spreu, das Gute, wirklich Zutreffende und Verläßliche von dem Schlechten und Fraglichen sondert. Man vergesse nicht, daß die Chirologie auf philosophischer und physiologischer Grundlage beruht, und daß man sie nur durch fleißiges und gründliches Studium sich aneignen kann. Das Herumnaschen an ihr hat nicht mehr Sinn, als wenn man eine Abhandlung über den Blutkreislauf liest und dann Kranke heilen will. Dies ist ebenso gefährlich wie jenes! Gerade diejenigen, welche sich nur zum Zwecke der Unterhaltung oberflächlich mit der Handlesekunst beschäftigen, sind es, die dazu beitragen, daß dem Mißtrauen gegen sie unberechtigt Vorschub geleistet wird! Wer diese Wissenschaft erlernen will, soll und muß sie g a n z erlernen, studieren, — oder gar nicht. Wenn der Wert der Chirologie im letzten Jahrhundert von dem vom Materialismus noch nicht verseuchten Teile der Schulwissenschaft nicht anerkannt wurde, so beweist dies durchaus nicht eine Nichtberechtigung! „ M a n k a n n v o n e i n s e i t i g e n, v o r u r t e i l s v o l l e n u n d a n m a ß e n d e n M e n s c h e n n i c h t e r w a r t e n, e i n e S a c h e b e u r t e i l e n z u k ö n n e n, v o n d e r s i e n i c h t s v e r s t e h e n!" (Siehe: Friedrich der Große, „Geschichte meiner Zeit", 1916, Bd. I S. 74.)

Solange die wissenschaftliche Handlesekunst in Deutschland noch nicht anerkannt ist, kann man sich nicht dagegen wehren, daß sie von so vielen Unwürdigen, Ungeeigneten, Pfuschern und Schwindlern zum

Schaden der Allgemeinheit und dieser Wissenschaft selbst ausgenutzt wird. Eine amtliche Prüfungsstelle hierfür einzurichten, ist ein dringendes Bedürfnis! Heute ist es nicht mehr so wie vor Hunderten von Jahren, daß sich jeder damit beschäftigen darf, ganz gleich, wer er ist. Daß bei soviel Schwindel und Pfuscherei die Handlesekunst heute noch bei vielen Menschen als Humbug gilt, ist daher nicht sehr verwunderlich. Daher achte j e d e r , der sich die Hände analysieren läßt, darauf, daß der Chiromant ein Zeugnis über sein Können aufweise, das von einer in dieser Wissenschaft als bestem Sachkenner bekannten Persönlichkeit ausgestellt ist. D a s ist vorläufig die beste Garantie und der beste Schutz vor Ausnutzung, Betrug und Pfuschertum.

Eine Amtsperson besitzt keine Sachkenntnis und kann daher auch kein Zeugnis ausstellen. Über Literatur dieses Gebietes, alte und neue, siehe: „Lexikon der Chirologie und der Berufseignungsprüfung" vom gleichen Verfasser (am Schluß des Bd. 3).

Man hüte sich vor den heute oft angepriesenen „Lehrbriefen", denn sie bieten nur Halbheiten, sogar Irreführungen, und sind zumeist Plagiate anderer Werke. (Köln, Hannover, Backnang, Zürich).

Wie man Hände liest.

Modus operandi.

Wie unendlich oft finden wir im täglichen Leben, daß, wenn jemand ein Spezialstudium beginnt, er sich die ganze erreichbare Literatur dieses Wissenszweiges verschafft, um dann zwischen all den verschiedenen Meinungen, den guten und den minderwertigen Lehren, nicht durchzufinden. Es fehlt die Sachkenntnis. Solche Leute kommen nur sehr langsam und schwer zum Ziele. Diese Art ist nicht richtig. Deshalb sage ich: Nehmen Sie nicht alle und irgendwelche Literatur; auch nicht, wenn der Name noch so viel angepriesen wird von dem betr. Buchhändler, der nur selten tiefere Kenntnisse in den verschiedenen Wissenszweigen haben kann. Versuchen Sie zuerst, sich bei Kennern oder Interessenten Anregungen zum Nachdenken zu holen; lassen Sie sich einen praktisch ausübenden Chirologen besten Rufes nennen, von dem Sie dann sicher die beste Auskunft über ein Spezialwerk bekommen. Weiter: ist ein gutes Lehrbuch vorhanden, lasse man jegliches andere Buch fort und bleibe von Anfang bis Ende fest bei diesem einen Werke, bis man es völlig beherrscht und den Inhalt praktisch anwendet. Erst wenn diese Lehren des einen Buches ganz fest sitzen, wenn man durch praktisches Ausüben die Bestätigungen hat, erst dann ist man in der Lage, „vergleichende Studien" zu betreiben, wozu man andere Werke heranziehen mag. Es soll hiermit gesagt sein, daß man sich auf Grund der besten Literatur e i n e s Autors einen Grundstock dieses Wissens aneigne, um eine Basis zu haben, von der aus man arbeitet. — Was das vorliegende Buch betrifft, verweise ich auf folgenden Weg: Vor allem, bleiben Sie bei diesem einen Buche! — Lesen Sie es langsam und mit Bedacht dreimal von Anfang bis zu Ende. Dann beginnen Sie mit den einzelnen Teilen. Auch Vorwort und Einführung sind zu berücksichtigen! Man muß sich hineinleben und wird daraus manches Wissenswerte erhalten. Besonders zu beachten ist, was unter der Einführung und den astralen Einflüssen gebracht wird. Es ist durchaus erforderlich, sich mit dem Wirken der geistigen Welt vertraut zu machen. Ist das geschehen, dann wird alles andere leichter erfaßt werden, weil man die Ursachen und Wirkungen der einzelnen Dinge besser erkennt. Man arbeite nur wenig vorwärts, jedenfalls nicht weiter, als man klar und ganz begriffen hat. — Nun gehe man zu der Handform über und beschäftige sich mit den einzelnen Handtypen theoretisch und praktisch bei jeder sich bietenden Gelegenheit, und zwar so lange, bis man mit einem Blicke die Handform eines beliebigen Menschen erkennt, sie sogleich klassifizieren kann und auch ihre charakteristische Bedeutung weiß. Erst wenn man so weit ist, sollte man sich mit der Bedeutung der Linien und Zeichen der Innenhand vertraut machen. Hier fangen die Schwierigkeiten des „Nicht-erkennen"-könnens an, weil sich das Auge erst an die feinen und feinsten Linien gewöhnen muß, was aber mit Hilfe einer guten Lupe (4-fache Vergrößerung) nicht lange dauert. Nun heißt es, das Gedächtnis anspannen; denn alle die verschiedensten Bildbedeutungen der Zeichen usw. muß man auswendig wissen, um sogleich für diese oder jene Bedeutung das Kontrollzeichen zu finden. Das Fundament dieses Wissens ist: B e h e r r s c h u n g d e r B e d e u t u n g d e r e i n z e l n e n H a n d f o r m e n , d e r e i n z e l n e n B e r g e u n d d e r H a u p t l i n i e n . Durch Kombination und einfache logische Folgerungen ergibt sich dann alles andere von selbst. Nur muß man Geduld bewahren, hier nicht weniger als bei jedem Studium einer Wissenschaft.

Bei der Beurteilung von Händen wolle man immer folgendes vor Augen haben: Ein Merkmal läßt eine Neigung erkennen, m e h r e r e Merkmale geben erst die Gewißheit der Tatsache und ihres Eintreffens. Aus diesem Grunde muß man Begleit- oder Kontrollzeichen (korrespondierende Zeichen) an anderen Stellen ausfindig zu machen suchen. Bei einer Voraussage von Krankheiten, Trauerfällen usw. — von Dingen, welche die heutigen nervösen Menschen nicht vertragen wollen — sei man vorsichtig! Viele Menschen können die Wahrheit nicht vertragen! Auch beurteile man in solchen Fällen erst den Daumen, um zu sehen, wieviel Wahrheit die Betreffenden ihrer Natur gemäß vertragen können; denn viele sind schwach und müssen erst nach und nach gestärkt werden.

Ebenso vorsichtig sei man auch bei der Beurteilung der guten oder schlechten Eigenschaften und Neigungen. Man kann durch Irrtum oder nicht richtiges Ablesen einem Menschen bitter unrecht tun. Hat jemand aber schon viel Übung, so wird er durch logisches Denken auch das Richtige erkennen und sagen dürfen. Man muß Art und Abstammung immer in Betracht ziehen, denn eine spirituelle Natur wird immer alles anders durchleben und erkennen als eine intellektuelle oder materielle, ein Neger anders als ein Mongole, Eskimo, Indianer, Arier. Alle Rassen haben verschiedenes seelisches Erleben!

Man muß bei einer feinnervigen, sensiblen Frau die Beurteilung derselben Tatsachen in andere Worte kleiden als bei einer Hausgehilfin, das muß jedem Tieferdenkenden einleuchten. Intuition verwende man nicht, denn sie könnte täuschen. Man lese und übersetze nur die Merkmale und Formationen, dann die Kombinationen, so erhält man von selbst das Richtige. Mit der Übung und der Zeit kommt die Sicherheit. Viel Üben, Beobachten und Nachdenken ist erforderlich, und wer will, kommt auch zum Ziele, freilich nicht in einigen Wochen oder Monaten; mit guter Anleitung natürlich schneller.

Zuerst betrachte man den Handtyp, die Handform, dann die Proportion und Konsistenz, darauf die Lage der Finger und ihre einzelne Form, endlich die Nägel, die Haut. Dies im Gedächtnis behalten zur Kombination mit der Innenhand! Die Fingerknöchel nicht vergessen; dann zur Innenhand. Hier zuerst die Lage der Kopflinie; weiter sind die einzelnen Berge genau zu betrachten, der hervorragendste, stärkste zu finden. Sodann kommen die Hauptlinien eine nach der anderen und ihre Kombination unter Berücksichtigung der evtl. vorhandenen Haupteigenschaft einer bestimmten Hauptlinie. Hiernach das Gesamtbild der Berge und Hauptlinien, Erhöhungen und Vertiefungen. Immer sind beide Hände nebeneinander zu lesen! Die Annahme, die „Linke" sei bei der Ausdeutung zu bevorzugen, weil sie ja dem Herzen näher liegt, ist irrig. Dies ist einseitig und flach, unvollständig und Pfuscherei! Nachdem man nun die Charakteristik, Talente (ob diese bestätigt oder bestritten werden, bleibt sich gleich, denn viele Menschen haben Talente, ohne daß sie es wissen oder Interesse dafür haben; sie verwechseln meist das Talent mit „Interesse an der Sache"), Neigungen usw. klar erkannt und mitgeteilt hat, gehe man zu den einzelnen Verbindungen, Kombinationen, Lagen, Merkmalen und Ereignislinien über und lese deren Bedeutung ab, mache evtl. erforderliche Abzüge, bedenke gleichzeitig aber auch die Folgen (sich ergebender Umstände) und die Art, wie sie eintreten, und weise darauf hin. Dann nehme man als letztes die Meßkarten (Bild 34), messe die Zeit des Eintretens der Ereignisse ab. Eine gute, große Lupe ist von großem Vorteil! Um genaue Studien zu machen, führe man Listen mit Handabdrücken und vergleiche sie alle Jahre (siehe Schluß, Teil III).

Wenn jemand einen guten Handabdruck herstellen will — sei es zum Studium, zu eigener Beobachtung und Vergleichung, sei es zur Fernbeurteilung (brieflich) —, so bediene er sich eines Stempelfarbkissens (Bild 42). Leicht abwaschbar ist „Japan-Aqua schwarz", das man in jedem Künstlerbedarf-Geschäft erhält. Man kann auch durch Photographie Außen- und Innenhand erhalten. Nur muß man achtgeben, daß das Bild scharf, nicht zu klein wird. Für die Beurteilung der Hände bei der Berufsberatung sind natürlich die ganze Handform und die Innenhand erforderlich! (Bei Fernbeurteilung: Handphoto der linken Außenhand und rechten Innenhand sowie Abdruck der Linien!) Deshalb werden für diesen Zweck am besten ganze Gipshände verwandt oder Photos von Außen- und Innenhand und Abdrücke der Innenhände. — Dieser Weg ist zwar nicht gerade billig, aber dafür ist das Material tadellos, besser zu beurteilen und zum späteren Vergleiche wertvoller als ein einzelner Farbabdruck. Eine Sammlung von Handphotographien ist für jeden Chirologen wertvoll, besonders wenn es Bilder von den Händen eines ganzen Familiengeschlechts sind. Wer den Wert der Chirosophie erkannt hat und auf Geschlecht und Stammbaum Wert legt, wird in den Handbildern seiner Vorfahren eine ganz besonders interessante und lehrreiche Chronik besitzen. Diese Idee ist durchaus nicht neu. Ich habe einige solcher Sammlungen zu sehen Gelegenheit gehabt. Warum nur Bilder von der halben Figur oder dem Gesichte haben und aufbewahren? Die Hände erzählen uns oft mehr über das ganze Leben eines Menschen als sein verschöntes Gesicht!

Leitsätze der wissenschaftlichen Chirologie:

1. Bei jeder Begutachtung müssen b e i d e Hände in Betrachtung gezogen werden. Die A u ß e n s e i t e bietet die Grundlage der Begutachtung! Sie zeigt die Grundeinstellung der Persönlichkeit zur Umwelt. Die Merkmale der Innenhände sind Ergänzung dazu.

2. Die linke Hand zeigt außen und innen: was man vorgeburtlich übernommen und aus der mütterlichen Generation geerbt hat; die Veranlagung der Individualität.
Die rechte Hand zeigt innen und außen: die Arbeit und Entwicklung an sich, die Grenze des Erreichbaren, außerdem das, was aus der väterlichen Generation ererbt wurde.

3. E i n Merkmal besagt: Neigung, Disposition, Anlage, evtl. Warnung. M e h r e r e Merkmale gleicher Bedeutung verstärken die Bedeutung des ersten. Andere können evtl. abschwächen.

4. Hände geben objektiv nur Auskunft über die eigene Person, nicht aber über andere! Nicht über Kinder, Verwandte, Eltern usw. — Wer anderes behauptet, kann keine objektiven Merkmale dafür aufzeigen und „fühlt sich ein". —

5. Der kürzeste Zeitraum, den man — bis heute — in den Händen zuverlässig ausmessen kann, ist e i n Jahr. Monats-, Wochen- und Tageszeiten sind n i c h t erreichbar; denn 1 Jahr = 1 mm (in allen Linien) ist kaum noch teilbar. Um Jahresdaten genau berechnen zu können, muß man Korrekturdaten erfragen, z. B. Todesfall von Blutsverwandten, am besten Onkeln oder Tanten oder Großeltern.

6. Angelegenheiten, die von „Formalitäten" abhängen, also menschliche Einrichtungen, wie z. B. Standesamt u. dgl., sind nicht ersichtlich.

7. Hände mit zahlreichen Linien geben mehr Auskunft als solche mit wenigen oder nur Hauptlinien.

8. Das seelische Niveau sollte nicht unbeachtet bleiben. Denn: Wenn zwei dasselbe tun, so ist das nicht das Gleiche! —

Jeder Irrtum ist ausgeschlossen, wenn man genau sich an diese Regeln hält und die Wissenschaft beherrscht! —

Eine richtige Handanalyse wird auf folgende Art ausgearbeitet: Es werden alle Merkmale aus der Außen- und Innenhand gesucht und notiert. Dann werden diese Merkmale in Eigenschafts-Gruppen aufgeteilt und besonders zusammengeschrieben. Hiernach wird der Handtyp oder dessen Mischung sehr genau analysiert und sein Hauptmerkmal festgestellt, als Ausgangsbasis zur Analyse: für die Persönlichkeit selbst, dann für das Umweltsverhalten in mehreren Richtungen, so daß ein großes Charakterbild entsteht. Dieses Charakterbild ist so zu gestalten, daß zuerst das Geistige, dann das Seelische und schließlich das Physische in Veranlagung und Auswirkung dargestellt wird. Auf Grund dieser Gegebenheiten wird das Analysenbild unter Berücksichtigung aller Merkmale der Innenhände zu einem Lebensbild gestaltet, aus dem der Weg der Entwicklung der Persönlichkeit, ihre Möglichkeiten und Grenzen ersichtlich sind. — Musteranalysen siehe weiter hinten. —

Wissenschaftliche Lehrbücher sind keine Kochbücher und nicht zu dem Zweck geschrieben, daß man in ihnen naschhaft nach der Bedeutung eines Zeichens sucht, um dann allein nach dieser e i n e n Bedeutung etwas erkennen zu wollen, oder daß gar jemand einem etwas darüber sagt. — Ich warne dringend davor, den Inhalt meiner Lehrbücher so zu mißbrauchen. Es kann nicht oft genug, nicht eindringlich genug betont werden: Lehrbücher werden geschrieben, damit sie studiert werden.

Studieren aber heißt: ein Thema gründlich und intensiv durcharbeiten. Um etwas, z. B. eine Eigenschaft, festzustellen, darf man nicht nur nach e i n e m Merkmal gehen, sondern muß mehrere Merkmale suchen, die den Hinweis der einen Eigenschaft bestätigen oder abschwächen! Und auch dies genügt noch nicht; man muß vielmehr alles andere noch in Betracht ziehen, um ein g a n z e s und abgerundetes Bild zu erhalten. Erst dann kann man etwas mit Sicherheit begutachten.

Man bedenke immer, daß man einen M e n s c h e n begutachtet und daß man ihm seelisch schaden kann, wenn man ihm etwas sagt, das in ihm ein Minderwertigkeitsgefühl aufkommen läßt, so daß er an Selbstvertrauen verliert, anstatt das man ihm zum Selbstvertrauen und zur Selbstbehauptung verhilft!

Da wir Menschen sind, haben wir auch mehr oder minder negative Eigenschaften. Sie sollen durchaus nicht verheimlicht werden, aber sie müssen genannt und auch erklärt werden, und zugleich muß auch ein Weg zur Abstellung genannt sein, denn nur durch Erkenntnis kann Änderung und Besserung erzielt werden. Mit Feststellungen allein ist niemandem gedient, und ebenso wenig, wenn kein Weg zur besseren Entwicklung im positiven Sinn geboten wird. Um ein gründlicher Gutachter zu sein, benötigt man vor allem eine Eigenschaft, die heute selten ist: Verstehen! Um aber verstehen zu können, muß man selbst die harte Schule des Lebens durchgemacht haben, Menschen- und Weltkenntnis in hohem Maße besitzen, am Leben gereift sein. Das aber wieder kann man nicht lernen, weder durch Bücher noch durch Menschen, sondern nur durch persönliche Erfahrung. Und noch eine Eigenschaft ist nötig, um verstehen zu können: Güte! Wir haben kein Recht zu verurteilen, denn um beurteilen zu können, was gut und was böse ist, ist eine geistige Reife erforderlich, die nur bei sehr wenigen Menschen gefunden wird. —

Alle Wissenschaften, die es ermöglichen, Menschenkenntnis zu geben, erfordern geistige Schau auf höchster Warte der Betrachtung und kosmisches Denken. Nur so werden wir der Forderung und der Würde dieses Wissens gerecht, das ein heiliges Wissen ist.

Man gewöhne sich, darüber tief nachzudenken, was eine Eigenschaft bedeutet, wie und woraus sie entsteht oder entstanden ist. Es gibt viele Eigenschaften, die sich aus mehreren zusammensetzen, z. B. Eifersucht: Mißtrauen + Neid + Stolz + Dummheit. Hieraus möge erkannt werden, wie wichtig es ist, nicht nur Menschenkenntnis zu erwerben, sondern sich auch mit der Charakterkunde zu befassen. Ein Lexikon der analysierten Charaktereigenschaften existiert leider bis heute noch nicht; es würde sicherlich vieles erleichtern.*) —

---

*) Ein „Lexikon der Charaktereigenschaften" vom Verfasser, 2,10 DM

Was auch immer eine Hand-Analyse als Resultat ergeben mag, nie darf man vergessen, daß es eines jeden Menschen Pflicht dem Nächsten gegenüber ist: seine seelische Kraft zu stärken; auf welche Art, das mag ihm überlassen bleiben. — Seelische Widerstandskraft und Gleichmut in allen Geschehnissen, Lebensbejahung und Selbstvertrauen anderen zu geben, das ist positive Arbeit am Mitmenschen. Das ist die heilige Mission des Menschenkenners und Charakterologen! Das ist praktische, ist Tat-Religion, Priesterschaft. — Verschwiegenheit ist freilich auch nötig!

Wie viele Menschen haben für den Anblick einer Hand einen überraschenden Instinkt, und wie viele lassen sich von dem Ausdruck und der Form einer Hand beeinflussen! Wer genau betrachtet, wird die Entdeckung machen, daß Hände sehr verschieden sind, wie Gesichter, genauso sympathisch, genauso unsympathisch, genauso anziehend, genauso abstoßend oder gewinnend. Es gibt grobe, zarte, zynische, hochmütige, bescheidene, kluge, dumme und liebevolle, anmutige, tückische, geistreiche und stumpfsinnige, brutale, sentimentale Hände. Dies schon allein nach dem Empfinden. Wieviel mehr aber offenbaren Hände, wenn man sie außerdem noch objektiv zu l e s e n vermag!? (Siehe Seite 77.)

Eine notwendige Begriffs-Erklärung!

Es herrscht heute allgemein noch eine Verwirrung über den Begriff Geist! — Viele Leute verstehen unter Geist den Intellekt; andere wieder verwechseln Geist mit Seele. Damit im folgenden keine Irrtümer vorkommen, muß ich auf den Begriff Geist etwas näher eingehen. Uralt ist die Einteilung: Geist — Seele — Körper. Der Geist ist der Gottesfunken, das Ego, das Ichselbst im Menschen und zugleich das höchste Prinzip, die höchste und bewußte Kraft im Kosmos, unsterblich wie Gott selbst, darum also auch ein Teil Gottes. — Da aber der Geist zu fein ist, um sich durch sein physisches Gefäß, den Körper, bemerkbar und wirksam zu machen, benötigt er Zwischenstufen von verschiedener Dichtigkeit; nennen wir sie verschieden dichte „Schichten" oder Körper. Diese sind die Seele. (Über die verschiedenen Seelenkörper, ihr Wesen und ihre Funktion gab ich bereits eine genaue Darstellung in Band 2 des Werkes „Medizinische Hand- und Nageldiagnostik", Siehe: "Die Seele des Menschen"

Der Intellekt ist eine seelenlose Denkart, die wenig mit Geist zu tun hat. Er ist eine Schulung in logischen Gedankengängen, die oft richtig erscheinen, es aber nicht zu sein brauchen. Es gibt genügend Beispiele dafür. — Intellekt ist nicht seelisch belebt, deshalb auch nicht schöpferisch. Z. B. erwachsen Erfindungen nicht aus dem Intellekt, aber aus dem Geist! Selten war oder ist ein schöpferisches Genie

ein intellektueller Mensch. Der Intellekt ist eine selbstgebaute Scheide-
wand innerhalb der Seelenkörper, und wer sie einmal — durch fanatische
intellektuelle Einstellung seines Denkens — fest errichtet hat, der hat
weder Intuition, noch Religion, noch seelisches Erleben, denn es ist
ihm unmöglich geworden, sich „nach innen" zum Ich zu vertiefen, er
kann n u r noch materiell, also sachlich und real denken, und bekanntlich läßt sich nicht alles mit dem sachlichen Verstande erfassen, wie
z. B. Metaphysik, Religion, Kunst. — (Siehe: „Die Seele des Menschen"
vom gl. Verfasser.)

Der Geist besitzt aus sich heraus hohe und höchste Erkenntnis, wie
sie sich im Genie oft offenbart. — Nicht der Geist ist Widersacher der
Seele, wie L. Klages behauptet, sondern der Intellekt ist der Wider-
sacher! Das ist ein sehr großer Unterschied! Der Intellekt ist ein
Gegner alles Spirituellen (Geist - Seelischen) und des Erkennens
durch Innenschau und ist nur groß im Kritisieren, „Besserwissen". —
Erkenntnis ist eine geistige Eigenschaft, Empfinden eine solche der
Seele, und Gefühl eine des Körpers. Da ist nichts zu verwechseln!

Chirologie ist die Wissenschaft und Kunst, aus den durch Erfahrung
gewonnenen Regeln für die Bedeutung der einzelnen Handmerkmale
(Signifixe) und deren Kombinationen ein richtiges Charakter- und
Schicksalsbild zu gewinnen und zu konstruieren.

Wissenschaftliche Chirologie und ihre Anwendung.

Urteile nicht über eine Sache, wenn du sie nicht
verstehst oder begreifen kannst, sondern meditiere
und versuche durch Konzentration deiner Gedanken
in die Tiefe der Weisheit und des Gehe.mnisses
des Universums einzudringen! Nur so wird es dir
möglich sein, Erleuchtungen zu erlangen und deshalb: Verstehen.

Was ist Chirologie?

Chirologie ist eine alte Wissenschaft, Beobachtung und Erfahrung
wie jede andere Wissenschaft der Personenkenntnis — was jemand ist,
was er war und was er sein wird. Dies Wissen, so schwer verständlich
für jene, die damit nicht vertraut sind, ist für einen wirklichen
Chirologen so klar wie Quellwasser. Wie alles Wissen, hat auch
dieses seinen Grund in Beobachtung und Erfahrung von Ursache und
Wirkung, folglich kann man auch aus der Wirkung die Ursache erkennen. Die Handlesekunst ist nicht von gestern und heute, sondern
wird seit Jahrtausenden ausgeübt. Sie ist Meta-Physiologie, also Natur-

wissenschaft. Jeder gute Beobachter kann nicht umhin, die Verschiedenheit des Charakters zu erkennen an Form und Ausdruck des Kopfes und Gesichts bei Personen, mit denen er in Berührung kommt. Dasselbe wird er bei näherer Betrachtung der Hände finden. Das Gesicht gibt ein klares Bild der Leidenschaften und Neigungen. So auch die Hand, die Form und Haltung des Körpers, der Gang usw. Man erkennt gewisse Menschen schon am Gang, an Klang und Art des Trittes, der Stimme, selbst wenn sein Körper noch nicht sichtbar ist. Ebenso erkennen wir auch den Charakter und selbst Krankheiten aus der Hand, Handschrift, Kopfform (Belastung), dem Auge, der Iris usw., auch ohne Hellseher oder Psychometer zu sein. Wer aber noch mit einer dieser göttlichen Gaben gesegnet ist — sei es von Geburt oder durch Ausbildung —, der sieht oder fühlt noch weit besser und mehr und erkennt sicherer, was er sucht. Das Studium der Chirologie wird jedem Wißbegierigen in dieser Hinsicht ein weites und äußerst interessantes Feld eröffnen, eine Quelle von Wissen bieten zum Nutzen seiner Gesundheit, seines Erfolges — in geistiger und materieller Hinsicht. Viele Ehen werden unglücklich durch späteres Erscheinen oder Hervortreten von Eigenschaften, die man zunächst weder vermutet noch in Betracht gezogen hatte. Manches Kind wurde einer Erziehungsmethode unterworfen, welche seiner Individualität nicht Rechnung trug, dann in einen Beruf gedrängt, der seinen Fähigkeiten nicht entsprach. Wie fremd es auch für manche klingen mag, doch Erfahrung hat gelehrt und bewiesen, daß Chirosophie die Natur und das Alter von Geschehnissen, die das Leben und sein Ende beeinflussen und angehen, entschleiert und oft mit großer Genauigkeit definiert. Sie enthüllt überstandene oder kommende Krankheiten, drohende Unfälle und Gefahren. Sie enthüllt den Grad der Liebesfähigkeit; klärt den Wert von Freundschaften. Sie erkennt, welcher Beruf am besten zu wählen ist, wie man zu Wohlstand kommt und Verluste verhütet.

Sie sagt Bedeutsames aus über die Aussichten einer geplanten Ehe, die Möglichkeit Kinder zu bekommen und über guten oder bösen Charakter der Partner.

Ganzes Interesse, Neigung und Fleiß werden jeden ernsthaft Studierenden mit der Zeit dieses Wissen gewinnen lassen und ihn von seinem Werte überzeugen. Mancher wird evtl. nach dem Lesen dieses Buches sagen, daß er mit einzelnen Dingen des Inhalts wenig anfangen könne. Dem ist aber nicht so. Jedem wird wohl ein wenig bange vor der Fülle des Materials, das er auswendig lernen muß, wenn er ganzes Können erreichen will. Denn es kommen zeitweise Hände vor, die so viele Kombinationslinien haben, daß jede derartige Hand nahezu ein Studium für sich ist. Solche Fälle erfordern

Geduld und ruhiges logisches Denken. Tief nachdenken und genau sich klar werden: wo entspringt und wohin geht die Linie, was streift und kreuzt sie, wo und weshalb biegt sie da oder dort um oder aus, wo ist sie unterbrochen, weshalb ist gerade hier ein Kreuz, da ein Stern, Punkt, eine Insel, ein Fleck, Gitter usw. Dann wird man auch die Antwort finden. Es ist wirklich nicht so schwer, wie es anfangs aussieht, wenn man die Charakteristik des Handtyps, der Berge und Linien kennt. Dies ist Grundbedingung! Viel Übung ist erforderlich, und der ernste Schüler wird jede Gelegenheit zu nutzen wissen, sei es unauffällig in der Straßenbahn, auf dem Ball, im Geschäft oder sonstwo. Zu jedem Studium ist großes Interesse, Liebe, Streben und Ausdauer erforderlich, und Chirosophie bildet darin keine Ausnahme. Die besten wissenschaftlichen Bücher machen im Schrank einen imponierenden Eindruck, sind aber wertlos für jeden, der sie weder benutzt, noch ihren Inhalt im praktischen Leben anwendet.

Gewiß gibt es viele Hände, aus denen man wenig erkennen kann außer den Charaktereigenschaften und Krankheitsanlagen. Das ist so, wenn der Betreffende zu materiell oder nur materiell ist und denkt, oder nur intellektuell eingestellt (reiner Verstandesmensch) ist; denn rein verstandesmäßiges Denken vertreibt das Empfindungsleben! Diese Bestätigung findet man bei solchen Leuten, welche alles Empfinden und Gefühl als „Gefühlsduselei" hinstellen möchten. Sie berauben sich selbst ihrer ideellen und praktischen Werte. Außerdem hemmen sie sich selber dadurch in ihrer Höherentwicklung zum wahren Menschen. Wie sollen sich die unterdrückten seelischen Schwingungen in solchen Fällen zeigen? Auch kommt der Fall vor, daß das Schicksal des Betreffenden es besser findet, den Weg absichtlich dunkel zu erhalten; d. h. der in Frage kommende Mensch soll nicht „wissen" und Prüfungen durchmachen, die für ihn durchaus notwendig sind. Ich sage keinesfalls, daß a l l e s von der Chiromantie heute bekannt ist. Auch ich studiere weiter und lerne Neues — zur Vervollkommnung. Es gibt noch sehr viel, wovon man heute noch nichts G e n a u e s weiß, anderseits vieles, was noch nicht genügend erforscht und erprobt ist. Welche Wissenschaft ist heute vollkommen? Nicht eine! Es handelt sich bei der wissenschaftlichen Chirosophie durchaus nicht um das vielverrufene Wahrsagen, sondern lediglich um die wirklich vorhandenen, ablesbaren Zeichen, welche nach uralten „Regeln der Erfahrung" in unsere Sprache übersetzt werden, die allerdings Vergangenheit, soweit solche Zeichen noch nicht verblichen sind, außerdem Gegenwart und Zukunft enthalten, was jederzeit nachprüfbar ist. Menschen, welche dies bestreiten, fehlt es an Einsicht. Sie glauben aber an Wettervoraussagen u. dgl. Jeder

Arzt, Prediger, Mathematiker, Astronom, Politiker und — Kriminalist deutet die Zukunft! Auch Feldherren, Strategen. Man versuche sich doch klar zu werden über die Frage: was ist Zeit? Ein Menschenalter währt, wenn es hoch kommt, hundert Jahre. „Zeit" ist uns nur durch die Tag- und Nachtunterschiede bewußt geworden. Hätte die Erde dauernd Sonnenschein, wer würde sagen können: „heute", „morgen", „gestern"? Es wäre ein dauerndes Heute. Man betrachte den Sinn „Zeit" vom Standpunkte Gottes, der Natur, des Kosmos, oder wie man will. Dann wird man auch erkennen, daß die Dauer eines Menschenlebens nur ein Augenblick im kosmischen Sinne ist. Wo aber sind Vergangenheit, Gegenwart und Zukunft in solch einem Augenblicke?! Sie sind ein Begriff geworden. Je höher das spirituelle (nicht intellektuelle) Bewußtseinsleben im Menschen ist, desto kürzer erscheint ihm das Leben. Nur ein Mensch, der wenig oder kein Innen-(Seelen-)Leben hat, kennt „Langeweile"!

Die a s t r o l o g i s c h e n Bezeichnungen der Finger, Berge und Linien behalte ich hier bei. Sie haben ihren guten Grund, sind kurz, sachlich und machen es besonders denen leicht, welche mit den Elementen der Astrologie vertraut sind. Anfänger werden sie sich ohne viel Mühe merken können.

Zur leichteren Erlernung möchte ich hier anführen: Sonne für Sonntag, Mond für Montag, Mars für Dienstag, Merkur für Mittwoch, Jupiter für Donnerstag, Venus für Freitag, Saturn für Sonnabend. Das ist durchaus nicht sonderbar oder Spielerei; denn in der Astronomie werden diese Zeichen ebenfalls angewandt und auch in der Medizin, wo das Marszeichen für „männlich" und das Venuszeichen für „weiblich" gebraucht wird. Uranus und Neptun sind leicht zu merken. Man wird diese Zeichen noch besser verstehen lernen, wenn man die esoterische Bedeutung der Symbole kennt. Ich will mich hier kurz äußern über

Symbolik und Geistlehre.

Das Alter der Symbole ist so groß, daß man darüber heute nichts mehr sagen kann. Sicher ist, daß sie auf die ältesten Kulturvölker zurückgehen, weil die meisten Symbolzeichen auf die nordische Runensprache zurückzuführen und in dieser enthalten sind (s. die „Ursprache" und „Bilderschrift der Ario-Germanen" von Guido v. List). Das Ichselbst, das Ego, wird dargestellt durch einen Punkt (der Geist); die Seele durch einen Kreis, das Prinzip der Unendlichkeit. Punkt im Kreis ist das Symbol (auch astronomisches Zeichen) für die Sonne. Der

Mond hat das Zeichen eines Halbkreises oder einer Sichel und bezeichnet die Persönlichkeit, Leidenschaft und Gefühle des Menschen. Der senkrechte Strich stellt das Männliche dar, der waagerechte Strich das Weibliche; das Kreuz: männlich und weiblich, positiv und negativ. Das Kreuz im Ring ist das Glückszeichen (von der Seele umgeben). Anderseits ist das Kreuz das Symbol der Erlösung, also christlich. Dieses Kreuz muß überwunden werden. Das wird dargestellt durch den Kreis mit daraufstehendem Kreuze: das Symbol der Erde. Das Kreuz obenstehend bedeutet hier, daß das Leid noch nicht überwunden ist. Venus hat als Symbol einen Kreis über dem Kreuze: das Kreuz oder die Leiden durch Liebe überwunden. Dasselbe Zeichen mit einem liegenden Halbmonde darüber ist das Merkurzeichen und bedeutet, daß das Kreuz und das Leiden durch Liebe und Vernunft überwunden sind. Die Zeugungsrune, ein Pfeil mit einem Ringe daran, ist das Symbol des Mars. Dieselbe Rune aufrechtstehend mit einem Halbmond im Kreis auf der rechten Seite und dem Punkt in der Mitte ist das Zeichen für Uranus: höchste Erkenntnis durch Geist, Seele, Vernunft und Sexualmysterien. Der Jupiter ist dargestellt durch ein Kreuz, auf dessen waagerechtem Balken ein Halbmond steht: das Kreuz durch Fühlen und Denken, somit Erkenntnis — überwunden. Das Saturnzeichen besteht aus einem Kreuze mit darunterhängendem Halbmonde: das Leid noch nicht überwunden, und da dieser Planet sehr kräftig wirkt, ist er der Erzieher, aber auch der Helfer. Saturn ist auch der Intellekt (Halbmond), überschattet vom Stoffe (Kreuz), also vom Gehirndenken eingeschränkt und gefesselt; deshalb egoistisch. Durch seine Hemmungen wirkt er zur Nachdenklichkeit und Konzentration. Wir wissen, daß alle Ereignisse schwerer Art, alles Leid, uns zum Nachdenken bringen. Wird der Stoff und die Hemmungen, das Leid durch Erkenntnis überwunden, so kehrt sich dieses Zeichen um, und aus dem Saturn entsteht der Jupiter. Die unmanifestierte Gottheit wird symbolisiert durch den Kreis und die sich manifestierende Gottheit durch den Punkt. Die Manifestation im Vollendeten wird dargestellt durch einen Punkt und einen Doppelkreis: die Zentralsonne, der göttliche Wille. Die Swastika bedeutet, mit einigen Worten gesagt: die Bewegung des Kosmos. Es ist das Sonnenkreuz, das Kreuz der alten Magier und Weisen, eines der ältesten Symbole der nordischen Rasse. Mißbrauch der heiligen Runen rächt sich früher oder später immer. Rechtmäßig gehört in das Hakenkreuz ein Punkt (in das Zentrum). Der fünfzackige Stern mit e i n e m Strahl nach oben ist das Symbol der Gottheit; mit zwei Strahlen nach oben ein Symbol des Dämons. So stellt der erste den kosmischen Menschen aufrechtstehend dar, der letzte den göttlichen Menschen auf den Kopf gestellt, (Adam Cadmon) „aufgehängt". Der Sechsstern, auch Siegel Salomonis oder Schild Davids genannt, bedeutet die Verstofflichung des Geistes und die Vergeistigung des Stoffes. Es ist ebenfalls ein nordisches Zeichen und wird gern von den Juden benutzt. Der Fisch ist das Symbol Christi und der Wiedergeburt. Das griechische A und O bedeuten Anfang und Ende. Daher sind sie oft auf Grabsteinen zu finden. Die Runen der hebräischen Schrift stellen sowohl Zahlen wie Buchstaben dar. Die Feuerzeichen des Tierkreises werden dargestellt durch aufrechtstehende Dreiecke, die Wasserzeichen durch Dreieck auf der Spitze stehend; Luftzeichen durch aufrechtstehendes Dreieck mit waagerechtem Strich durch den oberen Teil und die Erdzeichen mit derselben, aber umgekehrten Rune. Jeder Planet hat noch seine eigenen Runenzeichen dieser oder jener Art, wie ich sie auf Bild 23 unten links gebracht habe. In jeder Zeile bedeutet das letzte Zeichen ein dämonisches Siegel und die beiden vorletzten, theonische Siegel. Befinden sich auf einer Stelle in der Hand ein oder mehrere Planetenzeichen, so hat man darauf zu achten, w i e sie stehen. Aufrechtstehend, mit dem Kopf nach den Fingerspitzen zu, haben sie günstige Bedeutung, umgekehrt stehend ungünstige; liegend sind sie zweifelhaft und wechselartig. Man muß die Bedeutung der Planetencharakteristik als Person betrachten und diese Person in Verbindung bringen mit der Bedeutung der betreffenden Stelle in der Hand, Berg oder Linie. Aus dieser Kombination ergibt sich, was die Natur damit sagen will. Für gute und günstige Bedeutungen müssen Runenzeichen immer aufrecht stehen. Das mag hierüber genügen. Einiges andere ist beschrieben im Kapitel: „Astrale Symbolik".

In der alten Symbolik ist Wahrheit enthalten. Diese Bezeichnungen entsprangen nicht dem „Zufall", wie irgendein Sprichwort, sondern sie entsprachen sowohl den Funktionen der einzelnen Handteile, als auch den Eigenschaften, mit denen die Götter von den Menschen versehen wurden. Wenn z. B. der Zeigefinger droht und warnt, so ist sein Sinn und Ausdruck sehr wohl mit dem donnernden Jupiter zu vergleichen. Wir winken, zeigen, warnen, befehlen mit dem Zeige-Jupiterfinger; ebenso der Daumen mit der Bejahung bzw. Verneinung des „Ich", wie dies bei den Römern zu Neros Zeiten gebräuchlich war. Aufwärts zeigend: ja; abwärts: nein, Tod. Im Daumenballen wird das Triebleben dargestellt, erotische Liebe, daher Venus; „die Feste der Venus". Der Mittel- oder Saturnfinger ist der längste und sehr massiv; wir wissen alle, welchen Einfluß das „Böse" (Saturn — Satan) oder auch Gewissenhaftigkeit auf die Menschen hat. Das Symbol der Sonne ist Gold. Am Apollofinger trägt man den goldnen Schmuck; vor allem aber den Ehering. (Zufällig?) Der kleinste Mensch ist gewöhnlich der gewandteste. Gewandt muß man sein im Handel und in der Sprache. Wenn jemand recht „vornehm erscheinen" will, sei es beim Trinken, Rauchen usw., so spreizt er seinen kleinen Finger nach außen und gibt ihm eine besondere Stellung. Dasselbe erfolgt im Gedankenleben als Diplomatie, d. h. Verstellung; alles Attribute des Merkur. — Warum das so ist, hat man bisher nicht besser erklären können, doch die immer wiederkehrenden Erfahrungen beweisen, daß es so ist! — Die Proportionsverhältnisse der Finger zueinander und zur ganzen Hand haben ihre ganz bestimmten Charakteristiken. Sehen wir z. B. eine breite, kurze und gedrungene Hand, so wirkt sie unsympathisch, oft sogar abstoßend auf uns. Wir erkennen sofort (durch bewußtes Empfinden) die brutalen und niederen Eigenschaften des Eigners — wir s e h e n sie — „Das Innere formt das Äußere!" —; weil seine Art und sein Wesen so sind, formt das Äußere sich auch dementsprechend. Man darf deshalb solchen Menschen durchaus nicht verdammen; denn es ist sein Schicksal: den Lebensweg derart zu durchwandern und zu durchleben, wie es ihm von dem Karmagesetz vorgezeichnet wurde. — Die Erziehung und die Eltern können und dürfen niemals für die Qualität und die Eigenschaften eines Kindes oder Erwachsenen und seiner Lebensart verantwortlich gemacht werden! — Wer dies nicht einsieht, ist blind und unwissend.

Ein Kind ist nur leiblich das Kind seiner Eltern, nie aber geistig. Über diese Lehren und Erkenntnisse ist Ausführliches enthalten in meinem Buche „Mein eigner Weg". Der Geist und die Seele des Kindes haben nichts von den Eltern. Das Wesen des Geistes ist Absicht und Zweck! Er ist eine Individualität für sich und bildet sich eine eigene Persönlichkeit. Der Drang und die Kraft zur Verkörperung waren die Macht, welche die Eltern zusammenführte, um jene Kombination von Körper zu schaffen, die dem äußeren Ausdruck der treibenden — sich verkörpernden — Individualität entspricht. Das werdende Kind konnte keine anderen Eltern aussuchen, weil gerade die beiden Körper dieser Eltern in ihrer Kombination wiederum eine neue und ganz bestimmte Kombination Körper hervorbringen. Sie ergibt, zusammen mit den zu einem bestimmten Lebensschicksal erforderlichen astralen Einflüssen und Schwingungen, d a s physische Menschenleben, das wir dann vor uns sehen. Daß der Körper des Kindes von den Eltern evtl. manches Ähnliche hat an Eigenschaften, ist ganz klar. Denn aus vielen dieser Ähnlichkeiten (die nicht allemal sichtbar zu sein brauchen) ergibt sich d i e Vererbung, welche für die „Erfahrungsschule des Lebens" des Betreffenden durchaus erforderlich ist, — seien diese Ähnlichkeiten nun geistiger oder physischer Art. Gaben, Talente usw. werden nicht vererbt, nur die dazu erforderlichen Bedingungen in größerem oder kleinerem Maße. Wenn ein Kind also z. B. sehr stark seinem Großvater ähnelt — geistig oder körperlich —, so

braucht es bzw. der Geist des Kindes — das ein ganz fremdes „Ich"
ist — gar nichts mit dem Großvater noch mit den eigenen Eltern zu
tun zu haben. Seine Ahnen haben nur dazu beigetragen, ihm das für
ihn genau passende und notwendige Gehäuse zu schaffen, weil sie
geistige Ähnlichkeiten mit ihm (dem sich im Kinde neu verkörpernden
Geist) zu d e r Zeit hatten. — Jede Verkörperung ist an bestimmte
Bedingungen und Verhältnisse, Gesetze gebunden, die wiederum ein
ganz bestimmtes Schicksal in sich schließen. — Aus dem Grunde ist
es richtig, wenn man sagt: Deine Kopfform, dein Charakter ist dein
Schicksal. — Es kann nicht j e d e r z e i t ein Christus geboren werden!
Auch er muß sich bei einer Verkörperung den kosmischen Gesetzen
unterwerfen, die genauer arbeiten als das beste Uhrwerk. Alles ist
eben: Ursache und Wirkung. Hierauf beruht auch das Gesetz: Jede
Schuld rächt sich auf Erden! Mit irgendeiner „Schuld" (Sünde)
verstoßen wir gegen die kosmischen Harmoniegesetze und legen
s e l b s t die Ursachen, deren Wirkungen auf uns zurückkommen
müssen. Jede Tat setzt „Gedanken" voraus. Gedanken sind aber
Kräfte, haben Form (und Farbe), und diese Kraftformen sind die
Plagegeister, die wir schufen — oder herbeiriefen — und dann nicht
mehr loswerden, da sie uns folgen wie Schatten, bis der geeignete
Augenblick kommt, wo wir ihre Macht zu erleben haben — im guten
wie im bösen Sinne. — Wir erleben heute in jeder Beziehung das,
was in den letzten Jahrzehnten „gedacht und gewünscht" wurde! —
Weil nun jeder Mensch eine eigene, selbständige Individualität ist, in
einer eigenen Gedankensphäre lebt und in Wirklichkeit keine körperliche Verwandtschaft hat, muß er auch seinen vor sehr langen Zeiten
sich selbst vorgezeichneten Lebensweg allein durchleben. Es kann
ihm niemand dabei helfen; nur er sich selbst — durch sich selbst.
„L e i d e a l l e i n !" lehrt die Yogischule. Darum ist höchste Aufgabe des Erdenlebens: sich selbst zu ergründen und zu erkennen;
dadurch ergründet man gleichzeitig sein Schicksal. Richtiges Denken
ist hierzu erste Bedingung! Lerne richtig denken, richtig wünschen,
richtig wollen, denn daraus fließen deine Handlungen, und diese wieder
bestimmen dein Schicksal. Aus Verkehrtem kann nur Verkehrtes
entspringen! Der erste Schritt zur geistigen Wiedergeburt ist die feste
Überzeugung, die unerschütterliche Erkenntnis, daß unser physischer
Körper nicht unser wahres Selbst (Ich) ist, daß dieser physische Körper
vielmehr — wie die ganze Welt der Erscheinungen — nur die Wirkung,
die Verkörperung geistiger Kräfte ist; daß unser geistiger Wesenskern
der innere unsterbliche Mensch, der wahre Mensch ist. In dem
Maße, wie wir uns als Geistesmenschen fühlen und danach leben,
in dem Maße, wie der göttliche Geistesfunke in uns zur Aktivität

erwacht, genau in dem Maße werden wir Herr über unser Schicksal!*) —
„Alle Dinge, um die ihr beten und bitten werdet, glaubet (d. h. seid
überzeugt), daß ihr sie empfangen werdet, so erhaltet ihr sie auch." —
„Was du denkst, das wirst du!" Eine Kraft, die imstande ist, irgendein
System zu leiten und zu lenken — wie den menschlichen Lebensweg —
oder einem Gegenstand eine zweckentsprechende Form zu geben —
wie dem menschlichen Körper —, eine solche Kraft handelt nicht blind,
nicht automatisch, sondern zielbewußt! Deshalb: Der Geist ist nicht
nur die höchste Form der Energie, er ist mehr als diese, er beherrscht
jede Energie, er leitet und lenkt sie; er ist Herr der Materie, nicht
„Funktion".

Was der Mensch bedeutet, das fängt erst da an, wo er nicht nur
Gattungswesen, sondern wo er Einzelwesen ist. Man kann nicht aus
dem, was zwischen Geburt und Tod liegt, die geistige Gestalt erklären.
Die Verschiedenheit der Menschen in geistiger Beziehung rührt durch-
aus nicht (allein) von der Verschiedenheit ihrer Umgebung, ihrer
Erziehung usw. her. Denn zwei Menschen entwickeln sich unter den
gleichen Einflüssen der Umgebung, der Erziehung in ganz verschiedener
Art, eben weil jeder Mensch geistig ein eigenes, selbständiges Wesen
ist. Meine physische Menschengestalt habe ich von meinen physischen
Vorfahren, die geistige Gestalt von mir selber, durch meine geistige
Entwicklung! — Aus dieser Ursache wiederhole ich die Rassengestalt
und das Blut meiner Vorfahren und die geistige Gestalt meines Selbst.

Ich kann also meine Gestalt von niemandem anders haben als von
mir selbst —, weil „das Äußere der Spiegel des Innern" ist! Weil
ich nicht mit unbestimmten, sondern mit bestimmten Anlagen in die
physische Welt eintrat — da durch diese Anlagen mein Lebensweg,
wie er in der früheren Wesensart zum Ausdruck kam, bestimmt ist —,
so kann meine Arbeit an mir selbst nicht bei meiner Geburt begonnen
haben. Ich muß als Ichheit vor meiner irdischen Geburt vorhanden
gewesen sein. In meinen Vorfahren bin ich sicher n i c h t vorhanden
gewesen; denn diese sind als geistige Menschen von mir verschieden.
Meine Art ist nicht in der ihrigen zu finden, aus derselben auch nicht
erklärbar. Also bin ich als geistiges Wesen die Wiederholung meiner
selbst; denn nur in mir selbst liegt die Erklärung meines Selbst und
des Seins meiner Art und deshalb meines Schicksals. Somit war ich
von Uranfang und bin ewig! — Zu sein heißt: zu wirken. Jede
Wirkung schafft in sich neue Ursachen (gleichgültig, ob uns diese
bewußt sind oder unbewußt), und diese Ursachen müssen und werden

---

*) Das wichtigste Ereignis im Leben des Menschen ist der Augenblick, da er sich seines
Ichs bewußt wird. Die Folgen dieses Ereignisses können die wohltätigsten oder die schreck-
lichsten sein. — Es hängt unendlich viel davon ab, ob sich jemand als Tiermensch oder als
Geistesmensch fühlt und erkennt! Es ist selbstverständlich, daß der Begriff Rasse immer
n u r psycho-physiologisch in Betracht zu ziehen ist! D. V.

sich wieder in Wirkungen auslösen. Dies ist die endlose Kette von Geschehnissen, die erfahren und e r l e b t werden müssen; denn sie sind von uns selbst geistig — somit auch physisch — geschaffen und deshalb in die Sphäre unserer Geistes- und Wirkungsart hineingezogen. Sie bilden unser Karma, unser Schicksal.

Wie wir diese Geschehnisse seelisch und deshalb auch physisch erleben, durchleben und verwerten, davon hängt das weitere Entwickeln neuer Ursachen und Wirkungen der Qualität und Quantität ab, somit auch die Verbesserung oder Verschlechterung unseres Schicksals. — Innerhalb der durch Geburt und Tod bestimmten Grenzen gehört der Mensch den drei kabbalistischen Welten — Physisch, Astral und Mental (oder Körper, Seele, Geist) — an. Die Seele ist das Mittel- und Verbindungsglied zwischen Leib und Geist, indem sie als Seelenleib mit der Empfindungsfähigkeit den physischen Körper durchdringt und als Bewußtseinsseele den Geistleib durchsetzt, beide verbindet. Die Seele hat dadurch während des Lebens sowohl Anteil an dem Leibe, wie an dem Geiste. Dieser Anteil kommt in ihrem ganzen Dasein zum Ausdruck. Von der Organisation des Seelenleibes wird es abhängen, wie die Empfindungsseele ihre Fähigkeiten entfalten kann. Von dem Leben und Schwingen der Bewußtseinsseele anderseits wird es abhängen, wieweit das Geistselbst in ihr sich entwickeln kann. Die Empfindungsseele wird einen um so besseren Verkehr mit der Außenwelt entfalten, je entwickelter der Seelenleib ist. Das Geistselbst wird um so reicher, machtvoller sein, je mehr Nahrung ihm die Bewußtseinsseele durch Erleben zuführt. Das heißt: es werden während des Lebens im Körper die verarbeiteten Erlebnisse als Früchte durch die Bewußtseinsseele dem Geistselbst zur Bereicherung und zum Erstarken zugeführt. Diese gewonnenen Schätze bleiben dem Geiste nicht in unveränderter Gestalt. Vorstellungen, welche der Mensch aus Erlebnissen äußerer und innerer Art gewinnt, entschwinden dem Gedächtnis allmählich. Nicht aber ihre Früchte! Der Geist nimmt Umwandlungen mit den Gedächtnisschätzen vor. Er entnimmt ihnen nur die Kraft zur Erhöhung seiner Fähigkeiten. Auf diese Weise geht kein Erlebnis ungenützt vorüber, besonders kein tieferes. Die Seele bewahrt es als Erinnerung für eine Zeitlang; der Geist saugt aus ihm das, was seine Fähigkeiten, seinen Inhalt und Wert für die Weiter- und Höherentwicklung bereichert. Des Menschen Geist wächst durch die verarbeiteten Erlebnisse. Wenn man sie auch nicht aufbewahrt finden kann, wie in einem Museum, man findet ihre Wirkungen in den Fähigkeiten, die sich der Mensch erworben hat, folglich auch in der Anwendung dieser Fähigkeiten, im Charakter — in seinem Schicksal und Lebensweg. Nur in dieser Hinsicht ist jeder seines Schicksals Schmied, sonst nicht! Für denjenigen, dessen seelisches Schauen erschlossen ist, wirken die obigen Tatsachen genau mit derselben Kraft wie ein Vorgang, welcher sich vor seinen physischen Augen abspielt. Er erkennt sie als klar und selbstverständlich*).

Hat man sich selbst erkannt, dann erkennt man auch Gott und seine Mitmenschen und — kann ihnen helfen. Denn Erkennen heißt auch Liebe und Verstehen. „Wer versteht, wird nie verdammen!", denn er erkennt sofort die Motive, den Urgrund der Handlung. Selbsterkenntnis ist erstes Gesetz für jeden. Sie zu erlangen ist jedes Menschen größte Pflicht (und der Grund seiner Verkörperung auf unserem Planeten) gegen sich selbst und seine Mitmenschen. Wege dazu gibt es mehrere, die später immer auf den einen geraden Hauptweg führen. Doch ist jeder Weg nicht gleich leicht für jeden. Die Chirosophie ist einer dieser Wege und ein guter, klarer, praktischer. W e r a n d e r e b e u r t e i l e n w i l l , m u ß s i c h s e l b s t u n d d a s L e b e n k e n n e n ! Er muß es verstehen, sich in den zu Beurteilenden hinein zu versetzen, durch dessen Augen die Umwelt zu betrachten und auf sich wirken zu lassen. Es gehört viel Erfahrung und Erkenntnis dazu, ihm dann raten zu können in den überaus vielseitigen Kompliziertheiten dieser oder jener Verhältnisse und Umstände, welche das Leben des einzelnen birgt. Man muß schon viel Lebens- und Welterfahrung besitzen und alle Lebenslagen, alle Verhältnisse kennen, aber auch eine hohe Weltanschauung errungen haben. Die hohe Warte der Betrachtung will erklommen, gewonnen sein! — Der Weg hierzu führt durch Entsagung, Aufopferung, mit einem Worte, durch Selbstbefreiung von der Ichsucht. Das ist erlebte spirituelle Erkenntnis. Es ist durchaus falsch, aus reiner Neugierde die Regeln einer Wissenschaft erlernen oder oberflächlich studieren zu wollen, um das so gewonnene oberflächliche Halbwissen in irgendwelcher Form zu verwerten. Selbsterkenntnis erlangt man durch Oberflächlichkeit nie. Soweit der Weg in den Irrtum hineinging, soweit ist er auch zurück! Gerade die menschliche Natur zu studieren, ist das schwerste, und das gewonnene Wissen macht verantwortlich!

Es ist jedem Menschen selbst überlassen, in der Finsternis oder im Lichte zu wandeln. Da ist kein Zwang; Gott schuf keine Automaten! Wer aber einmal Erkenntnis erlangt hat, der ist von dem Augenblick an verpflichtet, den Weg des Lichts zu wandeln — der besseren Einsicht zu folgen —, oder aber die Rückwirkung ist furchtbar. Nicht die Verhältnisse machen den Menschen, sondern der Mensch macht die Verhältnisse.

---

*) Es gibt sehr vieles für den Durchschnittsmenschen, was sich vorläufig nicht handgreiflich beweisen läßt, eben weil der Durchschnittsmensch und vor allem der rein verstandesmäßig denkende Mensch nicht die seelischen und geistigen Sinne entwickelt hat. Nie darf deshalb ein Mensch sagen: nur das sei wirklich, was er mit den fünf Sinnen wahrnehmen kann, denn es gibt so unendlich viel Wirkliches, für dessen Wahrnehmung ihm die Organe nicht gerade fehlen; aber sie sind unentwickelt. „Wer es nicht fühlt, der wird es nie ergründen!"

Sie wirken dann wohl auf den Menschen zurück, doch ist dies gerade das Erziehende zum Besseren und zur Verbesserung. Der Mensch wird dadurch zum Denken erzogen, zur Erkenntnis seines Selbst durch sich selbst.

Ein sehr wichtiger Punkt, der noch zu beachten ist, bleibt das geistige Niveau!

Wenn zwei dasselbe tun, so ist es nicht das Gleiche! Es kommt auf die Motive des Handelns an, und diese sind bei verschiedener Geistigkeit andere, nicht gleiche.

Ein spiritueller Mensch handelt aus anderen Gründen (Motiven) als ein intellektueller, und dieser aus ähnlichen wie ein materieller. Ganz abgesehen davon, daß es Eigenschaften gibt, die im Grunde keine typischen, sondern zusammengesetzte sind, nehmen wir einmal z. B. Ehrlichkeit. Aus welchen Gründen ist jemand ehrlich? Der eine, weil er es wirklich der Gesinnung nach ist; ein anderer aus Mangel an Gelegenheit zur Unehrlichkeit, ein Dritter aus Angst vor Strafe oder Angst vor üblem Ruf usw. — je nach Geistigkeit oder geistigem Niveau.

Diese Niveau-Unterschiede erkennt man in den Händen an der feinen, mittleren, oder groben Hauttextur. (Bild 1.) Je feiner die Haut und die zarten Hautlinien sind, desto höher ist das geistig-seelische Niveau. Konform damit gehen auch noch der Reichtum oder die Armut an wirklichen Handlinien und Zeichen und deren Unversehrtheit, Klarheit und Farbe.

Im folgenden lege ich die Begründung und die Grundursachen des großen „Wie", „Woher", „Warum" dar.

Die astralen Einflüsse.

> „Ich hebe meine Augen auf zu den Sternen, von welchen mir Hilfe kommt. Doch folge ich dem Stern in meiner Brust!"

Die alten Weisen stellten durch tausendfache Erfahrung fest, daß aus der Form der Hand der Charakter und aus den Linien und Zeichen die Vergangenheit und Zukunft zu erkennen ist; jeder kann diese Angaben nachprüfen. Viel von dieser Wissenschaft ist verloren gegangen, genau wie in der Astrologie und allen anderen Wissenschaften; doch wird den Menschen im Laufe der Entwicklung (nicht aber der geistigen und körperlichen Entartung!) alles Verlorene wiedergegeben werden. Keine Berufstätigkeit ändert die Linien, und kein Gewerbe hat bestimmte Linienformationen. Es gibt keine Linien, aus denen man den Beruf (Schneider, Schlächter, Bäcker, Schlotfeger usw.) erkennen kann. Die

Frauen schonen und pflegen ihre Hände, üben keinen Beruf oder schwere Arbeit aus, aber dennoch sind meist solche Hände mit Linien dicht bedeckt. Anderseits haben schwerarbeitende Personen meist in ihren Händen nur die Hauptlinien, keine anderen. Damit ist auch zugleich der Einwand beseitigt, die Linien in den Händen entstünden durch Arbeit. Wenn ein geistiger Arbeiter durch Umstände gezwungen ist, schwere körperliche Arbeit zu tun, werden sich die Handformen und Hauptlinien nicht ändern, sondern nur einige der feinen und feinsten Linien verlieren sich, weil sein seelisches Empfinden durch die schwere physische Arbeit abstumpft und dadurch wiederum das Einströmen der astralen Kräfte gehemmt wird. Mancher wird sagen: der Mensch habe sein Schicksal in der Hand, und jeder habe seinen freien Willen. Dem ist durchaus nicht so! Wahlfreiheit hat er, freien Willen jedoch nicht! „Die Sterne (Kräfte) beherrschen den Menschen, aber der Weise (Spirituelle), weil er erkannt hat und sich bei ihm das Lebenserkennen mit dem Lebenkönnen paart, beherrscht die Sterne (Kräfte)!" Er kann den Fesseln der niederen Welt entfliehen, sich ihr entziehen, nicht aber der Alltags-Durchschnittsmensch der materiellen Welt. Der Weise hat in sich das Geist-Seelische vereint, er ändert sein Schicksal nicht; denn er hat sich dem Universalwillen (kosmischen Willen) untergeordnet zur Erreichung des Endziels der Entwicklung. Er zahlt seine rückständige Schuld im guten wie im bösen Sinne auf einmal und bewußt ab und wird dadurch frei. Der aus der zweiten Welt (des Intellekts) mißbraucht seinen Willen, soweit er ihn besitzt, denn er ist „kalter Verstandesmensch". der, um seine Neugierde (Wissenschaft) zu befriedigen, andere Geschöpfe, Tiere — „manchmal" auch Menschen — quält, lebendig zerschneidet, vergiftet, verbrennt, jammern hört und sieht, aber — nichts empfindet. Wohl kann er verschiedene Wege seines Lebens wählen, doch muß er darum den falschen gehen, weil er soviel wie kein Empfinden besitzt und glaubt, alles mit dem bißchen Verstande begreifen zu können, was allerdings in die Irre führen muß. Bei dem Menschen der dritten (elementaren) Welt (Bild 6, 75) kann man mit großer Bestimmtheit auf die Unveränderlichkeit des Schicksals schließen; denn er steht noch zu sehr unter dem Karmagesetz und kann nur im Wandel der Zeiten die verschiedenen Stufen erklimmen, bis auch für ihn der Tag des Lichtes kommt und er frei wird. Karma ist das kosmische Gesetz der ethischen Wiedervergeltung und ausgleichenden Gerechtigkeit, welches die ewige Ordnung und Harmonie alles Lebenden aufrecht erhält. Jede Störung, die ein Einzelwille auf Kosten der anderen verursacht, indem er gegen die Harmoniegesetze verstößt, wird vom Karma gerächt (Hiob XXXIV, 10 bis 11), nicht als Strafe, sondern, als Wirkung der selbstgeschaffenen Ursache, zur Erziehung. Festgesetzte Schicksalsschläge lassen sich nicht ändern; nur die Wege sind frei, die zum Ziele führen. Wie der Mensch sich beträgt, so wird er behandelt! – Nicht von anderen behandelt, sondern durch die Auswirkung, die sein eigener Geist durch Tat oder Denken veranlaßte. Also: der eigene Geist behandelt den eigenen Körper, wie der Erzieher den Zögling. Geist und Körper sind zwei Dinge, und einer ist des anderen Vermittler. Jede Schuld muß ausgeglichen werden. Der Weise zahlt auf einmal — der Unwissende in Raten. Durch die Kenntnis der Chirosophie können wir unser Schicksal verbessern; denn sie gibt uns Selbsterkenntnis und zeigt jedem Einzelnen seine Reisekarte. Kennen wir sie aber durch tiefes ernstes Studium, so können wir unseren Charakter und damit auch unser Geschick verbessern, weil wir die verschiedenen Gefahren erkennen, die aus Mangelhaftigkeit, Minderwertigkeit und deshalb oft aus Leidenschaft, niederem Verlangen und Wünschen entstehen und drohen, uns zu schädigen. Nicht diese sollen uns überwinden, sondern: wir s i e !

Alle äußeren Einflüsse nehmen wir auf durch Vermittlung unserer Aura, des Sonnengeflechts und des Gehirns. Gedankenwellen nimmt der Geist auf und überträgt sie durch die Funktion der Seele auf das Kleinhirn (Unterbewußtsein). Dieses gibt sie weiter in das Großhirn, wo sie uns dann bewußt werden, als ob wir die Gedanken selbst gedacht hätten. Das Sonnengeflecht (das große seelische Nervenzentrum nahe der Magengrube) nimmt Empfindungen des Erlebens auf, z. B. Traumbilder, Ahnungen, Angst- und Freudegefühle, Schreck usw. Die feinsten dieser Einflüsse aber ziehen wir an und ein durch die Fingerspitzen (Habakuk III, 4), welche Strahlensammler sind für die feinen Nervenzentren (Chakras) der Hände (genau wie bei der drahtlosen Telegraphie). Hier handelt es sich um die Einflüsse von Kräften, die Charakter und Neigungen des Menschen bestimmen. Die für die Aufnahme dieser astralen, elektrischen und magnetischen Fluidströme abgestimmten Empfangsapparate sind die Fingerspitzen (Bild 3). Regulatoren und Akkumulatoren der Ströme sind die Finger, Formen und Berge (Erhöhungen unter den Fingern) der Hände, das Flußbett sind die Linien; die Finger - K n o t e n (natürliche Knoten in den Fingerbeugegelenken) sind die Schotten oder Ventile, welche nur so viel Strom durchlassen, wie ihre Form und Öffnung (Intelligenz, Verstand) zulassen; d. h. je kritischer und logischer, auch fanatischer der Verstand ist, desto stärker bilden sich die oberen Knoten aus, wodurch das größere, vollere Einströmen bzw. Durchströmen behindert wird. Andere Ströme — solche, die ihren Eingang durch Gehirn und Sonnengeflecht nahmen — kommen mit dem Blut- und Nervenkreislauf von innen durch die Handwurzel in die Nervenzentren, wo dann verstärkt oder abgeschwächt wird (je nachdem) und diese astralen Kraftströme sich kristallisieren, materialisieren, in Zeichen erkennbar werden.

Unter „astralen Einflüssen" sind auch diejenigen der Planeten einschließlich der Sonne, welche oft nicht dazu gerechnet wird, zu verstehen: Venus, Jupiter, Saturn, Sonne, Merkur, Mars, Mond, Uranus, Neptun, Pluto, Isis.

Die Kraftströme von Uranus und Neptun finden sich nicht alltäglich in den Händen, sondern deutlicher in linienreichen. Die Kraftströme von Pluto und Isis sind noch sehr selten, und die Bedeutung ist noch nicht gesichert. Es sind erst zarte Anfänge. Einflüsse sogen. „transneptunischer" Planeten in den Händen sind — Phantasien, die jeder Grundlage entbehren!*)

B i l d 1 zeigt die feinen Hautlinien (Niveaustufe) der Hand, B i l d 2 die Muskulatur, Sehnen, Adern zum Teil und die Hautlagen als weicheren Teil, in dem sich schon die feinstofflichen Kräfte und Strahlungen bemerkbar machen durch Harmonie (Gesundheit) oder Disharmonie (Krankheit), verdichten, materialisieren.

Nun könnte ich hier auch noch den Nachweis erbringen, daß sich bei einem Fötus im Mutterleibe zuerst die Hauptlinien und danach erst die feinen Linien der Haut bilden, und daß weder diese jene, noch jene diese in ihrem Wachstum oder in ihrer besonderen Gestaltung beeinflussen. Ich habe dies aber in „Medizinische Hand- und Nageldiagnostik" in Wort und Bild schon eingehend erklärt.

Die A u r a d e s K ö r p e r s und seiner Nervenzentren bedeutet: 1. die geistige Aura des Menschen und 2. die astrale. Hauptnervenzentren sind Scheitel, Augen, Herz, Sonnengeflecht, Sexualorgane und Lumbalgehirn. Die Stärke der geistigen Aura richtet sich ganz nach der geistigen und göttlichen Erkenntnis des Menschen und hat dementsprechend verschiedene Farben. Alles im Kosmos strahlt, solange es lebt, von Geist durchdrungen ist, auch das Erz; besonders stark strahlen Edelsteine sowie Samenkörner. Wenn auch nicht jedes physische Auge diese Strahlungen wahrnimmt, so werden sie doch durch geistseelisch (spirituell) geschulte geistige Augen erschaut. — In der Hand haben wir ein großes Nervenzentrum und sieben kleine Nervenzentren, deren jedes für sich strahlt, aber auch alle sind untereinander verbunden, wie es auf B i l d 3 dargestellt ist. Bei der Strahlung, die auf dem Handprofil zu ersehen ist, habe ich die Strahl z e n t r e n stärker markiert, mit Bezeichnung 2. Bezeichnung 3 ist die Odstrahlung der Innen- und Außenhand. 5 und 6 bezeichnen die Blutbahn und Nervenbahn im Handinnern und 4 die Strahlung beider in Wechselwirkung. — Denken wir uns, stark vergrößert, die Hauttextur der Innenhand in einer

*) Siehe auch „Sternenmächte und Mensch" von Dr. med. Schwab; „Transitlehre" von Prof. Dr. Uhle; „Medizinische Astrologie" von dem Wiener Arzt Feerhof; „Periodenlehre" von Dr. Fließ; „Geistesperioden im Leben der Völker" von Ing. Rud. Meewes; „Das Siebenjahr" von Dr. Swoboda usw.; sie alle enthalten Lehren über diese Kräfteeinflüsse.

Darstellung wie z. B. der Lichtreklame an den Häusern. Hier enden die feinsten Nerven, und die Erschütterungen und Schwingungen der Seele und des Körpers zeichnen sich ein. Genau wie man bei der großen Lichtreklame einen besonderen Kontakt berührt, worauf eine ganz bestimmte Formation von Buchstaben erscheint, ein Name, ein Bild, so erscheint auch an der Oberfläche des Handinnern an bestimmter Stelle ein bestimmtes entsprechendes Zeichen durch Einwirkung auf ein entsprechendes Gehirn- oder Nervenzentrum. Das kommt daher, weil bestimmte Teile der Hand mit bestimmten Organen des Körpers und noch besonders mit ihren korrespondierenden Zentren des Gehirns in enger Verbindung stehen. Bestimmte Denkart wirkt auf entsprechende Organe und beeinflußt diese in positivem oder negativem Sinne, erstes zur Aktivität und gesunder Tätigkeit, letztes zur Hemmung und Krankheit. Als Beispiele will ich nur kurz anführen: alles, was mit Sorgen, Gram, Kummer, Trauer zu tun hat, hängt mit der Leber zusammen. Schwermut, Grübelei, Melancholie und Tiefsinn stehen in Verbindung mit der Milz; Ängstlichkeit und Nervosität, Humor sowie Schreck mit dem Herzen; Verbitterung mit dem Magen; Hysterie mit der Überreizung der Sexualnerven des Uterus und Rückenmarks; Anpassungsvermögen mit der Wirbelsäule, usw.

Verschiedenheit und Nuancierung des menschlichen Charakters (z. B. Menschlichkeit oder tierische Instinkte, Härte oder Weichheit, Empfindlichkeit und Indolenz, Feuer und Phlegma, Beweglichkeit und Langsamkeit, Festigkeit und Flüchtigkeit, Eigensinn und Nachgiebigkeit, Herzhaftigkeit und Weichheit oder Feigheit, Standhaftigkeit und Verzagtheit, Verschiedenartigkeit der Laune und des Humors und andere Charaktereigenschaften) sind bestimmt durch den Grad der Assimilation des Nervenäthers, seine größere Annäherung oder Entfernung von der Natur der elektrischen Materie, den Grad der Verbindung desselben mit dem ganzen Nervensystem, die Richtung, Intensität und Stabilität der Strömungen des Nervenäthers, die Struktur und Beschaffenheit der Nerven selbst — soweit sie dadurch zu vorzüglichen Leitern des Nervenäthers gemacht werden. Hierin ist auch der Grund sowohl der naturgemäßen Nervenwirkungen, als auch der Nervenkrankheiten im eigentlichen Sinne enthalten.

Somit ergibt sich hieraus, daß durch physische und geistige Mittel Charaktere umgeschaffen, Nervenkrankheiten und seelische Leiden erzeugt und behoben werden können!

Je konischer, spitzer und glatter die Finger sind, desto mehr Strom saugen sie auf (daher die größere und leichtere seelische Empfänglichkeit — Intuition, Inspiration, innere Weichheit, Stimmungen — der Menschen mit konischen Händen). Je knotiger die Finger, desto mehr Verstandesherrschaft! Der Verstandesmensch läßt sich wenig oder nie von Empfindungen leiten. Die reine Verstandestätigkeit schaltet das Empfindungsvermögen sehr stark aus, weil die Empfindungsbereitschaft mehr oder minder bis zur Vernichtung verdrängt wurde, und läßt es verkümmern, anstatt es zu entwickeln und zu nutzen, mit dem Verstand in Einklang zu bringen, woraus sich dann eben die Vernunft als das Göttliche — weil Harmonische — ergibt.

Da der Mensch ebenfalls kosmischer Natur ist, wird er auch von den Strömen des Kosmos durchzogen, beeinflußt. Die physischen sichtbaren Linien (Bild 21) der Hände sind aber nur die p h y s i s c h e Gemarkung der darin und darunter laufenden astralen Ströme. Die Hauptlinien sind die Hauptkraftströme, die kleinen, feinen und feinsten Linien die Nebenströme und sich durch Kombination ergebenden Flüsse und Bäche. Die Formationen und Kombinationen der Hauptlinien geben so den Hauptcharakter und die der kleinen und feinsten Linien die Neigungen, die teilweise durch die Wahlfreiheit, das jeweilige Maß und die Kraft des eigenen Willens eine Abänderung erhalten. Das Maß des freien Willens richtet sich nach der Höhe der göttlichen Erkenntnis der Seele und der Geisteskraft. Der Geist ist unsterblich; denn er ist der Gottesfunken und besitzt die göttliche Erkenntnis seit Ewigkeit, wie er auch alle Kräfte der Gottheit in sich umschließt; das ist überhaupt die Wahrheit aller Mysterien, diese Kräfte in sich zu erkennen und zum Erwachen zu bringen (das verlorene Meisterwort). Nur ist er durch die materielle Welt zwecks Schulung umschattet, und diesen Nebel kann nur die empfindende Seele in Erkenntnis des Göttlichen und Wahren, also durch bewußt empfindendes Wissen durchleuchten. Dieses bewußt empfindende Wissen kann aber nur eine schwingende, stark vibrierende, strahlende Seele erlangen; eine Seele, die in Harmonie mit dem Unendlichen, also mit und in der höheren Welt schwingt, der spirituelle Mensch! (Bild 48.) Je stärker und bewußter dieses Schwingen und Leben in der göttlichen Erkenntnis ist, desto kräftiger werden die „schädigenden Einflüsse" der Astralwelt ausgeschaltet, weil die Erkenntnis von dem unmittelbaren Zusammenhang alles Lebendigen entfacht worden ist, wodurch die üblen Wirkungen lebensgieriger und vererdeter Ich-Sucht aufgehoben sind; denn das Erkennen der Abhängigkeit des Gesamtwohls vom Wohlergehen des Einzelnen muß die wahre Nächstenliebe betätigen. Die Nächstenliebe verhält sich zur Ich-Sucht ähnlich wie der Segen zum Fluch, wie die weiße zur schwarzen Magie. So wird der eigene Wille dem kosmischen Allwillen untergeordnet, dem Willen Gottes, und Gott will nur Gutes und vollkommene Entwicklung. Je stärker die Seele vibriert, desto mehr erlebt der Mensch, desto bewußter werden die Einflüsse des Kosmos durch die Fingerspitzen wahrgenommen, und desto leichter kristallisieren und zeigen sich die Zeichen in den Händen. Folglich bringt das Empfinden und E r l e b e n der Seele die meisten Linien und Zeichen in den Händen hervor. Ich sage: bringt hervor, nicht erzeugt! Denn alle Linien, auch die feinsten, sind schon bei der Geburt vorhanden, wenn auch meist nicht sichtbar. Der geübte Chiromant kann oft solche Untergrundlinien schon zum Teil erkennen. Es kommt ganz d a r a u f an, in welcher der drei Welten der Betreffende lebt. Die Hände eines Menschen aus der materiellen (niedrigsten) Welt werden nie viele andere außer den Hauptlinien haben, da die höhere Seele so gut wie nicht entwickelt ist. Und weil diese Seele noch dumpf, unentwickelt ist, wird sie z. B. ein Ereignis, wie Trauer, Kummer, Enttäuschung, Tierquälerei, überhaupt Seelisches, nicht stark erleben und sich dadurch nicht beeinflussen lassen; sie wird sich sehr schnell über derartiges hinwegsetzen, eben weil sie noch stumpf, empfindungslos ist. Wie sollen sich da seelische Erlebnisse — ganz gleich, ob vergangen, gegenwärtig oder zukünftig — in den Händen materialisieren, zeigen?

Jemand aus der intellektuellen (zweiten) Welt, Bild 8, wird stets den Verstand sprechen lassen und damit die Schwingung der Seele hindern, sich zu entfalten. Derjenige aus der (ersten) spirituellen Welt wird mehr bewußt empfinden, mit dem Kosmos im Einklange, geistig und seelisch am weitesten entwickelt (aufnahmefähig) sein, deshalb auch die meisten Linien und Zeichen in den Händen haben. Die Charakteranlage wird angezeigt durch die Formierung der Aufnahmestationen — Finger und Berge. Die am meisten und stärksten einwirkende Kraft, die dann auch dominiert, entwickelt den entsprechenden Platz und erzeugt so eine plastisch hervorragende Stelle, den dominierenden Berg. Die größte Empfangsstation wird folglich auch die meiste Kraft aufnehmen und verarbeiten, somit auch eine bestimmte Richtung des Charakters oder Charakterhaupteigenschaften entwickeln und erkennen lassen.

Es sind vor allem sieben bekannte kosmische (planetare) Kräfte vorhanden und sieben Empfangsstationen, Berge. So treffen sieben verschiedene Kräfte ihre sieben entsprechenden Aufnahmestationen, die dafür vorhanden sind (Offenb. I, 16). Ihre Kombinationen ergeben dann die Unterschiede in Charakteren, die unbegrenzt sind. Einer dieser sieben Kräfteströme ist fast immer der dominierende, und sein Einfluß kann so weit gehen, daß er der Haut die ihm entsprechende Farbe gibt, so daß man an der Hautfarbe oft den Planeteneinfluß oder die vorherrschende Kraft und so das Temperament erkennen kann. Z. B. Mond = blaß und matt = phlegmatisch; Mars = dunkles Rot = heftig, brutal; Venus = helles Rot = leidenschaftlich; Saturn = dunkel = melancholisch; Merkur = gelblich = nervös, beweglich usw.

Die Einflüsse von Uranus und Neptun sind in den ihnen entsprechenden Linien zu erkennen. Für ihre feinere Kraft der Strahlung sind die Menschen noch nicht genügend vorgeschritten, und deshalb ist auch kein Sammler (Berg) dafür vorhanden — bis jetzt.

Bei der Beurteilung der Hände muß also genau in Betracht gezogen werden:

1. Rasse, Artgeschlecht.
2. Was ist krankhaft, erworben oder
3. erbliche Belastung?
4. In welcher der drei Welten lebt der Betreffende (Niveau)?
5. Welche der sieben kosmischen Kräfte sind vorherrschend?
6. Was ist als Karma anzusehen?
7. Die Stärke des eigenen Willens (Grenze des Erreichbaren).

Die einströmenden astralen Kräfte sind die Vollzieher des karmischen Gesetzes. Sie laufen, sammeln, arbeiten in den unsichtbaren Bergen und Linien, sind Manometer (Uhren), nach denen sich der Mensch selbst zu richten hat. Jesaias XLIX, 16: „Siehe, in die Hände habe ich dich gezeichnet, deine Mauern (Hindernisse und Kampf) sind immerdar von mir."

Hieraus ist schon der Wert dieses Wissens zu ermessen. Doch: „Unwissenheit ist das Grundübel allen Elends in der Welt, und nur Wissen allein zeigt den Weg zur Erlösung!" Z e i g t den Weg; gehen muß ihn jeder selbst — durch sich selbst! (Parsifal: Durch Mit — leid w i s s e n d d e r r e i n e T o r.) Hierauf baut sich alles andere in seiner Wirkung auf, und verkehrte Berechnungen und Voraussetzungen (Ursachen) ergeben falsche Schlüsse (Wirkungen, Taten).

Die Linien ändern sich nicht. Sie sind alle vorhanden bei der Geburt, vom Karma vorgeburtlich geschaffen und reguliert. Wenn sie auch oft nicht gleich erkennbar sind, sie sind da, erscheinen früher oder später, alles zu seiner Zeit. Sind die Einflußwege: Fingerspitzen, Knoten, Linien = Schotten, Ventile, Flüsse eingeengt, verstopft, gebrochen, zerrissen, gewunden usw., so entsteht naturgemäß auch Stockung, Störung, Hindernis für astrale Einflüsse, und hieraus ergibt sich wiederum — kristallisiert — ein physisches, sichtbares oder fühlbares Geschehnis, das sich in der Handfläche erkennen und — da die Linien usw. in Zeitmaße eingeteilt sind — für einen gewissen Zeitpunkt ausmessen, bestimmen läßt. „Alles im Universum ist geregelt nach Maß, Zahl und Gewicht, und die Gesetze sind ohne Wandel!" Wie im Makrokosmos, so im Mikrokosmos. (Wie oben, so unten! Wie innen, so außen!) Alles ist Wechselwirkung, Evolution (Entwicklung) des Seins; die menschliche Verkörperung ist das Werkzeug, durch das solches erreicht wird. Jeder sieht — wenigstens zeitweise — einen Teil seines Weges vor sich; einer mehr, der andere weniger; der aus der Vogelschau, d. h. von dem universalen oder kosmischen Standpunkte Betrachtende, am meisten. Der geübte Chirosoph und Okkultist oder Metaphysiker betrachtet alles aus der Vogelschau und wird deshalb am weitesten für sich und andere sehen und — wo es nottut — raten können. Ich behaupte hiermit durchaus nicht, daß sich des Menschen Schicksal n u r a l l e i n durch die Hände bzw. in den Händen offenbart. In j e d e m Körperteil ist die ganze Persönlichkeit verborgen, wie es u. a. psychometrische Experimente beweisen und bewiesen haben. Deshalb kann man auch aus Schädelform und Ausdruck, aus dem Gesicht, aus dem Auge, Haar, überhaupt aus dem ganzen Körper entziffern wie aus der Hand. Es ist nichts Einseitiges in der Natur. In der Physiognomie prägen sich diejenigen Ereignisse mehr aus, welche Vergangenheit betreffen. In den Stirnlinien und dem Auge auch betreffs der Zukunft; in der Regenbogenhaut des Auges kann man sehr deutlich Krankheits-erscheinungen wahrnehmen, die erst im Entstehen begriffen sind, also noch gar nicht bemerkbar, fühlbar zu sein brauchen.

Ob nun jemand für oder gegen die Dreiteilung der Natur (Geist, Seele, Körper oder Mental, Astral, Physisch) ist, bleibt ihm überlassen. Der Gegner dieser Prinzipien wird die Handlesekunst auch erlernen können. Der Anhänger wird es jedoch in seinen Kenntnissen und Erkenntnissen viel weiter bringen, soviel ist sicher. Die Symbolik der Astralwelt ist kein leichtes Studium, doch sie nutzt sehr viel und gibt Aufschluß über das „Warum" und „Woher". Ohne sie wird niemand ein Meister der Chiromantie. Einiges dieser Symbolik gebe ich zur Erleichterung des ganzen Überblicks in Bild 19, anderes an den betreffenden Stellen über Handberge, Finger, Hauptlinien.

Das menschliche Leben kann man sehr zutreffend mit einer Seefahrt vergleichen. Vielleicht erleichtert dieser Vergleich dem angehenden Chirologen und Chiromanten die Übersicht im Studium; ich erkannte dies bei meinen Schülern jedenfalls. Der Mensch wird geschaffen (meist leider unbewußt, und diese Ursache bleibt nicht ohne Wirkung!), so auch das Schiff. Das Kind (Körper = Fahrzeug) wird geboren, das Schiff läuft vom Stapel. Das Kind bleibt noch lange in der Obhut und erhält Anweisung und Erziehung; das Schiff bleibt gleichfalls noch lange im Dock und Hafen, erhält Takelwerk, Vervollkommnung. Die Reife kommt für beide; das Kind soll hinaus ins Leben, das Schiff auf die große Reise, auf den Ozean des Lebens. Der Körper (Schiff) ist so weit gediehen, daß der Verstand (Kapitän) ihn mit Vernunft (Erkenntnis) gebrauchen, führen soll. Die Seekarte ist in beide Hände gezeichnet vom Karma (Schiffahrtsgesellschaft) und mit Zeichen (Leuchtfeuern, Klippen, Tiefen usw. d. h. Sternen, Kreuzen, Punkten, Ecken usw.) versehen, damit das Schiff (Körper) keinen Schaden erleidet. Wenn aber der Kapitän betrunken (unwissend) ist, so wird sein Schiff bald zerschellen. Klarer Verstand (Kenntnis, Wissen) ist deshalb erforderlich. Ist das Schiff (Körper) auf dem hohen Meere (im Strudel des Lebens), so hat der Kapitän (Verstand) wohl acht zu geben, wie und wohin er seinen Weg nimmt. Weicht er von seiner rechten Fahrstraße ab und beachtet die Bojen und Leuchtfeuer (Warnung vor Gefahren und Verführungen) nicht, so muß er selbst und sein Schiff die Folgen tragen, wird Schiffbruch (Krankheit, Unglück) erleiden und die Reise erneut (im nächsten Leben) antreten, bis er die vom Schicksal (Karma) vorgezeichnete Reise gut aus- und zu Ende führt, am Bestimmungsorte den sicheren Hafen (Gotteserkenntnis, die göttliche Welt) gewonnen hat. — Eine Schule der Erfahrung und der Entwicklung ist das Leben. Die Chiromantie ist der Lotse (Wegweiser), kennt jedes Seezeichen und jede Warnung. V o r g e b u r t l i c h sind die Linien und Zeichen in der Hand des Menschen eingegraben, wie längst erwiesen; sind sie aber vorgeburtlich, so beweisen sie das Vorhandensein der Seele und deren Wirken, beweisen das Gesetz, das sie grub.

Des öfteren fand ich Zeichen für Todesfall eines Blutsverwandten auf der Lebenslinie, die als Zeitpunkt zwei, drei, auch vier Jahre v o r der Geburt des Betreffenden anzeigte, und deren Tatsächlichkeit auch bestätigt wurde. D a s beweist allein schon, daß wir unsere physischen Eltern Jahre v o r der Geburt gekannt haben müssen, ebenso, daß wir v o r der Geburt als geistiges bewußtes Wesen existierten; beweist das Karma, das ewige ausgleichende Gesetz der göttlichen Gerechtigkeit, das nichts mit dem vom beschränkten Menschenverstande gemachten gemein hat. W o K a r m a i s t , d a i s t R e - i n k a r n a t i o n (Wiederverkörperung). Dies beweist hiermit auch die Chirosophie. Zeitweise wird bemerkt, daß es wohl anginge, Ereignisse der Vergangenheit in den Händen zu erkennen, daß es aber doch zweifelhaft sei, solche der Zukunft zu erkennen. Die Antwort darauf ist schon im obigen Hinweise „Was ist Zeit?" gegeben und auch in der wissenschaftlichen Begründung der Chirologie! Sollte das nicht genügen, dann wird folgendes die Antwort ergänzen. Warum kann man denn die Veranlagung und deshalb das Sichentwickeln und Näherrücken einer Krankheit aus den Händen erkennen? Weil sie geistig schon vorhanden ist. Erst muß sie aber geistig vorhanden sein, um sich physisch zu entwickeln, bemerkbar zu machen*). Wenn ich ein Haus bauen will, muß ich es z u e r s t geistig bauen; in Gedanken, in der Phantasie, wie man es nennen will, dann

---

*) Aus dem Grunde ist es verkehrt, wenn ein Arzt eine Krankheit „örtlich" beseitigen will und dies versucht, ohne sich um den „geistigen" Sitz der Krankheit zu kümmern (siehe Paracelsus!). Ein Übel kann nicht beseitigt werden, es sei denn, daß es mit der Wurzel vernichtet wird. Bei der Behandlung eines Organs wird der Organismus zumeist vergessen, obgleich dieser wichtiger ist, weil in ihm die Ursachen zu suchen sind. Nicht Organtherapie, sondern Konstitutionstherapie sollte mehr angewendet werden.

kommt die Verdichtung des Gedankens, das näher Erkennbare, Formulierende (astrale Prinzip), der Plan auf Papier, und d a n n erst das Materialisieren des Gedankens: das greifbare Physische. So geschieht alles in der Natur im Großen wie im Kleinen.

Handform und Karma.

Betrachten wir viele Hände, so fällt uns die Verschiedenheit der Form oder des Typs mitunter recht drastisch auf. Weil nun der Mensch schon im achten Lebensjahr eine ganz bestimmte Handform aufweist und diese wieder meistens verschieden ist von denen der Eltern — also von direkter Vererbung im geist-seelischen Sinne keine Rede sein kann —, folgt hieraus: daß die Handform eines jeden Menschen durch bestimmte Veranlagung naturgesetzmäßig ist, deren Bedingungen durch die Präexistenz festgelegt, geschaffen, s e l b s t geschaffen wurden. Was „geistige Vererbung" genannt wird, ist in Wirklichkeit nichts anderes als die Anziehung von Geistwesen, die den Eltern entsprachen. Reinheit der Art ist also eine religiöse Forderung. Daß der Mensch nicht nur einmal lebt auf diesem Planeten, sondern eine lange Kette von verschiedenen Daseinsstufen durchleben und erfahren muß, um dem Ziele der Vervollkommnung näher zu kommen, ist jedem Tieferdenkenden selbstverständlich. In e i n maliger Verkörperung kann er niemals die Vervollkommnung erreichen, die in einer immer engeren Vereinigung mit dem göttlichen Ideal im eigenen Herzen besteht; denn die Zeit eines normalen Erdenlebens (also im Durchschnitt 60 bis 70 Jahre) ist viel zu kurz, lächerlich kurz, und das Medium (Vermittler) des Geistes, der menschliche physische Körper, zu sehr beschränkt (durch den derzeitigen Stand der Erdentwicklung), um diese Titanenarbeit zu bewältigen. Alles im Kosmos entwickelt sich ganz allmählich. Sprünge gibt es nicht, weder im Großen (für Planeten), noch im Kleinen (für die Menschheit und den Einzelmenschen). — Beispiel: Man stelle sich einen hochrassigen Menschen von 30 Jahren vor. Daneben einen Menschen im selben Alter, Lemurier, Eskimo oder Neger. Wenn der Erdenmensch nur einmal lebt — wie dies gedankenlose Leute gern behaupten —, was hat der Fremdartige „verbrochen", daß er in bezug auf Geist, Seele und Körper (infolgedessen auch in Art, Charakter und Kultur) anders ist im Verhältnis zum Hochrassigen? — Ungerechtigkeiten gibt es im Kosmos nun aber nicht. Während einer Verkörperung kann aus einem Neger oder sonst einem Andersrassigen aber auch nie ein Feinrassiger werden. Diese Tatsache beweist schon, daß eine Höherentwicklung nur in einer langen Kette von Daseinsstufen erfolgen kann. Ziehen wir nun noch die vielen verschiedenen Abstufungen der geistig-seelischen Qualitäten in ein und derselben Rasse in Betracht, die in e i n e m Erdenleben auch nicht erlauben, von niederer Geistesstufe zum Genie zu kommen, so wird es noch klarer, wie viele Erdenleben notwendig sind, vom Unterrassigen zur Hochzucht zu gelangen, vom primitiven Handtyp zum philosophischen oder idealen. Bei Tieren ist es das Gleiche. — Gewiß wird man auch bei einem Negerstamm Hände finden, die Unterschiede aufweisen vom niederen bis zum höheren Handtyp. Trotzdem wird der Neger mit konischem Handtyp n i c h t dieselben Qualitäten aufweisen wie ein Weißer mit konischem Handtyp. — Hier kommen die Rassenunterschiede als e i n Merkmal. Das innere Erleben ist ein ganz verschiedenes, da die physische Basis und das Blut (als Mittler der Seele, der Aura und deshalb des Empfindungsvermögens) eine andere Beschaffenheit aufweisen. — Beweis: Bluttransfusionen von Negern, Mongolen (Andersrassigen) auf Weiße wirken verderblich auf diese. — Ein anderer Beweis: Bei Mischmenschen zwischen Ariern und dunklen Rassen läßt sich nach vielen Generationen durch chemische Blutprobe immer noch nachweisen, w e l c h fremdrassiger Einfluß die „physische Imprägnation" hervorrief, und zwar ganz genau von welcher Art! — Phreno-physiognomisch läßt sich dies ebenfalls nachweisen, wenn auch nicht mit ganz derselben Sicherheit wie durch die chemische Blutprobe. Ich habe auf meinen weiten Reisen den Weg einiger Männer gekreuzt, die mit Sicherheit auch nach der Hand (ohne den Körper zu sehen, wohlverstanden!) die Mischung analysierten. — Da die Form der Hand sich nicht verändert (so daß aus einem niederen ein hoher Handtyp werden kann), ist es klar, daß der Entwicklung bestimmte Grenzen gesetzt sind: Grenzen der erreichbaren Möglichkeiten. Diese „Grenzen des Erreichbaren" sind in jeder rechten Hand erkennbar, und zwar durch die Handform und in weiterer Analysierung durch die Hauptlinien. Also muß diese Wirkung (als feststehende Tatsache der Begrenzung) eine Ursache haben. „Ursache und Wirkung" sind aber die Gesetze des Karma, sind die beiden Faktoren, aus welchen unser Schicksal besteht, sich gegründet hat und weiter sich bildet. Gedanken sind lebende und formende Kräfte. Sie können aufbauend oder verderbend wirken. W a s und w i e wir denken — d a s sind wir! Der Mensch ist in bezug auf Charakter und Krankheit das Produkt seiner Weltanschauung und Erfahrungen, also — s e i n e s D e n k e n s ! Wirken Gedanken aufbauend oder zerstörend nach außen (wie z. B. bei Liebe, Segen, Wunsch, Haß, Fluch), dann wirken sie auch nach innen, d. h. auf unseren Organismus; erst geistig und durch Vermittlung der Seele auf den Körper und die Organe. „Sünde ist Krankheit" sagt schon die Bibel, und so ist es. Beispiel: Bekannt ist, daß man durch bestimmte Experimente in der ausgeatmeten Luft Farben feststellen kann. So hat

der Atem eines wütenden Menschen graue Farbe und wirkt giftig nach
außen u n d nach innen. Ärgerliche und wütende Menschen vergiften
sich selbst, denn diese Gifte greifen die Organe an. Seelische Liebe
wirkt positiv, aufbauend, gesundend. Hat und betätigt man eine falsche
(un- oder widernatürliche) Weltanschauung durch verkehrtes Denken,
so wird sich dies im Organismus notgedrungen bemerkbar machen, weil
die Organe negativ beeinflußt werden und dementsprechend arbeiten:
Gedanken — Tat; Ursache — Wirkung. Eine gefestigte Anschauung und
deren konsequente Betätigung nennt man Charakter. Somit sind Krankheit und Charakter die Polaritäten, die dauernd in uns arbeiten und
nach außen verlegt — verwirklicht — in die Tat umgesetzt werden.
J e d e Tat hat somit Motiv, Ursache und in der Wirkung neue Ursachen,
die wieder Wirkungen auslösen — m ü s s e n , weil jede Tat materiali-
siertes Denken ist. Der Gedanke oder das Wort werden durch den
Willen zur Tat. Taten schaffen neue Umstände und diese wiederum
veränderte Verhältnisse. Neue Verhältnisse schaffen veränderte Bedingungen, diese wieder neue Gedanken, diese wieder andere Taten. So
ergeben sich die „Ketten", welche wir schleppen. Dieser verwickelt sich
in ihnen, jener läßt sie an sich vorüberziehen. Je feiner ein Apparat,
desto feiner seine Schwingungen, im geistigen Sinne sowohl wie im
physischen. Ein feinnerviger Mensch nimmt (als bessere und feinere
Antenne — Aufnahmestation) auch feinere Einwirkungen auf, als ein
physisch robuster vermag, und verarbeitet sie in seinem Denken. Die
robuste Natur ist noch zu unreif hierzu. Das „Reifen" erfordert Zeit
— ist Entwicklung. Infolgedessen ist der feinnervige Mensch älter
(verfeinerter) in der Entwicklung, hat mehrere Leben (Daseinsstufen
oder Verkörperungen) durchlebt (ein höheres Niveau erlangt). Die
Folge davon ist, daß er in seinen Händen auch mehr Linien und Zeichen
(Sprachrunen) aufweist und diese m e h r Auskunft geben. — Auf jeden
Fall ist die Handform, der Typ, ein höherer und die Höhe der Entwicklung erkennbar. Von einem Fakir erfuhr ich, daß die Zahl der statt-
gefundenen Verkörperungen innerhalb seiner Rasse an bestimmter
Stelle in der linken Hand erkennbar sei. Ich erwähne dies nur und
überlasse es jedem, über die Möglichkeit nachzudenken. Im allgemeinen
haben Frauen mehr Linien und Zeichen in ihren Händen als Männer,
weil sie seelisch empfindungsfähiger, daher Instinkt-Menschen sind.
Wie oft finden wir unverstandene Frauen, wie selten unverstandene
Männer im Eheleben! Warum? Weil fast jedes Weib Gefühls- und
Empfindungsmensch ist und deshalb auch meist blind liebt, anstatt
bewußt, indem es erkennt: w e n und w a s es liebt. Wer mit vielen
Menschen in Berührung kommt, kann sich leicht davon überzeugen. Es
ist selbstverständlich — weil natürlich —, daß sich eine Frau mit vielen
Handlinien (feinere Seelenschwingung) auf die Dauer nicht glücklich

fühlen kann bei einem Manne mit wenigen Handlinien (mangelhafte Seelenschwingung), weil er nicht mitschwingt, deshalb ihre Schwingungen (ihre Empfindungen) nicht versteht, nicht verstehen k a n n ! Sie leben in verschiedenen Welten und können nicht in Harmonie kommen. Unharmonische Ehen = auseinander-leben. Ein Weib kann sich n u r dann glücklich fühlen, wenn es (und sein Empfinden) verstanden und gewürdigt wird. Seelische Liebe ist: harmonische Schwingung. Die Ehe zwischen zwei so verschiedenen Menschen als Ursache hat stets die entsprechende Wirkung zur Folge. Auch hier greift das Karma ein und — zeigt sich in der Hand. Anderseits hat aber auch jede unglückliche Ehe eine Ursache, die durch Handlungen in der Präexistenz begründet ist. Menschen, die ihre „Ketten" gegenseitig mit solchen tiefgreifenden Ereignissen verbinden und verwickeln, haben sie auch wieder zu entwirren, ob in diesem oder im nächsten Erdenleben, d a s hängt von der Erkenntnis und Gelegenheit ab. Wie es mit den Ursachen und Wirkungen der Verkettung bei den Ehekameraden ist, so ist es auch mit den größeren und kleineren Verkettungen zu anderen Mitmenschen. — Wer mordet, der soll wieder gemordet werden. Denn: „Es kommt niemand von dannen, bis er den letzten Heller (seiner Schuld-Ursache und Wirkung s e l b s t geschaffen) bezahlet hat" oder die Auswirkungen der selbstgeschaffenen Ursachen v e r arbeitet hat. Dies gilt sowohl für geistige Dinge (Gedanken-Weltanschauung, Charakter), als auch für physische (Krankheiten, Taten).*)

> Wenn der Jüngste Tag kommt, läßt der Herrgott sich die Hände zeigen. Wer von Arbeit und Mühe harte, rauhe Hände hat, darf sich im Himmel ausruhen; wer aber feine, weiße Hände hat, muß Gott noch erst sein Herz zeigen.   Friesischer Spruch.

Für den ernsthaften Studenten der wissenschaftlichen Chirologie und Lebensberater ist es erforderlich, den bisherigen Teil des vorliegenden Werkes sehr eingehend durchzuarbeiten, bis er ihn restlos verstanden hat. Ohne die Erkenntnis des Wirkens der feinstofflichen Kräfte bleibt vieles unklar, und Mißdeutungen können dann leicht unterlaufen. Es ist nun einmal so, daß alles, was vom Geistigen her kommt, auch nur von jener Sphäre aus verstanden werden kann.

Es folgt nun der praktische Teil, und ich weise nochmals darauf hin, daß dieser sehr genau, langsam und gründlich, Teil für Teil, erarbeitet werden muß, um ein vollständiges Wissen auf diesem Gebiet zu gewährleisten.

---

*) Siehe vom gleichen Verfasser: „Kosmische Religion."

Und noch eine Warnung, die nicht oft genug wiederholt werden kann:

Für lange, viel zu lange Zeit, war es das Schicksal der Graphologie, weder ernst genommen, noch anerkannt zu werden. Nicht zum wenigsten lag der Grund darin, daß mit ihr zu oft ein Gesellschaftsspiel getrieben und nach einigen Schriftmerkmalen „etwas gesagt" wurde, zum Amüsement. —

Der Chirologie ergeht es nicht anders, und es gibt auch heute noch ungezählte Leute, die mein vorliegendes Lehrbuch — genau so wie früher die Lehrbücher der Graphologie — als „Kochbuch" verwenden, um „jemand etwas sagen zu können", ohne sich in dieser Richtung ein zuverlässiges Wissen zu schaffen.

Abgesehen davon, daß damit diese Wissenschaften immer nur geschädigt und in schlechten Ruf gebracht werden, ist es nicht ohne seelische Gefahren, in solcher Weise nach einigen Zeichen ein Charaktermerkmal oder eine Eigenschaft jemand zu nennen, die er vielleicht gar nicht besitzt. Man entfacht in ihm seelische Konflikte, die jahrelang haften und ihn belasten können.

Gerade auf dem Gebiet der Charakterkunde sind ganz besondere Vorsicht und größte Gewissenhaftigkeit nötig, und sie lassen sich nur durch intensives und gründliches Studium und durch den immer gegenwärtigen Gedanken erreichen, daß es sich dabei in jedem Fall um einen Menschen handelt, um eine Seele, die in den allermeisten Fällen nur wenig Halt und Kraft besitzt, um solche Erkenntnisse bzw. Diagnosen zu ertragen. Außerdem ist es auch gefährlich, überhaupt solche Diagnosen und Gutachten in Anwesenheit dritter Personen zu geben, da diese leicht ausgenutzt werden können. Verschwiegenheit ist hier noch mehr vonnöten als beim Arzt. Darum Vorsicht vor seelischen Schädigungen!

Zweiter Teil.

Chirognomie oder Handformenlehre.

Der G e i s t baut den Körper!
Nicht der Körper den Geist!
Das Äußere ist Form und Ausdruck des Innern.
Wie oben, so unten; wie innen, so außen!
Der Mensch ist das Maß aller Dinge!

Proportions- und Formgesetz der Hand.

Bild 4 zeigt die elementare und die geistige Hand extrem dargestellt. Während die eine Hand in der Form nahezu ein Quadrat bildet, formt die andere ein langes Rechteck. Aus diesem gesetzmäßigen Maß der Form und Proportion erkennt man schon, wann eine Hand als höhere und wann als niedere Form erkannt und betrachtet werden muß, und zu welcher Seite die Zwischenstufen von Handformen mehr neigen. Dieser Punkt ist bei der Beurteilung aus der Innenfläche immer in Betracht zu ziehen; denn wenn ein Ereignis in Betracht kommt, so werden die Dispositionen und Begleitumstände bei beiden Formen verschiedene sein, obgleich das Ereignis das gleiche sein kann oder ist. Ein geistiger Mensch wird immer anders erleben als eine Durchschnittsnatur. Für die höhere sensible Bedeutung der Hand bestimmt die Größe des menschlichen Gesichts, in dem die höchsten Sinnesorgane zum feinsten Ausdruck zusammenwirken, das „Normalmaß" der Hände. Beide Handflächen bedecken die volle Breite des Gesichts. Die Länge — Wurzel bis Spitze — des Mittel-(Saturn-)Fingers soll die Länge der Stirnhöhe haben und eine Hand mit angelegtem Daumen die Wange (Nase bis Ohr) bedecken.

Die Frauenhand ist meist im Verhältnis kleiner, schmaler und zarter, in den Fingern rundlicher, schmiegsamer gebaut, auch meist mit zarterer Haut bedeckt als die Männerhand, die stets breiter, kräftiger, auch größer, mit rauherer Haut und oft mit Haaren versehen ist (vgl. Bild 11, 12, 13).

Ist die Handfläche größer, d. h. breiter und länger als die Finger, so ist mehr materieller Charakter vorhanden; doch kann ihr Eigner trotzdem ein energischer und „Weiß was er will"-Mensch sein.

Auf Bild 5 bringe ich einige A f f e n h ä n d e und eine primitive oder elementare Hand eines Trinkers. Man sieht sofort an dem tief-angesetzten Daumen des Pavians, um wieviel er gegenüber dem Schimpansen „geistig minderwertiger" ist. Bei beiden sowohl wie auch bei der Hand des Orang fällt auf, daß die Finger v i e l kürzer sind als der Handteller. Bei dem Pavian sind keine Linien in der Innenhand, wohl aber schon Anfänge bei dem Schimpansen und Orang, ebenso bei dem Gorilla.

Die Anthropoiden oder Menschenaffen haben unterschiedliche Hand-formen. Hier meine ich nicht die Unterschiede in den Handtypen-Formen, sondern eher in der Art des Baues, des Formniveaus, ähnlich wie es bei den Handformenunterschieden der verschiedenen Menschen-rassen ist.

Die Hände der Neger, im allgemeinen der niederen Stämme, haben eine gewisse Ähnlichkeit mit den Händen des Gorilla, die Hände der Mongolen mit denen des Orang-Utang und die Hände der weißen Rasse — wenn auch weit entfernter — mit den Händen des Schimpansen. (Diese Meinung des englischen Gelehrten Crookshank teile ich nicht. D. V.) Besonders gut beobachten kann man diese Ähnlichkeiten zwischen Orang-Händen und denen von mongoloiden Idioten. Aber die von jugendlichen mongoloiden Idioten sind sehr bezeichnend und sehr verschieden von den langen, mageren, flachen und eher schim-pansenartigen Händen von Personen, die an jugendlichem Irresein leiden. Die Beugefläche der Hand ist bei jenen mehr viereckig und plump und, wenigstens in den ersten Monaten des Lebens, mit an der Handfläche befindlichen vorgewölbten bläulichen Polstern versehen, die den Handflächenpolstern junger Affen gleichen. Die Daumen sind kurz, zumeist auch tiefer angesetzt (geistige Minderwertigkeit), die Finger-enden stumpf (keine Einfühlung, kein inneres Erleben), die Zeigefinger mehr oder minder unausgebildet (Mangel an Selbstbewußtsein und Persönlichkeit), der kleine Finger kurz und krumm (Mangel an normal-gesunder Denkart, Intelligenz und normalem Geschlechtsempfinden).

Gleiche Handformationen findet man bei reinrassigen Mongolen (siehe auch Sir Will. Lawrence „Lectures on comparative anatomy", p. 279. — 9. ed. London, und weiter W. H. B. Stoddart „Mind and its disorder", pp. 312—313, 3rd. ed. 1919). Diese Hände gleichen also, wenn auch verkürzt, den Händen eines jungen Orang-Utang. Schim-pansenhände gleichen eher den langen Händen des Ägypters oder Bengalen (Inders); die massige, an der Basis der Finger mit schwimm-hautähnlichen Gebilden versehene Gorillahand in vielem derjenigen eines Negers niederer Art. (Siehe hierüber auch die Forschungen des

60

englischen Gelehrten F. G. Crookshank „Der Mongole in unserer Mitte", wo er eine allgemeine Fingerformel mongoloider Idioten im Vergleich zu der gelben Rasse mit 3 4 2 5 2 aufstellt.)

Der englische Gelehrte Dr. Reginald Langdon-Down beschreibt in „British medical Journal", 1909, II. 665, eine Hauptlinienkonstellation der Innenhand: Eine lange, quer über die Handfläche verlaufende Herzlinie, die in den Anfang der Lebenslinie mündet, bei fehlender Kopflinie, wird bei den meisten Händen von mongoloiden Idioten und auch oft bei mongoloiden Personen gefunden, und diese Hauptlinienkonstellation weist auf eine bestimmte geistige Entwicklung und einen bestimmten Gehirnbau hin. Er nennt diese extrem lange Herzlinie auch „mongolische" Linie, die zuweilen auch, aber doch nur bei e i n e m Affen gefunden wird, beim Orang-Utang*).

Diese Linienkonstellation, mit Kopflinie, bedeutet immer, daß gewaltsamer Tod und Lähmung in der Familie waren. Diese Bedeutung scheint dem genannten Gelehrten aber unbekannt zu sein. Es mag die Möglichkeit bestehen, daß Personen wie mongoloide Idioten oder auch solche mit mongoloidem Rasseneinschlag aus noch nicht bekannten Gründen, die sich aber evtl. erklären ließen, mehr Dispositionen für gewaltsamen Tod haben. Aber der Schluß des Gelehrten in seiner Abhandlung, daß alle jene Menschen, die solche Linienformation in ihren Händen aufweisen, einen mongoloiden Rasseneinschlag besitzen, ist falsch. Sehr interessant dagegen sind die Feststellungen, die die beiden genannten Gelehrten in bezug auf sonstige Ähnlichkeiten der Körper- und Organbeschaffenheiten zwischen Neger und Gorilla, Mongolen und Orang, der weißen Rasse (?) und Schimpansen machten. Nähere Ausführungen darüber würden aber hier von meinem Thema abführen.

In allen diesen Fällen, wie überhaupt im Tierreiche, schlummert das geistige Bewußtsein noch. Eine Pflanze empfinde nichts, wenn sie abgeschnitten wird, sagen w i r. Mangel an Nachdenklichkeit **)! Wenn ein Tier ein Messer sieht, weiß es auch nichts über seine Wirkung, fühlt aber schon den Schmerz, wenn es in Aktion tritt. Der Mensch braucht nur ein Messer zu sehen, dann weiß er sofort, wozu es da ist, und kennt die Eventualitäten. — Hier haben wir zuerst ein geistiges Bewußtsein, ein Denkvermögen. Das Tier hat dafür einen Instinkt, ein Vorfühlen, um geleitet zu sein. Das Tier empfindet schon v o r dem Schlachthause, was bevorsteht. Im Schlachthause bemerkt man bei ihm Angstausdrücke, die sehr deutlich sprechen.

---

*) Hierfür liegen besondere Gründe vor, die dem betr. Forscher anscheinend nicht bekannt sind, die näher zu erklären jedoch hier nicht der Platz ist.
**) Siehe: Bose, „Pflanzenschrift und ihre Offenbarungen".

Bei uns Menschen ist der gute Instinkt zum allergrößten Teile verlorengegangen, zum Teil ausgetrieben worden durch die Verhältnisse, durch unnatürliche Lebensart, durch verkehrte Erziehung, vor allem aber durch die Schulung des rein intellektuellen Denkens! Besser wäre es sicherlich, wenn wir den Instinkt wieder entwickelten, denn er nutzt jedem im täglichen Leben in vieler Hinsicht und bei allen Gelegenheiten.

Eine sehr schmale und sehr zarte Hand bezeichnet ein kraftloses, weiches Wesen; mit laschem Temperament, wenn sie weich ist. Die Phantasie ist sehr mangelhaft (kleiner, flacher Mondberg), das Denken schlaff und mühsam. Mangel an Kraft, Ausdruck und Zähigkeit, Eigenschaften, die mehr in der festen und harten Hand mit gutem Daumen vorhanden sind. Der Verstand ist fein wie die Art, jedoch nicht groß und tief. In den Händen gelangen auch die Altersgrade zum Ausdruck, ein Beweis dafür, daß die Veränderung (Entwicklung) der Hand mit dem geistigen und körperlichen Entwickeln bzw. Verfall übereinstimmt. Im allgemeinen sehen wir dies sofort, wenn wir die Hände von Persönlichkeiten verschiedener Altersstufen nebeneinander haben; z. B. von 2, 7, 14, 21, 28, 35, 42, 48, 70 Jahren (vgl. Bild 12, 13, 14). Der Grundtyp bleibt derselbe, ob Kind oder Greis. Im Alter und bei langer Krankheit (langem Ruhen) verändern sich die Hände ein wenig im Ausdruck (nicht im Typ). Alter läßt das Gehirn (Gedankenkraft) einschrumpfen, so auch die Hände im allgemeinen (Bild 14). Man ist weniger unternehmungslustig, biegsam, anpassungsfähig, romantisch, poetisch, zart usw. und mehr den prosaischen, materiellen, irdischen Dingen geneigt. Es kommt die sog. „Philosophie des Realen" mehr zum Ausdruck. Krankheit und Ruhe machen eine feste Hand weicher, weil weniger Willen und Kraft angewandt wird für Tätigkeit, Bewegung, wodurch wiederum der Körper geschwächt wird und Phantasie — bewußt oder unbewußt — sich mehr entwickelt. Aus diesem Grunde mit sind Kranke beeinflußbar durch Suggestion jeder Art. Die geistige und seelische Tätigkeit beeinflußt, gestaltet das Physische in Form und Wesen. Auch ein Gradmesser der physischen Widerstandskraft, Charakterfestigkeit und des sinnlichen Genußlebens ist die Hand. Sie ist — als ein Nervensammelzentrum — ein kleiner Reflexspiegel des Lebens im Blut- und Nervenkreislauf.

Man findet verschiedene Temperatur und Merkmale bei Fieber, Lungenleiden, Asthma, Ohnmacht: heiß, trocken, feucht, klamm, schweißig usw.

Handtypen.

1. Die elementare oder primitive Hand.
2. Die Spatelhand oder praktische Hand.
3. Die eckige oder nützliche Hand.
4. Die knotige oder philosophische Hand.
5. Die konische oder künstlerische Hand.
6. Die psychische, ideale oder mediale Hand.
7. Die gemischte Hand.

Charakteristik*).

Die elementare Hand (Bild 6).

Große Handfläche, dick, hart; Finger kurz, steif, dick, Daumen kurz, formlos, klobig, gerade und abstehend. Phlegmatisch, primitiv, tierisch in Art, Wesen und Instinkt. Unentwickelte Nerven, brutal in Kraft und Verlangen.

Personen mit solchen Händen haben besondere Vorliebe für Feldbau und ähnliche grobe Arbeit, für welche physische Kraft und wenig Geist genügen. Diese primitiven Menschen sind nicht überflüssig, sondern zum Fortschritt der Kultur notwendig. Sie sind schwerfällig und träge im Geiste, gleichgültig und apathisch, aber körperlich zäh, stabil und meist stark abergläubisch. In ihrer Anspruchslosigkeit begnügen sie sich mit dem Allernotwendigsten und stellen keine großen Anforderungen an die Welt. Rein findet man diesen Handtyp nur bei Eskimos, Tataren und anderem auf niedriger Kulturstufe lebenden Volke.

Die Spatelhand (Bild 7 und 12).

Mittelgroß bis groß; Knöchel entwickelt oder nicht. Fingerspitzen breiter als das erste Glied (Ballen-, Froschfinger-Form). Daumen meist mittel bis groß.

Energisch, zähe, rastlos, aktiv, beweglich, spekulierend, imitierend und erfinderisch; fleißig, strebsam, resolut und selbstvertrauend. Weniger konventionell und romantisch, mehr praktisch und materiell; evtl. etwas tyrannisch. Ist die Hand weich, wird vieles von diesen Eigenschaften abgeschwächt und durch Sinnlichkeit, Genußliebe ersetzt. Personen mit diesen Handformen sind immer unternehmungslustig und für Neues zu gewinnen. Sie versuchen alles materiell zu nutzen und praktisch zu verwerten, eignen sich sehr gut für feine,

---

*) In diesem Kapitel über Charakteristik der Handformen habe ich Hinweise betr. Berufseignung bzw. Berufsrichtung der einzelnen Typen nur vereinzelt eingestreut. Ausführlich beschrieben und erklärt befindet sich der Spezialteil „Berufseignungsprüfung" im „Lexikon der Chirologie, Berufseignungsprüfung und Fachliteratur". (vergriffen)

akkurate Arbeit, Feinmechanik usw., aber auch für große Unternehmungen, Kolossalbauten, Landwirtschaft, Schiffahrt, Jagd, Handel, Pionierarbeit für Kultur und Instrumentalmusik. Sie haben eine gewisse natürliche Intelligenz (siehe den entwickelten, geistigen Teil der Finger). Ihnen imponiert das Massenhafte, Große, Kolossale; mehr das Gewichtige, Wuchtige in der Ausdehnung, nicht die Zierlichkeit und Feinheit. Spatelhände haben viel Sinn für das Regelmäßige, Symmetrische und ziehen lieber Land-, Bezirks-, Provinz- und Staatengrenzen mit dem Lineal, weil es praktischer und einfacher ist. Sie haben jedoch nur wenig übrig für Philosophie, Poesie und Metaphysik; sie sind zu materiell denkend, aber gute, praktische Lebenskünstler, die besten Kulturpioniere für unerschlossene Länder, Menschen, die sich in allen Lebenslagen zu helfen wissen. Am meisten findet man diesen Typ in Nordamerika.

Spatelhänder neigen mehr zu Protestantismus, weil Mangel an Romantik, die mehr dem Katholizismus entspricht und konischen oder spitzen Händen. Darum ist es auch schwer, den Katholizismus nach Norden zu bringen, wo der Spateltyp viel mehr vertreten ist. Unter allen großen Sportsleuten und jenen Menschen, die mit aktivem Wettstreit oder auch angewandten Wissenschaften zu tun haben, finden wir Spatelhände, die Tat, Energie, Bewegung, Zähigkeit und Zielstrebigkeit zur Charakteristik haben. Diese Handform mit Knoten in den oberen Fingergliedern bzw. Beugegelenken finden wir mit mehr Logik begabt. Solche Menschen lieben Unabhängigkeit im Regieren und im aktiven Verfolgen der eigenen Pläne. Sie sind sehr skeptisch betreffs Zärtlichkeiten und Zuneigung, bis ihnen der Beweis erbracht wird, daß von der Gegenseite wirklich Neigung vorhanden ist. Sie sind intolerant betreffs Fanatismus und abgewandt allen Vorstellungen und allem Exzentrischen. Sie lieben politische Freiheit der Massen und haben Geist für den Zusammenschluß. Mit Knoten in beiden Beugegelenken aller Finger werden diese Leute ihre physische Tätigkeit, exakte Wissenschaft, praktisches Studium, kombinieren; denn sie sind allen mechanischen, konstruktiven Künsten und Wissenschaften, wie Navigation, Geometrie, Architektur usw., ergeben.

Beachte:

Jupiterfinger sehr lang: Große Vorliebe für das Mysteriöse, Neigung zu Irrtum und Fanatismus.

Saturnfinger sehr lang: Aktive Einbildungskraft, Neigung zu Literatur über Okkultismus und Wissenschaft, auch zu Depression. — Zu lang: Neigung zu sehr großer Melancholie.

Apollofinger sehr lang: Talent für Imitation, Darsteller von Personen; Gedanken, Gefühl; Vorliebe für Hindernisse.

Merkurfinger sehr lang: Innige Beredsamkeit, wenn auch nicht immer kluge Handlungsweise; als Redner: kraftvolle Ausdrucksart. Neigung zu Mechanik, Elektrizität usw.

Ist einer dieser Finger **sehr kurz**, so besagt dies: Mangel an den betreffenden Eigenschaften oder Qualitäten.

Die eckige Hand (Bild 8).

Mittelgroß bis groß; zum Teil entwickelte Knöchel und eckige Fingerspitzen (Bild 17). Mehr oder weniger gefühlvoll, zäh, eigensinnig und kleinlich im Denken und Tun. Ruhig, strebsam, gewissenhaft, pflichttreu. Mehr Verstandesmenschen mit gewisser Selbstbeherrschung. Sie lieben Ordnung, Methode, System, Symmetrie und Pedanterie (Bürokraten, Lehrer usw.). Der Daumen ist meist groß und mit ebensolcher Wurzel (Venusberg), die Handfläche derb und fest. Personen mit diesen Händen haben Vorliebe für die moralischen, politischen und sozialen Wissenschaften, Erziehung, Lehrtätigkeit, Geometrie, Sprache für das Traditionelle, Autoritäten, für das Praktische und Solide. Die Besitzer dieses Handtyps geben gute, aber auch leider zu pedantische Beamten und Bürokraten, strenge Lehrer ab. Sie lieben das Herrschen. Sie bevorzugen meist das Reale dem möglicherweise Unrealen, praktische Talente den Fähigkeiten, die der Phantasie entspringen. Eigner dieser Hände hegen die Anschauung, daß das Gute besser als das Schöne, das Nützliche jedoch das allerbeste sei. Sie arten meist aus in Pedantismus und wollen zäh an Regeln, engen Begriffen usw. hängenbleiben, in der Kunst, im Wissen, in allem. Daher kleben sie meist an Form, Manier, Wort und Althergebrachtem, sind pünktlich wie eine Uhr und Gegner aller Freiheit und Großzügigkeit. Sie haben viele gute Eigenschaften, hindern sich selbst aber in der Entwicklung zum Höheren, da zu kleinlich. Man findet diesen Typ überall, vorwiegend jedoch in Nordeuropa.

Eckige Hände mit Knoten besitzen jene Menschen, die vorsichtig sind, durchhaltend und ordnungsliebend. Sie sind gleichmäßig in ihrer Art. Sie haben Disposition zum Organisieren, Arrangieren, Klassifizieren und Gleichmachen in Form und Annehmen von Dingen, die man beschreiben und erklären kann. Sie gehen immer von dem Grundsatz aus: „Es muß alles passend sein!" Sie finden leicht Unterschiede außen und innen, sind romantisch, wenn es vernünftig ist, sie sind treu in der Liebe, aber nicht wegen der Tiefe der Gefühle, sondern weil es sich so gehört, und damit der gute Ruf nicht geschädigt wird: „die Leute könnten darüber reden"; „was sagen die Leute?" Sie arrangieren die Bücher nach dem Titel, nicht nach dem Format oder Aussehen in der Farbe, wie es jene Menschen mit konischen Fingern tun, obgleich diese gern gleiches Format hätten. Sie sind immer gebürstet und adrett und wahren „Etikette". Sie haben Disziplin. Alles ist vorbedacht und vorbereitet. Auch haben sie Gesicht und Lachen in Gewalt, ebenso Sprache und Blicke. Sie sind sehr unangenehm berührt, wenn das Wetter sich ändert, oder wenn Wohnungswechsel kommt. Sie sind komplette Meister für Intrigen, mißtrauisch und schlau im Geheimen. Sie haben wenig Freude, weil sie sich diese nicht gönnen und zu sehr im Realbewußtsein verstrickt sind. Sie lieben den langsamen Fortschritt und sind im allgemeinen allen Neuerungen plötzlicher Art abgeneigt. Wenn die Knoten an allen Fingern stark ausgeprägt sind, so ist dieser Typ schon etwas besser. Sie haben Vorliebe für elegante Wissenschaften, wie Botanik, Archäologie, Psychologie, Jurisprudenz, Orthographie, Geschichte und Politik, weniger Metaphysik. Etwas Unaufrichtigkeit wird man bei ihnen immer finden.

Beachte:

Jupiterfinger sehr lang: Wahrheitsliebe, Stolz.

Saturnfinger sehr lang: Sehr ernst und nachdenklich.

Apollofinger sehr lang: Vorliebe für Studien und Nachdenken in der Kunst.

Merkurfinger sehr lang: Vorliebe für wissenschaftliche Studien und gute Darstellungskraft.

Wenn einzelne Finger zu kurz sind, ergibt dies eine etwas impulsive Natur, voll Ungeduld in Begründung und Argumenten.

Die konische Hand (Bild 9).

Schöne symmetrische und angenehme Form. Konisch (schmaler werdend) verlaufend mit konischen (zugespitzten) Fingern (Bild 50 b u. 59). Hier drei Unterarten:

a) Geschmeidige kleine Hand, schmaler Daumen, bezeichnet Vorliebe für Schönheit, speziell in Form (geht an jede Sache mit Begeisterung). Bild 10.

b) Große Hand, kurz, dick mit großem Daumen, verrät großes Verlangen nach Reichtum und Pracht (sucht seine Pläne mit Schlauheit auszuführen). Bild 45.

c) Weiche oder wenig feste große Hand mit sehr entwickelter Innenhand (Berge), die Neigung zu Sinnengenuß gibt (sucht sein Ziel mit Selbstzufriedenheit zu erlangen). Bild 50 b.

Alle drei sind wertlos für mechanische und physische Arbeit, da alle drei von Inspiration bzw. Stimmungen regiert, geleitet werden. Sie sind je nachdem weniger oder mehr Gefühlsmenschen, sentimental, instinktiv, impulsiv, eindrucksfähig, nervös, launisch, romantisch, poetisch, träumerisch, lebensfreudig und begeistert, bescheiden und empfindlich, besonders gegen Lächerlichkeit, ideal, daher keine sog. „Geschäftsleute". Man findet diesen Handtyp viel bei Künstlern, doch muß ein Künstler nicht unbedingt solche Hände haben. Das Gefühls- und Empfindungsleben ist hier viel stärker als die Verstandestätigkeit. Solche Menschen hängen gern an Äußerlichkeiten und versuchen auch fälschlicherweise, danach zu beurteilen. Personen dieses Handtyps sind große Anhänger von Freiheitsideen, lieben die Abwechslung in bezug auf alles, Aufenthalt, Personen, Beschäftigung sowohl wie in der Liebe. Sie sind sehr von Stimmungen abhängig; begeistert, exzentrisch, lustig bis zum Überschäumen, morgen traurig, launisch, melancholisch, gereizt, und deshalb wird man auch verstehen können, daß diesen Menschen Einschränkungen und geregeltes Leben weniger gut liegen. Sie sind Bohémiens. Da sie (als Künstler) außerdem noch oberflächlich und leicht veranlagt sind und (mit weichen Händen) noch viel Sinnlichkeit und Flatterhaftigkeit dazukommen, kann man treue, tiefe Liebe nicht gut erwarten, weshalb die Ehen solcher Menschen selten von langer Dauer und innigem, wirklich festem Glücke sind. Eine f e s t e Hand verbessert die Eigenschaften und macht fester im Charakter und Wesen, doch kommt viel auch auf den Daumen an. Sehr weich (schwammig) ist der Typ des „Nur-Genuß"-Menschen, weshalb man in solchem Falle von einer „Vergnügungshand" spricht (Bild 9, 50 b).

Die weichen Hände verraten immer eine große Portion Sinnlichkeit, Hang zum Schwelgen und Genießen, Trägheit, Beschaulichkeit, Vergnügungssucht und Mangel an höherer Verstandeskraft. Auch oft Neigung zur Lüge und Heuchelei. Menschen, welche zu faul und sinnlich sind, um ernst und physisch zu arbeiten, hängen sich oft an die Kunst. Dieser Typ ist überall zu finden, mehr jedoch im Süden und in den Tropen.

Die erste Art tut alle Dinge mit Begeisterung, die zweitgenannte Form tut alles mit Schlauheit, der letztgenannte Typ mit Selbstsucht und Eigennutz. Die erste liebt das Schöne mehr als das Praktisch-Nützliche; doch sind diese Personen immer ängstlich vor evtl. Lächerlichkeit. Sie sind begeistert und äußerlich bescheiden, impulsiv. Sie haben wenig Gewalt oder Zähigkeit in der Durchführung von Plänen, auch wenig Entschlossenheit. Sie sind unfähig zu befehlen, besitzen aber viel Ergebenheit. Diese Personen mögen gern gezogen werden, aber nicht getrieben. Wandelbar in Liebesangelegenheiten, da kühl, haben sie aber warme Vorstellung. Wenn diese Hände noch mehr entwickelt sind, der Handteller größer, die Finger feiner und zarter, so ist solch ein Mensch noch mehr Sklave der Leidenschaft und hat weniger Selbstzucht oder Kraft. Sie machen gern Schulden und ver- schwenden mit Freunden, sind sehr empfindlich gegen Verdächtigungen und Blamagen, anderseits aber sehr gerührt bei Güte und Freundschaft. Die Naturen dieser Typen neigen zu Sinnlichkeit, Faulheit, Egoismus, zu Raffiniertheit, Falschheit, Übertreibungen und Mangel an Konzentration, können leicht exzentrisch und zynisch sein. Sie sind keiner geistigen Liebe fähig.

B e a c h t e bei konischen oder psychischen (idealen) Händen in b e i d e n Handtypen Charakteristik ähnlich, nur bei dem idealen Typ überbetont, verfeinert.

J u p i t e r f i n g e r s e h r l a n g : Große Vorliebe für Religion mit dem Verlangen, führend darin zu wirken.

W e n n s o l a n g w i e S a t u r n f i n g e r : Das Leben wird durch Ehrgeiz regiert.

S a t u r n f i n g e r s e h r l a n g (selten!): Streiche und Frivolitäten. (Das Gegenteil von dem schweren eckigen oder Spatel-Saturnfinger.)

A p o l l o f i n g e r s e h r l a n g : Starke Intuition in Kunst und Inspiration in bezug auf Personen. Wenn jedoch das 3. Glied das längste ist: Ausnutzung der Kunst usw. zu materiellen Zwecken.

M e r k u r f i n g e r s e h r l a n g : Intuition in bezug auf Okkultismus, Mystik, Medizin. Ebenso Beredsamkeit.

Wenn einer dieser Finger s e h r k u r z ist, deutet dies auf Egoismus, Impulsivität, die durch Unbesonnenheit zu Unglück führen kann.

Die psychische, ideale oder mediale Hand
(Bild 10 und 47).

Auffallend schön in Form; schlank, zart und zugespitzt. Sie ist die verfeinerte, veredelte Form der konischen Hand, wie man sie auf den Heiligenbildern sieht. Wie die geistige Anschauung dieser Menschen nicht irdischer Art ist, so sind auch die Hände unbrauchbar für jede physische Arbeit, und ihre Art ist zu unpraktisch und wertlos für irgendwelche materiellen Dinge. Sie werden regiert von Herz und Seele, sind sehr feinnervig und medial, lieben alles Große, Schöne, Hohe, Reine, Ideale, Sittliche und Göttliche. Sind schwärmerisch, reich an Phantasie, sind Spiritualisten und Mystiker. Dies ist der schönste Typ der Menschenhand, durchgeistigt, im Volksmund „Hände mit Spinnenfingern" genannt. Diese Handform ist an keine Gegend gebunden, man findet sie überall, jedoch recht selten — leider. Alle die minderwertigen Eigenschaften der konischen Hand sind hier harmonisch vereint und veredelt, zu Tugenden geworden. Meist sind die Finger ohne Knoten und glatt (Bild 47). Sind Knoten und ein entwickelter Daumen vorhanden, so kommt Geisteskraft und Kombinationsvermögen hinzu, doch auf Kosten der Milde und Weichheit. Je feiner, zarter diese

Hand, desto zarter ist die physische Kraft des Besitzers. Sie ist solchen Persönlichkeiten zu eigen, bei denen das seelische Leben das leibliche in jeder Beziehung weit überragt, welche sich im Reiche der Phantasie, des Idealen, des Jenseitigen wohler und mehr zu Hause fühlen als im Irdischen. Sie verabscheuen alles Gemeine, Niedrige, Selbstsüchtige, Unschöne, Ungerechte, Ehrgeizige, Materielle, besitzen aber meist einen festen und zähen Willen, der ihnen die Kraft gibt, für edle, ideale Zwecke und Ziele einzutreten, wie es die vielen Märtyrer taten. Ihr Drang nach Wahrheit und Vernunft (nicht nach menschlichen Begriffen, sondern nach der höchsten, reinsten, göttlichen Vernunft und Wahrheit) ist wohl das Stärkste in ihnen. Da sie so wenig für das Materielle und das Alltagsleben geschaffen sind, werden sie meist von anderen Menschen ausgenutzt und betrogen; aus dem Grunde ist es notwendig, daß Personen mit diesem Handtyp gute, treue Freunde zur Seite haben, falls sie in unserer egoistischen Zeit nicht verkommen sollen.

Dieser Handtyp ist nicht das ausschließliche Erbe edler Geburt. Seele ist ihnen alles. Sie werden fast nie verstanden, und das sollte gewürdigt werden. Man sollte dankbar dafür sein, daß so feine, hohe Einflüsse und reine Intuitionen dieses Types zwischen uns leben. Mit den oberen Knoten haben wir einen mehr oder weniger wechselvollen Charakter, der etwas exzentrisch, fanatisch und unzuverlässig ist. Mit beiden Knoten in allen Fingern ergibt sich mehr Kalkulation und Intellekt; bei Männern positive und fruchtbare erfinderische Gedanken, aber ein anderer (eckiger oder Spateltyp) muß die Ausführung übernehmen. Ohne großen Daumen zeigen diese Hände an: Neigung zu Unzufriedenheit, Zweifel, Furcht, Niedergeschlagenheit wegen des eigenen Unvermögens. Bei Menschen mit „idealer Handform", worin sich nur die drei Hauptlinien und keine Ereignislinien noch Zeichen befinden, sei man sehr vorsichtig. Meistens sind sie falsch, intrigant, lügnerisch.

Viel seltener als diesen idealen Handtyp (mit spitzen oder konischen Fingern) findet man die i d e a l e e c k i g e H a n d. Sie ist die wirklich schönste aller Hände in Gestalt, Harmonie, in allem; leider aber auch ebensowenig für das praktische Alltagsleben geeignet wie die ideale Hand. Was dieser Handtyp mit dem ideal-konischen gleich, aber doch noch im v e r s t ä r k t e n - M a ß e hat, sind: Inspirationen, die anderen, Künstlern, Schriftstellern, wirklichen Wissenschaftlern, in hohem Maße nützen können.

Die knotige oder philosophische Hand (Bild 11).

Der charakteristische Ausdruck dieser Hand kann nicht verwechselt werden. Sie ist mittelgroß oder kleiner: Fingerspitzen oval-keulenförmig (der Länge nach). Es ist der Gegentyp zur konischen oder

künstlerischen Hand (welche jedoch mit Kunst nicht viel gemein hat),
auch in den Eigenschaften.

Hier müssen wir zwei Arten unterscheiden, nämlich den einen
Menschen, der seine Ideen von außen und äußeren Einflüssen empfängt
und bei dem die unteren Knoten stärker ausgeprägt sind; bei dem
anderen Typ kommen die Ideen von innen, von inneren Strömungen
und vom Unterbewußtsein, bei den kleineren Händen ist Herzdenken
vorhanden, bei den großen Herz- und Gehirndenken. Beide haben aber
die gleichen Resultate. Bei beiden Typen finden wir als Haupteigenschaft Synthese und Analyse. Persönlichkeiten mit diesem Handtyp
überhaupt propagieren gern soziale und religiöse Freiheit, sie sind die
besten Religionslehrer (hier ist die große Verschiedenheit von den
eckigen Typen).

Der Daumen ist meist groß und stark. Menschen mit diesen Handformen lieben Unabhängigkeit im Tun und Denken, Begründung,
Logik und Beweis, Ergründen von Ursache und Wirkung, Wahrheit,
Gerechtigkeit, das Ideale. Sie bevorzugen die Wahrheit dem Schönen
gegenüber, sind Moralisten, Ethiker und meist sehr philosophisch,
gerechtdenkend, gute, tiefe Menschen. Die Vernunft ist der Leitstern
für sie; sie läßt sie rück- und vorwärtsblicken und erwägen, berechnen
und betrachten; sie macht sie unabhängig von dem Gegenwärtigen und
der Meinung anderer. Was ein solcher Mensch tut, tut er mit Selbstbewußtsein und Begründung. In der ihm eigenen Gründlichkeit denkt
er über alle Möglichkeiten, Folgen und Zwecke nach. Die Regel wird
ebenso studiert wie die Ausnahme. Das Interesse für den einzelnen ist
ebenso groß wie das für die Familie, Nation, Rasse, Menschheit. Er
läßt sich nie vom bloßen Glauben oder verkehrter Liebe und Mitleid
beherrschen, sondern vom Wissen und Erkennen, von der Vernunft;
deshalb die Vorliebe für das Ethische und Ästhetische. Anschauung und
Gewohnheit gelten nicht, sondern nur tieferes Erkennen des Wahren
und Wirklichen. Auf religiösem und sozialem Gebiete kämpft er für
Unabhängigkeit und Höherentwicklung, für die Vervollkommnung.
Vermöge des großen Ordnungssinnes und der Fähigkeit, das Wesen
(den inneren Wert) der Dinge zu erkennen, klassifiziert er mehr der
Natur entsprechend, nicht nach Form, Größe, Eigenschaften und
äußerem Anschein. Man trifft diesen Handtyp überall, doch nicht oft;
in der alten Welt jedoch mehr als in der neuen, wo der reine und wahre
Idealismus noch seltener geworden ist als hier. In kleinerer, reinerer
und feinerer Form findet man diesen Handtyp öfter in Indien, besonders
bei den Yogis. In dieser Hand wird das Intellektuelle und Spirituelle
in Harmonie zur wahren (d. h. göttlichen) Vernunft vereinigt. Ich sage:
„wird"; ob das „wird" ein „ist" ist, muß von Fall zu Fall heraus
erkannt werden.

Die gemischte Hand (Bild 54 b).

Die gemischte Hand enthält Kombinationen der verschiedenen Hand-
und Fingerformen und deshalb auch gemischte Charakteristik und
Vielseitigkeit. Sie wird am häufigsten angetroffen; doch ist nicht jede
Hand, die etwas vom reinen Typ abweicht, eine gemischte. Man muß
schon Übung besitzen, um nicht z. B. eine etwas konische Elementarhand oder eine knotige konische Hand usw. mit einer gemischten Hand
zu verwechseln. Hierauf kommt sehr viel an bei der Beurteilung. Was
die Eigenschaften der gemischten Hand betrifft, so muß in Betracht
gezogen werden, aus welchen Typen die Mischung hervorging, welche
die Hand aufweist. Hiernach hat man zu kombinieren. Meist wird ein
bestimmter Typ als Grund zu erkennen sein, wovon dann auch die
Charakteristik am stärksten vertreten ist. In der Hauptsache haben
alle gemischten Hände zu eigen: Vielseitig in Kenntnissen und Können,
große Anpassungsfähigkeit in jeder Beziehung, Sinn für praktische und
nützliche Verwertung; sie sind besitzliebend, schlau, hart, eigensinnig.
Oft ist jeder Finger verschieden, so daß man jeden erst einzeln und
dann mit der Hand im Zusammenhange kombinieren muß.

Die Intelligenz, die durch diesen Handtyp repräsentiert wird, ist
eine gemischte und setzt sich zusammen aus d e n Geistesrichtungen,
welche die einzelnen verschiedenen Finger darstellen. O h n e diese
gemischte Intelligenz (und daher ohne die „gemischte Hand"), die eine
gewisse säureartige geistige Schärfe enthält, würde die sog. „Gesellschaft"
sich nur mit Hemmungen, Kampf und in Sprüngen entwickeln. Der
g e m i s c h t e n Hand gehört die Intelligenz für gemischte Arbeiten
und verbindende Ideen; für Wissenschaften, die nicht ausschließlich
reine Wissenschaften sind, wie Administration, Handel und Verkehr;
für Künste, die nicht das Resultat von Poesie sind, und für die Schönheiten und die relativen Wirklichkeiten der Industrie. E s s i n d d i e
H ä n d e , w e l c h e d e n w e l t l i c h e n u n d g e i s t i g e n F o r t -
s c h r i t t t r e i b e n u n d m e h r o d e r w e n i g e r m a c h e n !

Wenn konisch-elementare Form, weicher und etwas kleiner als die
Elementarhand, Finger dick und glatt, Daumen konisch und groß, dann
sind als Charakteristik Egoismus und Geiz vorherrschend. Solche
Personen sind wenig geeignet für Handwerk und Industrie und leben
sich aus in Verhandlungen, Plänen und Selbstlob.

Personen, deren Hände einen bestimmten reinen Typ repräsentieren,
besitzen weniger oder mehr einen Intellekt, der kraftvoller in einer
bestimmten Richtung ist. Der Intellekt der gemischten Hand ist
anpassungsfähiger und praktischer. Dieser Handtyp ist meist unter den
Autodidakten zu finden, die ja bekanntlich immer Bestes leisteten, wie
die allermeisten Erfindungen und Entdeckungen bewiesen haben und

noch beweisen. Personen mit bestimmtem reinen Handtyp arbeiten wohl intensiver in e i n e r Richtung, aber darum auch eben einseitiger, beengter.

Der Spatelhänder genießt aus praktischen Gründen die raffinierten Speisefeinheiten, in denen die konischen Handeigner mit Leichtsinn schwelgen, und die sich solche Leute mit eckigen Händen aus Geiz nicht leisten, wohl aber zu schätzen wissen, wenn sie nichts kosten.

Der Mensch mit eckigen Händen kauft quantitativ vorsichtig ein, immer nur soviel, wie er ganz sicher verantworten kann; jener mit konischen Händen kauft die doppelte Quantität (und Schein-Qualität), weil er leichtsinniger, großzügiger und auch leichter zu beeinflussen ist. Aber der Spatelhänder kauft das Dreifache, weil er schon zur Zeit des Einkaufes instinktmäßig weiß, wo und wann er das alles mit Nutzen wieder absetzen kann.

Menschen mit konischen Händen sind begeistert für eine Sache; der Spatelhänder nutzt sie, und jene mit eckigen Händen wehren ängstlich ab, weil sie immer Bedenken haben.

Besitzer konischer Hände haben eine Vorliebe für Dinge, die schön oder elegant aussehen, sie kaufen auch eher auf Abzahlung, ohne viel darüber nachzudenken, ob die Qualität dem Kaufpreis entspricht, oder ob sie die Abzahlungsraten einhalten können. Leute mit eckigen Händen machen nicht gern Schulden und sind daher viel schwerer zu einem Kauf zu überreden; es müßte dann schon ein billiger Gelegenheitskauf, dauerhafte und praktische Ware sein, während der Spatelhänder dem Wert entsprechend kauft, was praktisch und haltbar ist, und was er unter Umständen zu gegebener Zeit selbst wieder vorteilhaft weiter abgeben kann. Der Besitzer gemischter Hände würde sich durch Prospekte oder Preislisten eher „auf dem Laufenden" halten, um überall mitreden zu können und bei guter Gelegenheit auch praktische Dinge zu erwerben, dann aber daran herumzumäkeln, damit der Preis noch etwas herabgesetzt wird, da er ja gern wieder bei Weitergabe etwas verdienen will.

Frauen mit knotigen oder idealen Handformen gehen nicht gern aus einem Geschäft heraus, ohne etwas gekauft zu haben, weil sie sich „genieren" und auch durch ihre Sensivität die Gedanken des Geschäftsmannes unangenehm und belastend empfinden. Bei erhaltenen Geschenken werden sie sich oft wundern, wie jemand etwas verschenken kann, was gar nicht zu dem Beschenkten paßt. Das würde ihnen selbst weniger oder gar nicht passieren.

Um die Unterscheidung der Handtypen zu erleichtern, betrachte man Bild 74. Hier ist außen der Spatelfinger, schraffiert der eckige und innen der konische Finger übereinandergelegt sehr leicht zu erkennen.

Es ist leicht zu unterscheiden, was an dem einen Typ fehlt, um den anderen darzustellen.

Gleichzeitig zeigt das Bild die Dreiteilung Geist, Seele, Körper in der Zoneneinteilung an Kopf, Gesicht und Finger, als Sphäre der Entsprechung, was bei der Analysierung des Charakters und Wesens zu berücksichtigen ist.

B e a c h t e :

Die meisten Hände sind gemischte. Reine Typen findet man weniger, außer (in Nordeuropa) in reichlichem Maße die eckige Hand oder doch wenigstens eckige Finger. Auch unter den Frauen, obgleich sehr viele konischen Typ besitzen, der natürlicher ist. Der Spateltyp ist schon seltener zu finden, besonders bei Frauen. Der ideale Typ kommt dann und wann vor. Viel seltener aber ist der knotige Typ. Meist ist die Mischung so, daß Jupiter- und Merkurfinger konisch oder spitz sind und die beiden anderen — Saturn- und Apollofinger — einem und demselben Typ angehören: eckig oder spatel.

„Konisch" und „spitz" ist nicht dasselbe. Man achte auf diese Verschiedenheit!

J u p i t e r u n d M e r k u r s p i t z , S a t u r n u n d A p o l l o k o n i s c h (Analyse: 1., 4., 2., 3. Finger). I n g u t e r H a n d : Hohes Streben, Liebe zur Wissenschaft um ihrer selbst willen; gesunde Religiosität; edle Auffassung der Kunst. — I n s c h l e c h t e r H a n d : Krankhafter Stolz; viel unehrliches Planen; Aberglauben; Kunst unangebracht.

J u p i t e r u n d M e r k u r s p i t z , S a t u r n u n d A p o l l o e c k i g . I n g u t e r H a n d : Hohes Streben, sehr gute Beredsamkeit; kluge Vorsicht; wahrhaft in künstlerischen Bemühungen. — I n s c h l e c h t e r H a n d : Krankhafter Stolz; Meisterschaft in Diplomatie; Menschenhaß; Gebrauch der Kunst zu schlechten Zwecken.

J u p i t e r u n d M e r k u r k o n i s c h , S a t u r n u n d A p o l l o e c k i g . I n g u t e r H a n d : Vorliebe für wertvolle Romane; Fähigkeiten für Wissenschaft und Erfindung; Vorliebe und Klugheit für Landwirtschaft; starke Neigung zu Kunst, Musik, Literatur. — I n s c h l e c h t e r H a n d : Eitelkeit, Nichtigkeit; kaufmännische Unehrlichkeit; falsche Ideen über Religion; Praktizieren der Kunst aus Gewinnsucht.

J u p i t e r u n d M e r k u r k o n i s c h , S a t u r n u n d A p o l l o s p a t e l . I n g u t e r H a n d : Vorliebe für Reisebeschreibungen; Spekulationen in entfernten Ländern; dauernde Aktivität, Tätigkeitsdrang; Maler, Literaten usw. für historische Dinge. — I n s c h l e c h t e r H a n d : Großsprecher, Prahler; Finanz-Napoleon; Irr-Religion; Realismus in Kunst. —

Eine Veränderung der Handform von einem Typ zum andern ist ausgeschlossen. Man mag durch Massage in der Hinsicht erreichen, daß die Finger ein schlankeres Aussehen erhalten — für kurze Zeit. Sie werden aber immer wieder in die frühere Form zurückkommen. Wie man durch starkgeistiges Schaffen an sich selbst, also strenge Selbstzucht und Selbstveredelung im geistigen Sinne, u n d auch körperlich die Kopfform etwas ändern, die Nasenform und Mundform verbessern, den Augenausdruck veredeln kann, so kann man auch jedoch n u r durch diese Art im v e r s t ä r k t e n Maße, nur ein w e n i g auf die Handform einwirken. Der Ausdruck der Hand wird sich verfeinern, die Form aber n i c h t ! — Der Zeitraum, in dem dieses geschehen kann, beträgt nach meiner persönlichen Erfahrung etwa 15 Jahre. N i e aber wird eine „eckige" zur „Spatelhand"; nie eine „eckige" zur „konischen" oder umgekehrt; oder eine gemischte zur philosophischen Hand! Gegenteilige Behauptungen sind falsch und beweisen absolute Unkenntnis in dieser Hinsicht.

Die natürliche Entwicklung geht vom primitiven über den intellektuellen zum spirituellen Typ, nie umgekehrt.

Um für die Praxis einen klareren Begriff von verschiedenen Mischungen zu erhalten, habe ich mehrere Abbildungen beigefügt (Bild 45, 46, 47, 49, 50) mit der Bezeichnung der Mischung. Mit einigem Unterscheidungsvermögen wird jeder sehr bald die Unterschiede auf den Bildern und dann auch in der Wirklichkeit erfassen, wenigstens soweit sie die Handform betreffen. Die Unterschiede im Hinblick auf die verschiedenen oder einzelnen Finger zu erkennen, gelingt danach dann ebenfalls in kurzer Zeit. Selbstverständlich muß man für Beurteilung der Hand- und Fingerform die A u ß e n hand benutzen, weil in der Innenhand die Rundungen und Wölbungen irritieren, wenn die Form nicht gerade s e h r gut markiert ist. Man arbeite dies Buch von Anfang an langsam und sicher durch, dann wird alles verständlich. Ich warne vor Sprüngen. Alles muß gelesen und beobachtet werden, denn ich habe nichts Nebensächliches oder Nutzloses beschrieben. Nur wer mit Geduld langsam vorgeht, wird dieses Buch ganz in sich aufnehmen und verstehen, deshalb auch praktisch anwenden können. Man studiere nur soviel, wie man mit einem Male erfaßt. Zuerst muß unbedingt die Handformenkunde erfaßt und verstanden sein, und erst h i e r n a c h darf die Handlinienkunde folgen, sonst bleibt alles nur Teilwissen, das richtige Auswertung verhindert. Bei den Handabdrücken der Innenhand, die ich hier beifüge, wolle man weniger auf die Form u m r i s s e geben; denn sie werden sehr selten genau sein können. Man erkennt sie nur an Handphotographien oder Handmodellen (Gips usw.).

Etwas über Frauenhände.

Es ist selbstverständlich, daß man bei der Beurteilung einer Frauenhand die Verschiedenheit der weiblichen Konstitution von der männlichen in Betracht ziehen muß. Gerade in der Verschiedenheit der Konstitution der beiden Geschlechter liegt ja der Grund der verhältnismäßigen Disposition, in der die Geschlechter zueinander stehen. Ohne diese Differenzierung des männlichen und weiblichen Geistes kann weder eine gute Kombination noch eine richtige Analyse stattfinden. Die physische Energie des Mannes verlangt direkt die passive Einstellung und den instinktiven Takt des Weibes, um ihm die Verwendung und Anwendung zu zeigen. Das Weib hat oft eine Idee, und der Mann setzt sie in die Wirklichkeit um, in die Tat. Die Idee des Mannes ist oft undefiniert, grob und kraftvoll. Geht sie aber durch das Hirn des Weibes, dann wird sie klarer und definierter. Ein Man kann niemals den Takt eines Weibes sich ganz aneignen, auch nicht die instinktive Intelligenz, ohne von seinen feinsten Lebenskräften zu verlieren. Viele Mißerfolge der Männer haben ihre Ursache darin, daß sie nicht genügend den Instinkt des gesunden Weibes befragen. Die Idee des Weibes ist oft wild, unpraktisch und verworren, doch sind die Grundprinzipien der Idee immer genau und richtig. Die größten Männer aller Zeiten hatten immer kluge Frauen. Den besten Beweis für die obige Tatsache finden wir im Orient, wo die Frau gar nicht befragt wird, sondern mehr als Haustier oder „Lieblingstier" betrachtet wird. Das Resultat ist, daß jene Nationen zum großen Teil an Wichtigkeit verlieren und schließlich aussterben werden. Der Mann regiert und bestimmt, das Weib verwaltet und verlangt. Diese Tatsachen sind bei dem Lesen von Frauenhänden in Erwägung zu ziehen. Die Charakteristik der spatelförmigen und der eckigen Frauenhand wird immer etwas weniger markant entwickelt sein als bei dem Manne. Der knotige Typ ist bei Frauen viel seltener zu finden. Das Resultat ist Mangel an physischer Kombination und Kalkulation, die gewöhnlich ihre Beweglichkeit charakterisieren. Der Mann schafft, das Weib entwickelt. Männer machen Gesetze, aber Frauen machen die Moral. Der Mann ist echter als das Weib, aber das Weib ist flacher als der Mann. Ein altes Wort sagt, daß der Mann der Geist des Weibes ist und das Weib die Seele des Mannes. Käme dieses treffliche Wort nur mehr zur Anwendung! Das Weib denkt mit dem Herzen, der Mann mit dem Gehirn. Die Sinne des Mannes sind grob; die Frau ist sensitiv; ihre Empfindung und ihr Instinkt sind zumeist und im allgemeinen richtiger als die vorsichtige Logik des Mannes, weil sie das Sinnen und die Begriffe des Mannes mit Intuition und kraftvoller Analyse aufnehmen. Frauenhände haben viel seltener Fingerknoten, ein Zeichen dafür, daß sie mehr mit Instinkt und Diplomatie, weniger mit Wissen, mehr mit der Schnelligkeit des Kleinhirns (Unterbewußtsein) als mit Schnelligkeit der Tat, mehr mit Phantasie und Vorstellung als mit Schätzung arbeiten. Wenn ein Weib knotige Finger hat, dann ist es weniger eindrucks- und vorstellungsfähig, dafür geschmackvoll, phantastisch und mehr vernünftig. Hat ein Weib einen großen Daumen, dann ist es mehr intelligent (intellektuell) als intuitiv schnell. Hat es einen kleinen Daumen, so ist es schneller in der Ausführung als intelligent in der Tat. Das erste wird mehr Vorliebe für Historie haben, das zweite für Romantik. Mit einem langen Daumen ist ein Weib feinfühlig und vorsichtig in Herzensangelegenheiten, denn Liebe ist ihm ein göttlicher Zustand, nicht Leidenschaft. Es wird daher die Ehe nach Auswahl und Überlegung eingehen (was bei einem Weibe mit kleinem Daumen viel seltener geschieht). Es ist nicht leicht zu gewinnen, auch sonst unnahbar; ein Mittelding gibt es bei ihm nicht, weil es nie herabsteigt zur Koketterie oder Eifersucht. Eine Frau mit kleinem Daumen ist mehr kapriziös, kokett, leicht geneigt zu Eifersucht, vielleicht auch mehr faszinierend und verführerisch. Bei ihr ist Liebe Leidenschaft, ein kraftvolles und heißes Gefühl. Sie verlangt ungeteilte Heiterkeit und Freude und eine sentimentale, romantische Form von Anbetung und von der Liebe. Die elementare Hand ist nie (oder fast nie) unter Frauenhänden zu finden. Ihre natürliche Intelligenz, die Sorge der Mutterschaft und die komplizierte physische Konstitution des Weibes erfordern einen höheren Instinkt, eine größere intuitive Intelligenz, als für den weniger komplizierten männlichen Körperbau erforderlich ist. Die Folge davon ist, daß, wenn in einer Gegend bei den Männern der elementare Handtyp vorherrscht, die Frauen die Oberhand haben und alle Angelegenheiten ihrer Männer und jene anderer dirigieren. Jene Frauen, die ein zielloses Schmetterlingsleben der Freude, Liebe und Verschwendung leben, haben zumeist kleinere, konische Hände, die mehr weich und dick sind; Frauen mit Spatelfingern und kleinem Daumen sind wahre Freunde, herzlich und etwas impulsiv, weniger reserviert und tätig. Sie lieben Bewegung und Sport, Tiere und Kampfveranstaltungen. Ihre Nadelarbeit ist eher brauchbar und vollständig als künstlerisch und ausdrucksvoll. Sie arrangieren gern Spiele für die eigenen und auch für fremde Kinder. Bei eckigen Frauenhänden haben wir Pünktlichkeit, Ordnung bis zur Kleinlichkeit und Pedanterie und gute Zusammenstellungen, Verordnungen im Haushalte, wenn der Daumen k l e i n ist. Ist der Daumen an derselben Hand groß, finden wir den „Haustyrannen", der ewig zu nörgeln weiß, ungeduldig wird, wenn kontrolliert, und ein Verschwender der eigenen Kräfte ist. Frauen mit eckigen Händen erfordern Höflichkeit, Ordnung und „Regulierungen" in Herzensangelegenheiten. Sie lieben Männer von Bildung, doch dürfen diese nicht exzentrisch sein, geistvoll, aber nicht weitschweifig, ruhig, selbstbewußt, aber unberührbar von Eifersucht und Unzuverlässigkeit. Sie sind sehr vorsichtig, extra vorsichtig in der Beobachtung „gut bürgerlicher" Sitten und Gebräuche und fliehen das Außergewöhnliche oder was mehr ist — das Vulgäre.

Eine kleine rosige, elastische, zarte Hand, dünn, aber nicht knochig, mit sehr fein entwickelten Knoten, läßt eine redegewandte, sprühende Weiblichkeit erkennen. Um sie zu gewinnen, muß man heiter, klug, belustigend und voll plötzlicher Einfälle sein. In der „grande passion" muß man schnell und sprühend sein, weniger sentimental oder romantisch als bei den konischen Fingern. Bei diesen wieder muß der Mann innig, zurückhaltend, ergeben, selbstbewußt, erklärend, entschuldigend und gerecht sein gegen alle Dinge. Sie sind indolent, phantastisch und meist sinnlich. Mit schmalen, zarten spitzen Fingern, einem kleinen Daumen und schmaler Handfläche haben wir die Frau vor uns, die höchste Romantik und Idealismus in weltlichen Dingen liebt. In bezug auf Liebesleben, Freude ist sie mehr für eine Sache des Herzens und der Seele als für körperliches Gefühl und Empfinden. Bei diesem Typ sind Indolenz und Innigkeit kombiniert. Konventionen sind ihr verhaßt, ebenso alle realen Seiten des Lebens. Sie neigt mehr zur Pietät und auch etwas zu Aberglauben als zu wirklicher Ergebenheit. „Genius" steckt in ihr weit mehr als Alltagsverstand, und von der Höhe ihres idealen Standpunktes schaut sie herab auf alles Schöne in vergeistigenden Gedanken und erschaut daher mehr und schöner als andere Handtypen.

Die Darlegungen dieses Kapitels und die Tatsache, daß Charakter und Denkart von Mann und Weib grundsätzlich von Natur aus verschieden sind, lassen klar erkennen, daß es keine gemeinsame Psychologie für beide Geschlechter geben kann, wenn sie ernsthaft und von Wert sein soll. Die Psychologie des Weibes ist eine andere und muß daher auch gesondert erkannt und gewertet werden. Dementsprechend muß auch eine Handanalyse von Frauenhänden anders erarbeitet werden als eine solche von Männerhänden. Das ist zu beachten.

Chiromimik oder die Sprache der Hand.

Oft hört man das Wort Chiromimik, gesprochen von Personen, die sicher gar nicht wissen, was es bedeutet; auch wenn sich mancher „Chirologe" nennt. Chiromimik ist das Wissen von der Bewegungssprache der Hand, also wie man die Hand im ganzen, wie man die einzelnen Finger hält, bewegt, oder wie man mit ihnen „spricht", um der Sprache weiteren Ausdruck zu verschaffen, oder w i e man mit den Fingern spricht, wenn man sich ohne Worte verständlich machen will, wie es bei der Zeichensprache und bei Stummen geschieht; diese Bewegungsarten werden immer ganz bestimmte Schlüsse auf Charakter und Wesen des Betreffenden zulassen. Letztes in Verbindung mit erstem: d a s ist Chiromimik. Literatur hierüber gibt es sehr wenig. Man findet Stücke dieser Wissenschaft hier und dort, aber sehr selten etwas Brauchbares. Vor Jahren wurde mir aus zuverlässiger Quelle berichtet, daß ein Richter in England ein Meister dieses Wissens sei und Angeschuldigte auf Grund dieses Systems ergründete und überführte. Ohne Zweifel ist dieses Wissen wertvoll, und es wäre wünschenswert, wenn man mehr darüber erfahren könnte. Wenn jemand sehr viel Zeit und eine sehr gute Beobachtungsgabe hat, so kann er schon manches, vielleicht auch viel von dieser Lehre gewinnen. Gelegenheit gibt es im täglichen Leben genug zu solchen Studien. Leider scheint es aber wenig Persönlichkeiten mit obigen Fähigkeiten und der hierzu sehr erforderlichen Ausdauer zu geben. Einiges über die „Sprache der Hand" in folgendem:

Beweglichkeit des Daumens. Es ist auffallend, daß mancher Daumen sich von den Fingern um 90° entfernen kann, andere wieder um 30° oder noch weniger. Je weiter der Daumen sich abwenden kann (ohne Anstrengung), desto mehr ist vorhanden: Unabhängigkeitsliebe und freiere Betätigung des eigenen Willens, leichte Erledigung eigener Angelegenheiten und Hilfe bei denen anderer. — Personen, die ihren Daumen nicht oder schwer über etwa 45° abwenden können, zeigen Mangel an freier Betätigung des eigenen Willens und sind deshalb mehr Sklaven ihrer Umgebung. (Selbstverständlich kommt das nicht für Gichthände in Betracht!)

Verstecken des Daumens unter den anderen Fingern: Verstecken oder Ausschalten des Verstandes finden wir bei kleinen Kindern, in denen der Intellekt noch schläft, unentwickelt ist; bei Idioten oft, weil der Intellekt ausgeschaltet ist; bei teilweiser Paralyse und veraltetem Rheuma, weshalb man also auf krankhafte Zustände achten muß. Auch beim Sterbenden finden wir oft, daß er den Daumen verbirgt. (Er zieht sich in sich zurück.) Der Verstand schwindet! — Bei einem gesunden Menschen darf es nicht sein, oder es ist immer ein Verstecken der Gedanken — des Verstandes — vorhanden; aber auch Feigheit. Der Betreffende wird nur mangelhaft seine Angelegenheiten dirigieren können.

Ein dauernd weit abstehender Daumen in steifer Haltung zeugt von einer Person, die ihr Ich zu sehr betont und aus dem Grunde dreist, frech, unverfroren ist, unter Umständen gewalttätig und brutal sein kann (Bild 63 b).

Lässig und schlaff herunterhängende Hände beweisen: Lässigkeit, Schlendrian, augenblickliche Schlaffheit des Geistes und gewisse Willenslosigkeit. — Geschlossene Hände zeugen von Verschlossenheit des Gedankenlebens; auch von großer Vorsicht, Wachsamkeit. Letztes mehr, wenn der Daumen abseits liegt.

Das Verbergen der Hände auf dem Rücken (bekannte Haltung Napoleons) oder unter dem Rock, zeugt davon, daß der Betreffende seine derzeitigen Gedanken vor anderen zu verbergen sucht.

Spricht jemand mit erhobenen Händen, so will er mehr Eindruck erreichen. Manche versuchen, durch den Schlag mit der Faust auf den Tisch noch mehr zu erwirken.

Je nachdem, wie lose und weit das Ellenbogengelenk sich vom Körper entfernt (bis zum geraden Strecken), soviel Mut oder Ängstlichkeit ist bei dem Sprecher in der Zeit vorhanden.

Ebenso ist es bei dem Händedruck! Je freier und loser die Hand ausgestreckt wird, desto ehrlicher die Meinung. Nur zwei oder drei Finger geben, das deutet auf Verstecktheiten, Unaufrichtigkeiten, evtl. Hinterlist.

Auch die Handhaltung spricht, die gezeigt wird, wenn jemand etwas gibt oder entgegennimmt. Dies sowohl bei dem Gebenden wie auch bei dem Nehmenden.

Man achte auf die Haltung und Lage der Finger, wenn die Hand in Ruhe ist, d. h. wenn sie auf einem Gegenstande flach aufliegt. Sind hierbei der Daumen und der Zeigefinger geschlossen, ebenso die drei anderen Finger, so deutet dies auf Unabhängigkeit im Denken.

Liegen Merkur- und Apollofinger für sich zusammen, so zeugt das von Unabhängigkeit im Tun.

Unabhängigkeit und Eigenart des Denkens und des Handelns, sowie außerhalb dieses noch Betrachtungen für dritte Dinge im besonderen, solches zeigt die Haltung der Hand auf Bild 63 b.

Das Abspreizen nur des Merkurfingers allein, wie man es öfter beobachten kann, bedeutet: momentane Bereitschaft der Gedanken, gemischt mit ein wenig Verstellung. (Der Betreffende ist in solchen Augenblicken nicht ganz natürlich in seinem Wesen oder Sichgeben.)

Das Nichtbieten oder -geben der Hand bei einem Gruße hat verschiedene Gründe. Es kann sein, daß der Betreffende nicht mit der Aura des anderen in Berührung kommen will, um anderer Menschen Gedanken aufzunehmen (z. B. Tagore); oder es kann Reserve sein, welche den Betreffenden dazu veranlaßt. Jedenfalls bedeutet es nicht Unhöflichkeit. Das können nur jene behaupten, welche für die feineren Schwingungen im Kosmos keinen Sinn und deshalb auch kein Verständnis dafür haben.

Am Druck und der Festigkeit der Hand erkennt man die Verläßlichkeit des Menschen. Ein schlaffer Händedruck, der eher ein Vorbei-
wischen ist, als daß er den Namen Händedruck verdient, zeugt von
laschen, gleichgültigen, oft auch von haltlosen Personen; auf jeden
Fall von unzuverlässigen.

Der Händedruck bester Bedeutung ist: ein sanftes, doch festes Zu-
fassen, leiser, fester Druck für einen Moment und ein sanftes Lösen. —
Er schließt alles Gute in sich, besonders wenn sich beide Parteien dabei
offen und gerade in die Augen schauen.

Mit einiger Beobachtung und Einfühlung kann man die Nuancierungen
dieser Sprache sehr bald verstehen lernen.

Die Haut und die Hautfarbe.

> Töne und Farben sind Schwingungen; folglich
> sind Farben Musik und Musik Farben. Somit sind
> Stimmungen auch Farben und aus der Farbe die
> Stimmungen erkennbar!

Die Haut gehört in der Beurteilung zu den Nebenmerkmalen und
gibt bei sehr genauer Beobachtung Aufschluß über das augenblickliche
Befinden und das Temperament.

Feine, zarte und glatte Haut ist immer ein Zeichen für große
Empfänglichkeit durch seelische Einflüsse, große Empfindsamkeit, Zart-
gefühl und: lange Jugendlichkeit, körperlich wie auch im Temperament.
Ist die Haut von Natur aus spröde und grob, so ist wenig Fein-
empfinden, und wenn sie derbe und stark ist: mehr oder weniger
„Dickfelligkeit" vorhanden.

Die gesunde Haut hat ein helles Rosa zur Farbe mit einem schwachen
Ton ins Hellbraune (Bild 12, 13).

S t a r k e s   R o s a   bedeutet: Sanguinisch, hoffnungsvoll und freu-
diges Wesen.

R o t : Robust in Gesundheit und Gemüt; leidenschaftlich, heftig,
evtl. brutal, wenn sehr dunkel. (Vollblütige Menschen sind immer
kraftvoll und heftig.)

G e l b l i c h e   F ä r b u n g   ist ein Zeichen von Gallen- oder Leberstörung. Solche Menschen sind melancholisch und auch schwermütig,
neidisch, gereizter Stimmung. Die Seelenschwingung ist dann stark
gehemmt, und wenn die Haut sehr starkes oder dunkleres G e l b
zeigt, durch Gallenstörung, dann kommen gereiztes Wesen in verstärktem Maße, Heftigkeit und Zank (galliges Wesen) zum Ausdruck.

B l ä u l i c h e   F ä r b u n g   ist ein Mangel an guter Blutzirkulation.

G r ü n l i c h e s   W e i ß : Böses Temperament und rachsüchtig. Diese
Farbe findet man meist nur bei stark brünetten oder schwarzhaarigen
Personen.

N a t ü r l i c h e s B l a ß besagt: Weiches, weibliches Wesen; geistiges und körperliches Phlegma.

Wenn die Innenhandflächen blaß oder weiß sind, so kommen Egoismus und unsympathisches Wesen in Betracht.

Ist der Handrücken behaart, so ist ein zu kraftvolles Temperament vorhanden und infolgedessen Unbeständigkeit in den Gefühlen. (Hierzu muß man auch die Innenhand und den Daumen beurteilen, um zu ersehen, wie weit Selbstzucht geübt werden kann.)

Wenig Haare auf männlichem Handrücken: Klug, vorsichtig, Liebe für Luxus.

Haare an allen Fingergliedern: Reizbares, cholerisches Temperament.

Haare an den dritten (unteren) Fingergliedern: Warmherzigkeit.

Haarige Frauenhand bedeutet allemal Grausamkeit; vergleiche Daumen.

Starke Behaarung ist immer ein Zeichen für fremdrassigen Einschlag.

Die Fingernägel.

Mannigfaltigkeit ist das Wesen der Natur. Die Nägel sind ebenso wie Haare, Knochen, Blut, Fleisch aus demselben Urstoff entstanden und haben ihre Bedeutung.

Aus den Fingernägeln läßt sich in bezug auf Charakteristik wissenschaftlich wenig sagen. Hauptsächlich bieten die Nägel Krankheitsmerkmale. Folgendes dürfte aber als sichere Richtschnur dienen:

K u r z e N ä g e l sind immer ein Zeichen dafür, daß die betreffenden Persönlichkeiten ein gereiztes, nörgelndes, kritisierendes, skeptisches und analysierendes, aber auch oft zänkisches Wesen haben. Sie sind schnell erregbar und rasch im Temperament, haben aber auch ein schnelles Begriffsvermögen. — Diese Eigenschaften haben alle ihre physiologischen Gründe, die leicht zu erkennen sind, wenn man alles das in Betracht zieht, was über Krankheitsdiagnosen aus den Nägeln gesagt ist. „Kurze" Nägel sind natürlich nicht kurzgeschnittene, sondern kurzgewachsene, d. h. solche Nägel, deren angewachsene Fläche breiter als lang ist.

L a n g e N ä g e l sind solche, deren angewachsene Fläche länger als breit ist. Langnagelige Personen sind immer umgänglicher, weniger kritisch, aber eindrucksfähiger, ruhiger in den Gedankengängen, resignierter und idealer.

H a r t e N ä g e l sind ein Zeichen dafür, daß auch die Knochen sehr stabil sind, was zu einer guten Körperbeschaffenheit und zum Erfolge gehört. Materielle Denkart.

W e i c h e   o d e r   d ü n n e   N ä g e l besagen, daß die Knochen ebenfalls nicht stark sind und deswegen auch die Körperbeschaffenheit eine schwächere ist. Keine Kampfnaturen.

K l a u e n a r t i g   g e b o g e n e   N ä g e l sind ein Zeichen von Habsucht und Geiz, Unduldsamkeit, Intoleranz.

Weiteres über Charakteristik möchte ich hier nicht bringen, um nicht den Anfänger in dieser Wissenschaft zu verwirren. Es ist durchaus nicht so leicht, den charakteristischen Teil von der Krankheitsdiagnostik zu trennen; denn eines ist vom andern abhängig. Beide gehen ineinander über. Durch Übung und Beobachtung kommt jeder zu dieser Erkenntnis und wird dann auch das Richtige finden. Es ist ganz ohne Zweifel, daß ein blutarmer Mensch wenig Kraft zur Ausführung von Plänen und Unternehmen hat, anderseits auch eine gewisse Zurückhaltung und Schlaffheit zum Ausdruck bringt. Menschen mit Gallenleiden werden immer eine mehr oder weniger gereizte Stimmung und Unzufriedenheit zeigen. Das sind ganz natürliche Folgeerscheinungen.

Die Konsistenz der Hand.

Um die Konsistenz (Gehalt, Festigkeit) der Hand zu erkennen, preßt man die Finger in die Innenfläche des Handtellers und fühlt mit dem Daumen auf den Handrücken. Man wird dann finden: ob die Hand fest, hart, dünn, weich, schwammig, klamm oder lose ist.

D i e   w e i c h e   H a n d besagt Neigung zu künstlerischen Dingen, Eindrucksfähigkeit, Naschhaftigkeit und Abneigung gegen schwere Arbeit, Sinnlichkeit.

Ist sie s c h w a m m i g , speziell wenn sie weiß und ein großer Venusberg vorhanden ist, besagt dies: Faulheit, Liebe zu Genuß und Schwelgerei.

Bei einer f e s t e n   H a n d sind die Muskeln auch fest, aber die Haut ist weich. Dies zeigt Energie und Liebe zur Beweglichkeit, Intelligenz; eine Person, die Kinder- und Tierliebhaber ist. In Summa: Meist gutherzige Leute, speziell wenn die Farbe der Haut rot (nicht dunkel) oder fleischfarbig ist; nicht weiß.

Die h a r t e Hand mit gutem Venusberg und guter Herzlinie zeigt große Vorliebe für Außensport und Außenarbeit, wenn auch das dritte Fingerglied des Saturn-(Mittel-)Fingers lang ist. Die Besitzer haben meist philosophischen Sinn, sind gerade und offen in Rede und Wesen.

Ist die Hand s e h r   h a r t und sind die Finger sehr krumm nach der Innenseite gebogen (einwärts), so besagt dies: Mangel an Intellekt, Brutalität, Aberglaube, Geiz.

Sind die Hände außen sehr zart und l i n i e n r e i c h : Feinfühligkeit und Wohlwollen.

Innen sehr faltenreich, so muß auch hier die Konsistenz in Betracht
gezogen werden.

In einer w e i c h e n Hand besagt dies: Eindrucksfähigkeit.

In einer h a r t e n jedoch: Reizbarkeit, Streitlust. (Beachte Daumen
und Nägel!)

Launenhaft und hochnervös: falls dazu kurze und zerbissene Nägel.

Wenn die Hände sich gut und weit öffnen, die Finger sich separieren:
Herzlichkeit, Generosität und Natürlichkeit im Wesen.

Wenn die Finger sich nach innen biegen: Unnatürlichkeit im Wesen
und Geiz.

Rückbiegen der Fingerspitzen: Große Feinfühligkeit und tiefes
Empfinden, Neugierde (oder Wissensdrang).

Allgemeine Regeln.

K l e i n e H ä n d e : Neigung für große Pläne und Ideen, für alle
großen Dinge.

K l e i n , b r e i t u n d k n o t i g e F i n g e r : Routinierte, schlaue
polemisierende Menschen.

M i t t e l m ä ß i g e H ä n d e : Anpassung und Sinn für Kalkulation,
Kombination und das Einzelne in den Dingen.

G r o ß e H ä n d e : Vorliebe und Neigung für kleinliche und feine
Arbeit, Genauigkeit (Feinmechanik, Juwelierkunst, Uhrmacher usw.).

G r a d d e r H ä r t e : Grad der Charakterfestigkeit und physischen
Widerstandskraft.

K r u m m e H ä n d e u n d F i n g e r (gedreht, entstellt von Natur
aus): Ebensolche Charaktere.

D ü n n u n d h o h l , ledern und flach: Sehr beschränkter Intellekt,
schwaches Denken, Mangel an Gemüts- und Charaktertiefe, Energie
und moralischer Kraft.

K u r v e n a r t i g z u r ü c k g e b o g e n e H ä n d e u n d F i n g e r :
Anpassend und angenehm, sympathisch und elastisch in Umgang und
Gesellschaft, doch meist neugierig und extravagant im Wesen.

H o h l e H ä n d e (Gruben): Tiefe Höhlungen bedeuten ungünstige
Verhältnisse (durch äußere Einflüsse, welchen man nicht aus dem
Wege gehen kann), Unglück im guten Sinne, wie Hindernisse, Misere,
Verlust an materiellen Werten, Gefahr für Gelingen, Erfolglosigkeit.

B e a c h t e L a g e : Unter Lebenslinie: Mißerfolge in häuslichen
Angelegenheiten. Unter Saturn-(Schicksals-)Linie und Marsfeld: Mißerfolge durch derzeitige Verhältnisse und Umstände (äußere stärkere —
astrale — Einflüsse).

Beachte: a) Im Alter werden Hände härter und fester, so auch das Gemüt (Bild 14, 100jährige Greisenhand). Man wird ruhiger, ernster und philosophischer, mehr logisch, weniger romantisch. b) Während Krankheit und langer Ruhe können Hände für die Zeit weicher werden. Solche Zeit macht Menschen weicher, eindrucksfähiger und nervöser, auch phantastisch und Suggestionen zugänglicher.

Die „Gute Hand": ist fest, ohne hart zu sein, elastisch, ohne schwammig und weich zu sein.

Treue: Besitzer weicher Hände können zärtlicher, inniger und diplomatischer (d. h. heuchlerischer) sein als treu und fest in der Liebe. Harte Hände: Können fester und treu sein in der Liebe und weniger zärtlich in Ausdruck und Tat, da ihre Natur ernster, gerader, fester und aufrichtiger ist.

Durchsichtige (transparente) Hände und glatt im Ausdruck: Indiskretion, Klatscherei, oft auch Falschheit.

(Treue kann man nur zu sich selbst haben, d. h. echt sein. Daher Motive für Treue oder Untreue ergründen!)

Der Daumen (Bild 15, 16, 17 d).

> Die Individualität ist der göttliche Kern der inneren Persönlichkeit. Das Äußere ist der Ausdruck des Innern. Art und Ausdruck des „Ich" haben wir im Daumen.

Der Daumen ist als Ausdruck und Darstellung der betreffenden Persönlichkeit zu betrachten; als Ausdruck des „Ich-Selbst" — alles andere der Hand als das Material der Begleitumstände der Verkörperung und somit des Schicksals. Das erste (Nagel-)Glied zeigt das Maß und die Kraft des Willens an; das zweite Verstand, das dritte — das zugleich den Venusberg darstellt — das Maß des Trieblebens im Menschen. Wir ersehen daraus, daß das dritte Glied im Verhältnis zu den anderen beiden reichlich bemessen ist. Wir wissen aber auch, daß das Triebleben im Menschen eine recht große Rolle spielt und sehr oft, sogar zu oft, die festen Entschlüsse zum Wanken bringt. Beispiele hierfür anzuführen erübrigt sich, da solche von jedermann täglich und stündlich beobachtet werden können, wenn ein wenig Sinn dafür vorhanden ist. Man beobachtet Menschen mit wenig oder schwachem Willen und mehr Vernunft und Trieb (Impuls) (Bild 15/6); solche mit nur Trieb (Impuls, Sinnlichkeit). Anderseits wieder solche, bei denen nur verstandesmäßige Vernunft vorherrscht, ohne genügenden Willen, diese durchzusetzen. Noch andere Personen, bei denen ein harmonischer Ausgleich besteht zwischen Wille und Vernunft (Bild 15/1). Endlich solche, wo der Wille in brutaler Form in Erscheinung tritt, ohne Vernunft und Logik (Bild 15/3, 5). Diese Formationen ergeben in ihrer mannigfaltigen Verteilung schon die vielen Verschiedenheiten der Persönlichkeiten und deren Charakteranlage. Dazu kommt das Beugegelenk zwischen dem ersten und zweiten Daumenglied mit mehr oder weniger ausgeprägten „Knoten der Unabhängigkeit" (Bild 16/6). Knoten im zweiten Daumengelenk: Sinn für Symmetrie, Musik (s. S. 78, 2. und 3. Absatz).

Der Daumenausdruck ist bei jeder Betrachtung und Beurteilung in Betracht zu ziehen; denn der Wille des Menschen vermag sehr viel — mehr noch, wenn er richtig entwickelt ist. Ein Mensch mit starkem und großem Willen kann Dinge anders gestalten und ausführen, also auch besser zum Erfolge führen, als jemand mit schwachem oder unentwickeltem Willen. Ebenso können schlechte Eigenschaften zurücktreten, wenn der starke Wille zum „Nichtaufkommenlassen" vorhanden ist, mit der nötigen Zähigkeit und von guter Vernunft geleitet wird. — Verliert jemand den Daumen, so wird er auch an Willenskraft verlieren; diese Tatsache ist von altersher bekannt.

S t e i f e r   D a u m e n : Starrer, eigenwilliger Mensch. (Der Grad der Steifheit läßt das Maß des Eigensinnes im guten wie im bösen Sinne erkennen.) (Bild 18.)

E i n w ä r t s   g e b o g e n e r   D a u m e n : Extreme Vorsicht, Argwohn, Reserve; hiermit ist gleichzeitig ein Grund für Feigheit gelegt. (Bild 67 a.)

A u s w ä r t s   g e b o g e n e r   D a u m e n : Anpassungsfähigkeit, je nach Grad, bis zur Waschlappigkeit, d. h. bis zur Aufgabe der eigenen Wesensart, der Persönlichkeit; großzügig. (Bild 15/8, 38 unten.)

A u s w ä r t s   g e b o g e n e   D a u m e n s p i t z e : Etwas Anpassung, aber zähes Wollen und eine Anlage, sich in Dinge hineinzudenken, falls der Daumen spitz ist. (Bild 44 b.)

D a u m e n   k u r z   u n d   d i c k : Schnelle Erregbarkeit, egoistisch und sinnlich. (Bild 44 b.)

B r e i t e r ,   s t a r k e r   D a u m e n : Starker Eigensinn, Zähigkeit im Wollen, evtl. auch grausame Neigungen. (Bild 16/2, 3.)

L a n g e r ,   s t a r k e r   D a u m e n : Selbstbewußtsein, zielbewußt und energisch. Stabiler Charakter. (Bild 44 a.)

S e h r   k l e i n e r   D a u m e n : Mangel an jedem Willen und Selbstbeherrschung, unsicher und zaghaft. (Bild 26—29, 68 d.)

K e u l e n d a u m e n , erstes Glied dick, breit keulig (ähnlich wie beim Frosch) oder auch gleichmäßig stark, aber sehr dick und breit (kleine Banane): Brutal, herrschsüchtig, sehr leicht erregbar, impulsiv, zänkisch, jähzornig, wütend bis zur Tobsucht (Bild 15/5). „Männer, die man nicht heiraten soll!" Bei Frauen kommt dieser Typ sehr selten vor; wenn doch, dann Vorsicht! (Bild 16/1 und Bild 46!).

Z w e i t e s D a u m e n g l i e d s c h m a l e r als das erste (wespen-artig): Eigensinn, evtl. selbst unter Außerachtlassung der besseren Einsicht. Auch Verstellungskunst (Diplomatie). (Bild 16/6, 68 A.)

E r s t e s u n d z w e i t e s G l i e d g l e i c h l a n g : Harmonischer Ausgleich; zuverlässig, verträglich. (Bild 15/1, 68 a.)

E r s t e s G l i e d k u r z , z w e i t e s l a n g : Überlegung und Vernunft, aber nicht die Kraft zur Ausführung (da das dritte Glied — Venus-Triebe stark entwickelt und den geringen Willen noch hemmt). Läßt sich leiten. Anlehnung. (Bild 15/6, 67 a, 72 b.)

E r s t e s G l i e d l a n g , z w e i t e s k u r z : Rechthaberisch, unüberlegt, unvernünftig, zielstrebig. Will um jeden Preis Erfolg gewinnen. (Bild 15/7 u. 50 a.)

E i n s c h m a l e r , f e s t e r u n d g e r a d e r D a u m e n hat die Eigenschaft, Temperament durch den Willen zügeln zu können. (Bild 66 c.)

E i n s t a r k a u s g e b i l d e t e s e r s t e s D a u m e n g e l e n k bedeutet: Intelligenz und starke Unabhängigkeitsliebe sowie große Zähigkeit in der Ausführung von Plänen. Hartköpfig, unberechenbar, rechthaberisch. (Bild 15/3, 7, 54 b.)

Kleiner Daumen bei verschiedenen Handtypen.

Auf Bild 17 d sind die Längenmaße für den Daumen gezeigt. Die normale Länge reicht bis zur Hälfte des unteren Gliedes des Zeigefingers, wie der Pfeil andeutet. Es gibt kürzere und auch längere Daumen, je nachdem, welches Maß von Willen und Durchsetzungskraft veranlagt ist.

E l e m e n t a r h a n d : Schwäche der ohnehin kleinen intellektuellen Kraft. Deshalb werden diese Naturen nur durch ihre tierischen Instinkte beherrscht. Daher wenig Selbstbeherrschung.

S p a t e l h a n d : Unzuverlässig. Diese Personen werden viel anfangen und nichts zu Ende führen.

E c k i g e H a n d : Vorliebe für Ordnung, Formalitäten, Zeremonien und Genauigkeit, doch fehlt die Kraft zur Durchführung dieser Dinge.

K o n i s c h e H a n d : Verstärkte Impulsivität. Diese Personen sind sehr verliebt in ihre Arbeit und verlieren dadurch an praktischer Lebensbetätigung und Verstehen. (Ein großer Daumen würde hier mehr praktischen Sinn hineinbringen und extravagante Ideen abschwächen.)

P h i l o s o p h i s c h e H a n d : Abschwächung der Verstandeskräfte und Logik.

Eine Frau mit großem Daumen wird in der Liebe auch viel Verstand zeigen und vorsichtig sein; mit kleinem Daumen wird sie impulsiv und leichter erringbar sein. Ist der Daumen sehr biegsam, so wird auch sie selbst sich biegsam und anschmiegend zeigen, aber auch beeinflußbar sein. Ist der Daumen klein, das erste Daumenglied kurz und biegsam, so wird solche Frau jedem starken Ansturm unterliegen und nicht die Kraft zum Widerstand aufbringen, weil sie diese gar nicht hat. (Aus dem Grunde wird von den Eltern grundverkehrt verfahren, wenn die „besiegte und gefallene" Tochter dazu noch getadelt wird.) Die Liebe einer Frau mit geradem, festem und langem Daumen wird, wenn sie sehr tief ist, zu einer großen Leidenschaft; diese Frau wird treu sein aus tiefer Liebe u n d Charakter.

Fingerregeln (Bild 17),
Fingerlänge.

J u p i t e r - (Zeige-)Finger so lang wie Saturn-(Mittel-)Finger: Überwiegen des herrschenden Prinzips, Neigung zum Dominieren.

A p o l l o - (Ring-)Finger so lang wie Saturnfinger: Überwiegen des Prinzips, alles zu materiellen Zwecken auszunutzen.

A p o l l o f i n g e r so lang wie Jupiterfinger: Ideales und Materielles gleich stark.

M e r k u r - (kleiner) Finger fast so lang wie Apollofinger: Große Beredsamkeit und Routine, Übersicht, große geistige Anpassung und schnelles Begreifen.

K n o t i g e   F i n g e r : Starke Logik und Sinn für Ordnung (Bild 17 a und 71 b).

do., erstes Glied konisch: Praktischer Sinn für Kunst.

do., erstes Glied eckig: Neigung zur Genauigkeit bis zum Fanatismus.

do., erstes Glied spatelförmig: Berechnend, aktiv energisch (stets mehr oder weniger berechnend).

G l a t t e   F i n g e r : Weniger Ordnung und wenig Gedankentiefe (Bild 17 c und 68 b.)

do., erstes Glied konisch: Idealität, Begeisterung, Sinn für Schönheit.

do., erstes Glied eckig: Schnelle Ausführung der Gedanken; in Literatur u. dgl.

do., erstes Glied spatelförmig: Neigung für Nützliches und Praktisches aus materiellen Gründen; Sinnlichkeit. Stets mehr oder weniger lasch und sich gehen lassen!

H a r t e   F i n g e r : Ökonomisch und zähe Natur.

W e i c h e   F i n g e r : Impulsiv, wechselnde Stimmungen, empfindliche, sinnliche Naturen. (Bild 50 B, 70 c, 72 B).

Ballen an der Innenseite der Fingerspitzen: Feinfühligkeit des physischen Körpers und Empfindungsfähigkeit des seelischen, feinstofflichen Körpers. Diese Ballen nennt man auch die Augen der Blinden, weil Blinde mit diesen feinnervigsten Stellen der Finger die Blindenschrift fühlend lesen und Unbekanntes abtastend zu erkennen versuchen. Sehr feinnervige Personen fühlen mit diesem zarten Ballen durch leichtes Abtasten Qualitäten von Stoffen, Papieren, die Figuren auf Spielkarten und ähnliches heraus und können solche ungesehen genau bestimmen. Diese feinen Ballen der Fingerspitzen sind an bestimmte Handtypen nicht gebunden. (Bild 72 A u. B).

Kombinationen.

Jupiterfinger:

Spitz: Neigung zu Schönheiten in Natur, Kunst, Religion.

Zu lang: Übergroßer Stolz und Hochmut, Anmaßung, befehlende Art.

Eckig: Forschen nach Wahrheit in Natur und Dingen.

Spatel (selten): Extreme Neigungen zu Mystik, Religion, Phantasie und unter Umständen Ausnutzen des erlangten Wissens zu materiellen Zwecken.

Saturnfinger:

Spitz (selten): Nicht leicht melancholisch; frivol, oft hartherzig.

Breit und schwer: Melancholie, schwermütig, tiefsinnig.

Eckig: Melancholisch, praktisch, resigniert.

Apollofinger:

Spitz oder konisch: Künstlerisch, mehr seelischer Art; notwendig für Sänger.

Eckig: Schaffende Kunst, auch Theorie (Unterricht).

Spatelform: Praktische, materielle Kunst, Plastik, Rednertalent, Kraft für Sensation, Schauspieler, Dramatiker.

Merkurfinger:

Spitz: Neigung zu Mystik und Okkultismus.

Eckig: Ergründung der Ursachen und Gründe, Wissenschaft, Handel, Organisationsgabe.

Spatelform: Studien betr. des Wechsels der Dinge, besonders Handel, Gewerbe, Spekulation.

So lang wie Apollofinger: Kraft und Einfluß in Sprache und Unterhaltung, philosophischer Sinn, große Gaben.

Beachte: Aufschluß betr. dieser Neigungen und Anlagen gibt die Innenhand.

Bedeutung der Fingergliedlängen.

Jupiterfinger:

Erstes Fingerglied am längsten an:

Spatelhand: Neigung zu Rastlosigkeit, Vorliebe für Mystik.

Eckiger Hand: Interesse an sozialen Dingen, soweit Formalitäten und Zeremonien in Betracht kommen.

Konischer Hand: Nachdenklichkeit in Religion und spirituellen Dingen.

Zweites Fingerglied am längsten an:

Spatelhand: Großer Ehrgeiz und Kraft, ihn zu betätigen.

Eckiger Hand: Ehrgeiz, aber nicht die nötige Verwirklichungskraft, weil Fortschritt gehindert wird durch übermäßige Ordnung, Genauigkeit, Kleinlichkeit.

Konischer Hand: Ehrgeiz, jedoch macht er sich mehr geltend in Verlangen und Wünschen nach Verwirklichung der Ideale.

Drittes Fingerglied am längsten an:

Spatelhand oder auch eckiger Hand: Ehrgeiz und Verlangen nach Herrschen über andere, Scheinehre, Hängen am Materiellen, Irdischen.

Konischer oder idealer Hand: Möchte gern die durch Intuition empfangenen Ideen und Gedanken im täglichen Dasein verwirklichen. Neigung zu Bequemlichkeit und Genuß.

Saturnfinger:

Erstes Fingerglied am längsten an:

Spatelhand: Neigung zu Grübelei, Schwermut. Immer nur das Traurige und Schmerzvolle sehen wollen und damit die Umgebung vergiften. Neigung zu Lebensüberdruß evtl. Selbstmord.

Eckiger Hand: Das Denken ist mehr harmonisch mit dem Realen, jedoch nüchtern, ernst und fest.

Konischer oder idealer Hand (selten): Oberflächlichkeit, Schein und Frivolität.

Zweites Fingerglied am längsten an:

Spatelhand: Ausnutzen der Talente und Fähigkeiten für mechanische Tätigkeit, Sport und Außenarbeit.

Eckiger Hand: Spekulatives und abstraktes Sinnen in bezug auf Wissenschaft oder Mechanik.

Konischer oder idealer Hand: Tieferes Fühlen und Empfinden mit etwas Leichtigkeit und Frivolität.

Drittes Fingerglied am längsten an:

Spatelhand: Ausnutzen der Talente und Fähigkeiten für egoistische Zwecke.

Apollofinger:

Erstes Fingerglied am längsten an:

Spatelhand: Vorliebe für Tat in der Wiedergabe in Kunst und dramatischer Darstellung.

Eckiger Hand: Wahrheitsliebe im Ausdruck in Kunst und Literatur. Gesunde Kritik.

Konischer oder idealer Hand: Intuition und Fähigkeit, mit gutem Verständnis, geschmackvolle Dinge auszuwählen.

Zweites Fingerglied am längsten an:

Spatelhand: Schaffensfreude um des Erfolges willen.

Eckiger Hand: Nachdenklichkeit in künstlerischen und literarischen Dingen.

Konischer Hand: Weniger Intuition, mehr Sinnen.

Drittes Fingerglied am längsten an einer dieser Typen: Künstlerische oder literarische Betätigung werden nur wegen materieller Erfolge bezweckt.

Merkurfinger:

Erstes Fingerglied am längsten an:

Spatelhand: Tatkraft in Wissenschaft, erfinderisch und sehr praktisch, sowie kraftvolle Ausdrucksart in Sprache und Schrift.

Eckiger Hand: Vorliebe für Studien und Forschungen wissenschaftlicher Art.

Konischer Hand: Dasselbe, mit Intuition und um der Sache selbst willen.

Zweites Fingerglied am längsten an:

Spatelhand: Gute Ausführung geschäftlicher Angelegenheiten.

Eckiger Hand: Ähnlich, nur weniger aktiv (wegen der Hemmungen zum Fortschritt durch Kleinigkeiten).

Konischer Hand: Gutes Sprachtalent.

Drittes Fingerglied am längsten bei einer dieser Typen: Neigung zu Schlauheit und Unwahrheit.

Zweites und drittes Glied gleich lang: Gleiches Maß von Können für Wissenschaft, Geschäft und Handel.

Dickes drittes Glied an konischen Händen: Bedeutet stets, daß Bequemlichkeitsliebe vorhanden ist. Bei fleischigen, mehr noch bei weichen Händen geht die Bequemlichkeit in Faulheit, Genuß und Sinnlichkeit über. Solche Personen sind deshalb unzuverlässig und zu nichts gut verwendbar. Sie gehen von einem Vergnügen ins andere, um an den Lebensgenüssen möglichst ausgiebig teilzuhaben.

Fingerknoten

nennt man die von Natur aus verdickten Gelenke (rheumatische Verdickung; Gichtknoten müssen hiervon unterschieden werden, da sie nicht gemeint sind). Die Knoten an den ersten Fingergliedern (Fingerspitze) sind die geistigen Knoten, jene zwischen zweitem und drittem Gliede die physischen. Bild 50 a, 54 a, 68 B. Knoten sind Hemmungen, Siebe für die feingeistigen Ströme aus dem Kosmos. Das Hemmen und Sieben wird veranlaßt durch das Gehirndenken. Durch letztes allein werden diese Knoten entwickelt. Daher auch die Bezeichnung „philosophische" Knoten. Bei dem knotigen oder philosophischen Handtyp finden wir sie sehr stark ausgeprägt. Sie sind also ein Merkmal für Bedachtsamkeit, Ordnung in Gedanken. Die physischen Knoten hemmen das Denken in materieller Hinsicht (Materie, Sache) und bedeuten Sinn für Ordnung in materiellen Dingen. Nichtknotige Finger können durch geistige Arbeit sehr wohl zu knotigen entwickelt werden, nicht aber zum knotigen T y p. Nie werden knotige Finger zu glatten werden, denn die Natur arbeitet nie rückwärts.

E n t w i c k e l t e   K n o t e n   a n   v e r s c h i e d e n e n   H a n d t y p e n.

Bei der philosophischen Hand sind sie selbstverständlich vorhanden. Ohne sie wäre dies kein knotiger Typ. Hier geben die Knoten das angeborene Verlangen, allen Dingen durch Nachdenklichkeit und Intuition auf den Grund zu gehen (erstes Glied). Diese Erkenntnisse werden übertragen und verarbeitet für die intellektuelle und physische Sphäre (zweites und drittes Glied); daher die Bezeichnung „philosophisch". (Bild 56, 57, 11, 72 a.)

S p a t e l h a n d : Unruhe und Gedanken. Ein Drang hin und her zwischen Erkenntnis und ihrer Ausführung einerseits und Verwendung zur praktischen Seite des Lebens anderseits. Wenn Spatelhand weich: Liebe zur Bequemlichkeit. Die Weichheit nimmt von der Aktivität viel. Deshalb viele Pläne, aber weniger praktisch und wenig Energie zur Verwirklichung (Bild 7, 16/3, 71, 74).

E c k i g e   H a n d : Zuverlässigkeit, Vorliebe und Verlangen nach Gerechtigkeit unter allen Umständen. Alles Für und Gegen wird mit großer Bedachtsamkeit erwogen (Bild 8, 16/5, 40).

K o n i s c h e   H a n d : Nachdenklichkeit, wo sonst Impulsivität wäre, in Verbindung mit unpraktischer Phantasie. In bezug auf Religion und Liebe ein Kampf zwischen Glauben und Frage nach Begründungen (Bild: 38, 9, 13, 66 d, 69 b.)

I d e a l e   H a n d : Exzentrisch und skeptisch im Moment. Doch durch Empfindung und Intuition sowie Inspiration richtig geleitet, kehren solche Menschen stets zu tiefen Empfindungen zurück (angedeutet: Bild 10, 47, 49 a, 66 c).

Entwickelte zweite Knoten an verschiedenen Handtypen.

Gilt der erste Knoten in geistigen Dingen, Gedanken, so zeugen die zweiten Knoten von denselben in physischen, materiellen Dingen. Beide Knoten an idealer Hand verändern die Inspiration und Intuition zu einer Mischung mit intellektuellem Denken. Diese gibt Begabung für Erfindungen und gute Pläne, doch fehlt das praktische Ausführen, weil solche Hand nicht zum praktischen Typ zählt, da Besitzer nicht zur praktischen Arbeit prädestiniert ist.

Die Handberge.

(Bild 18)

Wo Form ist, da ist Gesetz. Aller Formausdruck ist Gesetzmäßigkeit.

In der Hand findet man unter jedem Finger und am Handrand entlang hervortretende und meist klarumzeichnete Erhöhungen, die Handberge genannt werden. Auf Bild 3 und 18 habe ich diese punktiert und mit den astrologischen Zeichen derjenigen Planeten, die ihnen entsprechen, angedeutet (s. Bild 18). Unter dem (Zeige-)Jupiterfinger findet sich der Jupiterberg, unter dem (Mittel-)Saturnfinger der Saturnberg, unter dem (Ring-)Sonnen- oder Apollofinger der Apolloberg, unter dem (kleinen) Merkurfinger der Merkurberg, darunter am Handrand entlang, zwischen Herz- und Kopflinie, der Marsberg, darunter bis zur Handwurzel der Mondberg; auf der anderen Seite der Handballen: der Venusberg. Ihre verschiedenen Eigenschaften und Einflüsse sind in den entsprechenden, die einzelne Berge behandelnden Abschnitten angegeben. Siehe auch die große Tafel „Die astrale Bedeutung der Hand" (Bild 19), worauf die einzelnen Eigenschaften zur leichteren und schnelleren Übersicht symbolisch eingezeichnet sind. Manche Berge sind entwickelt, manchmal sogar extrem. In anderen Fällen wieder sind sie flach oder eingesunken; öfter findet man sie verschoben, so daß ein Berg von den Eigenschaften des andern annimmt und beide verschmelzen. Ist ein Berg groß, so sind auch die betreffenden Eigenschaften in verstärktem Maße vertreten; ist er versunken, so verliert er nicht nur seine guten Eigenschaften, sondern verschlechtert noch die verbliebenen minderwertigen. Man nehme als Beispiel zur besseren Erklärung ein weites Feld, auf dem Berge von verschiedenen Größen sind. Das Bild sagt uns auf den ersten Blick, daß der größte und an Masse wuchtigste

Berg die größte Kraft und Macht in sich birgt, während der kleine dagegen schwächlich wirkt und es auch ist. So auch in der Hand. Anderseits erklärte ich schon weiter oben, daß die Berge Akkumulatoren, Sammler von astralen Energieströmen sind, welche den Strom an die Linien abgeben, und daß jede Linie, die einen Berg berührt, auch von ihm beeinflußt wird.

Auch hier wiederhole ich: Man kann weder Berge noch Linien in eine Hand hineinarbeiten oder durch Arbeit entwickeln, sondern nur Schwielen bekommen.

Diese haben aber mit Bergen nichts gemein, werden bei der Deutung auch nicht als Berge betrachtet.

Die Eigenschaften desjenigen Berges, welcher am meisten entwickelt ist, sind auch im Besitzer der Hand hervorragend und beeinflussend.

Beachte für Charakteristik:

Bei Spatelfingern wird stets die Neigung zu den materiellen Auswirkungen der Qualitäten bestehen.

Bei eckigen Fingern werden die kräftigen Einwirkungen der Berge mehr durch Verstandestätigkeiten verarbeitet.

Bei konischen und idealen Fingern wird die Charakteristik mehr dem Intuitiven und Phantasievollen zuneigen.

Gefestigter ist eine Charakteristik in dem Betreffenden, wenn die Bergeshöhe unten liegt (nach der Handfläche zu). Mehr im Werden begriffen ist die Festigkeit, wenn die Bergeshöhe dicht unter den Fingern liegt. Daher auch mehr beeinflußbar. Auch hier ist das Normale besser.

Wenn alle Berge gleich gut entwickelt sind, ergibt das Harmonie in der Kombination der Charakteristik. Hier sind wieder weniger Reibungsflächen für den Charakter vorhanden. Daher wirkt selbst das Negative ruhevoller, gleichmäßiger und zeugt von Gleichmut.

Verschobene Berge. Das Starke zieht das Schwächere an! So auch bei den Handbergen. Der Venusberg steht und strahlt für sich — scheinbar. Der obere Venusberg ist der kleine, positive Marsberg, der oft vom Venusberg durch eine tiefe Furche (nicht Linie) getrennt ist. In anderen Fällen sehen wir aber auch beide vereinigt. Venus und Mars sind die beiden Faktoren der Sexualliebe und -triebe. Venus ist das weibliche, Mars das männliche Prinzip.

Die Plätze der Berge (Bild 18) habe ich g e n a u begrenzt und hier durch scharf markierte Felder angezeigt. Man präge sich diese Grenzen genau ein. Wenn auch die meisten Hände „verschobene Berge" aufweisen, d. h. Berge, deren Wölbung oder Plastik sich nach links oder rechts hinüberneigt, so bleiben die genauen Grenzen für den Stand oder die Bestimmung eines darauf befindlichen Zeichens oder Linie maßgebend. In anderen Worten ausgedrückt: Die Wölbung oder Plastik eines Berges kann sich verschieben, die Grenze jedoch nie. In diesem Bilde habe ich nochmals die Benennung der Fingerglieder mit I., II., III. angegeben, wie sie im Text oft benannt sind.

Eigenschaften der Berge.

♀ **Venusberg** (Liebe): Liebe, Sinnlichkeit, Leidenschaft, Geschlechtsleben, und was damit zusammenhängt, auch Verirrungen im Geschlechtsleben, Perversität; Gefühl, Harmonie, Frohsinn; Sinn für Rhythmus, Ton und Farbe. Häusliche Angelegenheiten. (Leidenschaftliches Temperament.) — Alles, was sich in der Hand zeigt, wiederholt sich auf dem Venusberg in irgendeinem Ausdruck oder Zeichen, weil fast alles seinen Grund in den Sexualmysterien hat.

♃ **Jupiterberg** (Macht): Geist, Streben, Ehrgeiz, Protektion, Ehren, Stolz, Erfolge (im weltlichen Sinne). Sanguinisches Temperament.

♄ **Saturnberg** (Verdichtung, Erde): Schicksal — gut oder böse — (das erzieherische Prinzip), tiefe Gedanken, Grübelei, Schwermut, Religion, Mystik; Gefahren, Unfälle, Körperverletzung. Melancholisches Temperament.

☉ **Apolloberg** (Sonne): Seele (Schönheit, Feingefühl, Schönheitssinn, inneres Erleben, Toleranz, künstlerisches Fühlen, Sinn für Veredelung und Gerechtigkeit), Ehren, Wohlstand; materielle Gewinne. Sonniges Temperament.

☿ **Merkurberg** (Luft, verstandesmäßiges Denken): Intellekt, Schlauheit, Falschheit, Routine, Handel, Gewerbe; Okkultismus, Wissenschaft, Erwerbstrieb. Nervöses Temperament.

♂ **Marsberg** (Feuer, Hitze): Mut, Jähzorn, Selbstkontrolle, Geistesgegenwart; Durchführungskraft. Galliges, cholerisches Temperament.

☽ **Mondberg** (Wasser, Säfte): Gefühl, Stimmungen, Laune, Phantasie, Sensitivität, Intuition, Medialität, Mystik, Musik; Veränderungen, Reisen, Abenteuer, Extravaganzen äußerlich wie auch im Gefühlsleben (Perversität). Phlegmatisches, lymphatisches Temperament.

Dies sind nur Stichworte. Die Eigenschaften der Berge lassen sich noch erweitern und verfeinern, wenn man über die Stichworte nachdenkt, sinnt und alles in Betracht zieht, was mit den betreffenden Dingen im engen Zusammenhange steht. Um auch hierfür eine Erleichterung zu geben, führe ich nachstehend für die einzelnen bestimmten Berge positive und negative Eigenschaften auf.

Positive und negative Eigenschaften der Berge.

Venus:

Lebenskraft	Ausschweifung
Sinnlichkeit	Blasiertheit
Lebensgenuß	Verschwendung
Herzensgüte	Hartherzigkeit
Zärtlichkeit	Kaltherzigkeit
Mitgefühl	Herbheit
Heimliebe	Bohéme
Aufopferung	Berechnung
Milde	Gefühlsroheit
Leidenschaftlichkeit	Gefühlskälte
Harmlosigkeit	Egoismus, Koketterie
Sinn für Kunst	Interesselosigkeit
Sexuelle Eigenart	Perversität
Rhythmus	Laschheit

Lebensbejahung, Sexualleben, Degeneration.

Jupiter:

Streben	Gleichgültigkeit
Religion	Scheinheiligkeit
Gerechtigkeitsliebe	Anmaßung, Herrschsucht
Güte	Niedertracht
Gleichmut	Heftigkeit, Jähzorn
Lebensfreude	Geltungsdrang
Genußliebe	Schwelgerei
Kameradschaft	Prahlerei
Freundschaft	Phantasterei
Protektion	Diktatur
Naturliebe	Ehrgeiz

Kopf, Lunge, Blase, Blut, Haarausfall.

Saturn:

Festigkeit	Ängstlichkeit
Nachdenklichkeit	Mißtrauen, Argwohn
Konzentration	Berechnung
Selbstzucht	Hinterlist
Gewissenhaftigkeit	Selbstsucht
Erkenntnis	Haß, Rachsucht
Beobachtung, Vorsicht	Blödheit
Zurückgezogenheit	Einsamkeit
Besinnlichkeit	Grübelei
Zähigkeit, Ausdauer	Depression

Materielle Interessen   Habsucht, Geiz
Das Konservative   Frivolität
Materielle Erfolge, Mißerfolge, Mißgeschick, Unfälle (schicksalhafte Erziehung), Leid.
Knochen, Zähne, Krampf, Verkrüppelungen, Lähmung, Irrsinn, chron. Leiden, Epilepsie, Krebs.

Apollo:

Ethik, Ästhetik	Verkommenheit
Ideale	Ideale aus Berechnung
Toleranz	Intoleranz (rechthaberisch)
Aufrichtigkeit	Überschwenglichkeit, Komplimente
Hoffnung	Enttäuschungen (= Selbsttäuschung)
Begeisterung	Fanatismus
Freiheitsliebe	Philister („gut bürgerlich")
Großzügigkeit	Verschwendung
Inneres Erleben	Hohlheit
Weistum	Torheit, Narrheit
Natürlichkeit	Etikettesucht
Selbstbewußtsein	Überhebung
Erfolg (Ruhm)	Gewinnsucht

Augen, Herz, Sonnengeflecht, Nieren, Beine.

Merkur:

Wissenschaft	Ausbeutung
Handel	Wucher
Erwerb	Dieberei
Spekulation	Betrug
Klugheit	Verschlagenheit
Umsicht	Routine
Intelligenz	Schlauheit
Kritik	Kritizismus
Erfindung	Nachahmung
Beredsamkeit	selbstsüchtige Suggestion
Einsicht	Verstellung, Diplomatie, Falschheit

Nerven, Schultern, Arme, Sexualorgane, Hände.

Mars:

Mut	Feigheit
Tatendrang	unbeherrschte Leidenschaft
Disziplin	Laschheit
Kampfsinn	Jähzorn, Tobsucht
Aufbau	Zerstörung

Zielsicherheit	Grausamkeit
Aufopferungsfähigkeit	Herrschsucht
als Idealist (Kämpfer)	Sadismus
Gattenliebe, Kinderliebe, Heimfanatismus.	

Mond:

Gemüt	Schwärmerei
Phantasie	Lügenhaftigkeit
Gemütsruhe	Unruhe
Träumerei	Faulheit
Versonnenheit	Verstiegenheit
Medialität	krankhafte Zustände
	(Besessenheit, Wahn)
Romantik	Hysterie, Mondsucht usw.
Reiselust, Wechsel	Abenteuerlust
Okkultismus (Metaphysik)	**Mystizismus**
Ideale	Irrtum, Täuschungen

Säfte, Milz, Fall, Gemütsleiden, Einbildung, Wahn, Salze, Rheuma.

Berge: Normal, groß, eingefallen

sind die Bezeichnungen für den Grad der Plastik. Eingefallen heißt, wenn die Fläche an der Stelle flach oder vertieft ist; normal, wenn eine fleischige Erhöhung, und übergroß oder extrem entwickelt, wenn diese fleischige Stelle im Vergleich mit anderen Bergen zu stark hervorragt. Bei Vergleich mehrerer Hände wird man diese drei Unterschiede sehr bald erkennen. Natürlich muß man immer eine Harmonie der Plastik der ganzen Hand beachten. Spezielles hierüber einige Seiten weiter!

Kombinationen der Berge.

In der Einführung wies ich schon darauf hin, daß der ausdrucksvollste Berg die ausdrucksvollste oder hervorragendste Charaktereigenschaft erkennen läßt. Es kann aber vorkommen — und das ist meist der Fall —, daß mehrere Berge groß und entwickelt sind. In solchen Fällen werden sich die Eigenschaften der größeren Berge stark vereinigen und ein ganz besonderes Gemisch sehr stark zum Ausdruck bringen.

Beispiele:

Ist die Innenhand flach und nur der Venusberg — der meist stärker entwickelt ist, weil das Triebleben in unserem Evolutionsstadium noch immer eine Hauptrolle spielt — stark ausgeprägt, so tritt das Trieb- und Sinnengenußleben am stärksten hervor. Es wird in solchem Falle alles nur deshalb getan, um sich materielle und sinnliche Genüsse zu verschaffen. Im Liebesleben ist hier die Erotik die Hauptsache. — Gleich hier möchte ich einschalten, daß „Sinnlichkeit" durchaus keine böse oder zu verdammende Eigenschaft ist. Im Gegenteil! Es kommt nur darauf an, w i e sie ausgelebt und ausgewertet wird. Es gibt keine große Warmherzigkeit, keinen Familiensinn, keine Heimliebe o h n e Sinnlichkeit! Es gibt keine Kunst und kein künstlerisches Empfinden und Schaffen ohne Sinnlichkeit, Erotik! — Ist ein Weib nicht sinnlich, so hat es schon an Weiblichkeit verloren, weil Sinnlichkeit ein großer und bedeutender Teil der Natur und des Wesens des Weibes i s t.

V e n u s b e r g u n d M o n d b e r g stark entwickelt, ergibt starke Sinnlichkeit mit viel Phantasie, Abenteuerlust und Unzuverlässigkeit in bezug auf Treue. Stimmungen und Launenhaftigkeit mit den Gedanken, „was sein könnte, wenn ...", dazu die Phantasie mit Schmieden von Plänen, die meist unerreichbar sind, ergeben ein Schwanken und deshalb Unzuverlässigkeit im Charakter. Anderseits lassen sich Rhythmus und Phantasie, wenn gut geschult, in der Ausübung der Tanzkunst verwerten, wenn die Finger nicht zu kurz sind.

Entwickelter Venus- und Marsberg ergibt ein Wesen, das recht brutal in der Liebe ist; also mit Neigung zu Sadismus, wenn sehr stark ausgeprägt und der Daumen (der immer in Betracht zu ziehen ist!) dick ist. Ist der Daumen fest, schlank, harmonisch, so ist der Betreffende heftig in der Liebe, aber auch fest und treu, verläßlich. Auf jeden Fall wird der Eigner sich in der Werbung nicht leicht abweisen lassen, sondern mit Mut und Zähigkeit sein Ziel zu erreichen suchen.

Ein entwickelter V e n u s - u n d M e r k u r b e r g läßt erkennen, daß der Betreffende in allen Liebessachen die Berechnung und das verstandesmäßige Denken nicht vergißt. Alles wird vom Nützlichkeitsstandpunkt aus betrachtet, auch wenn es sich nicht gleich um eine Ehe handelt. Die Herzensgüte wird deshalb betätigt, weil sie „etwas einbringen" soll; sie ist also in dem Falle keine echte Herzensgüte. Der Inhaber ist Idealist aus Berechnung; denn alles wird vom „kaufmännischen" Standpunkt aus betrachtet. Er wird z. B. den Wert eines schönen Bildes erkennen und auch verstehen, aber er wird es verkaufen. Man findet diesen Typ unter den Heiratsvermittlern.

Entwickelter V e n u s - u n d A p o l l o b e r g gibt Aufrichtigkeit und natürliches Wesen; wahres künstlerisches Gefühl und Erleben, Schauen und Schaffen. In der Liebe wird alles veredelt und vom ästhetischen Punkt aus betrachtet. Es sind Menschen mit idealer Richtung und Tiefe in der Liebe. Wieweit das Ideale geht oder entwickelt werden kann, ist aus den anderen Merkmalen, Fingern, Linien, Zeichen erkennbar.

Entwickelter V e n u s - u n d S a t u r n b e r g ergibt ein Liebesleben aus einer Mischung von Egoismus, starker Sinnlichkeit, Eifersucht und Melancholie mit mehr oder weniger Berechnung. Es kommt auch hier auf den Typ der Hand und die Entwicklung der anderen Eigenschaften an, also ob das Erleben und die Auswirkung auf höherer oder niederer Bewußtseinsebene erfolgt.

Entwickelter V e n u s - u n d J u p i t e r b e r g ergibt die Liebe, die aus Liebe und Freundschaft besteht, wahre Kameradschaft und Eigenschaften, die eine glückliche, zufriedene Ehe, Harmonie und Freude gewährleisten. Es sind Menschen mit aufrichtiger und anständiger Gesinnung.

Man muß immer die g a n z e Handqualität in Betracht ziehen, dann findet man auch das Richtige. Nicht gefühlsmäßig, sondern nur mit vorhandenen Tatsachen arbeiten, dann ist Irrtum ausgeschlossen! Diese Kombinationen lassen sich fortsetzen, soweit Material vorhanden ist. Zu berücksichtigen ist, daß auch drei Berge und mehr in Betracht kommen können.

Z. B. entwickelter S a t u r n - , M e r k u r - u n d M a r s b e r g ergibt in einer schlechten Hand die niederen Eigenschaften kombiniert. Saturn: Egoismus, Habsucht, Geiz; Merkur: Erwerbstrieb, Routine (evtl. Verschlagenheit, Falschheit) und Gewandtheit; Mars: Mut, Kraft, Zorn; zusammengenommen Eigenschaften, wie sie Räuber und Einbrecher haben (niederer Typ). Der „bessere" und etwas höher entwickelte Typ wäre der Schieber und Hochstapler. Die Eigenschaften zum Besten veredelt — Wissen, Erkenntnis, bewußte Hilfsbereitschaft, geschultes, verstandesmäßiges und intuitives Denken, dazu Mut, Kraft und Selbstbeherrschung — ergeben in der Kombination den besten Typ eines Geistlichen und Wissenschaftlers.

Entwickelter S a t u r n - u n d M o n d b e r g in primitiver Hand ergibt Träumerei, Schwermut, Aberglauben; in einer guten eckigen oder knotigen Hand einen guten Pastor oder Okkultisten.

Ist der J u p i t e r b e r g a u c h noch stark hervortretend und der Venusberg klein, so ergibt dies eine Mönchsnatur.

In den Händen des Lustmörders (Bild 46) sind folgende Berge sehr stark ausgeprägt: Venus-, Mond-, Mars-, Merkur- und Saturnberg. Der Typ dieser Hände ist gemischt aus primitiver, spatelförmiger und eckiger Form. Der Daumen ist groß, dick, bananenartig. Die Kopflinie gut, gerade und sehr lang, dazu gegabelt, wie die Kopflinienform, welche auf Irrsinn deutet. Die Kombination ergibt folgendes Bild (hier nur oberflächlich gegeben): gute Intelligenz und Gedankenkraft mit Routine, Schlauheit und Verschlagenheit, großer Vorsicht. Irrsinnsanlagen ererbt von der mütterlichen Linie. Sehr stark entwickelte Phantasie und perverse Anlagen, großer Erwerbstrieb und Habsucht mit Geiz, sowie Berechnung und Kaltblütigkeit. Geschicklichkeit und Genauigkeit; Ordnungssinn. Starke physische Widerstandskraft. Heftigkeit und Brutalität mit Anlagen zur Tobsucht. Was ist von einem gereiften, alten Menschen mit diesen stark entwickelten Eigenschaften und ererbten Anlagen anderes zu erwarten?!

Verschobene Berge.

Jene Hände sind selten, in denen die Berge alle genau unter den Fingern liegen. Zumeist wird man eine Verschiebung des einen oder mehrerer Berge finden. Dementsprechend ist auch die Charakteristik zu lesen. Man muß sich nur vor dem Fehler hüten, ein Zeichen zu der Bergerhöhung zu rechnen, anstatt zu dem Platz des Berges, auf dem es steht. Ich muß wieder darauf hinweisen, daß die Grenzen der Berge genau zwischen den Fingern liegen, wie sie durch die senkrechten Linien auf Bild 18 angezeigt sind. Wenn nun der Jupiterberg zum Saturnberg hinüberragt, so ist anzunehmen, daß das stärkere Prinzip immer das schwächere an sich zieht, daß also in diesem Falle die Strebsamkeit (Jupiterberg) auf das häusliche Leben, auf die Nachdenklichkeit und das Sinnenhafte (Saturn) übergeleitet und von der Charakteristik des Saturnbergs mit aufgenommen wird.

Ist der Saturnberg zum Jupiterberg hinübergeschoben, so werden die Saturneigenschaften auf das Jupiterprinzip übergeleitet. Die Strebsamkeit wird also stark mit Bedachtsamkeit, vielleicht auch stark mit Melancholie durchsetzt sein. Der Apolloberg bildet zumeist mit dem Merkurberg ein Ganzes. Wenn der Apolloberg den Merkur aufgenommen hat — man erkennt das daran, daß der Merkur flacher erscheint und eine sanfte Erhöhung gegen den Apolloberg anzeigt —, so werden die Empfindungen, das innere Erleben stark durch das verstandesmäßige Denken beeinflußt. Umgekehrt, wenn der Apollo von dem Merkurberg angezogen ist und mit ihm vereint, wird das verstandesmäßige Denken, das Nützlichkeitsprinzip — wenn verdorben, auch die Unehrlichkeit — durch das Einfühlen und Empfindungsleben gesteigert bis zur Raffiniertheit. Raffiniertheit nennt man die Eigenschaft, die verstandesmäßiges Denken, Instinkt und Schlauheit kombiniert. Für einen schaffenden Wissenschaftler und Künstler ist erstes (Merkurberg vom Apolloberg angezogen) günstiger; für einen Kaufmann das andere, nämlich der vom Merkur angezogene Apolloberg.

Zwischen dem Merkur- und Marsberge beginnt die Herzlinie. Hier ist also schon von der Natur eine Stromgrenze gezogen, die nie ganz verschmelzen kann. Dennoch kann diese Grenze manchmal erhaben, also mehr flach vorhanden sein. In dem Falle kombinieren sich die Kräfte des Merkur und Mars etwas. Dies ist günstig für Strategie, für Fechtkunst und für Kampfnaturen, die sich schriftstellerisch betätigen.

Marsberg und Mondberg werden immer etwas ineinander verlaufen. Die Grenze findet man durch Abschätzung: Teile die Fläche von der Wurzel des Merkurfingers bis zum Handgelenk, also bis unter den Mondberg, in vier Teile! Der erste Teil oben bis zur Herzlinie ist der Merkurberg. Die restlichen drei Teile entfallen zu zwei auf den Mondberg, von unten gerechnet, und der verbleibende vierte Teil — zwischen Herz- und Kopflinie — ist der Marsberg. Wenn die Kopflinie sehr leicht nach abwärts geneigt ist, also nicht genau gerade verläuft, zeigt sie die Grenze zwischen Mars- und Mondberg. Verbindungen zwischen Mars- und Mondberg geben eine kraftvolle Phantasie, evtl. auch etwas gesteigerte Gestaltungskraft. Sie ist aber immer hauptsächlich vom Verlauf der Kopflinie i n den Mondberg angezeigt, d. h. eine Kombination von Phantasie und verstandesmäßigem Denken.

Diese Anleitungen und Hinweise mögen genügen. Jeder kann sie bei einiger Übung und Beobachtung weiter ausbauen und nutzen.

Auf die bis hierher gebrachten Lehren baut sich die Chirognomie oder Handformenkunde auf, woraus die Hauptcharakteristik eines Menschen zu erkennen ist. Besondere Zeichen auf einzelnen Bergen, besonders Planetenzeichen, werden natürlich verschiedenes verstärken oder abschwächen. Um die A r t eines Menschen zu erkennen, dazu genügen die Handform und die Berge, die ja auch zur Form gehören. Die Linien und Zeichen geben nur den weiteren Aufschluß über Neigungen, Lebensrichtung, Denkart und Ereignisse. Da aber eines in das andere über- und hineingreift, läßt sich eine ganz genaue Scheidung der Lesearten nicht machen.

Bis hierher geht die Chirognomie oder Handformenkunde. Anderseits greift das Gebiet der B e r g e aber auch in die Chiromantie oder Handlinienkunde über; denn es kommt sehr oft vor, daß die Bedeutung eines bestimmten Berges eine einschneidende Veränderung erfährt durch das Vorhandensein eines oder mehrerer bestimmter Zeichen auf ihm [*]). — S o m i t i s t b e w i e s e n , d a ß s i c h d i e H a n d f o r m e n k u n d e v o n d e r H a n d l i n i e n k u n d e n i c h t s c h a r f s c h e i d e n l ä ß t , w e n n g u t e u n d r i c h t i g e R e s u l t a t e e r z i e l t w e r d e n s o l l e n . — Aus dem Grunde vereinige ich hier die beiden Gebiete. Im folgenden bringe ich nun eine Anleitung zur Kombination der Berge, die in der Praxis zu berücksichtigen unbedingt notwendig ist.

---

[*]) Wenn in der „Arbeitsstätte für Menschheitskunde" von Prof. Dr. H. Friedenthal in Berlin auch nur die Handformenkunde Eingang gefunden hat, so will dies weiter nichts bedeuten, als daß man den Anfang gemacht hat für die Aufnahme der Chirosophie. Mit der Zeit wird auch die Handlinienkunde dazu kommen müssen, weil sich eines durch das andere erst ergänzt. Besonders dann wird man das ganze Wissen erfassen wollen, wenn der große Wert der „Krankheitsdiagnosen aus den Handlinien und -zeichen" erkannt wird, was sich mehr allzulange dauern kann. Heute arbeiten schon sehr viele Ärzte und Heilkundige überaus erfolgreich mit meiner Handdiagnostik. (Seit 1933 existiert die A. f. M. nicht mehr, da sie von der Hitlerregierung verboten und enteignet wurde.)

Kombinationen der Finger und Berge

	normal	extrem groß	mangelhaft
	Jupiterberg		
mit spitzen Fingern	religiöse Ideale	Aberglauben	Mangel an Verehrung
mit konischen Fingern	feiner Stolz	Schein, eitel, Extravaganz	Respektlosigkeit
mit eckigen Fingern	alltäglicher Stolz	dummstolz, selbstherrlich rechthaberisch	Mangel an Selbstachtung
mit spatelförmig. Fingern	große Unternehmungslust	Übertreibung	Niedrigkeit, Gemeinheit
	Saturnberg		
mit spitzen Fingern	poetisch und melancholisch	Schwermut und Lebensüberdruß	Mangel an Sinn für Übersinnliches, keine besonderen Ereignisse, Unschlüssigkeit
mit konischen Fingern	sorgenvoll und Grübelei, Empfindsamkeit	Kunst-Pessimist, Melancholie, unschlüssig	Künstler rein materieller Art
mit eckigen Fingern	gedankenvoll und einsamkeitsliebend, ernsthaft, Genauigkeit	Menschenhaß, kleinlich, geht eigenen Weg	absolute Gleichgültigkeit, ödes Leben
mit spatelförmig. Fingern	Sinn für alle solide Arbeit, Bedachtsamkeit	tätlicher Haß gegen andere	liebt harte Arbeit und keine Geselligkeit
	Apolloberg		
mit spitzen Fingern	Schwärmer und ausgesuchter Träumer, liebt Eleganz	Genius, grenzt an Wahn, unzuverlässig	keinen Sinn für Kunst, wenig Ethik
mit konischen Fingern	ideale Künstler, Schriftsteller usw. liebenswürdig, heiter	überschätzt sein Talent, Ruhmsucht	klug, aber weniger talentiert
mit eckigen Fingern	feiner Künstler, aber praktisch, Güte	Verliebtheit zerstört vorhandene Talente	keinen Sinn für geistige Freuden, materielles Denken
mit spatelförmig. Fingern	liebt Aufregung und Geräusche als Anregung	Prahler ohne Talent, dauernd auf der Suche, übertriebener Schein	Feind aller Kunst und Herzkultur

102

	normal	extrem groß	mangelhaft

M e r k u r b e r g

	normal	extrem groß	mangelhaft
mit spitzen Fingern	intuitives Erfassen von Wissenschaften	Träumer für neue Religion, aber schlau, veränderlich	gute Gedanken für üble Zwecke mißbrauchend, unehrlich
mit konischen Fingern	göttliche Beredsamkeit, Witz, liebt Diskussion, Abwechselung	Erfinder für praktische Dinge, Habsucht	Beredsamkeit gestört durch körperliche Fehler, unbegabt
mit eckigen Fingern	große Erfinder, liebt Ausnutzung	gefährliche Planmacher, Falschheit, Intrigen	weder Talent für Handel noch für Wissenschaft, Mangel an Intellekt
mit spatelförmig. Fingern	große Entdecker, Tatendrang, Anpassung	Abenteurer, der über Leichen gehen würde, List, Schlauheit, Anpassung	aktiv in minderwertigen evtl. niederen Dingen, Betrug

M a r s b e r g

	normal	extrem groß	mangelhaft
mit spitzen Fingern	Mut zum Märtyrer, passive Resistenz	Heftigkeit eines religiös. Verfolgers	Feigling in seiner Religion
mit konischen Fingern	Mut zum Patrioten, mehr passiv	Heftigkeit einer verletzten Eitelkeit	Feigling in der Öffentlichkeit
mit eckigen Fingern	Bestimmtheit, Energie, Mut eines Kriegers, angriffslustig	Grobheit, Tyrannei, Heftigkeit eines enttäuschten Planmachers	Feigling im Alltäglichen
mit spatelförmig. Fingern	Mut eines Entdeckers oder Spions, resolut, Führer, Geistesgegenwart	Heftigkeit eines Wüterichs oder Mörders, unbeherrscht quälerische Natur, Härte	Feigling im Kriege, ungeeignet zum Führen

M o n d b e r g

	normal	extrem groß	mangelhaft
mit spitzen Fingern	Vorliebe für Mystik, Mitleid, beste Einbildung	launenhaft, Gereiztheit, Unsinnigkeit	Mangel an Einbildung und Poesie
mit konischen Fingern	begabter Künstler, sentimental, Träumer	närrischer Stolz (Eitelkeit), fanatisch	Imitation in Kunst, Schauspieler
mit eckigen Fingern	gesunder Sinn für Poesie usw., Phantasie	Mangel an Durchschnittsverstand	nutzlose Existenz sehr prosaische Natur
mit spatelförmig. Fingern	Naturliebe, Intuition, romantische Natur	unberechenbares Denken (Anfälle), Vorliebe für Gram und Schmerz	Mangel an Übersicht und Höherstreben, innere Hemmungen

	normal	extrem groß	mangelhaft
Venusberg			
mit spitzen Fingern	ideale Liebe, liebt Vergnügen	verdorbene Einbildung, unbeständig, verdorbener Geschmack	ohne Sinn für Liebe, Gefühlskälte, geschmacklos
mit konischen Fingern	materielle Liebe mit poet. Charakter, verträglich	wechselartig, Genießer und Schwelger	Künstler mit seiner Kunst verheiratet, geizig
mit eckigen Fingern	ehrliche Familienliebe, Geselligkeit	Sinnlichkeit, Langlebigkeit	gleichgültig geg. das andere Geschlecht, wenig Lebenskraft
mit spatelförmig. Fingern	wünscht in seiner Ehehälfte einen geschäftstüchtigen Kameraden	Neigung zu Flirt bei jeder Gelegenheit	findet im anderen Geschlecht nur Hemmungen im Fortschritt, Egoist
Kleiner Mars (oberer Venusberg)			
mit spitzen Fingern	Entsagung	ungesunde Selbstquälerei	sensitive Seele, ängstlich
mit konischen Fingern	Standhaftigkeit	Hartherzigkeit	leicht beleidigt, feige
mit eckigen Fingern	Geduld, resolut, unternehmungslustig	passive Quälerei (seelisch quälen)	sehr empfindlich gegen körperl. und seelischen Schmerz
mit spatelförmig. Fingern	rücksichtslos gegen Schmerz	aktive Quälerei, grob	Feigling, prahlt in der Ferne

Die astrale Symbolik der Hand und ihre Bedeutung.

Um dem Anfänger der Chiromantie eine bessere und schnellere Übersicht in bezug auf die Bedeutung der einzelnen Plätze in der Hand zu geben, zeichnete ich die Symbole in ihrer Bedeutung auf die hierfür in Betracht kommenden Stellen ein (Bild 19). Im folgenden will ich sie erklären, damit die Einzelheiten noch leichter verständlich sind. Es ist nahezu unmöglich, a l l e s einzuzeichnen, was an Bedeutung in Betracht kommen kann; deshalb sind die Bedeutungen in den speziellen Beschreibungen der Handberge und Handlinien hiermit zu kombinieren, um Vollständigkeit des Wissens zu sichern.

D e r D a u m e n : Erstes Glied; der befehlende Mann symbolisiert den Willen.

Zweites Glied: Der Mann mit dem Sprachrohr ruft die Warnung: „Was tust du?!", symbolisiert Vernunft, Logik, Überlegung.

Das dritte Glied (Venusberg): Das Liebes- oder Tänzerpaar symbolisiert: das Liebes- und Geschlechtsleben und den Rhythmus und Tanz; außerdem Perversität, Genußliebe, Gatten-, Kinder- und Nächstenliebe. Die Palette und Harfe bedeuten: Sinn für Farbe und Ton; das Haus: häusliche Angelegenheiten und den eigenen Körper.

Die Lebenslinie bildet die Grenze des Venusberges und stellt dar: die Zufuhr, Umwandlung und Verwertung der Lebenskraft. Am Anfang der Linie erkennt man eine Wiege (Geburt), weiter nach unten das Kind, den Jüngling, den Mann, den Greis und das Grab als Abschluß der Linie; das Ganze auch als Zeiteinteilung.

Jupiterberg und -finger: Der König symbolisiert Protektion, Stellung, Beruf, Gunst; Ehren und Wohlstand die Münze. Auch Ehrgeiz oder Streben und Wohlleben gehören hierher. Die Brandfackel an der Seite symbolisiert: Gefahr durch Umgang mit Feuer.

Saturnberg und -finger: Auf dem ersten Fingergliede symbolisiert das Wasser: Gefahr durch Wasser und Schwermut, Lebensüberdruß. Die Sense ist das Symbol für Landwirtschaft; der Förderkorb für Minenbetrieb; der Galgen, das Gefängnis und die Mörderhand für Gefahren durch Überfall, Mord, Körperverletzung und Gefängnis. Die Swastika ist das astrologische Zeichen für Karma, Schicksal, und der Miner oder Erdarbeiter symbolisiert Dinge, die hiermit in Verbindung gebracht werden können, wie z. B. Mineralien, Erze, Erde, Grund- und Hausspekulation. Das zerbrochene Automobil gilt als Warnungszeichen für Gefahren durch Unachtsamkeit, Verletzung durch Metall, Baumaterial, Erde (Eisenbahn, Straßenbahn, Auto, Verkehrsmittel, Steine, evtl. auch Gas und große Tiere). Der Saturnfinger ist der längste, und der Einfluß des „Bösen" auf den Menschen ist dementsprechend groß.

Apolloberg und -finger: Der Mund und die Noten deuten Gesang an; die Violine Instrumentalmusik und die Palette Malerei; die Maske symbolisiert Bühnenkunst, die Büste Skulptur und Sinn für Plastik überhaupt (wozu das dritte Glied lang sein muß). Die Lyra und die Münze deuten allgemein auf Schönheitssinn, Kunst und Wohlstand.

Merkurberg und -finger: Hier finden wir folgende Symbole: Den geflügelten Merkurstab für Handel, die Waage für Gewerbe und Unruhe; Buch und Feder für Literatur; Äskulapstab und Blume für Arzneikunde, die Retorte für Chemie und Physik; das Auge für Intelligenz, Beobachtungsgabe und okkulte Fähigkeiten; den Fuchs mit Vogel für Diebstahl (zu starker Erwerbstrieb!) und List; den Redner für Sprache und Beredsamkeit; darunter den Satyr an der Herzlinie für Witz. — Die Herzlinie symbolisiert die ideale, ethische Seite der Liebe.

Der Marsberg: Zwei verbundene Ringe und ein Baby gehören eigentlich an die Seite des Merkurberges als Symbol für Ehe und Liebesneigungen, doch habe ich sie hier plaziert aus Platzmangel, und weil man hier Zeichen für Feinde (geheime) und Neider findet, die ebenfalls auf diese Dinge Bezug haben. Der Krieger symbolisiert Mut, Willen, Kraft, Selbstkontrolle, Geistesgegenwart, Streitigkeiten, evtl. Brutalität; Verwundung durch Metall (Körperverletzung, Operation usw.), Strategie.

Der Handtisch oder das große Viereck mit der offenen Hand läßt erkennen, wie das Wesen seinen Mitmenschen gegenüber offenbart wird, also Toleranz.

Die Marsebene: Das Streitfeld symbolisiert Streit und hitzige Einflüsse (auch Krankheiten fiebriger Art, wie Grippe, Influenza, Fieber). Die Formation der Grenzlinien des Marsfeldes geben Aufschluß über Gesundheit und Denkweise

Der Mondberg: Das Wasser symbolisiert das Wässerige (Blut, Säfte und die Drüsentätigkeit im Organismus), außerdem Phantasie, Mystik, Intuition, Melancholie; Schiffe bedeuten Reisen, Abenteuer, Veränderungen. Andere Einflüsse des Mondes sind: Stimmungen, Laune, Feinfühligkeit, Medialität, Musik. Auf dem unteren Mondberge finden sich noch folgende Symbole: Die Eule für Mystik, das versiegelte Buch für Geheimwissenschaft (Okkultismus), das Auge für Hellsehen; Hexenkessel und Tarnkappe für Magie, der Sechsstern für Kabbalistik und Sympathie. In dieser Gegend entspringt die Uranuslinie, die sich auf die ebengenannten Dinge bezieht. Auf der gegenüberliegenden Seite, auf der Neptunslinie sind als Symbole für Gift zu finden: die Likörflasche, Medizinflasche, Zigarre, Rauchgefäß.

Der auf der Handwurzelmitte gezeichnete Stammbaum gibt zu erkennen, daß hier die Zeichen für Herkunft, Geschlecht, Art zu suchen sind.

Die drei Armbänder (Raszette) bezeichnen ererbte Lebenskräfte.

Diese Auslegungen und Andeutungen mögen phantastisch anmuten, sind es aber durchaus nicht. Sie lassen sich psychologisch und physiologisch begründen. Jeder sollte durch tieferes Denken selbst zu der Erkenntnis kommen.

Die kabbalistische Einteilung der Hand.

An anderen Stellen dieses Buches wies ich schon darauf hin, daß „das Äußere der Ausdruck des Innern" ist, daß alles seinen geistigen Grund und seine Ursache hat, daß z. B. Krankheitsanlagen geistig schon vorhandene Krankheiten sind, kurz, daß alles an Anlagen,

Neigungen, Talenten, Eigenschaften, Krankheiten usw. eine geistige Ursache hat. Ist dies so, dann muß auch für solche geistigen Ursachen ein Sitz und Betätigungsfeld vorhanden sein, an dessen Ausdruck und Form wir die Kraft und Beschaffenheit und das Arbeiten dieser geistigen Ströme und Kräfte erkennen und beurteilen können. Zum Zwecke der besseren Erklärung bringe ich Bild 20: „Kabbalistische Einteilung der Hand". Es zeigt eine genau bestimmte Einteilung der Hand, eine waagerechte und eine senkrechte Linie, den Handteller in vier Plätze teilend. — Als Grundeinteilung der Anlagen — von oben nach unten — gilt bei der Innenhand — wie überall — die kosmische Dreiteilung. Die Finger: der geistige Teil; die Fläche vom Fingeransatze bis zur Kopflinie: der seelische Teil; die Fläche unterhalb der Kopflinie bis zur Handwurzel: der physische Teil.

Die Finger in ihrer Länge, ihre Proportion zur Handlänge und -breite lassen die geistigen Anlagen und deren Stärke erkennen. Die Formen der Finger lassen erkennen, welcher Art diese Kräfte sind und wie sie genutzt werden können. Die Finger haben — jeder für sich — eine verschiedene Art der Bedeutung und werden nochmals in drei Unterbedeutungen geteilt — geistig, seelisch, physisch. Der Daumen stellt die Persönlichkeit — das „Ich-Selbst" — dar; das erste Glied: das Maß und den Ausdruck des Willens; das zweite Glied: das Maß und den Ausdruck der Vernunft und Überlegung. Das Knotengelenk zwischen diesen beiden Gliedern läßt in seinem Ausdruck das Maß der Zähigkeit — und Durchführungskraft — erkennen. Das dritte Glied: Ausdruck des Trieblebens, bildet einerseits das dritte Daumenglied: Maß des Betätigungstriebs in der physischen Sphäre, anderseits — und gleichzeitig — als vierter Teil des Handtellers das Maß der produktiven Schöpfungskraft. (Hier liegen Erklärungen für die Sexualmystik!) Je nachdem wie der Daumenausdruck, so die Persönlichkeit selbst. Die Haltung des Daumens zeigt die geistige Haltung des Besitzers. Hält jemand den Daumen immer abseits gespreizt — für sich alleinstehend —, so wird der Betreffende bei jeder Gelegenheit für sich selbst stehen w o l l e n , also über viel Mut, Tatkraft und Unabhängigkeitsliebe verfügen. Ob er es kann, das hängt von dem Ausdruck (Form und Plastik) des Daumens ab. Daß eine allgemeine Harmonie in der Form zu beachten ist, braucht nicht erst erwähnt zu werden; dies ist natürlich und selbstverständlich. Ich meine hiermit, daß man durchaus nicht von dem Gedanken ausgehen darf, daß eine Eigenschaft um so stärker vorhanden ist, je stärker, dicker der betreffende Finger ist. Die L ä n g e der Fingerglieder ist ausschlaggebend z u s a m m e n mit der Stärke und Dicke (Form und Plastik). — Wenn etwas unharmonisch verteilt ist in der physischen Sphäre — d. h. an der sichtbaren Formproportion der Hand —, dann sind auch die entsprechenden Eigenschaften unharmonisch in der geistigen Anlage vorhanden.

B e i s p i e l : Jemand hat eine mittelgroße, massive, gut entwickelte Hand von mittlerer Breite; der Jupiterfinger ist im Verhältnis zu den anderen Fingern klein, dünn und spitz, der Jupiterberg mit flach zu bezeichnen, so ist in dem Eigner dieser Hand nicht viel Ehrgeiz und Strebsamkeit, noch weniger aber die Kraft, sie in kurzer Zeit zu erlangen. Auch ist dieser Mensch nicht in der Lage, anderen ein Führer oder guter Aufseher zu sein, da ihm die Qualitäten dazu (praktische Tat als Beispiel, Persönlichkeit, Erwägen) fehlen; dies um so mehr, wenn der Daumen klein und schmal ist. Der spitze Finger mag ihm eine gewisse intuitive Erkenntnis geben, die er jedoch für sich geistig wenig oder nicht, körperlich gar nicht verwerten kann.

Wie die Proportion (Form und Plastik) des einen Finger g l i e d e s zum anderen und zu dem ganzen Finger, und wie die Proportion des einen betreffenden Fingergliedes zu allen anderen Fingergliedern der Hand ist, danach hat man zu urteilen: w a s für Anlagen und w i e sie vorhanden sind; z. B. für Außenarbeit und Sport muß das dritte Glied des Saturnfingers lang und gut entwickelt sein.

Für Skulptur (Bildhauerkunst) muß das dritte Glied des Apollofingers lang und gut entwickelt sein; dazu das erste Glied des Apollofingers eckig oder spatenförmig.

Rednertalent ist vorhanden, wenn der Merkurfinger über das erste Beugegelenk (zwischen dem ersten und zweiten Gliede) des Apollofingers hinausragt. Auf die Form der Spitze dieses Fingers kommt es an bei der Entscheidung darüber, welcher Art der Ausdruck des Talentes ist. Die Rednergabe desjenigen mit eckiger Merkurfingerspitze wird mehr oder weniger derbe Ausdrucksart haben, während Menschen mit konischer oder spitzer Merkurfingerspitze eine tiefsinnige, von mehr Findigkeit und Routine (Gewandtheit und Raffinesse) zeugende Ausdrucksart besitzen. Organisationstalent erfordert eckige Merkurfinger.

Spitze Finger zeugen von Intuition. Die hohe Kunst des Gesanges fordert Intuition, ein Sicheinfühlen der Seele, ohne welches wahre Kunst unmöglich ist; aber auch Gestaltungskraft (Dramatik), Streben zur höchsten Vollendung und eine gute Portion Findigkeit, um unter Umständen einen kleinen Fehler sofort zu verschleiern. Deshalb sind für Gesangskunst alle Fingerspitzen verschieden, der Apollofinger jedoch immer konisch oder spitz, der Daumen gerade, harmonisch, Spitze etwas nach außen gebogen. Gute Leistungen setzen stets gute Anlagen voraus, hier wie überall.

Im Hinblick auf die Gesangskunst ist zu bemerken, daß eine Reflexwirkung zwischen Stimme und Sexualorganen besteht. Ein Kenner wird am Gesang einer Frau erkennen, ob sie Jungfrau ist oder nicht. Eine

Jungfrau hat keinen Schmelz, keine Sinnlichkeit in der Stimme; es „fehlt die Wärme", das Erotische.

Wie ich oben sagte, wird der Handteller durch die Kopflinie in einen oberen und unteren Teil geteilt, und diese beiden Flächen werden durch eine senkrechte Linie (Saturnlinie) nochmals geteilt, so daß vier Flächen vorhanden sind, vier Kraftfelder. Unter dem Jupiter- und dem Saturnfinger: das Feld der geistigen; unter dem Apollo- und Merkurfinger: das Feld der seelischen Kraft. Darunter wieder: der Mondberg als Feld der physischen Widerstandsfähigkeit, und links davon: der Venusberg, das Feld der physischen Schöpfungskraft. Die Kraft des geistigen Schaffens hängt von der Beschaffenheit des Blutes und Gehirns ab. Zeichen für evtl. Störungen sind auf diesem ♃ ♄ -Felde zu finden. Die Ausdruckskraft der Seele ist von der Stärke der Nerven abhängig, die auf diesem ☉ ☿ -Kraftfelde zu erkennen ist.

Die persönliche Strahlkraft (persönlicher Magnetismus) oder Sex-Appeal ist abhängig von der Stärke der Venuseigenschaften, also von der Sinnlichkeit. Ebenso auch die künstlerische Begabung. Es gibt keine lebendige und wirkliche Kunst ohne Sinnlichkeit; andernfalls ist sie keine Kunst. Darum sind bei entsprechender Begutachtung immer auch diese Eigenschaften genauestens zu beachten und zu werten.

Eine gute Widerstandsfähigkeit des Körpers setzt gute Verdauungsorgane und geregelte Drüsentätigkeit voraus, alles Dinge, die auf dem Mondberge zu erkennen sind. Die sexuelle Schöpfungskraft hängt mit dem Triebleben und der Sinnlichkeit zusammen. Sie sind auf dem Venusberg zu erkennen. — Obgleich dies nun schon in den medizinischen Teil der Chiromantie hineingreift, ist es doch für die „Handformenkunde" wertvoll und notwendig. Es ist überhaupt sehr schwer, die medizinischen von den anderen Bedeutungen zu trennen, da alles zueinander oder ineinander Beziehungen hat, wie Temperament und Krankheit, Charakter, Neigungen usw.

Dritter Teil

Chiromantie oder Handlinienlehre.

Das menschliche Leben ist nur e i n e Episode
in dem großen Zyklus kettengliedrig aufeinander-
folgender Lebensbewußtseinsstufen, in der sich
alle Ereignisse von Zeit zu Zeit — periodenweise
und gesetzmäßig — wiederholen.

Wie ich schon weiter oben (unter „astrale Einflüsse") beschrieb, sind
die Linien der Hand als Fluß- oder Strombetten der ein- und durch-
fließenden astralen Kräfte zu betrachten. Alle kleinen und kleinsten
Abzweigungen von den Hauptlinien sind Nebenflüsse und sehr zu
beachten. Man vergleiche mit der Natur: Jeder Nebenfluß — sei er noch
so klein — nimmt dem Hauptstrom einen Teil der Ganzkraft, gibt ihm
aber zu gleicher Zeit ein größeres Wirkungs- oder Interessenfeld, je
nachdem, durch und über welchen Boden er seinen Lauf nimmt. Zum
Beispiel, kommt ein Nebenfluß über ein Feld, das durch Dünger usw.
verdorben ist, so wird das Wasser folglich auch Elemente von der verdorbenen Erde in sich aufnehmen oder Gifte annehmen, falls solche in
dem Boden liegen. Dasselbe finden wir in den Händen. Jede Teilung
einer Linie teilt und vervielseitigt ihre Eigenschaft, nimmt Eigenschaften
an von dem betreffenden Berge, der durchquert oder berührt wird, oder
beeinflußt andere Linien, die von dieser berührt, gekreuzt oder geschnitten werden. Derartige Beispiele finden wir in der Natur tausendfach,
wenn wir nur sehen wollen.

Bei den Hauptlinien werde ich ihre Charakteristik (astrale Bedeutung) an den entsprechenden Stellen obenan stellen. Es ist gut, wenn
der Student der Chirologie auch gleichzeitig — für den Anfang wenigstens — die bildliche Darstellung der astralen Bedeutung der Berge
damit vergleicht und in Zusammenhang bringt.

B e a c h t e : Eine gute Linie soll klar, gut gezeichnet, von guter
Länge und Farbe sein. Sie soll nicht kettig oder knotig sein, nicht
Punkte, Flecken, Insel, Ring, Kreuz oder Stern enthalten. Auch soll sie
nicht zu sehr gegabelt, mißformt, gedreht sein, noch Bruch oder dicke
Querlinien enthalten. Jedes Zeichen muß erst für sich allein und dann
in Kombination beurteilt werden. Je mehr Linien vorhanden sind,

desto tiefere Empfindungskraft der Seele ist vorhanden, obgleich manchmal unbewußt bzw. ungeweckt. Eine „zerrissene" Seele bedingt zerrissene Linien. Man vergesse nie die Farbe der Linie.

Bei der Beobachtung des Verlaufs der einzelnen Linien dürfte es auffallen, daß die Kopflinie in e n t g e g e n gesetzter Richtung zur Herzlinie verläuft; ebenso die Lebenslinie entgegengesetzt zur Saturnlinie. Das ist kein Zufall. Es ist ein scheinbarer Widerstreit der Kräfte, der jedoch für die persönliche Entwicklung erforderlich ist. — Nur durch Arbeit an uns selbst können wir zur Klarheit und zum Aufstieg gelangen.

Handlinien. Allgemeines und Besonderes.*)

Bild 21 zeigt die normale Lage der

Hauptlinien.

L e b e n s l i n i e , beginnend zwischen Daumen und Zeigefinger und um den Daumenballen verlaufend. Sie gibt Auskunft über den Strom der Lebenskraft; Zufuhr, Umwandlung, Verwertung derselben, sowie über den Verlauf des Lebens, Körper- und Blutbeschaffenheit, über den Zeitpunkt der Ereignisse und die Lebensdauer.

K o p f l i n i e , beginnend nahe am Anfang der Lebenslinie und quer über die Handfläche nach dem Mars- oder Mondberge verlaufend. Sie gibt Auskunft über das Gehirn und alles, was damit in Verbindung steht, Denken, Gedanken r i c h t u n g , Pläne, Krankheiten des Gehirns und der Augen.

H e r z l i n i e , beginnend am Handrand unter dem kleinen Finger und in waagerechter (aber der Kopflinie entgegengesetzter) Richtung verlaufend nach Saturn- oder Jupiterberg. Sie gibt Aufschluß über alles, was mit dem Herzen zusammenhängt: Krankheiten, Herzgefühle, Liebessachen und Ethik.

M a g e n - o d e r G e s u n d h e i t s l i n i e , beginnend nahe dem Handgelenk und in der Richtung zum kleinen (oder Merkur-) Finger verlaufend. Aus dieser Linie ist zu ersehen: der Gesamtnervenzustand und die Drüsentätigkeit, Störungen der Verdauungsorgane sowohl, als auch Geschäftsangelegenheiten, Stimmungen.

---

*) In dem Buch „Hand und Persönlichkeit" von Steindamm-Ackermann werden nur drei Handlinien gebracht und auch nur einige Berge. Diese Unvollständigkeit und das bewußte Vertauschen der geistigen und seelischen Einteilung sind irreführend und darum praktisch unbrauchbar.

Die Nebenlinien.

Saturn- oder Schicksalslinie, beginnend nahe der Handwurzel und nach dem Saturn- oder Jupiterberge verlaufend. Diese Linie bedeutet mehr ein Barometer für den Lebensweg, Ablauf des Lebens in bezug auf Tätigkeit, Beruf und Störungen darin, sowie Veränderungen.

Apollo- oder Sonnenlinie, beginnend nahe der Handwurzel oder Handmitte, verlaufend nach dem Apolloberge. Sie läuft fast immer parallel mit der Saturnlinie und gibt dieser eine Stabilisierung. Aus ihr erkennt man die seelische Empfindungsfähigkeit; das innere Erleben durch das Sonnengeflecht. (Nur in dieser Hinsicht hat der Name „Kunstlinie", der sonst ein Mißbrauch ist, eine Bedeutung.) Ob jemand musikalisch ist, also über Musik- und Farbensinn wirklich verfügt, läßt sich aus der Hand nicht ersehen, auch nicht materieller Wohlstand des Handeigners.

Venusgürtel; das ist eine Linie, die — wenn vorhanden — zwischen Jupiter- und Saturnfinger beginnt und halbkreisartig, zwischen Apollo- und Merkurfinger, verläuft. Diese Linie zeigt die Konstitution der Sexualnerven des Rückenmarks an; somit Feinnervigkeit, Neurasthenie und Hysterie.

Uranus- oder Intuitionslinie, wenn vorhanden, beginnend in der unteren Ecke des Mondberges und im Bogen in die Magenlinie verlaufend, bedeutet Intuition, Einfühlung, evtl. Hellsinnigkeit.

Neptun- oder Giftlinie, wenn vorhanden, aus dem unteren Venusberg oder der Handmitte kommend, nach dem mittleren oder oberen Mondberge verlaufend. Bedeutung: Vorhandensein von Medizinalgiften im Körper, sowie Leid in der Liebe durch Irrtum.

Isislinie (selten!), verläuft senkrecht am Handrande vom Mondberge hoch bis nach dem Herzlinienanfang; Lebensernst, Enthaltsamkeitsneigungen.

Raszette oder Armband verläuft, unter dem Venusberge beginnend, über das Armgelenk (wie ein Armband) in ein bis drei, seltener vier Linien. Sie bedeutet: das Maß der ererbten Lebenskraft, evtl. eine zarte Lebenslinie verstärkend, ergänzend.

Ehelinien befinden sich auf dem Handrande des rechten Merkurbergs und zeigen an, in welchen Lebensjahren (der eigenen Entwicklung nach) eine Verbindung mit dem anderen Geschlecht für längere Zeit günstig oder ungünstig ist.

Die Zeichen (Bild 23).

> Wo ein Eindruck, ein Zeichen, eine Linie ist,
> muß eine Kraft tätig sein, durch welche jene
> hervorgerufen werden. Hat das Zeichen aber eine
> bestimmte Form, einen bestimmten Ausdruck, so
> arbeitet diese Kraft bewußt und ist vom gött-
> lichen Geist beseelt.

Den Zeichen und den Linienformationen ist genaueste Beachtung zu schenken! Um sich von ihnen keine falschen und unklaren Vorstellungen zu machen, füge ich hintenstehend ganz klare Abbildungen bei. Manche Zeichen können durch Linien geformt sein, sie m ü s s e n es aber nicht; auch brauchen sie durchaus nicht allein zu stehen. Beides kommt aber oft vor. Es ist nicht die Beachtung des Zeichens allein notwendig, sondern auch, mit welchen Linien und Bergen es in Verbindung steht. Aus der Form der einzelnen Zeichen ersehen wir schon eine ganz bestimmte Gesetzmäßigkeit, und wer tiefer über die Entstehung nachdenkt, wird auch die Ursache erkennen. Es ist selbstverständlich, daß diese ganz bestimmten Zeichenarten nicht zufällig und zwecklos an den bestimmten Stellen stehen. Ein Kreuz besteht immer aus zwei kleinen Linien. Linien sind, wie ich schon sagte, Flüsse astraler Energien. Wenn eine solche kleine Linie auf einer Stelle erkennbar wird, m u ß an dieser Stelle auch etwas ganz Bestimmtes von einer Auswirkung vorhanden sein. Wieviel mehr noch, wenn sich zwei Linien in einem Kreuz oder einem Stern schneiden! Ein Ring ist wieder ein anderes Zeichen und muß dementsprechend auch wieder eine andere ganz besondere Bedeutung haben. Physiologisch ist die Ringlinie — die ja nicht allein auf der Haut liegt, sondern viel tiefer greift — eine Begrenzung, ein Abschließen von einem kleinen Platze, von vielen kleinen Zellen, die naturgemäß auch eine Anzahl Nervenenden enthalten. Ein Gitter ist nichts weiter als ein Zusammenschluß sehr vieler Kreuze. Siehe hierzu das eingeklammerte Bild 23/5. Für die Art der Zeichen ist keine Grenze gesetzt. Es gibt deren mehr, als man allgemein annimmt. Man muß auch in Betracht ziehen, daß alle Zeichen Symbole, Zeichensprache des Kosmos sind. Auf Wunsch vieler Zuschriften bringe ich auch diese verschiedenen Zeichen. (Bild 23.) Machen wir uns klar, w i e ein Zeichen entsteht, was es ist, und wie es konstruiert ist, so kommen schon die Gedanken der Erklärung von selbst. Nehmen wir eine gegebene Linie. Es bildet sich durch eine bestimmte Kraft oder einen Kräfteeinfluß eine zu dieser senkrecht verlaufende Linie. Hat letzte die erste geschnitten, so entsteht ein Schnittpunkt und damit ein Kreuz. Schneidet nun noch eine Linie dieses Kreuz im Schnittpunkte, so entsteht ein Stern; das Kreuz also aus zwei Kräften, der Stern aus drei. Damit beweist sich, daß der Stern in seiner

Wirkung stärker ist. Daß ein Kreuz oder Stern nicht an einer Linie zu hängen brauchen, sondern auch selbständig stehen können, wurde erklärt. Die alleinstehenden Sterne und Zeichen haben stärkere Wirkungen, als wenn sie mit Linien verbunden sind. Betrachten wir die Genauigkeit und Symmetrie bei Stern, Dreieck, Viereck, Buchstaben, Rune, Symbol, so muß man unbedingt zu der Überzeugung kommen, daß hier bewußte Kräfte und Gesetzmäßigkeit arbeiten. Es ist n i c h t gleichgültig, an welcher Stelle der Hand ein solches Zeichen erscheint. Denn da auch sie wieder mit einem bestimmten Organ verbunden ist, und dieses wieder durch Gedankenkräfte mehr oder weniger beeinflußt wird — Denkart, daher Anschauung, Charakter —, so ergibt sich von selbst d i e Erkenntnis, daß Krankheit und Charakter, Lebensanschauung in Wechselwirkung stehen, voneinander abhängig sind und sich gegenseitig beeinflussen. — Das beschrieb ich schon in der Einführung: Verkehrtes Denken ergibt Krankheit, und Krankheit ist verkehrtes Denken.

Ein roter Punkt z. B. zeigt eine allerfeinste Ansammlung von Blut, eine Verletzung im kleinsten Sinne. Weil die Stelle, an der der rote Punkt erscheint, mit einem bestimmten Organ in Verbindung steht, aber auch mit einer bestimmten Stelle des Gehirns, so ergibt sich hieraus, daß in dem betreffenden Organ eine — wenn auch sehr kleine — Veränderung eingetreten ist; ebenso auch, daß die betreffende Stelle im Gehirn — wenn auch nur sehr minimal — eine Beeinflussung erlitten hat. So wirkt sich der rote Punkt einmal organisch (als Leiden, Krankheit) aus, zum andern durch das Gehirn, im Denken oder Handeln. Mit dem blauen und braunen Punkt ist es ebenso, nur daß sie nicht mit einer Verletzung, sondern mit den Nerven, mit Fieber oder auch Krampf zusammenhängen.

Ein Ring ist eine Abgrenzung eines bestimmten Teiles der Oberfläche der Innenhand, muß also auch eine Abgrenzung innerlich haben. Da Inseln in den Hauptlinien schon bei der Geburt mitgebracht werden, so sind sie Zeichen der Vererbung. Inseln sind ebenso wie Kreise, aber in verstärktem Maße, Abgrenzungen, jedoch hier in den feinstofflichen (astralen) Flußströmen (Hauptlinien) und wirken deshalb zumeist das ganze Leben hindurch auf den Körper ein. Wenn Ringe auch wieder gelegentlich verschwinden, Inseln verschwinden — wenn sie in den Hauptlinien vorhanden sind — selten oder n i e. — In kleinen Linien können sie verschwinden und tun es oft. Stehen sie allein, d. h. unabhängig von Linien, so sind sie Zeichen für körperlichen Eingriff (Verletzungen, Operationen). Was symmetrisch und scharfkantig ist (Dreieck u. dgl.), wirkt positiv, was rund, weich ist, wirkt mehr negativ. Deshalb zeigt auch die viereckige Insel in der Kopflinie eine stärkere Kraft in der Auswirkung als die runde.

F l e c k e dürfen nicht mit Punkten verwechselt werden. Ein Punkt ist so groß, als wäre eine Stelle mit einer Stecknadel gestochen; ungefähr ¼ so groß wie der Kopf solcher Nadel, also etwa 0,5 mm.

F l e c k e sind größer, 3, 4, auch 5 mm. Sie haben wieder eine ganz andere Bedeutung, die ich hier nicht weiter erklären will, da die Beobachtungen noch nicht abgeschlossen sind. — Ebenso ist es mit Warzen. Diese Dinge werden genauer in meinem Ergänzungsband erklärt *).

P u n k t e können verschiedene Farben haben. Rote Punkte sind ein Zeichen für Verwundungen oder Verletzungen; dunkle für Krankheiten der Nerven, Fieber, auch für Krampf.

F l e c k e sind verschieden groß, meist aber nicht größer, als auf Bild 23 ersichtlich ist. Die Farben sind auch hier verschieden: Rot, blau, braun.

R i n g e sind immer ungünstig, mit Ausnahme auf dem Jupiterberg.

K r e u z e haben verschiedene Bedeutung, sind aber meist ungünstig. Das liegende oder Andreaskreuz (das letzte auf dem Bilde), auch Sägebock genannt, ist sehr ungünstig, besonders auf dem Jupiterberge.

S t e r n e sind meist bösartig, mit Ausnahme auf Apollo- und Jupiterberg. (Die eingeklammerten Zeichen zeigen, wie solche entstehen.)

I n s e l n , in Linien, sind allemal Zeichen von Leiden oder Schwächen vererbter Art. Alleinstehend zeigen sie Verletzungen durch Operation an.

D r e i e c k e sind mit einer Ausnahme in jedem Falle ein sehr günstiges Zeichen und deuten auf geistige Dinge und Wissen hin.

Q u a d r a t e sind immer ein gutes Zeichen und bedeuten Schutz. Hoch- und alleinstehend mit gekreuzten Ecken ist das Quadrat ungünstig (Mondberg).

G i t t e r sind immer ungünstig. (Die eingeklammerte Figur zeigt, wie ein Gitter entsteht.)

H a l b s t e r n e , manchmal am Ende einer Linie zu finden, sind ungünstig (Augen).

R u n e n , verschiedene Zeichen, worunter auch Symbole und Buchstaben kommen, sind auf Bild 23 gezeigt.

Die zuletzt, unten links, aufgeführten sind solche Runen, die einer Zugehörigkeit zu dem betreffenden Planeten (am Anfang der Zeile) unterstehen, infolgedessen auch mit ähnlichen Eigenschaften wirken. W i e sie an den einzelnen Stellen der Innenhand wirken, ist noch nicht genau festgestellt, da sie verhältnismäßig selten vorkommen. Ich fügte sie hinzu, um den Fortgeschrittenen neue Anhaltspunkte in bezug auf Zeichen zu geben. Symbole wie Hakenkreuz, Fünfstern, Sechsstern usw. haben mehr eine rein geistige Bedeutung. Dementsprechend sind sie

---

*) Siehe: „Charakterologische Tatsachen und deren Merkmale." Neudruck wird vorbereitet.

auch in der Lesung zu werten. Ein Hakenkreuz bedeutet nicht etwa „Antisemit". — Das Hakenkreuz oder Swastika hat mit der jüdischen Frage ursprünglich nichts zu tun, sondern ist eine uralte Heilsrune und hat vielmehr eine tiefreligiöse Bedeutung. Ein Mißbrauch solcher Heilsrunen kann für die Bedeutung im wahren Sinne nie verantwortlich gemacht werden. — Ebensowenig hat der Sechsstern mit den Juden zu tun; er ist ein Symbol tiefgeistiger Bedeutung — selbstverständlich im ethischen Sinne. — Bei den Planetenzeichen auf der Tafel (unten links) fügte ich in jeder Zeile noch die beiden vorletzten Runen hinzu: göttliche Siegel, und als letztes Zeichen: dämonisches Siegel der betreffenden Planeten (nach Paracelsus u. Agrippa v. N.). —

Buchstaben zwischen oder an den Linien oder auf den Bergen sind keine Seltenheit. Besonders oft sind sie auf dem Apolloberge zu finden und klar erkennbar. Sie sind ebensowenig wie sonstige Zeichen zufällig, sondern haben ihre Bedeutung. Meist sind es Anfangsbuchstaben von Vornamen (selten von Geschlechtsnamen, denn im Namen steckt Gesetz), und zwar von Menschen, mit denen man in engere Berührung kam oder noch kommen wird. Mag mancher dies auch als Spielerei betrachten, es tut nichts; Tatsachen lassen sich nicht leugnen. Sie werden ja fast immer von den Betreffenden, welche diese Buchstaben haben, bestätigt. Dieser Beweis gilt mehr als alle Vorurteile. Ob Buchstaben günstig stehen, erkennt man daran, daß sie nach oben (nach den Fingern zu) offen sind. Umgekehrt sind sie, wie die dadurch repräsentierten Personen, ungünstig. Liegend bedeuten sie Hemmungen durch jene Personen. — Manchmal erkennt man vollständige Namen. Auch Zahlen kommen in derselben Art vor.

Kreuz (Größe ¼ bis 1 cm).

Jupiterberg (günstig): Günstige Bekanntschaft in dem Jahre, wo der Schnittpunkt liegt (Bild 27/15).

Saturnberg: Warnungszeichen für Körperverletzung durch Stein, Erde, Ziegel, Baugerüst, Einsturz, Eisenbahn, Straßenbahn, Auto, Gefährt, Zusammenstoß (durch Hemmungen) usw. (Bild 29/28).

Apolloberg (günstig): Günstige Zeit (zu messen ist der Kreuzpunkt) für Bekanntschaften mit Personen von freigeistigen Berufen: Künstlern, Wissenschaftlern (Bild 24/26).

Merkurberg: Günstig, wenn keine schlechte Handform oder sonstige Zeichen von Minderwertigkeiten vorhanden sind, für Literatur und Unternehmen im Handel. In schlechter Hand: Niederes Denken und Handeln (Bild 27/16).

Marsberg: Streit und evtl. dadurch Körperverletzung, Überfall, Anrempelung (Bild 28/2).

M o n d b e r g , oben: Melancholische Anwandlungen (Bild 29). Unten,
nahe Raszette: Geschenke im späteren Alter (Bild 27 links); neben
der Saturnlinie: Warnung vor Verlust durch Diebstahl und Spekulation (Bild 27 rechts).

V e n u s b e r g : Liebesangelegenheiten, die Ungünstiges in sich bergen
(Bild 27).

In der L e b e n s l i n i e : Gefahr durch Krankheit oder für das Leben,
je nach der mehr oder minder starken Markierung (Bild 27/25).

In der K o p f l i n i e : Kopf- oder Augenverletzung (Bild 29/8).

Dicht neben der Herzlinie: Verlust einer nahestehenden Person
(Bild 29/23).

In der M a g e n l i n i e : Kränklichkeit (Bild 26 rechts).

Dicht an der L e b e n s l i n i e (außen): Streitigkeiten, Prozesse
(Bild 25/3).

Im M a r s f e l d : Streit (Bild 27).

Dicht über der K o p f l i n i e , unter Apolloberg: Warnt vor Beinverletzung (Bild 29). Unter Merkurberg: Warnt vor Armverletzung
(Bild 29 rechts).

In d e n F i n g e r n : Meist ungünstig.

In d e r R a s z e t t e : Sorge, Verlust, Ärger (Bild 28).

S t e r n (Größe 0,5 bis 1 cm).

Sterne verstärken die Bedeutung des Kreuzes.

A m H a n d r a n d e n a h e J u p i t e r b e r g : Gefahr für Brandschaden (Bild 29 rechts).

I m H a n d t i s c h : Gunst bei dem anderen Geschlecht (Bild 28/12).

V i e l e k l e i n e S t e r n e oder Kreuze im Handtisch (oder „G r o ß e n
V i e r e c k"): Gefahr für Körperverletzung durch Feuer, Dampf;
Verbrennen oder Verbrühen (Bild 28/12).

A u f d e r S a t u r n l i n i e , mehr nach dem Anfang zu: Finanzielle
Verluste zur Zeit, da der Betreffende noch jung war (Bild 27/7).

In d e r L e b e n s l i n i e : Starkes Ereignis, wie schwere Krankheit;
wenn sehr tief markiert, evtl. Tod i n d e m Jahre, wo der Schnittpunkt liegt, falls in beiden Händen. Immer ist die R e c h t e ausschlaggebend (Bild 27/25).

N a h e L e b e n s l i n i e (innen): Gram durch Verlust einer nahestehenden Person. Außen: Streitigkeiten, Prozesse (Bild 27).

In d e r K o p f l i n i e : Augenschaden durch Verletzung oder Operation
(was dasselbe ist); wenn am Ende der Kopflinie: Augenschaden durch
Entzündung (Bild 29/8).

In e i n e r R e i s e l i n i e : Gefahr für Körperverletzung auf Reisen
(Bild 25 links).

In einer Ehelinie: Ungünstig.
In den Fingern: Zumeist ungünstig.
(Wenn alte Chiromanten solche Zeichen für „Ruhm", „Ehre" usw. werten, besonders solche, die soviel Stolz auf minderwertiges „Zigeunerwissen" legen, so sind das Fabeln. Ruhm und Ehre sind leere Begriffe, Schein, und werden durch Kreuze oder Sterne n i c h t angezeigt.)

Dreieck (Größe 0,5 bis 1 cm).

Dreiecke sind immer Zeichen, die mit Wissen in Verbindung stehen. Sie müssen nicht allein stehen, doch ist ihre Kraft größer, wenn sie allein stehen. In Verbindung mit Linien hängen auch die Eigenschaften mit den betreffenden Linien zusammen. — Sie bedeuten auf dem:

Jupiterberg: Neigung zu Politik, soweit diese nicht mit Lügen zusammenhängt oder mit Verschleierung (Bild 28/18). Bei minderwertigem Handtyp wird beides verbunden.

Saturnberg: Gibt Neigung zu Religionsphilosophie und magnetischen Wissenschaften, wenn die Hand gut ist. Bei einer minderwertigen Hand macht sich die Neigung bemerkbar, diese Wissenszweige zum Schaden anderer im Mißbrauch auszunutzen oder anzuwenden (Bild 28/29).

Apolloberg: Ethik und Ästhetik als Neigung oder Interesse (Bild 28).

Merkurberg: Klugheit, Routine in geschäftlichen Angelegenheiten oder Auswerten von wissenschaftlichen Gedanken und Dingen, auch Diplomatie (Bild 28/37).

Marsberg: Sinn für Strategie; auch sich aus Affären ziehen können, also Strategie im Kleinen (Bild 28/33).

Mondberg: Sinn für Studien metaphysischer oder okkultistischer Art; auch, daß solche Kenntnisse praktisch oder wissenschaftlich ausgewertet werden; Symboldeutung (Bild 29).

An der Magenlinie: Verstärkt magnetische Kräfte; pharmazeutische Begabung (Bild 28 links).

An der Uranus- oder Intuitionslinie: Gute okkulte Fähigkeiten (Bild 27 rechts).

Am Ende der Kopflinie: Telepathie (Gedankenübertragung) (Bild 24/B). Dieses Dreieck entsteht durch Kombination von Kopflinie (Verstand), Magenlinie (Nervenkraft im allgemeinen und gute Drüsentätigkeit), Apollolinie (Vibration des Sonnengeflechts).

Nahe Anfang der Herzlinie: Sinn für Elektro-Biologie und Magie (Bild 27/47). Dieses Dreieck entsteht durch Kombination der Herzlinie (Herzkraft, Mut), Magenlinie (siehe oben) und Sonnenlinie (siehe ebenda).

In oder an der R a s z e t t e : Ruhiges Alter (Bild 27/14).
A u f r e c h t s t e h e n d e s Dreieck (mit der Spitze nach oben, nach den Fingern zu), macht mehr geneigt zur Betätigung des Wissens.

U m g e k e h r t s t e h e n d (mit der Spitze nach unten), macht mehr geneigt, über das Wissen nachzudenken, zu meditieren, zu sinnen. Beide zusammen, ähnlich einer $\overline{\times}$, kombinieren beides günstig.

Ein D o p p e l d r e i e c k , eines i m anderen (Bild 25/10), kommt sehr selten vor und nach meiner Beobachtung nur im Marsfelde: Gibt Neigung zu Mord.

V i e r e c k o d e r Q u a d r a t (Größe 0,5 bis 1 cm).

Vierecke sind immer günstig und bedeuten Schutz in der betreffenden Sache, mit der sie in Verbindung oder in deren Nähe sie stehen.

Ungünstig ist das Zeichen nur, wenn auf dem Venusberg, a n der Lebenslinie. Hier bedeutet es: Abgeschiedenheit, Asyl, Internat, Gefangenschaft (Bild 27 rechts).

Ungünstig ist es noch, wenn es hoch steht mit gekreuzten Ecken, wie liegendes Andreaskreuz (das letzte auf dem Bild), auf Mondberg: Nierenstörung (Bild 26/6).

R i n g (Größe 3 bis 5 mm).

Ringe haben in den Linien immer eine ungünstige Bedeutung, und ihre Einflüsse sind nicht gut zu umgehen. Einzeln stehend kommen sie seltener vor, und die Bedeutung ist dann verschieden — zumeist aber ungünstig. Auch dieses Zeichen ist mehr für medizinische Diagnostik zu verwerten und zeigt an verschiedenen Stellen Augenschaden an.

A u f d e m A p o l l o b e r g (nahe dem Beugegelenk des Apollofingers), auf der K o p f l i n i e, auf der L e b e n s l i n i e, auf der M a g e n - l i n i e bedeuten sie Augenschaden (Bild 29/10, 25/16, 25/25).

Auf der H e r z l i n i e : Warnungszeichen für Gifte (Bild 26 rechts).

I n s e l n (Größe verschieden, von 0,5 bis 3 cm lang,
mitunter sogar länger).

Dieses Zeichen kann man mit einem zusammengedrückten Kreis oder Ring vergleichen. Bedeutung ist i m m e r ungünstig!

In e i n e r E r e i g n i s l i n i e bedeutet eine Insel: Enttäuschung (Bild 31/52, Linie 19—19; 31/41, 30/38.)

In e i n e r H a u p t l i n i e : I m m e r V e r e r b u n g von Krankheits- dispositionen. O b und w a n n sich diese Leiden auslösen, bemerk- bar machen, ist eine Frage der Zeit. Manchmal kann man sie aus- messen, manchmal nicht (noch unsicher).

Alleinstehend sind Inseln Zeichen von Verletzung des Körpers durch Operation. In diesem Falle sind sie nicht auszumessen.

In einer O p e r a t i o n s l i n i e (Linie von der Lebenslinie oder aus dem Venusberge nach dem Marsberge, quer über die Hand laufend) lassen sie sich genau ausmessen, aufs Jahr (Bild 31/19—19).

Also auch dieses Zeichen ist rein medizinisch zu werten; doch will ich die Vererbungszeichen hier erklären, um den Interessenten auch in diesen besonders wertvollen Wissenszweig einen Einblick zu geben (Bild 32).

I n s e l 1: Körperliche Erbmasse, die in der Kindheit eine Schwäche des Körpers gibt.

I n s e l 2: Vererbung von Dispositionen für Schwäche im mittleren Alter.

I n s e l 3: Vererbung von Krebskonstitution, die ein Vorfahr hatte, die derjenige aber, der dieses Zeichen hat, nicht auch bekommen muß.

I n s e l 3 u n d 18 : Vorfahr hatte Magenkrebs.

I n s e l 3 u n d 19: Vorfahr hatte Hals- oder Brustkrebs.

I n s e l 3 u n d 20: Vorfahr hatte Leber- oder Darmkrebs.

I n s e l 3 u n d 21: Vorfahr hatte Blasen- oder Unterleibskrebs.

I n s e l 4: Vorfahr hatte Brustkrankheit.

I n s e l 5: Vererbung von Disposition für Augenschwäche.

I n s e l 6: Vererbung von Disposition für Gehörschwäche.

I n s e l 7, 8 (in der Kopflinie): Vorfahr hatte Verkalkung. Bei allen, die diese Insel haben, werden sich früher oder später Kopfschmerzen bemerkbar machen: Migräne!

I n s e l 9, 10: Vererbung von Disposition zu Herzleiden (Bild 41).

I n s e l 11: Vererbung von Disposition zu Lungentuberkulose (Bild 43 links).

I n s e l 12: Vererbung von Disposition zu Leberleiden.

I n s e l 13: Vererbung von Disposition für Nierenleiden (Bild 37).

I n s e l 14: Vererbung von Disposition für Gallenleiden (Bild 41).

I n s e l 15: Vererbung von Disposition für Magenleiden (Bild 41).

I n s e l 16: Vererbung von Disposition für allgemeine Feinnervigkeit.

I n s e l 17: Vererbung für Störungen im Solar plexus (Sonnengeflecht), vorgeburtlicher Einfluß durch die Mutter: Scheu, Lampenfieber.

I n s e l 23: Vererbung von Disposition für Hysterie usw.

I n s e l 25: Vererbung von Feinnervigkeit für Hellsinnigkeit. (Uranus-L.)

I n s e l 25: Vererbung von allgemeiner Schüchternheit, Erröten (seelische Belastung von seiten der Mutter in der Zeit der Schwangerschaft durch Leid). Apollo-L. unter Herzlinie.

I n s e l 25: Unter Merkurfinger: Gehirnnervenschwäche.

Gitter.

Gitter sind Liniengebilde aus Senkrechten und Waagerechten und können verschiedene Größe haben, von 0,5 bis 2 cm im Quadrat. Die Größe kann man nicht genau festlegen, denn viele Kreuz- und Querlinien ergeben schon Gitter. Sind senkrechte Linien gut als Längsströme, so sind alle Querströmungen Hemmungen; sie stören und verderben. Es gibt genaue Gitterformationen, die wie am Lineal gezogen erscheinen. Diese sind dann von obenerwähnter Größe. Auch kann, wie es bei allen Zeichen der Fall ist, ein Gitter selbständig stehen oder durch andere Linien in Kombination konstruiert sein. Erstes hat mehr Kraft in der Auswirkung, da es eine positive Krafterscheinung ist. Wo immer sie erscheinen, verderben sie die Stelle und deren Einfluß. Man kann sagen, ein Gitter besteht aus sehr vielen Kreuzen (siehe Zeichentafel). Denken wir uns zwei Linien waagerecht und zwei senkrecht die ersten durchschneidend, dazu eine Umrandung, dann haben wir dreimal drei kleine Felder: das Quadrat des Saturn (Bild 23/6). Nebenbei bemerkt sei, daß dieses Zeichen in der Gaunersprache Gefängnis bedeutet. Ein Gitter besonderer Art gibt es noch, das nur mitunter auf dem Apollo-berg erscheint. Diese Linienformation ist mehr auf die Spitze gestellt (Bild 23/4) und bedeutet: Disposition zu Besessenheit. Sie ist eine rein astrale — sehr selten eine diesseitige — Angelegenheit. Personen, die niederen Spiritismus treiben, können von solchen Einflüssen angegriffen werden. Diese Art Einflüsse zu leugnen oder abzustreiten, beweist nur Unwissenheit auf diesem Gebiete.

Es gibt noch andere Zeichen, Runen und Symbole, die man nicht in eine bestimmte Ordnung bringen kann. Ich habe sie auf Bild 23 auf der unteren Hälfte gebracht. Die Wertung und Ausdeutung ist in d i e s e m Falle eine mehr esoterische und intuitive, die abhängt von dem Ort, an dem solch ein Zeichen steht, wie auch von der Umgebung anderer Zeichen und Linien. Aus dem Grunde kann ich hier auch nicht näher darauf eingehen. Man kann solche Ausdeutung nicht als wissenschaftlich bezeichnen, weshalb sie den rein objektiven Inhalt des vorliegenden Werkes überschreitet.

Über die Zeichen auf den einzelnen Fingern.

Bei besonders linienreichen Händen oder solchen mit sehr zarter Haut findet man auf den Fingerflächen der Innenhand mitunter verschiedene Zeichen, wie Querlinien, Kreuze, Sterne, Gitter, Haken, Quadrate usw., die selbstverständlich auch ihre besonderen Bedeutungen haben.

Bisher brachte ich über diese Zeichen auf den Fingern sehr wenig, da ich nur einige beachte und in ihrer Bedeutung auswerte. Es kommt noch dazu, daß ich diese Zeichen nicht immer mit den angegebenen Bedeutungen übereinbringen konnte, soweit es sich um alte Literatur handelte. Dennoch will ich aber Interessenten dieser Wissenschaft nicht vorenthalten, was Comte de Saint-Germain, einer der besten Chirosophen vergangener Jahrzehnte, darüber schreibt. Jeder mag dann mit Nachprüfungen beginnen oder seine Beobachtung darin machen. Für die Richtigkeit a l l e r dieser Ausdeutungen kann ich keine Garantie übernehmen, da meine Nachprüfungen dieser Zeichen noch nicht abgeschlossen sind. Ich gebe sie also ausdrücklich mit Vorbehalt wieder.

A m D a u m e n. Erstes G l i e d seitliche Längslinien: Die Willenskraft ist klarer und markanter. Wenn zu viele Linien vorhanden sind, wird die Willenskraft durch Zersplitterung verringerte Resultate ergeben. Sind diese Längslinien durch Querlinien gestört, bedeutet dies, daß sich Hindernisse im Verlauf des Erfolges zeigen werden.

Ein Kreuz an der Innenseite des ersten Daumengliedes, dazu viele Linien auf dem Venusberg: Untugenden im Sexualleben. Zwei Kreuze: Liebe für Luxus.

Ein Stern an derselben Stelle; dazu viele Linien auf dem Venusberg: Wie bei einem Kreuz, aber verstärkt.

Zwei Sterne (in der Nähe des Nagels): Dauernörgler.

Ein Dreieck: Die Willenskraft und Aufmerksamkeit ist konzentriert im wissenschaftlichen und sonstigen tiefen Denken.

Ein Ring: Gute Erfolge durch einen sich gleichbleibenden, ruhigen Willen.

Ein Quadrat: Die Willenskraft ist in einer bestimmten Richtung konzentriert; oft auch Disposition zu Tyrannei.

Ein Gitter in der Nähe des Nagels: Gefahr für schwere Körperschäden oder Tod durch den eigenen Lebenskameraden (Gatten oder Gattin).

Z w e i t e s G l i e d. Längslinien bedeuten klare gesunde Logik. Querlinien: Falsche Logik, wenig Realbewußtsein.

Eine Gabellinie: Hemmungen in der Durchführung von Dingen.

Ein Kreuz: Eine leicht zu beeinflussende Natur.

Ein oder zwei Sterne: Eine Natur, die leicht auf schlechte Wege gebracht werden kann, aber sonst eine liebenswürdige Art hat.

Ein Dreieck: Anlagen für tieferes und philosophisches Denken.

Ein Quadrat: Eine nicht leicht zu erschütternde Logik; wenn aber negative Zeichen, Querlinien usw. vorhanden sind: Hartköpfigkeit bis zur Dummheit.

Ein Kreis: Scharfes Denken und beste Logik.

Ein Gitter: Mangel an Sinn für Moral und ehrliches Nachdenken.

Eine lange Linie aus dem zweiten Daumenglied bis zur Lebenslinie: Unannehmlichkeiten usw. im Eheleben.

An allen Fingern. Zarte kleine Ballen an den ersten Gliedern: Große körperliche Feinfühligkeit und Empfindlichkeit.

Kleine kurze senkrechte Linien über alle Fingergelenke: Plötzlicher Tod. (Hierzu muß man auch noch möglichst andere Zeichen beobachten!) Lange durchgehende Linien von der Spitze bis in das dritte Glied: Strenger Sinn für Ehre und Ehrenhaftigkeit.

Viele kleine Querlinien an allen Fingerspitzen: Geschwächte Gesundheit (Bild 25/32).

Wenn diese kleinen Querlinien wellenartig sind: Gefahr durch Wasser (Bild 25/33 u. 55).

Dreiecke an allen zweiten Gliedern: Neigung zur körperlichen Schwäche und Krankheit.

Am Zeigefinger. Längslinien im ersten Glied: Religiöser Fanatismus.

Querlinien auf dem ersten Glied: Religiöser Wahn.

Ein Kreuz auf dem ersten Glied: Gefahrvoller Wahn durch Visionen; oft auch Zeichen für plötzlichen Tod.

Ein Dreieck: Neigung für Religionsstudien, alte Magie und Okkultismus.

Ein Kreis (Ring): Der Glaube übertrifft die Logik.

Ein Gitter: Abgeschiedenheit wie Gefängnis, Kloster; ein Zeichen für ausführenden (aktiven) Fanatismus (Bild 29/55).

Zweites Glied. Längslinien: Edle Bestrebungen des Betreffenden finden gute Mithilfe.

Krumme Linien: Die Bestrebungen sind von minderwertigem Charakter.

Querlinien auf dem zweiten und dritten Gliede: Neidische und betrügerische Instinkte (Bild 25/26 u. 27).

Eine Gabellinie im zweiten Gliede: Mißerfolge.

Ein Kreuz auf dem Beugegelenk zwischen erstem und zweitem Gliede: Erfolg in Literatur.

Ein oder zwei Kreuze auf dem zweiten Gliede: Protektion durch Höhergestellte (Bild 25/53).

Ein Stern mit einer senkrechten Linie zu beiden Seiten: Keuschheit.

Ein Stern mit Mond zur Seite: Unbescheidenheit; Unverschämtheit.

Ein Dreieck: Politiker. Ein Quadrat: Zähigkeit in der Zweckverfolgung.

Ein Ring: Erfolgreiche Bestrebungen. Ein Gitter: Treulos und verräterisch.

Auf dem dritten Gliede. — Gerade Längslinie: Sichere Kontrolle über andere. Krumme Linien: Vorliebe für gute Dinge und Genuß regieren.

Senkrechte Linien und aufsteigende Äste an der Lebenslinie: Reichtum.

Querlinien: Hindernisse bei Unternehmen; kleine Rente; schlechte Verdauung.

Eine Gabellinie: Unternehmungen haben Mißerfolg.

Ein Stern: Schlechteste Angewohnheiten und böse Instinkte.

Ein Gitter: Eine verkommene Natur; oft auch Gefängnis.

Eine Linie aus dem Venusberg kommend und das dritte Beugegelenk schneidend: Heftiger Tod; andere Zeichen müssen mit in Betracht gezogen werden!

Am Mittelfinger. — Langdurchgehende senkrechte Wellenlinien, dazu Querlinien auf dem Saturnberg: Anhäufung von fatalen Ereignissen.

Erstes Glied: Längslinien: Selbstmord. (?)

Querlinien: Selbstmordgedanken.

Ein schwarzer Punkt oder Fleck: Chronische Malaria.

Ein Kreuz: Krankhafte Einbildungen, die oft zum Wahnsinn führen — manchmal auch Neigungen zu Verbrechen oder Selbstmord (Bild 25/31).

Ein Stern: Eine außergewöhnliche Existenz für Gut oder Böse. Wenn in beiden Händen: Gefahr, ermordet zu werden. — Wenn aber seitlich stehend: Tod im gerechten Sinne (Bild 25/30).

Ein Stern, dazu ein Dreieck auf Saturnberg: Verdorbenheit.

Ein Stern je im ersten und zweiten Gliede: Tod durch Hinrichtung.

Zweites Glied. Eine Längslinie, die das erste und zweite Beugegelenk schneidet: Dummheit und Narrheit.

Querlinien: Unwissenheit und Hartköpfigkeit (Bild 25/56—58).

Eine dicke Querlinie: Tod durch Gift (Bild 25/57).

Ein Kreuz: Gefährliche Zufälle.

Ein Stern: Für gewöhnlich unvermeidliche Katastrophe, evtl. Verbrechen (Bild 25/29).

Ein Quadrat: Ein weiteres Zeichen für unvermeidliches Unglück.

Ein Dreieck: Neigung zu okkulten Studien.

Ein Gitter: Unglück; oft Leiden der Beine, Ohren oder Nerven.

Drittes Glied. — Eine oder zwei Längslinien vom zweiten ins dritte Glied: Weisheit.

Eine einzelne starke senkrechte Linie im dritten Glied: Erfolg beim Militär.

Wenn diese Linie schräg verläuft: Tod im Kriege.

Viele kleine Längslinien: Erfolg durch Minenarbeit, Bergwerk usw.

Viele Querlinien: Ein verdorbenes Leben in Einsamkeit, von Freunden verlassen (Bild 26/34).

Ausnahmsweise und mit glattem erstem Glied: Erbschaft.

Eine Gabellinie: Eine unglückliche Natur, die anderer Leute Gesellschaft haßt und unbeliebt ist.

Ein Kreuz (in Frauenhand): Unfruchtbarkeit. Ein Kreuz mit je einer waagerechten Linie über und unter sich: Diebische Neigungen.

Ein Stern: In guter Hand bedeutet die Möglichkeit des Ermordetwerdens.

In einer schlechten Hand mit anderen Zeichen bedeutet er, daß der Betreffende selbst Mörder ist (Bild 25/28).

Ein Ring: Großer Fortschritt im Studium der Naturphilosophie.

Ein Dreieck: Eine schlechte Natur, die auch vom Unglück verfolgt ist.

Ein Quadrat: Unbarmherzige und geizige Natur.

Ein Gitter: Typischer Wahnsinn der Geizigen (Bild 26/34).

Am Ringfinger. Erstes Glied. Längslinie: Künstlerische Talente führen zum Wahnsinn.

Querlinien: Hindernisse der künstlerischen Laufbahn verursachen Wahnsinn (Bild 29/54).

Ein Kreuz: Außergewöhnliche Keuschheit. Der Betreffende geht in seiner künstlerischen Arbeit ganz auf. Manchmal Wahnsinn durch übergroße Aufregungen in bezug auf künstlerische Bestrebungen.

Ein Stern: Wenn das vorher Gesagte nicht entwickelt ist, des Eigners Talente brechen durch zu Pracht und Glanz.

Ein Dreieck: Wissenschaft des Schönen. Ein Ring: Erfolg.

Ein Gitter: Wahnsinn schlimmster Art.

Zweites Glied. Eine starke Längslinie, durch das zweite ins dritte Glied: Große Berühmtheit.

Querlinien: Mangel an Talent, Eifersucht (Bild 25/59).

Eine Gabellinie: Bestrebungen sind geteilter Art und daher öde.

Ein liegendes Kreuz: Der giftige Neid des unvermögenden hinterlistigen Wettbewerbers.

Ein Stern: Außergewöhnliche Talente.

Ein Dreieck: Das Wissen und Erkennen der wahren Kunst reicht bis zu den göttlichen Mysterien.

Ein Quadrat: Ein auf bestimmtes Feld beschränktes Talent.

Ein Ring: Großer Erfolg. — Ein Gitter: Größte Disposition zu Neid.

Drittes Glied. — Viele Längslinien, die auch das zweite Beugegelenk durchschneiden: Ungehöriges Benehmen gegen das andere Geschlecht.

Eine tiefe Längslinie, ohne die Beugegelenke zu berühren: Glücksgefühl.

Querlinien: Dauerndes Unglück und beharrliche Armut.

Eine Gabellinie: Vergebliche Versuche für Berühmtheit und Reichtum.

Ein Halbmond: Unglück. — Ein Kreuz: Gestörter Beruf oder Geschäft.

Ein Stern: Außergewöhnliche Vorliebe für Lob, und Gefahr für Wahn aus diesem Grunde (Größenwahn).

Ein Dreieck: Klug und routiniert, sich ins rechte Licht zu bringen.

Ein Ring: Berühmtheit und Glück.

Ein Gitter: Armut; neidische Disposition; verdient Erniedrigung (Bild 25/60).

Kleiner Finger. Erstes Glied. Längslinien: Mischt sich in alle Angelegenheiten. In einer sehr guten Hand: Beredsamkeit und Gewandtheit.

Querlinien: Ein leerer Sprecher, oft auch Lügner und Dieb.

Eine Gabellinie: Wenig Erfolg in Geschäften.

Ein Kreuz, in guter Hand: Medialität; in schlechter Hand: Ein Diebstahl, der dem Dieb sehr zu schaffen macht.

Ein Stern: Erfolg als Redner, Mißerfolg in Geschäften.

Ein Dreieck: Neigung zu okkulten Wissenschaften, zu Beschwörungen usw.

Ein Quadrat: Ein kaufmännisches Genie.

Ein Gitter: Stotterer; schwarze Magie, diebische Neigungen und sonstige schlechte Merkureigenschaften (Bild 25/62).

Zweites Glied. Krumme Längslinien: Betrügerische Neigungen.

Eine Gabellinie: Mangelhafte Ordnung verhindert jeden möglichen Erfolg.

Querlinien: Eine buntfarbene Lebensbahn.

Ein Kreuz: Große Schwierigkeiten; oft Gefängnis.

Ein Stern: Bekanntwerden durch Anwendung der schlechtesten Merkureigenschaften.

Ein Dreieck: Erfolg im praktischen Okkultismus.

Ein Quadrat: Hemmungen in der sonst guten Rednergabe; oft Gefängnis.

Ein Gitter: Gefängnis; Dummheit in eigenen Angelegenheiten.

Drittes Glied. Krumme senkrechte Linien: Diebische Neigungen.

— Eine dicke Linie, Querlinien oder Kreuz: Dasselbe.

Ein Stern: Gewandtheit und Witz.

Zwei Sterne: Unehrenhafter Tod als Folge von Diebstahl.

Quadrat: Schlechtes Betragen.

Gitter: Dieb mit großer Dummheit (Bild 25/61).

Der Venusberg. ♀

Schwach entwickelt: Mangel an Seelengröße, Talent für Kunst, Energie, Herzlichkeit. Ist selbstsüchtig und gemütskalt.

Normal: Sympathische Natur mit Anmut, Sinn für Schönheit in Farbe und Ton; auch Liebesbedürfnis und etwas Eitelkeit.

Extrem stark und rot: Leichtsinn und Koketterie, zügellos (und evtl. grausam und wild) in Sinnlichkeit, infolgedessen treulos.

Fein gefurcht: Lebhaft und leidenschaftlich (in der Liebe nicht ohne Raffiniertheit) (Bild 24/20).

Stark gefurcht: Starkes sinnliches Verlangen, derbe Leidenschaft, gemütstief.

Voll und weich: Mildtätig, hilfsbereit, zart und kinderlieb, Zärtlichkeitsdrang.

Glatt, ohne Linien: Wenig Liebestrieb, leidenschaftslos, kühl bis kalt.

Gut entwickelt, mit weichen Fingern: Frohsinn, sonnig, leichtsinnig, zart und herzlich. Sinn für Genüsse des Lebens, Talent für Musik, Malerei, Poesie (ob Talente entwickelt oder nicht). Lieben Heiterkeit, Schönes, Tanz und Vergnügen.

Beachte: Ein guter Venusberg mildert böse Einflüsse in der Hand.

Zeichen auf Venusberg ♀.

• (Dunkel): Neigung zu Gehörstörung; rechte Hand: rechtes Ohr (Bild 30/56); linke Hand: linkes Ohr.

⊘ Verletzung: Vorsicht in geschlechtlicher Beziehung (Bild 30/22).

∅ Vorteilhafte Heirat verpaßt (Bild 30/14).

∅ Nahe der Lebenslinie: Skandalaffäre (Bild 30/13).

\+ Nahe der Lebenslinie: Zank mit Verwandten (Bild 25/2).

\+ Nahe der Mitte: Meist eine unglückliche Liebe, wenn nicht + auf ♃ Berg (Bild 27).

▦ Laune, Ausschweifung und zu starke evtl. verdorbene Sinnlichkeit (Bild 30/54).

✷ Einfluß des anderen Geschlechts: Gefahr oder Erfolg (Bild 30/23, 26/2).

✷ An Linie bis Lebenslinie: Verlust einer lieben Person (Bild 30/24).

✷ An der Basis des zweiten Daumengliedes: Unglückliche Ehe mit vielen Leiden (Bild 27/23).

△ Ruhe und Berechnung in der Liebe; Kraft zur Enthaltsamkeit (Bild 25/35, 25/5).

□ Selbstverschuldete Gefahren durch und in Liebessachen (Bild 27).

□ Nahe Lebenslinie, berührend: Gefahr für Abgeschlossenheit (Bild 30/32). Internierung, Klausur, Gefängnis.

Viele feine Linien: Sinnlichkeit verfeinerter Art (Bild 30/41).
Starke, tiefe Linien: Undankbarkeit; in schlechter Hand: Sehr sinnlich (Bild 30/55).
Querlinien (zu den Sinnlichkeitslinien): Hindernisse in der Liebe durch äußere oder ethische Einflüsse (Bild 24/21).

Vergleich mit Bild 30.

Gerade der **Venusberg** ist der Hauptplatz in der Hand, auf den wir besonders und genaueste Beachtung zu legen haben. Um dem Anfänger diesen Platz mit seinen vielen Wirkungen recht klar zu machen, sei mir gestattet, diese Erklärung bildlich darzustellen:

Betrachten wir den **Venusberg** als einen großen Hügel, auf dessen höchstem Punkt wir unser Haus (Heim) bauen. Die Lebenslinie, welche den Berg abgrenzt, sei die Grenze, der Zaun um unser Grundstück. Die dazwischen liegenden vielen kleinen und größeren Linien (Sinnlichkeitslinien) betrachten wir als die Wege in unserem Garten. Gehen wir einen dieser Wege entlang, so kommen wir, wenn er nicht an den Zaun (Lebenslinie) heranreicht, auch nicht an ihn heran, bleiben für uns in Ruhe. Führt aber einer dieser Wege bis an den Zaun (nahe der Straße), so bedeutet das (mit Bezug auf die Ströme und Kräfte, die außen vorbeilaufen): Eine Bekanntschaft. Wir stehen am Zaun und plaudern mit jemand drüben. (Bild 30, Zeichen 40). Natürlich kann solches Zeichen auch weiter oben liegen, je nachdem, in welchem Alter das Ereignis stattfindet.

Führt solch ein Weg aber über den Zaun hinaus und endet in der Marsebene, die Einfluß und Heftigkeit und Hitzigkeit hat, so bedeutet dieses Zeichen (Bild 30/26) Streit mit der Bekanntschaft.

Querlinien zu den Gartenwegen bedeuten Hemmungen im Liebesleben (Zeichen 42). Diese Hemmungen können selbst gesetzt sein aus ethischen oder moralischen Gründen; sie können auch durch äußere Umstände bedingt sein.

Winkellinien (wie Zeichen 15) teilen etwas ab von den allgemeinen Kräften, deshalb: Gefahr für Körperverletzung. Auswirkung erfolgt immer in dem Jahre, wo die Ereignislinie die Lebenslinie berührt.

Können wir auf einer solchen Ereignislinie weitergehen bis in die Kopflinie, so hat das wieder zu tun mit Eigenschaften des Kopfes, Gehirns (Verstandes oder Unverstandes). Sterne an solchen Linien verstärken den Einfluß bedeutend. Aber auch darauf kommt es sehr an, w o h e r die Linie kommt, wo sie entspringt. Vergleichen wir hier die Linie mit einer Pflanze, die mit der Wurzel an einer bestimmten Stelle verankert ist; oder auch mit einer elektrischen Verbindungsschnur, die einen Kontakt hier, den anderen dort einschaltet und dadurch beide Stellen verbindet. Dann wird alles klar.

Der obere Teil des Venusberges, der „kleine Mars". hat hitzige Einflüsse. Deshalb ist die kleine Linie 6 (am Anfang der Lebenslinie) auch
mit dieser hitzigen (fiebrigen) Kraft geladen. Sie wirkt sich hier aber
nicht aus oder zumindest erst zu einer späteren Zeit, was man beobachten
muß. Die kleine Linie 2 führt bis in die Lebenslinie (an den Zaun)
heran oder hinein. Da kommt eine Auswirkung zustande durch Eintreten einer fieberigen Krankheit in d e m Alter; ganz jung, in diesem
Fall zu Anfang des Lebens. Wir kennen diese Krankheiten als Masern,
Influenza, Scharlach, Diphtherie, Rippenfellentzündung, Lungenentzün-
dung, Typhus usw.

Beginnt solche Linie schon mit einem Stern in diesem Teile der Hand,
so sind starke Kräfte mitbeteiligt. Linie 8 zeigt solche in die Kopflinie
gehend und besagt: In diesem Jahr ist der Kopf in Gefahr für Verletzung. Ich habe dieses Zeichen oft bei solchen Personen gefunden,
die sich zu erschießen versuchten oder durch Unfall Verletzungen
starker Art hatten. — Bei Linie 9 ist es ähnlich; da wird ebenfalls der
Kopf eine Verletzung erleiden, mehr aber das Auge (linke Hand: linkes
Auge). Bei Linie 12 finden wir im Verfolg der Linien einen dunklen
Punkt in der Kopflinie, was mit Kopfnervenfieber zusammenhängt. Ob
diese Dinge sich nun halb oder ganz auswirken, ist eine andere Sache;
das läßt sich an der Stärke des Punktes erkennen. Linie 13 enthält
eine Insel, welche die Lebenslinie berührt oder überschreitet. Dieses
Zeichen hängt mit körperlichen Leiden zusammen, wie Geburten, wenn
bei Frauen zu sehen.

Zeichen wie 20, 21, 22, oder Gitter 54 hängen zusammen mit negativ
angewandter Sinnlichkeit, Ausschweifung usw. — Eine lange, quer
durchlaufende Linie (wie 46) bedeutet Lebensgefahr durch eine feindlich
gesinnte Person.

Durch Kombinationen oder Querlaufen, Schräglaufen von anderen
Linien ergeben sich auch Zeichen, wie Dreiecke (55). — Ein kleines
Viereck an der Lebenslinie (32) bedeutet Abgeschiedenheit. Das kann
sein: Kloster, Klausur, Internat, Asyl, Gefängnis, Gefangenschaft u. ä.

Die anderen Zeichen und Linien, die mit der Lebenslinie mehr zu
tun haben, beschreibe ich im Abschnitt „Lebenslinie".

Erklärungen des Bildes Nr. 30: Venusberg ♀ und Lebenslinie.

1. Babykrankheiten.
2. Krankheiten in früher Jugend mit fiebrigem Einschlag.
3. Protektion in ganz frühen Jahren.
4. Krankheiten des Kopfes oder Kopfverletzung durch heftige
   Ursachen.
5. Blutarmut.

6. Eine latent gebliebene Krankheit, z. B. unterdrückte Grippe.
7. Chronische Krankheit, da diese Linie im Bogen vom oberen Marsberg zum Saturnberg verläuft.
8. Ein Unfall mit leichter Verletzung des Kopfes. Die Ursachen sind heftig, da am Anfang der Linie ein Stern steht.
9. Durch heftigen Einfluß schwere Verletzung des Kopfes oder des Auges. Bei Nr. 8 ist Heftigkeit die Ursache, bei Nr. 9 ist Heftigkeit die Auswirkung, wie der Stern an der Kopflinie anzeigt.
10. Diese Linie geht vom oberen Marsberg über die Lebenslinie, die Kopflinie und die Schicksalslinie in die Herzlinie. Diese eine Linie hat mehrere Bedeutungen und zeigt mehrere Ereignisse an, die entsprechend der Kreuzung mit anderen Linien an verschiedenen Stellen auszumessen sind. Sie bedeutet vom Beginn bis zur Kreuzung der Lebenslinie eine Krankheit, von der Kreuzung der Lebenslinie bis zur Endung in die Herzlinie aber im selben Zeitpunkt Gram oder Trauer wegen eines Todesfalls in der Blutsverwandtschaft oder auch Gram aus anderen Gründen. Zur selben Zeit (Kreuzung mit der Lebenslinie) formt ein kleiner Teil gerade an dieser Stelle mit einem später aufsteigenden Ast (Nr. 16) ein kleines Dreieck, dessen obere Linie durch seine Konstruktion dieselbe Zeit anzeigt, in der die Krankheit und der Todesfall bzw. Gram vorkommen, eine Liebesangelegenheit. Sie ist in diesem Falle als günstig zu werten, weil die obere Linie waagerecht oder auch schräg hoch verläuft. Ginge sie schräg abwärts, so wäre die Liebesangelegenheit ungünstig. — Dieselbe Linie, deren Kreuzpunkt man in der Kopflinie ausmißt, würde an dieser Stelle für ein anderes Jahr einen Plan anzeigen. Bei der Kreuzung der Schicksalslinie zeigt sie, in einem wieder anderen Lebensjahr, eine Freundschaft oder Bekanntschaft an, und ihre Endung in die Herzlinie wird nochmals als Ast von der Herzlinie aus gemessen, als rückwärts laufende Linie, sie zeigt in diesem Schnittpunkt nochmals eine günstige Herzensangelegenheit an.

Aus der Lage aller dieser Linien ergibt sich folgendes: Je früher die Ereignislinie die Lebenslinie kreuzt, um so später das Ereignisjahr in der Herzlinie. Je später diese Linie die Lebenslinie kreuzt, desto früher das Ereignisjahr in der Herzlinie.

Um aber bei der Ausdeutung dieser Ereignislinien nicht durcheinanderzukommen, zerlege man sie bei ihrer Zeitfeststellung in Abschnitte und betrachte nur die einzelnen Abschnitte unter Berücksichtigung der ganzen Konstellation. Z. B. wenn man bei einer Handanalyse zum Schluß (wegen ihrer vielen Daten) die Lebenslinie abmißt, würde man am praktischsten in diesem Falle den Kreuzpunkt auf der Lebenslinie für die Ereignisse, die Krankheit, die Liebesangelegenheit und den Todesfall, feststellen. Bei Abmessung der Schicksalslinie nehme man nur den zweiten Teil zwischen Kopf- und Herzlinie und stelle den Schnittpunkt nach Lebensjahren auf der Schicksalslinie für Zeit, für Freundschaften oder Bekanntschaften fest. Beim Ausmessen der Herzlinie benötigt man zur Ausdeutung nur den Schnittpunkt bei der Herzlinie und das Inbetrachtziehen des Verlaufes dieser Linie bis zur Kopflinie.

11. Eine Marslinie. Sie verstärkt als Parallellinie der Lebenslinie die Lebenskraft, soweit sie mit dieser parallel verläuft.

12. Ist ähnlich zu werten wie Nr. 9, nur daß hier ein Punkt in der Kopflinie anzeigt, wenn er rot ist = Kopf- oder Augenverletzung, wenn er blau ist = Kopfnervenfieber, Kopfgrippe usw.

13. Ist wieder eine Krankheit, die sich nicht immer genau definieren läßt, oft aber eine Geburt oder eine ähnliche Operation anzeigt.

14. Eine verpaßte, gute Ehegelegenheit.

15. Diese Linie zeigt zumeist einen kleinen Unfall an.

16. und 17. sind aufsteigende Linien, die materiellen Erfolg anzeigen; Nr. 16 ist eine frei endende Linie, wo der Erfolg sich gut durchführen läßt. Linie 17 endet in der Kopflinie, die in diesem Falle für die aufsteigende Linie eine Querlinie bedeutet, also diesen Aufstieg hemmt, und zwar durch verkehrtes Denken. Es wäre günstiger, wenn diese Linie kurz vor der Kopflinie stehengeblieben wäre oder, wie bei Nr. 16, darüber hinaus ginge.

18. Liegt schon außerhalb des Bereiches der fiebrigen Einflüsse des Marsberges und befindet sich bereits auf dem Venusberg. Deshalb bedeutet die Linie in diesem Falle eine Bekanntschaft mit Streitigkeiten, also ungünstig.

19. hat dieselbe Bedeutung wie Nr. 10. Auch in diesem Falle bildet diese Ereignislinie mit der aufsteigenden Linie Nr. 27 ein Dreieck und zeigt auch eine Liebesangelegenheit in diesem Jahre an, unter Umständen auch mehrere, da es sich hier nicht nur um ein Ereignis, sondern um die günstige Zeit hierfür handelt.

20., 21. und 22. sind sehr üble Zeichen und bedeuten verdorbene Sinnlichkeit und mit anderen Merkmalen zusammen auch Perversität. Besonders Nr. 21 und 22 sind sehr schlechte Zeichen.

23. Ein Stern, Traurigkeiten in Liebesangelegenheiten. Die Zeit hierfür kann man nur schätzen nach der Einteilung des Berges von oben 0 Jahre bis unten 60 Jahre, hier also ungefähr 28 Jahre.

24. Ein Kreuz an der Innenseite der Lebenslinie: Eine Gramangelegenheit.

25. ist wie Nr. 19 zu werten, nur daß hier noch der Stern in der Kopflinie eine Kopf- oder Augenverletzung für dasselbe Jahr anzeigt

wie bei Nr. 9, aber auch eine günstige Zeit für Liebesangelegenheiten.

26. Streitigkeiten mit Bekannten, weil diese Linie im Marsfeld endet, im selben Jahr aber Liebesangelegenheiten anzeigt durch das Dreieck.

27. wie Nr. 17.

28. Eine sehr starke Linie mit Richtung auf den Marsberg: Körperverletzung durch Unfall oder Streit. Ein gefährliches Jahr für die Gesundheit.

29. Eine Bogenlinie nach abwärts zum Mondberg zeigt Lebensüberdruß, evtl. Versuch zu Selbstmord.

30. Ein Kreuz außerhalb der Lebenslinie: Streitigkeiten oder Prozeß.

31. wie Nr. 36: Günstige Zeiten für große Reisen.

32. Ein Quadrat an der inneren Lebenslinie: Gefahr für Abgeschiedenheit durch Gefängnis, Internierung oder Krankenhaus.

33. und 34. Kritische Zeitpunkte für Gesundheit, deren Zeit gleichzeitig die Lebensdauer von zwei Blutsverwandten aus der betreffenden Generation angibt. Diese scharfen Linien zeigen auch an, daß jene einen plötzlichen Tod hatten. Es ist aber nicht festzustellen, ob es Vater, Mutter, Onkel, Tante oder Großeltern waren, die hier starben.

35. Ein Ring in der Linie bedeutet Gefahr für das Augenlicht der entsprechenden Seite.

36. siehe Nr. 31.

37. Ein kettiger Verlauf der Lebenslinie zeigt stark geschwächte Gesundheit und Ruin der Konstitution an. Falls die Lebenslinie, wie in diesem Falle, hier endet, ist diese Krankheit von tödlichem Ausgang. In solchem Falle gelten die weiteren Zeichen auf der Lebenslinie nicht mehr.

38. Eine Insel zeigt geschwächte Konstitution für die Länge der Zeit an, wie sie abmeßbar ist.

39. Endung der Lebenslinie in dünnen Fasern bedeutet Siechtum.

40. Eine Liebesbekanntschaft, die mit starker Erotik in Zusammenhang steht.

41. Die vielen dünnen Längslinien besagen Temperament und Leidenschaftlichkeit in der Erotik.

42. sind Querlinien zu den vorhergenannten, die allemal Hemmungen in der Erotik bedeuten. Viele dieser Querlinien zeigen ein so großes Maß von Hemmungen an, daß der Ehepartner leicht das Interesse verlieren kann und sich abwendet. Diese Hemmungen sind, wenn die Linien sehr dünn sind, mehr eingebildeter Art (Bedenken usw.), und wenn sie sehr stark sind, seelischer Natur.

43. Eine Insel an dieser Stelle oder ein Dreieck (Nr. 44) zeigt stets an, daß bei den Vorfahren Krebskrankheit vorgekommen ist.

45. ist keine Reiselinie, weil sie nicht nach dem Mondberg zeigt, sondern abwärts. Sie bedeutet also in diesem Falle ungünstige Zeiten für Geschäftsunternehmen, außerdem leichter Beginn der Körperschwäche (Herznerven).

46. Eine Linie quer durch den Berg zum zweiten Daumenbeugegelenk zeigt Verfolgung an.

47. Plötzliches Aufhören der Lebenslinie: Plötzlicher Tod.

48. und 49. ebenfalls plötzlicher Tod, und auch hier wieder die Lebensdauer von blutsverwandten Vorfahren angebend.

50. Zerfall der Kräfte.

51. Erbstreitigkeiten.

52. Eine Inselkette zwischen dem zweiten Beugegelenk des Daumens und dem Venusberg, deren Bedeutung ich hier vorbehaltlich gebe, und die ich von einem Fakir mitgeteilt erhielt, die man aber nicht objektiv kontrollieren kann: So viele Kettenglieder hier abzählbar sind, so oft hat der Betreffende sich in der derzeitigen Rasse inkarniert.

53. Ein Punkt in der Lebenslinie (neben Nr. 39) bedeutet, wenn er blau ist, eine Krankheit, und wenn rot, eine Verletzung.

54. Ein Gitter auf dem Venusberg zeugt von verdorbener Sinnlichkeit.

55. Ein Dreieck: Bedachtsamkeit oder auch Berechnung in Liebesangelegenheiten.

55a. Sehr kleine Punkte in den Kreuzungen der Längs- und Querlinien von rötlicher Farbe zeigen Störungen des Unterleibs an (manchmal durch Onanie, wie ich beobachtet habe).

56. Ein brauner Fleck: Gehörschaden.

57. Ist eine Giftlinie, und zwar zeigt diese Linie e r w o r b e n e Medizinalgifte an, z. B. Impfgift usw.

58. Ein Stern in der Raszette, jedoch seitlich stehend: Mißerfolge im späteren Alter. Noch mehr seitlich: Körperverletzung durch Unfall. Ein Leberfleck an dieser Stelle warnt vor Verstümmelung des Armes.

Der Jupiterberg ♃

F e h l t o d e r f l a c h : Egoismus, Faulheit, Berechnung, Interesselosigkeit, Gemütskälte, Mangel an Achtung.

N o r m a l : Gesunder Ehrgeiz, Ehrgefühl, Liebe zu Natur und Frohsinn.

S t a r k : Zuviel Ehrgeiz, Einbildung, Dummstolz, Hochmut, Genußsucht im Essen und Trinken, Lebensgenuß, Neigung zu Haarverlust.

Extrem stark: Selbstüberhebung, Größenwahn, bzw. Geltungsdrang.

Glatt, ohne Linien: Ruhiges Leben mit mäßigen Erfolgen.

Gefurcht mit starken Linien: Unruhiges Leben und Erfolge.

Zeichen auf Jupiterberg ♃.

• Fall in Position, Stellung, Ärger im Beruf (Bild 26).

○ Freude und Ehre (Bild 26).

+ Eine Liebesangelegenheit, Gelegenheit zur Ehe; oben später, unten früher (Bild 27).

✳ Erfolgreicher Ehrgeiz, günstig für Unternehmen aller Art (Bild 24/27).

✳ An der Seite auf Handrand: Vorsicht bei Umgang mit Feuer (Bild 25/50).

△ Diplomatische und politische Fähigkeiten (Bild 28/18).

☐ Innere Kraft und Zähigkeit, Schutz vor zuviel Streben (Bild 29).

▦ Fremder, erfolgverderbender Einfluß von äußerer Gewalt (Bild 26/8).
Kein Erfolg bei Prozessen (evtl. Neigung zu Selbstsucht, eben deshalb).

↙ Vom Saturnberg: Leid, Betrübnis und Gefahr (Bild 26).

𝑁 Glück im Handel (Bild 27/15).

═ Störungen im Erfolge (Bild 25/22).

‖ Zwischen Jupiter- und Saturnfinger: Rheumatismus, mit kleinen Linien auf Berg (Bild 27/35 und Bild 29/29).

⇉ Zwischen Finger und Berg: Neigung zu Leberleiden. Folge: Gram, Sorge (Bild 28 und Bild 26/30).

| Von Berg bis über die erste Beugefalte: Warnt vor Kopfverletzung (Bild 29).

⫻ Über den Berg nach außen laufend: Warnt vor Abtreibung des keimenden Lebens, Fehlgeburten und Unterleibsoperationen bei Frauen (Bild 25/22), bei Männern: Blasenleiden.

♃ Jupiterzeichen: Sehr günstige für alle Dinge, besonders für Protektion (Bild 28).

♀ Venuszeichen: Sehr günstig für Herzensangelegenheiten (seltenes Zeichen, Bild 28/28).
♄ Saturnzeichen: Erfolg in okkultistischen Studien (Bild 24).
☽ Mond: Kranke Phantasie zerstört Strebsamkeit (Bild 27).

Der Saturnberg ♄.

Fehlt oder flach: Bei schlechter Saturnlinie: Freudloses, ödes, melancholisches Dasein. Eine gute Saturnlinie verbessert viel.
Glatt, ohne Linien: Wenig Freude, wenig Leid.
Normal und gutentwickelt: Tiefes Denken, liebt Unabhängigkeit, Einsamkeit, ist mehr beständig und treu.
Stark entwickelt: Sparsamkeit bis zum Geiz, Hartnäckigkeit (siehe Daumen).
Extrem stark: Traurigkeit, Verschlossenheit, innere Unruhe, häufig Schwermut bis zum Lebensüberdruß und Selbstmord.
Gefurcht mit mehreren senkrechten Linien: Viel Lebenskampf und Erfolg, besonders, wenn oben offene Gabel.
Querlinien, evtl. bis durch den Venusgürtel: Hindernisse äußerer Art, wenig Erfolg, saturnbeeinflußte Menschen ungünstig.
Saturnring (Halbkreis den Berg einschließend): Hindernisse in jeder Beziehung in verstärktem Maße.

Zeichen auf Saturnberg ♄.

- Rot und langes erstes Fingerglied: Neigung zu schlechten Zähnen (Bild 27).
- Dunkel: Ungünstiges, böses Ereignis.
○ Gewinn durch Mineralien und Erz (Bild 27).

∬ Von Lebenslinie oder Venusberg kommend: Liebessachen, Verführung (Bild 27).

+ Große Gefahr durch Unachtsamkeit, Straßenbahn, Auto, Pferde usw., auch andere Unfälle und Ärger (Bild 58)
✹ Böses, unruhiges Geschick, Gefahr durch Körperverletzung Mord usw. (Bild 25/15).
✹ Auf drittem Fingergliede: Warnt vor Gefahr durch Mord und Anfälle (Bild 25/28).
✹ Auf zweitem Fingergliede in weiblicher Hand: Unfruchtbarkeit (Bild 25/29).

△ Neigung zu okkulten und religiösen Studien, Magnetismus (Bild 28/29).

□ Schutz vor und in Gefahren (Bild 26).

⧣ Unglück, starke Melancholie (Bild 26/17).

Ψ Guter Erfolg, Wohlstand im späteren Leben (Bild 28/30).

≫≫≫ Zwischen Berg und Finger: Neigung zu Epilepsie (Bild 29).

·) ⅄ Verstärkte Schwermut, unruhiges Alter (Bild 24).

〰 Im ersten Fingergliede: Lebensunmut, evtl. Selbstmordgedanken, mit selben Zeichen auf erstem Daumenglied (Bild 26).

⚹ Linie mit Stern bis ins dritte Fingerglied: Gefahr für Mord, Gefängnis (Bild 25/52), besonders, wenn an Saturnlinie.

⫴ Senkrechte gute Parallelen: Günstig (Bild 29/28), Stabilisierung des Lebensweges im Alter.

Querlinien: Sind immer Hindernisse und sehr schwer überwindbar (Bild 25/12, 13).

卐 Intuitives Erfassen in Mystik und Philosophie.

☽ Schwermut (bis zum Irrsinn) (Bild 26).

Der Apolloberg ☉

Fehlt oder schwach: Prosaische Natur, materiell, ohne Sinn für Ideales.

Normal: Durchschnittsinteressen für diese Dinge.

Stark: Prahlerei, Leichtfertigkeit, Verschwendung.

Extrem stark: Geldsucht, Ruhmsucht, großmäulig, frivol, verschwenderisch.

Glatt, ohne Linien: Zufriedenstellender bescheidener Lebenslauf.

Querlinien, vom Saturnberg kommend: Hindernisse aus eigenem Hause, Verwandten (Bild 25).

Querlinien, vom Merkurberg kommend: Heimliche Neider und Feinde (Bild 28).

Eine senkrechte Linie, kurz: Erfolge später, lange Linie: früher, gutes Talent (Bild 29/26).
Mehrere senkrechte Linien: Vielseitigkeit im Können, Neigung zu Zersplitterung (Bild 25/47).

Zeichen auf Apolloberg ⊙.

☽ Im ersten Gliede des Apollofingers: Misere, unangenehme Zeit (Bild 27).

• Rot, und Ende der Kopflinie zweigartig: Augenkrankheit (Bild 29).

• Dunkel: Unannehmlichkeiten und Ärger.

○ Durch gefahrvolle Erfolge zum Wohlstand (Bild 29).

⑂ Ungünstige Verhältnisse, Wechsel in Geschäften, Skandal usw. (Bild 29).

+ Ohne Sonnenlinie: Enttäuschungen.

+ Mit guter Sonnenlinie: Erfolg durch andere, mehr indirekter Art.

✳ Erfolg und Gelingen, meist ohne Freude (wenn ohne Sonnenlinie).

✳ Mit guter Sonnenlinie: Wohlstand.

△ Pietät, praktisch in Kunst, innere Ruhe, Sinn für Literatur (Bild 28).

□ Schutz vor Verlust.

▦ Verlangen nach Ruhm und Erfolg hat Mißlingen, verdirbt gutes Gelingen (Bild 26).

Enge Gitter: Warnt vor Nervenleiden und Gehirnstörungen.

Sonne: Ruhm und Ruf (Bild 58).

Ψ Sehr günstig für Spekulation und Unternehmen (Bild 27/38).

∣ˣ Gute (materielle) Ehe.

Senkrechte Linien, nach unten sich zersplitternd: Vielseitige Anlagen werden verdorben durch Zersplitterungen, die zu nichts führen (Bild 26/20).

☿ Merkurzeichen: Außergewöhnliches Händlertalent.

☽ Mond: Gefahr für krankhafte Phantasie in Ausübung von Kunst (Bild 27).

♀ Venuszeichen: Idealisierung bester Art in künstlerischen Berufen.

Der Merkurberg ☿

Fehlt oder schwach: Mangel an Fähigkeiten für Handel und Wissenschaft.

Gut entwickelt: Handelstalent, Neigung zum Studium, Witz, Schlagfertigkeit, Rednertalent (wenn Merkurfinger lang), Routine, Sinn für Mystik, Literatur und geistiges Schaffen.

Extrem stark: Heuchelei, List, lügenhaft, unverschämt und dreist, große Routine, evtl. auch mit anderen Zeichen: Dieberei.

Man muß die Güte der Hand im ganzen in Betracht ziehen, denn in einer guten Hand können diese minderwertigen Eigenschaften zum guten Teil oder ganz verbessert, veredelt worden sein.

Zeichen auf Merkurberg ☿.

≡ Im ersten Gliede des Merkurfingers: Schwäche der Gesundheit (Bild 25/32).

• Auf Berg: Mißerfolg in Geschäften infolge Irrtums und Krankheit (Bild 25).

○ Nervenleiden, evtl. nervöser Zusammenbruch (Bild 25).

+ Erfolg in Geschäften, Diplomatie und Literatur, in schlechter Hand: Neigung zu Unehrlichkeiten (Bild 25).

+ Unter Merkurberg: Wechsel in Geschäften (Vorsicht geboten) (Bild 29).

✿ In guter Hand: Erfolge in Wissenschaft und Handel, Literatur usw. (Bild 25/18).

✿ In schlechter Hand: Unehrlichkeit und Dieberei.

✿ Im dritten Gliede des Merkurfingers: Somnambule Fähigkeiten (Bild 27/41).

△ Innere Ruhe, sehr günstig für Wissenschaft, Politik, Handel (Bild 28).

□ Schutz vor Verlusten, vermindert außerdem die Rastlosigkeit des Merkurtemperaments (Bild 25).

Mangel an Prinzipien und Verläßlichkeit, lügen und stehlen (Bild 26/15).

⊃ Warnt zur Vorsicht auf Reisen usw. (Bild 25).

⫽⫽ Zuviel Zersplitterung in Streben und Studien (Bild 26/31).

⫽⫽ Talente für Handel, Studium, Drogen- und Heilkunde (Bild 28/15).

— Störungen und Intrigen durch andere (Bild 29).

⫼ Durch den ganzen Finger: Talente für Medizin, Krankenpflege (Bild 29).

☀ Sonne: Erfolge als Arzt oder Chemiker.

♂ Marszeichen: Zu großer Erwerbstrieb, mit Gewalt.

Der Marsberg ♂.

Flach: Mangel an Mut und Energie.
Stark: Mut, Energie, Eigensinn, gute Metallarbeiter und Sportsmenschen.
Extrem stark: Zänkisch, leicht wütend und evtl. brutal.
Linien am Handrande des Marsberges: Feinde oder feindlich gesinnte Personen.
Linie von Lebenslinie oder Venusberg bis in Marsberg: Operation oder andere Verletzung des Körpers durch Metalle (Bild 31/17—17, 19—19).
Linie von Kopflinie bis Marsberg: Verletzung oder Operation am Kopfe (Bild 31/30).
Linie mit Stern in Venus- oder Marsberg: Verletzung oder Operation ist mit großen Gefahren verbunden (Bild 31/33).

Zeichen auf Marsberg ♂.

. Dunkel: Warnt vor Krankheit der Därme (Bild 26).

. Rot: Warnt vor Verwundung und Wundfieber als Folge.

+ Zänkisch, halsstarrig; wenn dazu Kreuz in Marsfeld: Gefahr für Körperverletzung oder Mord durch Streit (Bild 25).

⁜ Gefahr für Mord und schwere Körperverletzung (Bild 25/44).

△ Große Ruhe, Selbstbeherrschung, Geistesgegenwart, Strategie, sich aus Affären ziehen können (Bild 28/33).

□ Schutz in Gefahr durch Feinde und Waffen.

 Heftiger Tod und sonstiges böses Geschick (Bild 26/28).

Der kleine Marsberg oder „Obere Venusberg“

Wenn gut und stark entwickelt: Gattenliebe; eine weitere (zweite) kleine Erhöhung ganz nahe dem Anfange der Lebenslinie: Kinderliebe.

Auch ist aus der Entwicklung dieser beiden Stellen das Maß der aktiven Kraft zu ersehen und mit den korrespondierenden Zeichen hierfür zu vergleichen (♃ ♆ ♅ ♀ Gürtel).

Dünne Linien aus dem kleinen Marsberge kommend: Einflüsse des anderen Geschlechtes (siehe Herzlinie, Ehelinien, Mondberg).

Zeichen auf kleinem Marsberg.

 Bösartiger Streit; nahe Lebenslinie: Prozeßsache (Bild 27).

 Schutz in Feuersgefahr, wenn weiter unten liegend; Schutz bei Fieber, wenn weiter oben liegend (Bild 27).

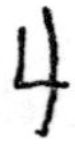 Eine Marslinie endigt im Winkel in die Lebenslinie: Streit mit Verwandten (Bild 30/15), evtl. Körperverletzung.

Der Mondberg ☽.

Für Kunst jeder Art, Musik, Malerei, Skulptur, Theater, Literatur sowie Mystik, Religion, Okkultismus ist ein gut entwickelter Mondberg erforderlich, d. h. die Eigenschaften des Mondberges müssen vorhanden sein.

Fehlt oder flach: Mangel an Phantasie und Schönheitssinn, materielle, kalte Natur.

Wenig entwickelt: Ziemlich reale und materielle Geistesrichtung.

Normal: Normale Phantasie mit Sinn für Schönheit und Kunst.

Stark: Gute Phantasie, Talent für Kunst, Literatur, Harmonie und mehr oder weniger Intuition (die sich aber entwickeln läßt), Neigung für praktischen Okkultismus, Religionsstudien und Mystik.

Extrem stark: Starke Einbildungskraft, Neigung zu Träumerei,

Poesie und Launen, auch Neigung zu verdorbenen Säften und Rheumatismus.

Unten stark, oben schwach entwickelt: Ausnutzung der Empfindungen und Gaben zu materiellen Zwecken.

Gute senkrechte Linien verstärken Intuition und okkulte Fähigkeiten.

Kleine abgerissene Linien: Sehr sensitiv, Neigung zu Rheuma, Gicht (Bild 29/19).

Linien vom Mondberg kommend, zur Handmitte laufend, sind immer fremde Einflüsse von Bedeutung und müssen entsprechend in Betracht gezogen werden.

Solche Linie, die Saturnlinie berührend, geht den Beruf, Lebensweg an.

Solche Linie, die Kopflinie berührend, geht Gedanken und Pläne an.

Solche Linie, die Herzlinie berührend, geht Herzenssachen an.

Solche Linie, die Lebenslinie berührend, geht Körper und Veränderung an.

Solche Linie, die Gesundheitslinie berührend, geht Gesundheit, Blut, Säfte usw. an.

Solche Linie nach Jupiterberg betrifft Position und Wohlstand durch Reise oder durch das andere Geschlecht.

Solche Linie nach Saturnberg betrifft Unglück und Verlust auf Reisen.

Solche Linie nach Apolloberg betrifft Wohlstand durch Reisen und das andere Geschlecht.

Solche Linie nach Marsberg, ungünstig, betrifft Streit, evtl. Mord.

Solche Linie berührt Saturnlinie, erfolgbringende Reisen.

Solche Linie, neben Saturnlinie laufend, Finden von Freund oder Gatten auf oder durch Reisen, Nutzen dadurch.

Solche Linie in die Kopflinie: Lebhaftes Wesen, beunruhigende fremde Einflüsse.

Wirre und zerrissene Mondlinien: Eine tief im Innersten unruhige und unglückliche (weil zu empfindsame) Persönlichkeit.

Man braucht nur zu beobachten, woher solche Linie kommt, was sie streift, wo sie evtl. ausbiegt, und dies in Betracht zu ziehen, wohin sie geht, welche Linie und welcher Berg berührt, geschnitten oder verletzt werden. Dann das Ganze kombinieren. Ruhiges, sachliches und tiefes Denken und Üben lassen jeden die Sache ganz klar ersehen. Phantasie ist dazu nicht notwendig, sonst würden die Beurteilungen nicht nachzuprüfen, also unbestimmt sein; das muß aber verhindert werden. Was einer aus der Hand liest, muß auch ein anderer lesen können, und was man heute liest, muß man auch nach einem Monat lesen können, soweit keine kleinen Änderungen eingetreten sind, was nach vier Wochen schon (frühestens) sein kann, aber nicht notwendig sein muß.

•   Dunkel: Warnt vor Krankheit der Säfte und Verdauungs-organe (Bild 27).

Rote, kleine Flecke: Irregeleitete, krankhafte Phantasie, perverse Neigungen usw., die nicht immer praktische Ausübung voraussetzen.

Warnt vor Gefahr auf Wasser und durch das andere Ge-schlecht (Bild 27).

⊙   Warnt vor Gefahr auf Wasser; dieses sowie vorhergehendes Zeichen geben Neigungen zu okkulten Studien (Bild 27).

An Uranuslinie: Anlage zum Hellsehen (Bild 27).

+   Melancholie (Bild 29).

+   Nahe Raszette: Legat oder Geld spät im Leben (Bild 25).

+   An Kopflinie oder Zweig derselben im Mondberge: Gefahr für Kopf- oder Gehirnnervenkrankheit, Unfall auf Reisen (Bild 26).

✳   Tiefe Melancholie, Gefahr für Irrtümer und zu große Phan-tasie bei großem Mondberg und dadurch entstehende Neigungen zu Heuchelei, Lügen (Bild 27).

✳   Am Ende der Kopflinie im Mondberge: Ge-hirnnervenkrankheit (Irrsinn), oft mit Selbstmord (durch Ertränken) verbunden (Bild 26/26).

✳   Unten auf Mondberg: Fallsucht (Epilepsie), wenn mit anderen Zeichen verbunden (Bild 26/26).

△   Wissenschaftliche Methodik in phantastischen Ideen und große, gute Neigungen zu Mystik und Okkultismus, Magie usw. (Bild 25/7).

□   Schutz vor Übermaß in Phantasie und Unfällen auf Reisen (Bild 27).

Übersensitiv, verdorbene Phantasie, Laune, krankhafte Neigungen; wenn dazu noch Venusgürtel vorhanden: Hysterie; dies extra stark: wenn Venusgürtel zerrissen oder gebrochen und kettige Kopflinie (Bild 26/27).

Reise längerer Art (Bild 25).

Reise mit Wechsel.

Reise unterbrochen oder plötzlich endend, evtl. mit Er-lebnis.

——⚹ Reise mit Gefahr für Tod auf Wasser.

≥< Reise mit Rückreise.

——— Reise mit Ärger und Verlust, Enttäuschung.

——◁ Reise mit Bereicherung des Wissens, sehr günstiger oder okkulter Art.

~~~~ Warnt zur Vorsicht auf Reisen zu Wasser (Mondberg).

——▭ Schutz vor Gefahr auf Reisen.

Sehr sensitiv: Zeichen für Rheumatismus und Leberleiden, wenn sehr weit unten, nahe Handwurzel: auch Milzleiden (Bild 25).

ℏ Saturnzeichen: Neigung zu religiösen Wahnideen (Bild 29).

♃ Jupiterzeichen: Neigung zu Wahrträumen (Bild 29).

☿ Merkurzeichen: Neigung zu krankhaften Spekulationen.

♂ Marszeichen: Neigung zu Jähzorn (Bild 29).

Die Lebenslinie (Vitalis).
(Bild 21.)

Liebe, häusliche, körperliche Angelegenheiten, Krankheiten, Unfälle, Gefahren, materielle Erfolge und Mißerfolge, Alter, Krisen, Lebensdauer.

Fast jedes größere Ereignis registriert sich (mit den anderen korrespondierend) auch auf der Lebenslinie.

Lebenslinie blaß und breit: Kränklichkeit, Neid, böse Neigungen.

Dick und rot: Gewalttätige, robuste Natur, siehe Daumen usw.

Kettig: Zarte Gesundheit, siehe Nägel.

Verschiedene Stärke: Wechselnde Stärke der Gesundheit, launisches Wesen.

Je kürzer die Linie, desto kürzer die Lebensdauer. Dies besagt aber nicht, daß eine lange Lebenslinie ein langes Leben bedeutet, wie allgemein angenommen wird; denn eine kurze Kopf- oder Herzlinie kann das Leben sehr stark verkürzen, ebenso gebrochene Kopflinien usw. Man muß gerade hierfür noch mehrere Punkte bzw. Zeichen in Betracht ziehen, die oft schwer sichtbar sind.

Die Lebensdauer findet man, falls keine anderen Anzeichen vorhanden und beide Hände gut sind, indem man ausmißt, wo die Lebenslinie scharfe Querstriche aufweist (Bild 30/48, 49, 57 und Bild 37/62, 63, 64). Diese kleinen Querschnitte zeigen das Alter an, das die Vorfahren (mütterlicher Generation in der linken, väterlicher in der rechten Hand!) erreichten. Da nun die Lebensdauer schon bei Beginn der Lebensbahn durch die Körperkonstitution festgelegt ist (nämlich durch die Kraft und Konstitution des väterlichen Samens, nicht etwa durch das mütterliche Ei!), die väterliche Konstitution und deren Rhythmus also von ausschlaggebender Bedeutung ist, so ist auch die rechte Hand bzw. deren Lebenslinie der Ort, wo die am schärfsten oder tiefstgeschnittene Querlinie die Lebensdauer des Handeigners recht genau zu erkennen gibt. — Ein solch scharfer Ab-Schnitt, wie ihn eine scharfe Querlinie zeichnet, kann auch nur ein plötzlicher Tod sein. Wenn sich aber die Endung der Lebenslinie langsam, fadenartig verliert, ist es kein plötzlicher, sondern ein langsamer Tod, dessen Zeit festzustellen ein sehr geübtes Auge und lange Erfahrung erforderlich sind. — Es sollen, wie vorher gerade schon gesagt wurde, auch andere Merkmale in Betracht gezogen werden. — Ich warne also sehr davor, „aus Spaß" oder „zur Unterhaltung" die Lebensdauer eines anderen feststellen zu wollen. Derartige Dinge sind sehr ernst zu behandeln. Und ich erkläre hier die Angelegenheit n u r deshalb, um mir nicht den Vorwurf machen zu lassen, daß ich mein Wissen verheimliche.

Z e i c h e n f ü r T o d in der Lebenslinie müssen korrespondierend in b e i d e n H ä n d e n zu sehen sein.

B r u c h ist allemal Krankheit und Lebensgefahr, sofern nicht die Bruchstelle durch eine feine Linie verbunden oder ein Viereck als Umrahmung der Bruchstelle vorhanden ist (Bild 27 und 29).

A u f h ö r e n d e r L e b e n s l i n i e mit kurzem Querstrich (i n b e i - d e n H ä n d e n) : Plötzlicher Tod (Bild 29).

A u f h ö r e n d e r L e b e n s l i n i e a l l m ä h l i c h : Langsames Ende des Lebens (Bild 29/50).

O f t g e k r e u z t von kleinen Linien: Viele Störungen verschiedener Art (Bild 27).

S c h w e s t e r n l i n i e : Wirkt erhaltend und stärkend (Bild 28).

L i n i e n a u s V e n u s b e r g über die Lebenslinie hinaus: Sorgen, Ereignisse, müssen beachtet und ausgemessen werden.

L e b e n s l i n i e a n f a n g e n d a m J u p i t e r b e r g : Strebsamkeit und Wohlstand dadurch; siehe evtl. Störungen und Hindernisse hierfür (♀ Berg, ♭ und ☉ Linie usw.) (Bild 28/22).

L e b e n s l i n i e   m i t   K o p f l i n i e   v e r b u n d e n : Je länger beide verbunden, desto langsamer ist die Entschlußkraft (Bild 26 und 27).
J e   w e i t e r   b e i d e   v o n e i n a n d e r am Anfang entfernt liegen, desto schneller und unbedachter, wagemutiger handelt der Betreffende (Bild 26 und 28).
Verbindung beider am Anfange für 1 cm ist normal (Bild 29).
V e r b u n d e n   m i t   K o p f -   u n d   H e r z l i n i e : Karmisch bestimmter, gewaltsamer Tod. (Falls nur in der linken, nicht in der rechten Hand, so hat der Betreffende schon einen Teil dieses Karmas ausgelöst und verbessert; die Gefahr bleibt, nicht immer aber die Auswirkung.) Man beachte genau den Rest der Hand (Bild 26/24). Selbstmord ist bei Vorfahren vorgekommen.
L e b e n s l i n i e   z u   n a h e   d e m   D a u m e n : Gibt zu kleinen Venusberg, Kaltherzigkeit und evtl. Unfruchtbarkeit (Bild 25 rechts).
E n d e   e i n w ä r t s   g e b o g e n : Gefahr durch Ersticken.
E n d e   a u f w ä r t s   g e b o g e n   g e g e n   S a t u r n b e r g : Gefahr durch Gift und Ansteckung.
P l ö t z l i c h   a b b r e c h e n d : Tödliche Krankheit oder Tod, Schlaganfall usw. (Bild 27).
L a n g s a m   v e r s c h w i n d e n d : Schleichende, zehrende Krankheit (Bild 29/50).
L i n i e   v o n   L e b e n s -   b i s   M a r s l i n i e : Gefahr durch Zank und Wut (Bild 31/6).
L i n i e   v o n   L e b e n s l i n i e   i n   d e n   J u p i t e r b e r g : Ehrgeiz und Pläne (günstig) (Bild 31 und 30/3).
L i n i e   a u s   V e n u s b e r g   b i s   L e b e n s l i n i e : Angelegenheiten der Sinnlichkeit (Bild 30/40).
L i n i e   a u s   V e n u s b e r g   b i s   K o p f l i n i e : Angelegenheiten Kopf und Denken betreffend (Bild 31/16).
L i n i e   a u s   V e n u s b e r g   b i s   H e r z l i n i e : Angelegenheiten das feinere Empfinden betreffend (Trauer, Gram usw.) (Bild 31/1, 4, 10).
A u f s t e i g e n d e   L i n i e n   v o n   d e r   L e b e n s l i n i e : Materielle Erfolge (Bild 31/9, 18 und Bild 30/16, 17).
A b s t e i g e n d e   L i n i e n   v o n   d e r   L e b e n s l i n i e : Materielle Mißerfolge und Verlust (Bild 30/36, 45 und Bild 31/21).
(**Z e i c h e n   a u f   d e r   L e b e n s l i n i e** siehe unter „Zeichen".)
F ü r   d i e   M a r k i e r u n g e n   d e r   E r e i g n i s l i n i e n , die die **L e b e n s l i n i e n   s c h n e i d e n ,** ist noch folgendes zu beachten:
Auf Bild 30 sind Linien für seelische Erschütterungen (durch Todesfall, Gram in Liebesangelegenheiten usw.) durch die Zeichen 10, 19 angegeben. Diese Linien entspringen auf dem Venusberg und enden in

der Herzlinie oder nahebei. Auf Bild 30 sind sie für etwa das 15. und das 30. Lebensjahr angezeigt. Es kommt nun auch vor, daß sich solche Ereignislinie an der Stelle befindet, die auf demselben Bilde mit 1 bezeichnet ist, oder noch etwas früher. Das würde also ein Ereignis im zweiten, dritten oder gar vierten Jahre v o r der Geburt sein. Dies besagt dann, daß ein Blutsverwandter (linke Hand = mütterlicher, rechte Hand = väterlicher Generation) zwei, drei bzw. vier Jahre v o r der Geburt des Handeigners gestorben ist.

Abgesehen davon, daß diese Zeichen und die Tatsachen des Ereignisses beweisen, daß wir schon Jahre v o r unserer Geburt unsere Vorfahren gekannt haben müssen und deshalb unsere Geburt b e w u ß t herbeiführten (uns körperlich schaffen l i e ß e n !), fand ich noch ein weiteres heraus. Nämlich, angenommen, der Verwandte starb im 63. Lebensjahre, dann wird man auf der Lebenslinie dort, wo man das 63. Jahr durch Abmessung erkennt, finden, daß hier ein Strich quer zur Lebenslinie vorhanden ist, wie z. B. auf Bild 30 mit Bezeichnung 57 und 48 angegeben ist. Das ist aber ein Zeichen dafür, daß der Eigner der Hand an der Stelle (nach obigem Beispiel also im 63. Jahr) einen kritischen Zeitpunkt für seine Gesundheit oder sein Leben hat. — Meine Nachprüfungen haben ergeben, daß die betreffenden Jahre auf der Lebenslinie, die mit der Bedeutung „kritischer Zeitpunkt für Gesundheit" in Verbindung stehen, wozu auch solche Linien und Zeitpunkte gerechnet werden, die eine schwere Verletzung (auch Operation wie Linie 28 auf Bild 30) anzeigen, Todesjahre von den Blutsverwandten sind. — Immer aber kommt für Lebensdauer der tiefste Querschnitt — auch stark markierter Stern, Punkt — auf der Lebenslinie in der r e c h t e n Hand in Betracht. Also hierfür ist die Erbmasse und der Blutrhythmus der väterlichen Erbmasse — Generation — maßgebend, wie ja auch der Stammbaum väterlicher- oder männlicherseits ausschlaggebender ist.

Zieht man hierzu noch in Betracht, daß sehr oft, wenn ein Großvater, Onkel, eine Großmuter oder Tante stirbt, die Nichte oder ein Neffe zur selben Zeit erkrankt, dann beweist dies alles, daß jeder Mensch bei seiner Geburt einen ganz bestimmten Rhythmus für sein Leben und die Ereignisse desselben mitbringt oder aufnimmt, und daß die Ereignisse seines Lebens sich gesetzmäßig abrollend ergeben. — Jeder bringt also von Geburt her sein „Schicksal" mit! — Nebenbei bemerken möchte ich noch, daß ich des öfteren beobachtet habe, daß, wenn zwei junge Leute heiraten, im selben Jahre einer von den vier Eltern stirbt. — Mit w e l c h e m Großvater, Onkel oder w e l c h e r Großmutter, Tante ein bestimmter Neffe oder eine bestimmte Nichte nun so eng im Rhythmus verbunden ist, das zu finden ist viel schwieriger und wird von mir noch weiter verfolgt.

Die Marslinie auf Venus- und kleinem Marsberg.
(Bild 21.)

Hier ist zu unterscheiden, ob „die Marslinie", d. i. eine gut markierte Linie, die aus dem Daumenwinkel oder dem kleinen Marsberg entspringt und kurz oder lang sein kann, oder eine Mars-Einfluß-linie vorhanden ist.

Erste gibt in einer schlechten Hand, d. h. einer Hand, welche aus der Form der Konstellation der Linien böse oder niedere Eigenschaften des Betreffenden erkennen läßt: hitziges, gewalttätiges Temperament und Wesen, besonders wenn die Lebenslinie dick und rot ist.

In einer guten Hand gibt sie Willensstärke, verstärkt die Kraft der Lebenslinie und Gesundheit.

Andere dünne und feine Marslinien sind Einflüsse des anderen Geschlechts oder aber Einfluß von Freunden, was allerdings seltener ist.

Eine ganz lange, dünne Linie, die den Anschein erweckt, eine doppelte Lebenslinie zu sein: gibt Liebe zu Luxus und Extravaganzen.

Eine doppelte Lebenslinie verstärkt die Gesundheitsverhältnisse sehr. Zum Abmessen benutzt man immer die äußere, weitere Linie, welche in 90 Grade (meist Millimeter) zu teilen ist; siehe Meßkarte Bild 34.

Allgemeines über die Kopflinie.

Die Kopflinie teilt die ganze Hand in einen oberen — geistigen — und einen unteren — materiellen — Teil. Dies ist bei der äußeren und inneren Beurteilung der Hände in Betracht zu ziehen, da das Verhältnis den Handtyp beeinflußt, was ich sogleich erklären werde.

Bei einer eckigen, knotigen und spatelförmigen Hand geht die Kopflinie naturgemäß der Charakteristik entsprechend geradeaus auf oder in den Marsberg, die materielle bzw. intellektuelle Art des Denkens kennzeichnend. Sie zeigt auch Mangel an Gestaltungskraft.

Verläuft sie in solcher Hand tiefer herab in den oberen oder gar unteren Mondberg, so verändert sie bei dem Betreffenden die materielle Denkart in eine mehr oder weniger idealistische oder phantasievolle. Es liegt nicht in der Art desjenigen mit eckiger Hand, melancholisch oder reich an Phantasie zu sein, sondern real und materiell zu denken, entsprechend der Kopflinie dem Marsberge zustrebend. Dringt die Kopflinie aber — ich nehme hier zum leichteren Verständnis das Extrem an — tief in den Mondberg, so wird der sonst nur materiell Denkende eine große Neigung zum Grübeln, Träumen und Phantasieren haben, wird evtl. sogar (was er sonst nicht tun würde) intuitiv denken und, was wieder bezeichnend ist, das auf solche Art Gewonnene praktisch und materiell verwerten. Aus diesem Grunde wird ein Musiker, der Lieder schaffen (komponieren) will, stets eine Kopflinie haben müssen, welche in den Mondberg hineinreicht, wenn er Empfindung, Gestaltung in das zu Schaffende hineinbringen, wenn er, wie man sagt: Seele in die Musik legen will. Bei Malern verhält es sich ebenso.*) Der Künstler mit eckiger Hand, Kopflinie in den Marsberg, wird mehr geneigt sein, Stilleben, Landschaften, Blumen usw. in dem schönen, aber alltäglichen Ausdruck zu schaffen, während der andere (mit der Kopflinie im Mondberge) den Bildern mehr einen mystischen, übersinnlichen oder „phantastischen" Sinn und Ausdruck geben wird. Konische, ideale oder mediale, zum Teil auch schmale knotige Handtypen haben naturgemäß eine Kopflinie, die in den Mondberg verläuft. Bei diesen Händen würde eine gerade, dem Marsberge zustrebende Kopflinie einen Einfluß von Materialismus und Berechnung haben, was solchen Naturen nicht entspricht, vielmehr meist sogar zuwider ist.

Wer die ausschlaggebende Formation der Kopflinie in seinem Studium nicht beachtet und in der Praxis nicht in Betracht zieht beim Lesen der Hände, wird genaues und wissenschaftliches Handanalysieren weder erlernen, noch gewissenhaft ausüben können. Gerade diese Linie läßt die Denkrichtung des Menschen erkennen. Die Denkart beeinflußt aber die Handlungen, und ein Ereignis kann verschiedenartigen Ausgang nehmen, je nachdem w i e einer an eine Sache herantritt und sie handhabt.

Die Kopflinie (Cerebralis).
(Bild 24/9, 14 und Bild 21.)

Gedankenkraft und Denkrichtung, Willen, Pläne, Krankheit und Unfälle des Kopfes, der Augen, Gehirn- und Kopfnerven, Melancholie, Delirium, Irrsinn, Phantasie.

D o p p e l t e   K o p f l i n i e : Vielseitiger Intellekt, materielle Erfolge und Doppelnatur. Mehr oder weniger rätselhafte Personen (Bild 28/6, 7 und Bild 63). Alkoholismus bei Vorfahren.

L a n g e ,   g u t e   L i n i e : Guter Intellekt, besonders wenn Venusgürtel und feste Hand vorhanden (Bild 24/9, 14).

E x t r e m   l á n g ,   v o n   R a n d   z u   R a n d : Guter Kopf, zuviel Logik und Wortfechterei, Egoismus, neigt meist zu Geiz und Selbstüberschätzung; Rechthaberei, materielle Ausnutzung.

K u r z e   K o p f l i n i e : Evtl. kurzes Leben; dazu kurze Lebenslinie: plötzlicher Tod.

Anfang im kleinen Marsberg: Unbeständig, unzuverlässig, hitzig, zänkisch, Nörgler (Bild 27/1).

Anfang getrennt von Lebenslinie: Schnelle Entschlußfähigkeit, Wagemut (Bild 26 und Bild 43); voreilig, zu offen.

Anfang zu weit verbunden mit Lebenslinie: Mangel an Entschlußkraft, überlegt zu lange (Bild 27/24, 25/36). Verschlossenheit.

Bruch: Meist Kopfverletzung (Bild 27/3, 27).

Endet unter Saturnberg: Warnt vor Überanstrengung des Kopfes, evtl. Tod in jungen Jahren (Bild 27/1—3). Egoismus.

Endet im oberen Mondberge: Neigung zu Idealismus, Träumerei, Mystik, Poesie, Literatur (Bild 26/13). Gestaltungskraft.

Endet mit Stern im unteren Mondberge: Neigung zu Wahn; wenn mit Insel: ererbt (vergleiche: Stern im Venusberge, Saturnberg und Bild 25/40, 26/25).

Insel im Anfang oder Ende der Kopflinie sind Zeichen von erblicher Belastung; in linker Hand: von der Generation der Mutter; rechts: von der des Vaters. Augenschwäche (Bild 26).

Kopflinie endet in einem Berge: Zuviel Einfluß von dessen Eigenschaften.

Endet knotig in der Herzlinie: Böses Geschick in Herzensangelegenheiten.

Zurückbiegend nach dem Daumen: Großer Egoismus und Unglück dadurch. Belastung.

Endet unter Mondberg: Gefahr durch Wasser, Ertrinken (Bild 25/40, Bild 37 und Bild 42). Wahn bei Vorfahren.

Endet im Marsberg: Fester Wille, Berechnung, Neigung zum Ausnutzen anderer (Bild 24/14).

Endet ein Ast im Mars- und ein Ast im Mondberg: Inneren Einflüssen zugänglich, äußeren nicht oder sehr wenig. Gehirnschwäche.

Knotig: Neigung zu Verbrechen, evtl. Mord. (In guter Hand wird dies etwas abgeschwächt, bleibt aber trotzdem eine Warnung). Krankhafte Veranlagung.

Allgemeines über die Herzlinie.

Die Herzlinie beginnt am Handrande unter dem kleinen Finger und verläuft als oberste waagerechte Linie quer über die Hand in Richtung zum Zeigefinger. Selbstverständlich ist der Verlauf dieser Linie in allen Händen verschieden. Schon mancher hat sich darüber gewundert, weshalb die Herzlinie über der Kopflinie liegt, da doch sonst beim menschlichen Körper der Kopf sich über dem Herzen befindet. Das ist phrenologisch leicht zu begründen. Wir haben oben in der Mitte des Kopfes, am Scheitelpunkt, den Sitz der Sinne für Moral und Ethik, Angelegenheiten des Herzens; ebenso auch den Sinn für Religion. Erst weiter unten an der oberen Stirn befinden sich die Zentren für den Intellekt und für den Verstand. Schließlich ist ja auch im Leben das Herzdenken das Richtigere; denn wir werden oft finden, daß der Intellekt durchaus nicht immer das Richtige trifft und daß sogar logische Schlüsse falsch sein können. Was der Mensch aber mit dem Herzen erfühlt und zugleich mit dem Sonnengeflecht empfindet, ist immer das Richtige. Besonders die Frau ist nicht von Natur aus dafür geschaffen, Verstandeskräfte auf die Höhe einer männlichen Intelligenz zu trainieren, sie wird es auch rein physiologisch nicht dazu bringen können. Auch das spirituelle Zentrum wird bei ihr nie in dem Grade erweckt sein können, daß es schöpferisch wirkt. Die Tatsache beweist, daß wir bisher selten schöpferische Frauen erlebt haben, diese sind Ausnahmen. Da sie aber bei dem Vergleich gar nicht in Betracht kommen, kann man sagen, daß es nicht vorkommt. Selbst auf dem ihr eigensten Gebiete der Musik hat die Frau auch dieselben Grenzen. Anderseits werden wir immer finden, daß z. B. bei Erfindungen intellektuelle Arbeit oder rein verstandesmäßiges Denken wohl die Vorarbeit tätigen, das Herzdenken aber und die Intuition die letzte Lösung bringen.

Daher ist auch Herzdenken u n d Gehirndenken zusammen dasjenige, was wir mit Vernunft bezeichnen. Natürlich ist es nicht in dem Sinne zu verstehen, daß jemand bei einer Herzensangelegenheit nur den Verstand sprechen lassen soll. Es gibt auch solche Leute, die mit dem Verstand lieben; das ist aber keine Liebe, sondern Gehirnakrobatik. Liebe ist reine Herzenssache, die man durch den Verstand weder ein- noch ausschalten kann. Das kann man nur mit der Sinnlichkeit, die zum Teil zur Liebe gehört, aber nicht die Liebe selbst darstellt. Natürlich ist die heute in manchen Leuten verkrampfte Anschauung, daß der Asketismus das Höchste sei, mehr als eine Krankheit aufzufassen; denn man wird bemerken können, daß diese Leute dementsprechende Gesichtszüge tragen, schmale Lippen bekommen und überreizte Sexualnerven haben. Was durch Jahrhunderte bei unseren Vorfahren in natürlichem Maße gebräuchlich war, läßt sich nicht so leicht plötzlich abbrechen oder zu stark verringern. Daß bei sinnlichen Erregungen das Herz ebenfalls eine Rolle spielt und dadurch auch stark in Mitleidenschaft gezogen werden kann, ist allbekannt. Wir sehen an einer sehr breiten Herzlinie einerseits eine stark veranlagte Sinnlichkeit, die zumeist auch in bezug auf dieses Zeichen konform geht mit einer Erweiterung des Herzens oder der Venen. Anderseits steht aber auch das Herz mit dem Gehirn in enger Verbindung, wie der Umstand beweist, daß Herzklopfen eintritt, wenn jemand Unrechtes gedacht hat. Die Wechselwirkung ergibt, daß durch das Gefühl des Herzens und die Erkenntnis dieses Unrechts der Betreffende im Gesicht errötet. Allerdings ist diese Eigenschaft des Schamgefühls und des Errötens nur dem Nordländer eigen und nicht den niederen Rassen. Ebenso ist das Herzdenken besonders markant bei dem Nordländer, weshalb er auch viel tiefer liebt als der Südländer oder der Niederrassige, bei dem sich wohl plötzliche Aufwallungen wie Strohfeuer bemerkbar machen bzw. nur Sinnlichkeit. Wenn einige englische Autoren den Anfang der Herzlinie unter den Jupiterberg verlegen, ist und bleibt das ein Irrtum. Wer sich die Herzlinie genau betrachtet, wird immer finden, daß der breitere Anfang unter dem kleinen Finger liegt und die Endung im Jupiterberg, die zu allermeist zart aufläuft. Wir können in der Natur einen Baum auch nicht auf den Kopf stellen, um dann zu sagen, er beginne mit den Zweigen an der Erde, und das dicke Ende sei oben.

Je länger die Herzlinie ist, d. h. möglichst bis in den Jupiterberg hineinreichend, um so größer ist auch das herzliche Gefühl oder die Herzlichkeit. Selbstverständlich gilt auch hier wieder, wie überall: Extreme sind krankhaft.*) Die gute normale Herzlinie soll möglichst bis in die Mitte des Jupiterberges gehen und dort aufhören. Geht sie weiter, bis an den jenseitigen Rand, also quer hinüber von Rand zu Rand, so ist das schon nicht mehr normal und bedeutet in dem Fall, daß bei den Vorfahren Lähmungserscheinungen vorgekommen sind; auch hier muß wieder beachtet werden: linke Hand mütterliche Generation, rechte Hand väterliche. Man darf auch nie vergessen, stets beide Hände zu betrachten; denn die linke Hand zeigt gewissermaßen Jugend oder erste Hälfte des Lebens an, die rechte Hand die zweite Hälfte. Der Übergang von der linken zur rechten Hand in d i e s e r Beziehung liegt zwischen dem 28. und 30. Jahre. Wenn z. B. die Herzlinie in der linken Hand von Rand zu Rand verläuft, und noch mit der Kopf- und Lebenslinie verbunden ist, so bedeutet das, daß die Gefahr für gewaltsamen Tod für den Betreffenden nur bis zum 30. Jahre gilt, vorausgesetzt, daß diese Linienkonstellation in der rechten Hand nicht vorhanden ist. Ist diese Linienführung, wie beschrieben, nur in der rechten Hand vorhanden, besagt sie wieder, daß die Gefahr für den gewaltsamen Tod bis zum 28. Jahre nicht vorliegt, sondern erst später, außerdem daß die Lähmungserscheinungen in der väterlichen Generation vorhanden waren. Diese Linienkonstellation als Merkmal für „Mongolismus" zu kennzeichnen ist Phantasie!

Die Verbindung von Herz-, Kopf- und Lebenslinie ist in jedem Falle ungünstig, da die verschieden gerichteten Ströme zu irgendeiner Zeit eine Art Kurzschluß ergeben müssen. Wenn die Herzlinie aber von den

---

*) Veranlagung zu Nymphomanie, bzw. Satyrismus.

anderen Linien getrennt ist, so kommt ein heftiger Tod nicht in Frage oder braucht nicht vorzukommen. Es muß einem ja schließlich auffallen, daß der Verlauf der Richtung der Herz- und Kopflinie ein entgegengesetzter ist, wie zumeist auch im täglichen Leben das Herz- und Kopfdenken ebenfalls gegensätzlich ist. Wenn diese Linie zwischen dem ersten und zweiten Finger endet, bedeutet das, daß der Betreffende in seinen Liebesangelegenheiten, wozu auch die Ehe gehört, Bitternisse haben wird. Auch in diesem Falle vergesse man nicht zu beachten, wie die Endung in der linken und rechten Hand vorhanden ist.

Da Herz-, Kopf- und Lebenslinie die drei Haupt- oder auch karmischen Linien sind, erkennt man sofort daraus, daß die Gründe oder Ursachen dieser Traurigkeiten aus einem früheren Leben datieren. Der Beweis hierfür ist dadurch erbracht, daß die Formationen der Hauptlinien sich niemals ändern und daß sie schon lange vor der Geburt genau festgelegt sind, wie die Hände des vor der Geburt aus dem Mutterleibe entfernten Fötus zeigen. Außerdem verlaufen zumeist die Linien bei den Eltern anders als bei den Kindern; deshalb kann von Vererbung keine Rede sein. Die Gründe der Auswirkung der Traurigkeiten können zweierlei sein, nämlich Nichtverstandenwerden, also Entfremdung, oder aber früheres Ableben des Ehepartners. Um festzustellen, was von beiden in Frage kommt, muß man natürlich das Übrige der Hand genau betrachten. Man darf auch nicht vergessen, daß Egoismus zumeist eine Rolle hierbei spielt, weil die Herzlinie zu nahe am Saturn (Prinzip für Egoismus oder Ichsucht) endet. Da, wo eine Linie endet, nimmt sie auch Kraft auf oder die Einflüsse der betreffenden Stelle. Meist gehen ja alle Liebesverhältnisse durch den Egoismus des einen oder des anderen in die Brüche. Der Grund hierfür dürfte wohl darin liegen, daß die meisten Menschen keinen richtigen Begriff von der wahren Liebe haben. Hingabe, Aufopferung, das Leben im Du, für den anderen, das ist wahrhafte Liebe. Nur muß man darauf achten, daß der andere Teil nicht in den Egoismus verfällt, den Ersten auszunutzen. Es gibt wohl mehr Frauen, die wahrhaft lieben k ö n n e n , als Männer. Sie beweisen es dadurch, daß sie in der Liebe ganz aufgehen, nicht für sich denken, sondern auch für den Mann und i n ihm leben. Hierdurch sind diese Frauen auch sehr leicht in die Lage versetzt, ihre Hellsinnigkeit zu nutzen und für den anderen alles zu erfühlen, was ihn angeht. Der Mann anderseits hat sich zu sehr auf den Kampf des Lebens einzustellen, soll für das materielle Dasein sorgen und seine fünf Sinne in dieser Richtung beisammen haben. Hieraus folgt schon, daß er vielmehr mit dem Verstande arbeitet, ihn oft übermäßig nutzt und dadurch vom Gefühlsleben des Herzens abkommt. Es ist wohl jedem verständlich, daß demnach die Zahl der Männer, die — ich möchte sagen — an ihrer Liebe sterben können, nicht so groß ist. Dennoch, es gibt auch solche.

Je egoistischer ein Mensch denkt, desto engherziger ist er auch. Die Bezeichnung „Engherzigkeit" sagt es schon: kleines Herz. In der Herzlinie bemerken wir keine Breite, sondern eben nur eine fadenartige Linie ohne irgendwelche kleinen Seitenäste. Bei diesen Leuten wird man nicht besonders viel Warmherzigkeit finden. Auch nicht das, was man allgemein als Verliebtheit bezeichnet, was ich übersetze mit: recht lange ein junges Herz behalten. Die Fähigkeit für Verliebtheit oder Herzensjugend erkennt man sehr leicht daran, daß vom Anfang der Herzlinie an nach der Mitte zu hinaus, rechts und links kleine Linien rückwärts abgehen, Widerhaken ähnlich. Da auch die Herzlinie in einer mittelmäßig großen Hand mit 1 mm pro Jahr gemessen wird, läßt sich sehr leicht feststellen, wie viele Jahrzehnte solche Herzensjugend bei den Betreffenden vorhanden ist. Mit dem Aufhören dieser kleinen rücklaufenden Häkchen beginnt bei ihm das Realbewußtsein und daher die Abschwächung der Warmherzigkeit.

Findet sich ein Bruch in der Herzlinie, so ist auch eine organische Störung vorhanden, die aber nicht gefährlich sein muß. In bezug auf Liebesangelegenheiten bedeutet dies, daß sich einmal im Leben eine besondere Traurigkeit in Herzensangelegenheiten einstellen wird, die schicksalsnotwendig ist, wie alles andere; (karmische Linie). Diese Herzenstraurigkeit hat selbstverständlich auch ihre besonderen Gründe und Begleitumstände. So wird sie zusammenhängen mit Selbstüberhebung und Fahrlässigkeit, wenn der Bruch in der Herzlinie sich unter dem Sonnenfinger befindet; mit Egoismus, Berechnung usw., wenn der Bruch unter dem Saturnfinger vorhanden ist. In einigen alten Büchern wird die Herzlinie oft Gedärmlinie genannt, auch Drüsenlinie, da in ihr Zeichen vorkommen für Gallen-, Nieren-, Blasensteine und Unterleibsleiden. Man muß hier auf die Färbung der Linie Obacht geben. Gelbliche Färbung bedeutet immer, daß Galle und Leber nicht gut arbeiten; kleine Pünktchen oder Vertiefungen — ähnlich wie Nadelstiche — sind die Zeichen für Steine oder Gries. Blasensteine: Vertiefungen unter dem kleinen Finger; Nierengries: Vertiefungen unter dem Sonnenfinger; Gallensteine: wenn die Vertiefungen gelblich oder bräunlich sind. Dieselben Punkte unter dem Mittelfinger in der Herzlinie bedeuten schadhafte Zähne. Alle in der Linie befindlichen Inseln sind Anzeichen dafür, daß hier Vererbungen von Herzstörungen vorhanden sind. Eine Ausnahme bildet nur die Insel am Ende der Herzlinie, die aber jedesmal unter dem Jupiterberg oder Jupiter- und Saturnberg liegt. Sie bedeutet, daß in der Familie Lungentuberkulose vorhanden war. Es ist aber nicht gesagt, daß der Betreffende, bei dem sich dieses Zeichen befindet, dasselbe Leiden bekommen müsse. Größere absteigende Äste der Herzlinie nach der Kopflinie zu, kann man in vielen Händen beobachten und sie haben mehrfache Bedeutung. Einmal ist die Stelle, wo solche Astlinie die Hauptlinie verläßt, als ein günstiger Zeitpunkt dafür anzusehen, daß sich Herzensbekanntschaften zeigen oder genutzt werden könnten. Sind die Äste aber verbunden mit der Kopflinie, so bedeuten sie noch dazu günstige Jahre für Freundschaften und Bekanntschaften (nicht nur für Herzensangelegenheiten, sondern auch für Teilhaberschaft u. dgl.). Diese Zeitpunkte werden aber nicht an der Herz- und Kopflinie, sondern auf der Schicksalslinie abgemessen, die von diesen Linien durchkreuzt wird. Gehen die Linien, die als Ereignislinien zu bezeichnen sind, weiter herüber nach der Lebenslinie und schneiden sie, so haben dieselben Linien, deren Zeitpunkt man bei der Lebenslinie abmißt, zur Bedeutung: Kummer, Trauer und Depressionen, mit einem Worte: seelische Erschütterungen, worunter auch gerade und besonders Todesfälle in der Familie zu rechnen sind. Auf die Ereignislinien in diesem Sinne komme ich später noch zurück.

Die Herzlinie (Cardialis).
(Bild 24/8, 13 und Bild 21.)

Herzensgüte, Flirt, Herzensaffären und Enttäuschungen, Kummer, Eifersucht, Freundschaft; die idealere Seite der Liebe (zum Unterschied von der sinnlichen, die durch den Venusberg dargestellt wird). Blut und Zirkulation, Störungen im Kreislaufe, Steinleiden, Herzkrankheiten.

A n f a n g der Herzlinie ist am Handrande; nicht im oder am Jupiterberg!

D i e G r ö ß e d e r H e r z l i c h k e i t entspricht der Länge und Stärke der Linie.

E x t r e m l a n g , v o n R a n d z u R a n d : Übermaß an Liebe, Eifersucht, Laune, z u v i e l Herz (Bild 26/24 und Bild 43). Nymphomanie.

D ü n n e , r o t e , f a d e n a r t i g e L i n i e : Böse Neigungen, tierische Art.

D ü n n e , b l a s s e , f a d e n a r t i g e L i n i e n b e i F r a u e n : Verstandes-betonte Liebe; nur materiell.

D ü n n e , b l a s s e , f a d e n a r t i g e L i n i e b e i M ä n n e r n : Blasiertheit, Lebemann; schwacher Körper.

K e t t i g : Neigung zu Herzkrankheiten (Bild 25/20).

S e h r k e t t i g u n d a s t i g : An Illusionen und Enttäuschungen reiches Leben (Bild 29 und Bild 27/37).

K e t t i g , b r e i t u n d b l a ß : Kaltherzig und blasiert; schwacher Körper.

B r e i t u n d r o t : Heftige Neigungen, gewalttätig in der Erotik.

G e l b l i c h : Leberleiden; Depressionen.

Kleine, blasse Punkte in der Linie: Schwäche der Konstitution zu der Zeit (Bild 29/22).

Herzlinie nahe der Kopflinie: Neigung zu Geiz, Heuchelei. Diese Formation erzeugt ein schmales Rechteck. Man beachte Nägel, betr. Asthma = Intoleranz. Engherzigkeit.

Hohe Lage, nahe den Fingerwurzeln: Sonniges, glückliches Naturell (Bild 26).

Plötzlich endend: Tod durch Herzschlag (Bild 24/13).

Endet unter Saturnberg: Materielle Art in Herzensangelegenheiten (Bild 24/13).

Endet zwischen Jupiter- und Saturnberg: Glück bei dem anderen Geschlecht ist sehr beschränkt (Bild 25/21).

Immer werden sich hier Bitternisse im Liebesleben zeigen, früher oder später! Deshalb darf man ihnen aber nicht ausweichen. Sie sind kosmisch bedingt.

Endet in zwei Ästen im Jupiterberge: Sehr günstig, Wohlstand, aufrichtiges und anständiges Wesen (Bild 29 links). Fingerlinien verstärken die Bedeutung, wenn senkrecht.

Ein Ast im Jupiter-, ein anderer im Saturnberg: Ungünstig für Eheangelegenheiten (Bild 29 rechts).

Endet als ein Ast, den Saturnberg berührend: Mißerfolg, wenn nicht eine gute Sonnenlinie.

Keine Herzlinie: Selten. Heuchelei, wenn nicht sehr gute Magenlinie. Gottlos, herzlos.

Brüche in der Linie: Herzleiden, schwere Geburten, evtl. Unfruchtbarkeit ($\female$, $\saturn$); angeboren (Bild 26 und Bild 28).

Kreuzende kurze Linien: Herzleiden, bei Frauen schwere Geburten; erworben (Bild 28/31).

Viele senkrechte, kurze Linien: Herzleiden durch Herz- und Leberschwäche.

Herzlinie mit Kopf- und Lebenslinie zusammenlaufend (Bild 25/49): gewaltsamer Tod; außerdem: große Leiden in der Liebe und Neigung zu Genuß und Eifersucht; sind die Hände hart, so wird der Betreffende zur Erlangung seiner Wünsche in der Liebe Hindernisse zu überwinden wissen.

Ende unter Jupiter- oder Saturnberg astig verwirrt: Für Frauen große Geburtsschmerzen (Bild 27/13).

Am Anfang ein Ast abwärts in den Marsberg gebogen: Gefahr durch Feinde und Tiere (Bild 25/45).

Am Anfang eine Linie in den Mondberg gehend: Neigung zu Verbrechen (Bild 25/8).

Linie vom Stern in Venusberg nach Herzlinie: Trauer um eine nahestehende Person (Bild 31/7).

Insel in der Herzlinie und diese kettig: Neigung zu Herzleiden, ererbt; Liebesenttäuschungen.

Große Verästelung der Linie: Viele und tiefe Herzensenttäuschungen (Bild 27/37).

Sehr breite Herzlinie: Venenschwellung; großes Herz (Bild 27/11).

Die Saturn- oder Schicksalslinie.
(Bild 24/ ♄ 1, 2, 3, 4, 5 und Bild 21.)

Die Formation und der Verlauf der Saturnlinie sind Hauptpunkte bei der Beurteilung. Aus ihr erkennt man die Stellung oder das Verhältnis zur Umwelt, den Lebensweg, Erfolge oder Mißerfolge und den betr. Zeitpunkt, z. T. auch Berufsrichtungen. Sie wurde auch Kulturlinie genannt.

Dabei ist zu bedenken, daß z. B. Neger, Mongolen, Indianer, teilweise auch Inder keine Saturnlinie besitzen oder nur kleine Teile davon. Es ist daher notwendig, die Rassenzugehörigkeit des Handeigners immer in Betracht zu ziehen, wenn Beurteilungen vorgenommen werden.

Die Saturn- oder Schicksalslinie zeigt in ihrem Verlauf „unser Barometer für den Lebensweg", unseren Weg oder auch unser „Auf und Ab", außerdem Wechselfälle, die wirklich solche sind und nicht nur so genannt werden. — Wenn alle Leute nur mehr Menschen wären, dann würden sie nicht so großen Wert auf allerlei lächerliche Nebensächlichkeiten des Alltagslebens legen. — Da wird gefragt, ob man einen Stellenwechsel im Beruf habe; ob man einen „neuen Artikel aufnehmen" soll im Geschäft, um es dadurch zu „heben". Ob man „die größere Reise antrete" (von Berlin nach Hamburg), oder ob es „einem gut gehen wird", oder: „Bessert sich nicht bald meine Lebenslage?" — Wenn man diese Fragen immer wieder hört, dann möchte man sich irgendwo an einen schönen waldigen Ort oder ans Meer flüchten, wo keine solchen Leute sind, die das Leben und seinen Sinn weder erkannt noch begriffen haben, die weder Religion, Gottvertrauen, noch Selbstvertrauen haben und sich ängstlich an eingebildete Ereignisse klammern, die in Wirklichkeit nur Schein und Nebensachen sind. — Dazu ist die Chirologie (wie auch die Astrologie) nicht da! — Man sollte mehr die geistige Bedeutung der Ereignisse werten und danach handeln. Was macht es denn aus, ob ich heute oder in einem Monat eine Stellung wechsle? Ich für meine Person würde sagen: so oft wie irgend möglich, damit man mehr Überblick erhält und mehr und Neues lernt. — Die lebenden „Klebemarken", die so gern ein Leben lang auf einer Stelle, einem Posten, bei einer Tätigkeit hocken, wollen natürlich nichts davon wissen, weil sie an der Materie kleben und an geistigen Dingen keinen

Anteil nehmen, sondern nur so tun. Diese Leute werden immer Automaten bleiben. Bei ihnen bedeutet Höherentwicklung: „Aufstieg in Stellung und Beruf". Weltliche „Erfolge" sind keine, sondern nur jene, die Ewigkeitswerte in sich tragen und deshalb nicht verloren gehen können. Das sollte bedacht werden. Aber für den, der keine Religion (ich meine nicht Konfession!) besitzt, der die Wiedergeburts-Gesetzmäßigkeit nicht bedacht und begriffen hat, ist jede Beratung unnütz. Solche Leute sollen erst Mensch werden und die göttlichen Eigenschaften in sich entfalten, damit sie den Zweck des Lebens erfassen. D a n n erst werden sie Nutzen von diesen Wissenschaften haben. Unter dem Begriff „bessere Zeiten" verstehen diese Leute Zeiten, in denen sie mehr Geldmittel zur Verfügung haben. Es ist Schwindel und Betrug, wenn jemand nach der Hand eine Auskunft gibt wie diese: Sie kommen zu Wohlstand, oder Sie werden reich! — In keiner Hand steht ein Zeichen dafür, ob der Betreffende bald 3 Mark oder 600 Mark oder Tausende erhalten wird. Ist eine Linie für Erbschaft (aus der Lebenslinie kommend, in die Apollolinie mündend) vorhanden, so steht nicht dabei geschrieben, ob es Geld sein wird und wieviel, oder ob es ein alter Großvaterstuhl, sonstige Möbel oder Wertgegenstände sein werden. Man muß die Frechheit bewundern, mit der es manche wagen, dem Ratsuchenden solchen Schwindel einzureden. (Kann man sich da über die Feinde der Handlesekunst wundern?) Außerdem können solche günstigen Zeiten angezeigt sein, und der Betreffende vernachlässigt die Gelegenheiten, was dann? Er hätte die Zeit nutzen können und zu Gewinn kommen, aber er — unterließ es. Diese Ereignisse m ü s s e n nicht eintreten, wenn man sie nicht beachtet, aber sie k ö n n e n eintreten und sollten genutzt werden. —

Wir haben eine Wahlfreiheit, aber keine Willensfreiheit! Wir sollen unseren von Gott erhaltenen und selbst entwickelten Verstand anwenden. D a s vergessen die meisten Leute — „nur nicht denken!"

Wo keine Schicksalslinie vorhanden ist, werden sich im Leben des Betreffenden keine großen Ereignisse besonderer Art zeigen. Sein Leben ist ziemlich gleichmäßig, öde oder auch leer. Ist die Linie aber gutgezeichnet, d. h. gerade oder gebogen (nicht gewunden), dazu von normaler Breite, $1^1/_2$ mm, von guter Farbe, gerötet, dann wird auch der Lebensweg gut, gerade sein, d. h. wenig markante negative Störungen aufweisen. Querlinien beeinflussen diesen Weg selbstverständlich mehr oder minder, und dies ist einer besonderen Betrachtung zu unterziehen. Außerdem müssen bei Unternehmungen u. dgl. noch Zeichen an der Lebenslinie (auf- oder absteigende Äste) genau in Betracht gezogen werden. Beginnt die Saturnlinie im Handgelenk, so nimmt sie viel Kraft aus der ererbten Lebenskraft (Bereich der Raszette), und aus diesem Grunde werden sich immer Selbständigkeitsdrang und auch mehr oder minder Persönlichkeitsgefühl bemerkbar machen. Liegt der Anfang aber in der Lebenslinie, so wird der Betreffende zumeist erst später auf eigenen Füßen stehen oder doch mindestens Hemmungen von seiten der Eltern oder Verwandten aufzuweisen haben. (Einfluß der Lebenslinie zusammen mit negativen Einflüssen des Venusberges.) Entspringt die Saturnlinie im Venusberg, so erhält sie auch hieraus ihre Kraftströme, wie jeder Baum seine Hauptkräfte aus dem Bereich zieht, in dem sich seine Wurzeln befinden. In dem Fall ist der Einfluß des anderen Geschlechts sehr fördernd, daher auch: Aufstieg durch positive Mithilfe des anderen Geschlechts. Auswirkung bei einem Mann: Er wird Frauen finden, die ihm durch Geld oder andere Mittel tatkräftige Unterstützung zuteil werden lassen, damit er seine Pläne verwirklichen kann. Es muß nicht mit „Ehe" zusammenhängen, kann es aber. Bei einem Weibe: Männer werden sich bemühen, ihm den Weg des Aufstiegs zu erleichtern (siehe Geraldine Farrar). Über die Zeit läßt sich nicht immer Genaues angeben. Das schadet weiter nichts; denn jeder Mensch muß warten lernen. Die Auswirkung kommt i m m e r d a n n , wenn es schicksalmäßig paßt und für die eigene Entwicklung am günstigsten ist. Nicht vom kleinlich-egoistischen Standpunkt aus betrachtet, sondern von hoher kosmischer Warte aus gesehen! Auf die geistige Führung, die ja jeder Mensch hat, kann man sich ganz sicher verlassen; sie ist immer richtig; das erkennt man erst viel später.

Beginnt die Saturnlinie im Mondberg, so sind die Einflüsse wieder andere: Aufstieg durch indirekte Mithilfe des anderen Geschlechts; d. h. Verbindungen und Beziehungen sowie Bekanntschaften sind günstig zur Förderung im Aufstieg. Das andere Geschlecht wird sich immer irgendwie darin bemerkbar machen (Mond), aber da sind auch undefinierbare Einflüsse, so der Wechsel der Dinge, „Laune des Schicksals", Mode und Konjunktur, Reisen, Ausland, Ausländer, und was sonst noch unter den Begriff „Zufälligkeiten" (die es in Wirklichkeit nicht gibt!) fällt. Alles Mondeinflüsse: das Mysteriöse, Wechselartige, Stimmungs- und Launenhafte, Unvorhergesehene. Eine gute lange Linie, aus dem Mondberg kommend nach Saturn- oder noch besser nach dem Jupiterberg gehend, macht günstig für Reisen und Aufenthalt in Übersee und gibt zumeist auch Neigung zu Naturwissenschaften. Verläuft diese Saturnlinie aber nur in der rechten Hand, wie beschrieben, und hat sie in der linken Hand andere Formation, so bedeutet dies, daß die günstige Zeit für Ebengenanntes erst mit dem 28. Jahre beginnt. Man darf aber nicht eine Saturnlinie aus dem Mondberg kommend als ein ungünstiges Zeichen auffassen. Ich persönlich schätze sie als eine der besten Konstellationen, wenn auch die Auswirkung nicht immer angenehm ist. Doch das macht wenig aus. Man lernt durch diese „undefinierbaren" Einflüsse und „Zufälligkeiten", sich besser auf das Leben und seine

Vielseitigkeiten einzustellen. — Die Bezeichnungen „gutgehen" und „schlechtgehen" sind nur Einbildung. Es g e h t ! Wie? Das kommt auf die Auffassung des Betreffenden an und auf das Maß seiner erworbenen Lebenskunst. Hat man es zu einer kosmischen Weltanschauung gebracht, hat man vor nichts Angst. Nichts kann überraschen, weil man auf allerlei schon vorher gefaßt ist oder alles mögliche in der Hinsicht erwartet. Wer dann mit Sorgen und Ärger beginnt, der ist schon von seinem inneren Selbst gerichtet und schadet sich nur selbst. Das nenne ich seelischen Selbstmord. M i t dem Schicksal gehen und die sich bietenden Gelegenheiten benutzen zum Weiterkommen, das ist Lebenskunst. Sich gegen das Schicksal auflehnen, das ist Dummheit und schadet nur. — Eine Saturnlinie aus dem Marsberg kommend gibt Lebenskampf, gibt aber auch das Maß von Mut, sich durchzusetzen, und zwar durch seelische Kraft oder passive Widerstandskraft. Diese Konstellation findet sich z. B. in den Händen der ehemaligen Opernsängerin Claire Dux. Sie war in ihrer Jugend Kontoristin und brachte es durch Fleiß und Aufbietung aller Kräfte zur Kammersängerin. Meist endet die Schicksalslinie im Saturnberg; denn bei den meisten hängt das Leben und der Lebensweg doch stark mit der Materie oder dem Materiellen (d. h. dem Irdischen und Vergänglichen — Saturnprinzip) zusammen; daher auch mit Erde, Grund und Boden, Haus, Heim, Landwirtschaft; Verdichtungsprinzip, das Solide. — Endet die Saturnlinie im Jupiterberg, so wird sich in der Auswirkung folgendes zeigen: entweder wird der Betreffende sich um eine Staatsstellung, Beamtentätigkeit bemühen, oder — falls es ihm nicht gerade „gut" geht und er scheinbar in Not gerät, es findet sich immer unvorhergesehen eine „rettende Hand" (Prinzip für Protektion, Schutz, Fürsprache). Endet die Saturnlinie aber in die Anfangslinie des Venusgürtels, so ist das ein bedenkliches Zeichen. Kommt das in den Händen eines jungen Mädchens vor, so mag sie gut auf der Hut sein vor Entführung, Verschleppung oder Mädchenhandel. Ich fand dies Zeichen oft und erhielt auch bestätigt, daß derartige Versuche tatsächlich vorgekommen sind. Gerade die letzte Bedeutung zeigt wohl zur Genüge, wie sehr die Benennung dieser Linie berechtigt ist. Nur Dumme haben dafür ein Lächeln, um die eigene Lächerlichkeit zu verbergen. Sie werden nur durch die harte Schule der Erfahrung klug werden. Ich gönne ihnen das von Herzen, denn es dient ihnen zum Guten, und der Entwicklung eines Menschen darf man nie im Wege stehen, auch dann nicht, wenn „Schaden" notwendig ist. Das Enden der Saturnlinie im Apolloberg weist einen Lebensweg mit künstlerischer Richtung an. Hierbei muß aber die Apollolinie selbst in Betracht gezogen werden als „Berufsbahn des Künstlers". — Entspringt die Schicksalslinie innerhalb des „Großen Dreiecks", dann berührt sie weder Lebenslinie noch Magenlinie, d. h.

der Träger dieses Zeichens hat einen härteren Lebenskampf zu erwarten. Dazu benötigt man Mut und Ausdauer (siehe Daumen). Ist aber genügend Heiterkeit des Herzens vorhanden, dann ist der Lebenskampf bedeutend erleichtert und wirkt nicht deprimierend oder verbitternd. Es liegt immer an der persönlichen Einstellung zu den Dingen und Verhältnissen. Einer nennt etwas Glück oder gut, was dem anderen Unglück oder Böses bedeuten würde. Alles nur Begriffe, denn es gibt weder Glück noch Unglück, weder Gut noch Böse in d e r Hinsicht. Alles ist nur Ereignis! Was man darin erkennen will, das ist es uns.

F e h l t : Nicht notwendig böse. Ein Lebensweg, der eher öde und unruhig ist; der Handeigner will sich nicht seiner Umwelt einfügen, sondern wird oft versuchen, sich ihr zu widersetzen.

D o p p e l t   u n d   g u t : Günstiges Schicksal; kann mehrere Berufe nebeneinander haben, wenn gute Kopflinie vorhanden. Eine zweite Saturnlinie, vom Mondberge kommend, gibt Neigung zu Erfindungen durch Intuition (Bild 24/4).

D o p p e l t   u n d   g e w u n d e n : Unannehmlichkeiten, Neigung zu Schwelgerei und Krankheiten dadurch (Bild 26/9).

E i n e   L i n i e   g e b r o c h e n   u n d   w e l l e n a r t i g : Störungen in der Gesundheit, Neigung zu Fieber und Zank; viel Wechsel im Leben (Bild 26/9).

B e g i n n t   i n   L e b e n s l i n i e : In der Entfaltung durch Verwandte gehindert, Erfolg erst später, da Abhängigkeit nachwirkend ist (Bild 24/2).

B e g i n n t   i n   R a s z e t t e : Selbständigkeitsdrang, guter Erfolg durch sich selbst; wird oft eine Persönlichkeit, kommt auf die Menschenart an (Bild 56 und Bild 24/3).

B e g i n n t   i m   V e n u s b e r g   (links): Verliebte Natur; wenn auch rechts: Bedient sich seiner Macht bei dem anderen Geschlecht (Bild 24/1 und Bild 59). Aufstieg durch das andere Geschlecht.

A n f a n g   i m   M o n d b e r g : Erfolg hängt stark von anderen Menschen, evtl. vom anderen Geschlecht ab. Auch indirekte Erfolge durch das andere Geschlecht (Bild 24/4). Reisen, Wechsel.

A n f a n g   u n t e r   M o n d b e r g , klar bis Saturnberg: Mediale Anlagen, Psychometrie (Bild 53). Erfolg in Übersee.

A n f a n g   i n   M a r s f e l d : Leben und Streben mit viel Kampf (Bild 25/11).

B e g i n n t   i m   M a r s b e r g : Durchsetzung und Verwirklichung durch eigene Kraft und Mut (Bild 24/5).

B e g i n n t   i m   M o n d b e r g   u n d   m i t   d e r   H e r z l i n i e   v e r - k n o t e t , endend im Jupiterberge: Reiche gute Heirat.

A n f a n g   g e h t   d u r c h   d i e   R a s z e t t e : Viel Sorgen, Ärger und Elend.

Anfang nahe Raszette, endigt in Herzlinie: Unglück durch Herzensaffären, Hemmungen (Bild 27 rechts).

Anfang nahe Raszette, endigt in Kopflinie: Irrtum und falsche Einschätzung verhindern Erfolge (Bild 27/8).

Beginnt an der Kopflinie: Erfolg spät im Leben, viel Arbeit und Sorgen, auch gefährdete Gesundheit (Bild 26).

Beginnt an der Herzlinie (aufwärts): Ruhigere Zeiten erst nach dem 40. Jahre; außerdem: der Lebensweg wird vom anderen Geschlecht in späteren Jahren fördernd beeinflußt (Bild 24/12).

Beginnt im Handtisch: Sorgen, Unglück, evtl. Gefängnis, wenn nicht kleines Viereck auf Saturnberg (Bild 26).

Endet im Jupiterberg: Viel Erfolg, Protektion, Ehrgeiz, Wohlstand (Bild 24/11).

Endet im Saturnberg: Erfolg in Dingen, die mit Erde zusammenhängen, Landwirtschaft, Obst, Blumen, Metall, Minen, Stein, Forst, Häuser, aber auch in Religion (Bild 28/10).

Endet im zweiten Gliede des Saturnfingers: Große Erfolge zum Guten oder Bösen, sehr launisches Glück.

Endet im dritten Gliede des Saturnfingers: Trauriges, böses Geschick, Gefahr für Mord, Gefängnis usw. (Bild 25/52).

Endet im Apolloberg: Erfolg in Kunst, Spekulation, Wohlstand (selten).

Endet im Merkurberg: Erfolg in Handel, Industrie, Wissenschaft und Reden (selten).

Endet in der Kopflinie: Verhältnisse werden durch Unklugheit und Irrtum nicht ausgenutzt.

Endet in der Herzlinie: Viele günstige Verhältnisse werden durch Herzensaffären und Leidenschaften verscherzt (Bild 27/29).

Endet im Schwunge verlaufend im Venusgürtel (Teil zwischen Jupiter- und Saturnfinger): Warnt vor Verschleppung (Opfer des Mädchenhandels usw.), evtl. Adoption.

Die Apollo- oder Sonnenlinie ⊙.
(Bild 24/10 und Bild 21.)

Ruf, Ehren, Erfolg, Geld. Kunstbegabung, Wohlstand, Erbschaft, Gunst. Solar plexus.

Eine gute Sonnenlinie ist notwendig, um eine „glückliche Hand" zu haben; sie stärkt eine schlechte Saturnlinie und beeinflußt alles in günstiger Weise.

Anfang in der Lebenslinie: Erfolg durch sich selbst.

Anfang nahe der Raszette, im ersten Fingerglied endend: Intuition: Ahnendes Erkennen. Genie, weltberühmt. Solche Sonnenlinie hatten Lord Roberts, Goethe, Napoleon I.

Lange Apollolinie gibt Bekanntwerden. Verstärkt wird dies durch Sonne auf Apolloberg (Bild 58). Eine lange gute Apollolinie besagt auch, daß die Vorfahren wohlhabende, begüterte Personen waren. In der rechten Hand: väterliche, in der linken: mütterliche Generation.

Anfang im Mondberg: Erfolg abhängig von anderen, von der Laune des Schicksals, Erfolg durch andere Menschen, direkt sowie auch indirekt (Bild 29/35 und Bild 58). Phantasievolle Intuition.

Anfang im Venusberg: Erfolg durch das andere Geschlecht (Bild 59) durch direkte Hilfe. Schöpferische Intuition.

Anfang im Marsfeld: Erfolg kostet sehr viel Streben und Mühe, Ärger (Bild 25).

Anfang im Marsberg: Erfolg durch viel Fleiß und Energie; evtl. wird auch Rücksichtslosigkeit und viel Egoismus angewandt, um das ersehnte Ziel zu erreichen, was aber aus der ganzen Hand erkannt werden muß (Bild 28/7—17).

Gebrochen innerhalb des Handtisches: Mißerfolge, die guten Ausgang haben (Bild 26/20).

Kurze Sonnenlinie: Wenig Erfolge und erst später (Bild 29/26).

Mehrere kurze Parallelen: Vielseitig und exzentrisch (Bild 25/47). Sinn für Musik und Zeichnen.

Querlinien: Hindernisse (vom Saturnberg kommend): Neid oder Armut der Verwandten oder häusliche Hindernisse; vom Merkurberg kommend: durch Intrigen und Neid verdorbene Pläne und Unternehmen (Bild 25/39).

Krumme Finger und hohle Hände sind selbst für die beste Sonnenlinie große Hindernisse und besagen oft, daß Gedanken und Pläne sich in schlechten Bahnen befinden.

Sonnenlinie, vom Venusgürtel geschnitten, bedeutet immer: Hindernisse im allgemeinen, welche sehr schwer zu überbrücken sind (Bild 26).

Wenn der Venusgürtel von der Sonnenlinie geschnitten wird und an derselben Stelle plötzlich aufhört, so ist Gefahr vorhanden, daß der Betreffende, zu Leichtsinn und Genußsucht neigend, dadurch seinen Wohlstand verliert. Leichten Sinn im guten oder schlechten Sinne.

Eine Linie, vom Venusberg kommend, in die Sonnenlinie mündend: Geldzufluß, evtl. Erbschaft.

Ist am Anfange der Linie im Venusberg ein Stern, so bedeutet das: Geld- oder Wertzuwachs durch Erbschaft und Tod eines nahestehenden Menschen (Bild 31/7—7).

Schneidet dieselbe Linie aber die Sonnenlinie und geht über sie hinaus, so warnt sie vor materiellem Verluste.

Die Magen-, Leber- oder Merkurlinie ☿ (Hepathica).

(Bild 27/6, Bild 24/25 und Bild 21.)

Die Magen- oder Leberlinie, auch Gesundheitslinie genannt, entspringt entweder in der Lebenslinie, im Venusberg, in der Handwurzel oder auf dem unteren Teile des Mondbergs und verläuft in der Richtung zum Merkurberge.

Aus dem Gesamtbild dieser Linie, ihrer Beschaffenheit, ihrem Verlauf und ihrer Farbe lassen sich sehr gute Schlüsse auf den allgemeinen Zustand der Nerven, der Verdauungsorgane und Drüsentätigkeit ziehen. Die Linie soll entweder ganz und gut oder gar nicht vorhanden sein.

Eine gute Magenlinie verbessert die Bedeutung einer schlechten Saturnlinie (Bild 41).

Zu einer „erfolgreichen" Hand gehört eine gute Magenlinie; d. h. eine Linie, die in ihrem Verlauf gut gezeichnet ist und auch eine gute Farbe hat. (Der „Erfolg" des Menschen hängt mehr als man glaubt von guter Stimmung und gesunden Nerven ab. Wenn die Funktion der Drüsen, die Beschaffenheit der Nerven keine guten sind, dann kann auch keine gute „Stimmung" vorhanden sein, weil die Basis hierfür fehlt.)

Ein guter Ast in den Saturnberg: Sehr günstig für Beruf verbunden mit Erde.

Guter Zweig von Magenlinie nach Apolloberg: Sehr günstig für die Ausübung der Heilkunde durch Naturmittel, Magnetismus u. dgl. (Bild 41).

Ein guter Ast in den Merkurberg: Sehr günstig für die Ausübung der Medizinalkunde, Chemie, Pharmazie.

Ein guter Ast in den Marsberg: Ist günstig zur Ausübung eines Berufes, der mit Metallen verbunden ist; außerdem macht dies Zeichen mutig und heftig (Bild 28/8).

Entspringt die Magenlinie zu weit auf dem Mondberge, dann ist die Milz beeinflußt — was nicht immer krankhaft zu sein braucht. Dies gibt Neigung zu Sonderbarkeiten im Gedankenleben, was sich dann auch mehr oder weniger im Handeln zeigt. Man spricht von Menschen, die einen „Spleen" haben. Spleen ist aber der (englische) Name für Milz! (Bild 24/25-25).

Die allermeisten Bedeutungen der Magenlinie sind gesundheitliche, weshalb ich sie im besonderen in Band II „Medizinische Hand-Diagnostik" bringe.

Eine gute, bis tief in den Merkurberg hineinreichende Magenlinie ergibt gute Begabung für fremde Sprachen (Bild 27). Warum? — Eine Linie von derartiger Beschaffenheit zeugt von guter Verdauungstätigkeit und guter Beschaffenheit der Drüsen und der Gesamtnerven; außerdem ist sie ein Zeichen von großer Lebenszähigkeit. Wer diese guten physischen Qualitäten aufweisen kann, der hat auch die Grundlage für das Sprachenstudium.

Zähigkeit der körperlichen Widerstandskraft setzt ebenfalls gesunde Nerven und eine gute Drüsentätigkeit, sowie gutes Arbeiten der Verdauungsorgane voraus. Hier wie überall braucht man nur logisch nachzudenken, um die Basis zu finden, worauf alles beruht.

Der Venusgürtel ♀ (Cingulum veneris).
(Bild 21, Bild 27/16 und Bild 25/48.)

B e a c h t e , ob er in guter, schlechter, harter oder weicher Hand ist.

I n   g u t e r   H a n d : Intelligenz und Feinfühligkeit.

I n   s c h l e c h t e r   H a n d : Liebe zu Genuß; mehr noch, wenn doppelt oder gebrochen (Bild 25/48).

I n   h a r t e r   H a n d : Energie und Rastlosigkeit; mehr noch, wenn gebrochen.

Der Venusgürtel gibt passive Kraft und Neigung zu Poesie und Literatur. Feinnervigkeit der Sexualorgane.

V e n u s g ü r t e l zerrissen; Mond- und Venusberg stark entwickelt und evtl. dazu noch eine Uranuslinie: Starke Neigung zu Hysterie.

E r   w i r k t   ü b e l , wenn in dicken, sehr weichen Händen, die sehr weiß sind (ohne die Farbe bei Hitze oder Kälte zu wechseln), ein großer Venusberg, rosa Nägel und Intrigenlinie auf Merkurberg vorhanden.

E n d e t   g e s c h l o s s e n   a u f   M e r k u r b e r g : In schlechter Hand: Neigung zu Unaufrichtigkeiten.

E n d e t   i n   e i n e r   E h e l i n i e : Der andere Eheteil wird der Führende sein. (Bild 27/16). Schwaches Rückgrat.

N i c h t   u n g ü n s t i g : Wenn nur der Anfang vorhanden ist und vor der Saturnlinie endet, auch wenn er sonst die Stellen frei läßt, wo die Saturn- und die Sonnenlinie durchläuft (Bild 28/16); unterdrückte Sexualität.

G e s c h n i t t e n durch Ende der Apollolinie: Verluste durch Leichtsinn.

Geschnitten durch senkrechte Linien: Nervenleiden.
Wenn ein halber Venusgürtel, Nähe Jupiterberg, vorhanden ist, der in einem Schwunge in die Saturnlinie verläuft, so
warnt dieses Zeichen vor Entführung (Mädchenhandel), Adoption.

Die Neptun- oder Giftlinie Ψ (Linea toxica).
(Bild 21 und 30/57.)

Sie entspringt aus der Lebenslinie oder im Venusberge (was
ungünstiger ist) und strebt dem Mondberge zu. Sie gibt Neigung zu
Genüssen schädlicher Art, Liebe zu narkotischen und nebelhaften
Dingen (Tabak, Haschisch, Opium, Morphium, Kokain, Parfüm usw.).
Am Ausdruck der Linie erkennt man, wieviel von solchen Giften im
Organismus schon enthalten ist. Auch zeigt sich derselbe Ausdruck,
wenn das Impfgift den Organismus schädigte oder sonst Arzneigifte im
Körper lagern und ihn schädigen. (Auch in der Iris gut erkennbar!)

Von Lebenslinie bis hoch in den Mondberg: Frühes
Altern durch Gifte (Vergiftung des Organismus) (Bild 30/57).

Aus Venusberg kommend: Arznei- oder Impfgift tiefer in den
Organismus eingedrungen.

Verläuft sie waagerecht vom Venusberg in den Mondberg, und ist sie
sehr stark: dann sind Giftstoffe schon durch die Erbmasse übertragen,
welche schwache Nerven geben (Bild 27/22—20); z. B. durch Spritzen
bei der Entbindung.

Insel in dieser Linie: Ein tiefes Leid in der Liebe.

Die Milchstraße oder via lasciva.
(Bild 30.)

Diese Linie ist nicht sehr oft anzutreffen. Sie entspringt in oder nahe
der Raszette und verläuft in paralleler Richtung mit der Magenlinie.
Gewöhnlich ist sie nur kurz, einige Zentimeter, selten 4 bis 6 cm lang.

Gut und gerade verlaufend, gibt sie Neigung zu Beschaulichkeit
und Innigkeit. Sie gibt angeborene Lebensklugheit und zeigt, wie
die alte Literatur sich ausdrückt: Personen, die „mit Hilfe der Frauen
und der Pfaffen vieles vollbringen können."

Ist diese Linie gedreht und zerrissen, zeigt sie eine innerlich
sich quälende Natur an; eine unglückliche, „zerrissene" Seele, voll
Unzufriedenheit, die am Schmerzlichen hängt.

Eine sehr lange Linie, bis an den Mars- oder Merkurberg reichend: Glück in entfernten überseeischen Ländern.

Ein Stern in dieser langen Linie: Gefahren in solchen Gegenden.

Zerrissen in viele kleine Linien und Parallelen: Nervosität oder Hysterie infolge gewaltsam unterdrückter oder absonderlicher Leidenschaft.

Die Temperenz- oder Isislinie.
(Bild 27/20)

ist eine senkrechte gerade Linie, die (wenn auch selten genug) auf dem Handrande zu finden ist. Sie gibt Lebensernst und Anlage zur Enthaltsamkeit (Temperenz).

Das ist alles, was ich in bezug auf diese Linie beobachtet habe. Sie fehlt in der ganzen Literatur und wird nur sehr selten, ohne nähere Erklärungen erwähnt.

Die Uranus- oder Intuitionslinie ⚷ *)
(Bild 21)

entspringt im unteren Mondberg und verläuft bogenartig zum Merkurberg oder als gerade Linie parallel zur Magenlinie, was aber selten ist. Sie darf mit einer doppelten Magenlinie nicht verwechselt werden. (Bild 42.)

Man findet sie in den Händen mehr oder weniger sensitiver Personen (nach dem Kriege bedeutend öfter als früher), und sie besagt: passive Kraft, Intelligenz, gute Intuition und mediale Fähigkeiten, Anlage für Gedankenlesen und Empfinden, Psychometrie, Symboldeuten, Graphologie, Astrologie, Chiromantie, Psychoanalyse usw. (Obgleich Intuition für die Wissenschaften n i c h t erforderlich ist, leistet sie doch in der Ausübung sehr gute Dienste.)

Eine Uranuslinie nach dem Apolloberg strebend ist sehr günstig für eigene Erkenntnisse durch Forschungen, Erfindungen.

Eine Insel am Anfang der Linie: Anlage zum Hellsehen oder Hellhören.

Eine offene Insel am Anfang der Linie: Neigung zu Launen, übertriebene Phantasie und evtl. Leichtsinn.

Eine Insel am Ende der Linie: Neigung zu Schlafwandeln und gefährlichem Somnambulismus.

---

*) Die Neptun-, die Uranus- und die Isislinie wurden erstmalig von mir benannt und gewürdigt. Sie fehlten in der bisherigen Literatur.

Ein Stern auf der Linie: Warnt vor Verlusten, besonders wenn gebrochene Saturnlinie.
Stern nahe der Linie auf Mondberg: Warnt vor Gefahr für Schiffbruch.

Raszette oder Armband (Restrictica).

(Bild 21)

werden die Linien genannt, welche um die Handwurzel liegen und die Grenze zwischen Hand und Arm bilden. Sorgen, Arbeit, Maß der physischen Kraft, Stammbaum (Abkunft).

Drei Ringe (nicht zerrissen): Stärken eine schwache Lebenslinie (Bild 25).

Der erste Ring kettenartig: Arbeitsreiches Leben (Bild 24/23).

Nach der Zahl der Ringe das Lebensalter bestimmen zu wollen, ist unzuverlässig; man kann nur die Zahl der Ringe und ihre Güte für die Lebenskraft in Betracht ziehen bei der Beurteilung der physischen Kraft und Zähigkeit.

Schlecht geformte Linien: Sorgen, Neigung zu Extravaganzen.

Schlecht, dünn und schwach: Kränkliche Körperkonstitution (Bild 28), darum wenig Durchsetzungsvermögen und Verwirklichung.

Sehr blaß und breit: Schwäche, Kränklichkeit und Melancholie.

Aus der Raszette eine Linie nach Mondberg: Lange Reisen (Milchstraße Bild 30).

Dieselbe Linie nahe dem Rande in den Mondberg: Warnt vor falschen Freunden (Bild 26/5).

Linie in den Venusberg: Günstige Ehe (Bild 26/4). Freunde.

Linie nach Merkur: Wohlstand durch Handel, Wissenschaft usw.

Linie nach Saturnberg: Wohlstand durch Dinge aus dem Boden.

Endet solche Linie in einem Stern, so ist immer Gefahr mit den Dingen verbunden.

Linie, die Magenlinie schneidend: Leid, Lebensüberdruß und Schwermut.

Ein Punkt in der Raszette: Mißerfolg und Sorgen.

Die erste Raszettelinie nach der Handmitte hochgewölbt: Ein Zeichen für schmerzhafte, schwere Geburten (Bild 27/29).

Die Studien betr. Stammbaum, Abkunft sind noch nicht abgeschlossen, weshalb ich sie hier noch nicht bringen kann.

Locus matrimonialis und Ehelinien.

Die Zeichen für Ehe und eheähnliche Verhältnisse befinden sich auf dem rechten H a n d r a n d e d e s M e r k u r b e r g s. Zu beachten und in Betracht zu ziehen hierfür sind auch Inseln in der Saturnlinie, ferner der Venusberg, unter Umständen auch der Jupiterberg. Außerdem: Linien aus Mondberg kommend zur Saturnlinie laufend, die Herzlinie und Flirtzeichen, und Linien, die von der Herzlinie nach einem der oberen Berge oder dem Venusberge führen, und solche nach der Kopflinie.

Z e i c h e n a u f L o c u s m a t r i m o n i a l i s.

Kleine, kurze Herzaffären, in nichts endend (Bild 27/17).

Ein Merkmal für größere Herzensneigung, Ehegelegenheit (Bild 24/7).

Eine Herzenssache dicht vor der Ehe.

Viele verschiedene Liebesaffären, meist in Händen, in denen auch Flirtzeichen auf der Herzlinie zu erkennen sind (Bild 29/20).

Streit in der Ehe, wenn die senkrechten Linien s e h r f e i n sind.

Plötzlicher Tod des anderen Teiles, Witwenschaft, Kummer. (Roter Punkt in der Linie!)

Zank und Enttäuschungen in der Ehe (meist durch eigene Schuld) (Bild 24/17).

Trennung der Ehe plötzlich (Bild 24/18).

Trennung durch Auseinanderleben, Verlieren der Empfindungen zueinander (Bild 24/16).

Parteien sehr ungleich im Alter (Bild 24/19).

Ehe verläuft in Gram; wenn die Linie in die Herzenslinie einmündet und dort einen winzigen Punkt zeichnet, stirbt der andere plötzlich (und daher Gram) (Bild 24/6).

Opposition gegen die Verbindung; wenn die Gabel nach der Seite der Innenhand liegt: von den Verwandten der eigenen Seite; die Gabel nach dem Handrücken zu: von Verwandten der anderen Partei.

Kinder, a) Knabe (starke Linie), b) Tochter (dünne Linie).

a) Schwach in der Kindheit, b) schwach später, in mittleren Jahren (Bild 27/39).

a) Immer kränklich, b) Krüppel an Gesundheit, sollte nicht gezeugt werden (Bild 27/40). (Merkmale für Kinder sind nur als Möglichkeiten zu werten!)

Fehlgeburten oder herausgenommen durch Operation (s. auch Bild 25/51 und 27/33, 34).

Krankheit wird mit in die Ehe gebracht.

Natürlich steht in der Hand nicht, ob oder daß man zum S t a n d e s - a m t geht. Schließlich ist d a v o n eine Ehe auch nicht abhängig. Weiter sind diese Zeichen Angaben von E h e m ö g l i c h k e i t e n ; wenn eine Ehe- oder Herzenssache angezeigt ist, braucht sie nicht eingegangen zu werden, wenn man nicht will. Zur Zeitbestimmung teile man ein: Herzlinie 10 Jahre; Fingerbeuge des Merkurfingers: 60 Jahre; eine Linie auf der Mitte: 30 Jahre usw. Eine Linie von der Ehelinie zur Lebenslinie ist Trauer. Der Zeitpunkt ist an der Lebenslinienkreuzung abzumessen.

Diese Zeichen müssen mehr in geistiger Bedeutung gewertet werden. Eine wahre Ehe ist immer eine Herzens- u n d Wirtschaftsgemeinschaft, wobei die Dauer keine Rolle spielt. Das tägliche und praktische Leben beweist uns, daß eine Ehe einen Tag, ein oder dreißig Jahre oder länger dauern kann. Das Prinzip ist und bleibt in j e d e m Falle dasselbe.

Die Ehelinien zeigen hauptsächlich an, wann der Mensch seiner Entwicklung entsprechend und daher schicksalsmäßig die günstigste Zeit zur Wahl eines Ehepartners hat.

Das große Dreieck, Triangel.
(Bild 24 A, B, C)

wird gebildet durch die Lebens-, Kopf- und Magenlinie. Es wird auch Marsfeld genannt.

Ist das große Dreieck recht groß in der Fläche, und sind alle drei Hauptlinien gut und klar gezeichnet, die drei Winkel ebenfalls klar, so sind gute Gesundheitsverhältnisse vorhanden (Bild 24 links), auch gutes Gedächtnis (wenn der Blinddarm noch vorhanden).

Sind die Linien aber unklar, wellenartig, unsicher oder schlecht gezeichnet, so hat der Betreffende niedrige Eigenschaften und ist niedriger Dinge fähig.

Wenn statt der Magenlinie die Sonnenlinie den Abschluß bildet: Kleinlich und arg im Denken, aber große Individualität und meist starke Resolution.

Zu beachten sind die verschiedenen Winkel a, b, c.

Winkel a: Lebens- und Kopflinie; spitz, klar, eben: Kultivierte Gedanken, Feinsinnigkeit und Klarheit des Geistes, klug.

do. stumpf: Stumpfer Selbstverständlichkeitssinn, kein Takt, materiell.

do. stumpf und weit: Ungeduldiges, hastiges Wesen.

Winkel b:
Kopf- und Magenlinie, klar und gut: Gute Gesundheit, schnelles Begreifen.

do. sehr scharf: Zarte Gesundheit, nervöses Wesen.

do. sehr stumpf: Stumpfsinn, Arbeiten ohne Interesse.

Winkel c:
Lebens- und Magenlinie, sehr scharf: Schwache Gesundheit, Neigung zu Geiz.

Stumpf: Starke Natur, großzügiges Denken.

(Man vergleiche und kombiniere mit anderen bezüglichen Stellen der Hände!)

Das kleine Dreieck.
(Bild 24 D, B, E.)

Geformt durch Magen-, Kopf- und Saturnlinie (oder Sonnenlinie). Ein geistiger Arbeiter sollte ein gutes „kleines Dreieck" haben oder keine Studien aufnehmen, die tiefdringende Geisteskraft erfordern. Es wäre gut, dies bei der Bildung und Erziehung von Kindern zu beachten.

Das „Hohe Dreieck" wird geformt von Herz-, Sonnen- und Magenlinie und gibt gute Befähigung zum Studium der Elektro-Biologie und Magie (Bild 27/47).

Der Handtisch, großes Viereck oder Quadrangel.
(Bild 24 B, D, F, G)

wird geformt von Herz-, Kopf-, Saturn-, Magen- oder Sonnenlinie.

Repräsentiert: Disposition gegenüber den Mitmenschen.

Wenn gut und eben: Ruhiges Denken und Klugheit (Bild 24/15).

Zu schmal: Sorge betreffs guten Rufs (Bild 27). Asthma.

Zu weit unter Merkurberg liegend: Großzügigkeit ändert sich in große Ökonomie.

Schlecht gezeichnet: Sorge, Unglück, schlechte Neigungen.

Sehr schmal in der Form: Mangel an Toleranz; rechthaberisches Wesen, Asthmadisposition.

Viele kleine Haarlinien enthaltend: Geschwächte Kopfnerven (Ursache: Magen).

V i e l e k l e i n e K r e u z e : Warnt vor Brandschaden und Verletzung dadurch (Bild 28/12).

E i n g r o ß e r S t e r n : Materielle Güter zu erwerben ist sehr schwer, dagegen sind Bekanntschaften mit dem anderen Geschlecht leichter und von Vorteil.

Verschiedene Zeichen.

die nicht immer unter eine bestimmte Bezeichnung zu bringen sind und doch vorkommen, so auch auf einigen Bildern vorhanden sind, will ich hier nach der Bilderreihe aufführen:

Bild 2 4.

28: Strich durch Beugegelenk warnt vor Verletzung; bei Merkurfinger: Armverletzung.

29: Apollofinger: Beinverletzung; 31: Saturnfinger: Leibverletzung; 32: Jupiterfinger: Kopf- oder Halsverletzung.

30: Viele feinere Linien im Beugegelenk des Saturnfingers 3./2. Glied: Warnt vor Vergiftung durch verdorbene Lebensmittel, Konserven, Fleisch-, Käsegift, Pilzgift usw.

Bild 2 5.

Linke Hand.

6: Störung der Sexualorgane (Ovarien- bzw. Hodenschwäche).

8: Linie aus der Herzlinie kommend: Merkmal für Mord oder Unfall.

12, 13: Querlinien in der Saturnlinie: Hemmungen in dem Jahre, Messen notwendig.

14: Hängt mit religiösen Erkenntnissen zusammen.

19: Soviele Linien hier, soviele Kinder — möglich. (Dies Zeichen ist nur bei Frauen und dort an der linken Hand zu werten. Die Anzahl der Linien geht meist konform mit der Zahl der Kinderlinien, welche sich auf der oder den Ehelinien befinden.)

24: Linie abwarts im stumpfen Winkel von der Kopflinie: Jähzorn.

26: Heftigkeit und dadurch Schaden im Berufe.

27: Diplomatisches Wesen.

28: Stern im 3. Glied des Saturnfingers: Warnt vor Überfall, Körperverletzung.

29: Stern im 2. Glied des Saturnfingers: Warnt vor Lebensgefahr durch Fahrlässigkeit.

30: Stern im 1. Glied des Saturnfingers, seitlich: Warnt vor Lebensgefahr durch Waffen.

31: Kreuz im 1. Glied des Saturnfingers, seitlich: Warnt vor Lebensgefahr, abgeschwächt.

32: Kleine Querlinien an den Fingerspitzen: Schwächliche Gesundheit.

Rechte Hand.

33 und 55: Schwermut, evtl. bis zum Lebensüberdruß.

34: Tod durch Erhängen. (Dies muß nicht Selbstmord sein!)

37: Beginn der Körperschwäche.

38: Zerfall der Körperkräfte.

39: Zerrüttete Nervenkonstitution, angeboren.

41: Krankhafter Somnambulismus veranlagt. Warnt vor medialer Betätigung, wie Trance und Hypnose (die immer eine Vergewaltigung ist, außer als Narkose).

42: Ungünstiges Auslaufen medialer Bestrebungen.

43: Ungünstiges Zeichen betreffs Reisen auf Wasser.

46: Verliebtheit solange, als diese Äste reichen.

48: Hysteriedisposition, angeboren.

49: Eifersucht (Biegung der Herzlinie nach unten).

51: Bei Frauen: Unterleibsleiden, oft Fehlgeburten, Gewächse.

52: Lebensgefahr und Gefängnis.

56: Warnt vor Gasvergiftung.

57: Warnt vor Medizinalgiften.

58: Warnt vor Körperverletzung durch Unfall.

59, 60: Gehemmtes Empfindungsleben.

61, 62: Hemmungen im ehrlichen Denken, evtl. Unehrlichkeiten.

63: Gehässigkeit.

64: Heftige Angriffe.

Bild 26.

Linke Hand.

1: Herzstörung.

3: Störungen im Unterleib (Ovarien oder Hoden).

4: Gute Ehegelegenheit.

5: Feinde auf Reisen, falsche Freunde.

6: Nierenstörung.

7, 8: Nierenstörung.

9: Pausen im Berufsleben.

10: Ein gehässiger Feind (weil die Kopflinie bei 13 schneidend).

11: Allgemeine Feinde.

12: Feindliches Ehepaar (zwei gekreuzte Linien).

16: Bruch in der Linie, Bruch in Herzenssachen, durch Überheblichkeit.

17: Leute vom Saturntyp sind dem Betreffenden nicht günstig.

19: Gekrümmter Nagel: Asthma, Engherzigkeit, Intoleranz.

172

Rechte Hand.

21, 22: Zeichen für sexuelle Ausschweifung.

23 (Beginn der Lebenslinie): Langsame Entschlußkraft.

26: Stern hier, macht immer geneigt zum Fallen.

27: Unaufrichtigkeit, Leberstörung.

29: Zerrissene Linie: Leberstörung. Ebenso 30.

31: Mit starkem Mondberge: Rheuma in Arm und Schulter.

32: Disposition zur Besessenheit (Dämonismus).

33: Saturnring, gibt viele Hindernisse auf dem Lebensweg.

34: Melancholie.

35: Lebensgefahr.

Bild 27.

Linke Hand.

6, 6: Doppelte Magenlinie, stabilisiert Körper- und Nervenkonstitution. Begabung für Arztberuf.

7: Finanzielle Verluste der Eltern des Betreffenden (Jugendzeit).

8: Gehemmter Aufstieg, 18. Jahr.

9, 10: Veränderungen, kleine Pausen. Evtl. Wechsel im Berufe.

11, 12: Schwellung des Herzens.

13: In Frauenhänden: Schwere Entbindung, in Verbindung mit Zeichen 14.

15: Günstiges Zeichen für Handel und Geschäft.

16: Venusgürtel bis in die Ehelinie: Der andere Ehepartner regiert (Grund: Schwaches Rückgrat angeboren, daher keine Kampfnatur!)

19: Ein K-Zeichen: Anfangsbuchstaben des Namens einer nahestehenden Person.

20: Isislinie. Lebensernst, Neigung zu Enthaltsamkeiten.

21: Zarte Anfänge von Intuitionslinien. In dieser vielfachen Zahl sind sie aber ungünstig und als gestörte Milz zu werten.

22: Enttäuschung in Liebessachen ist die Bedeutung der Insel in der Linie. Die Linie selbst ist eine Giftlinie, die vererbte Gifte anzeigt. (Metaphysische Einflüsse derselben Quelle!)

Rechte Hand.

23: Viel Bitternis in der Ehe.

27: Kopfverletzung durch Fahrlässigkeit.

28: Verkehrte Strebsamkeit.

30, 31: Aufstieg zu der Zeit, bessere Verhältnisse. (Selbstverständlich muß man die Zeit bewußt nutzen. Von allein kommt nichts.)

32: Hemmungen durch das andere Geschlecht.

33, 34: Zeichen für Fehlgeburten, die kommen oder waren.

35: In Verbindung mit großem Mondberg: Rheuma.
37: Viel Leid in der Liebe.
38: Buchstaben an der Apollolinie: K, H, E, A; sie deuten Namen an.
39, 40: Kranke Kinder (Zeichen dafür).
41: Stern im dritten Gliede des Merkur: Mediale Veranlagung.
42: Stern im zweiten Gliede des Merkur: Verdirbt Merkureigenschaften.
43: Kurzer Nagel: Gereiztes Wesen (durch Herzstörungen).
44: Gehörstörungen; brauner Fleck oder Punkt.
46: Blinddarmleiden.
47: Das „hohe" oder magische Dreieck.

Bild 28.

Linke Hand.

1: Bronchialleiden.
2 (auf Marsberg): Verstärkt die Bedeutung von 1.
3: Lebensgefahr, aber Schutz darin.
4: Eine Bekanntschaft in dem Jahre.
5: Latente, fiebrige Krankheiten.
8: Darmleiden, nicht bösartig.
11: Verlust durch eine Bekanntschaft auf Reisen.
13: Eine starke und gleich darauf eine schwächere Liebesangelegenheit in der Auswirkung. (Selbstverständlich „verpflichten" diese Zeichen nicht dazu. Es zeigen sich Gelegenheiten.)
14: Kurze Liebesangelegenheit.
15: Linien für Studien oder Literatur.
16: Anfänge vom Venusgürtel; evtl. Disposit. zu Onanie.
17, 17: Ein Bruch in Herzensangelegenheiten durch Intrigen, ein zweiter Fall durch Fahrlässigkeit.
18: Sehr ungünstiges Zeichen ist der Tannenzweig. Dreieck sehr gut.
19, 20, 21: Planetenzeichen in Verbindung mit Mondcharakteristik.

Rechte Hand.

22: Strebsamkeit.
23: Irrsinnveranlagung, in Verbindung mit 24/24.
25: Mondeinfluß, für große Reise oder Reisebekanntschaft.
31: Erworbene Herzstörungen; Neigung zu schweren Geburten.
32: Verdorbene Gesinnung.
37: Ehelinie mit rotem Punkt: Der Ehepartner verunglückt plötzlich.
38: Verpaßte gute Ehegelegenheit.
39, 40: Hemmungen im Liebesleben.

Bild 29.

Linke Hand.

2: Fiebrige Krankheit.
3: Kopfverletzung.
4: Gram und dadurch Nervenfieber, wenn mit 15.
5: Störungen im Berufe durch Verwandte.
6: Bekanntschaft mit Streitigkeiten.
7, 8, 10: Roter Punkt zeigt Augenschaden an.
9: Jähzorn.
11, 13, 14: Günstige Pläne.
12, 17: Ungünstige Pläne.
18: Beinverletzung.
23: Verlust einer nahestehenden Person.
24: Ungünstige Herzensangelegenheiten.
25: Verdirbt den ehrlichen Sinn.
29: Zweig aus dem Beugegelenk: Unterleibsstörungen bei Frauen.
30: Eifersucht.
31: Trennung einer Herzensangelegenheit oder Ehe.

Rechte Hand.

33: Hemmungen in der Handlung.
34: Herzstörungen (Herzklappenfehler).
38: Bitternisse in Liebes- und Ehesachen.
39: Überreizte Kopfnerven.
40: Schwächt viel von der Bedeutung von 38 ab.
43: Kopfverletzung durch Unfall.
44: Überreizung der Kopfnerven, gestörtes Denken. Ursache: Magen.
45: Vererbung von Kopfschmerzen, durch Arterienverkalkung bei Vorfahr.
50: Zerfall der Lebenskräfte.

Bild 30.

Es wurde schon an anderer Stelle (Venusberg) beschrieben.

Bild 31.

1—1: Todesfall und Krankheit in den ersten Lebensjahren.
2—2: Chronische Krankheit.
3: Kopfverletzung.
4: Wie 1; dazu Liebesaffäre.
5—38: Wie 4.
5: Viereck an der Linie: Abgeschiedenheit, Internierung.
5—36: Kleines Dreieck an der Linie: Herzensaffäre.

6: Winkellinie, warnt vor Körperverletzung.

7—7: Herzensangelegenheit; außerdem: Todesfall mit Erbschaft (weil die Ereignislinie in die Apollolinie verläuft).

8: Roter Punkt: Verletzung. Dunkler Punkt: Krankheit mit Fieber.

9: Bekanntschaft.

9—9: Günstige Zeit für Unternehmungen; evtl. eins durch das andere, da beides auf den gleichen Zeitpunkt fällt.

10 sowie 20: Depressionen durch Gram, Todesfall usw.

11: Bekanntschaft mit Streitigkeiten oder Prozeß.

12: Wie 11; dazu: kritischer Zeitpunkt für Gesundheit (einschneidende Linie!).

13: Günstige Zeit für Reise.

14—14: Bekanntschaft und Liebessache mit Streitigkeit im selben Jahre.

15: Selbstmordanwandlungen, wenn die Linie bis 28 verläuft.

15: Kleines Dreieck an der Lebenslinie: Liebessache, ungünstig.

16: Liebessache und ein Ärger oder Gram mit Krankheit.

17, 19: Gefährliche Zeit für Verletzungen, Operationen. 19 ist gefährlicher.

18: Gute Zeit für Unternehmungen. Sie werden aber gehemmt durch das andere Geschlecht (weil die aufsteigende Linie an der Herzlinie endet).

20: Trauer, Depression. Mit 21: Finanziell ungünstige Zeit.

22: Günstige Zeit für Reise.

23: Altersschwäche und ungünstige Zeit für Unternehmen.

24, 25: Kritische Zeitpunkte für Gesundheit und Leben.

26: Kränklichkeiten.

27: Finanzielle Verluste der Eltern in der Jugendzeit der Person.

33 und 52 verstärken die Gefahr bei Operationen (in Zeichen 19).

39: Ehe mit Traurigkeit auslaufend.

40: Ehe mit Streit, Scheidung ausgehend.

44: Kinderlinien senkrecht zur Ehelinie: Erst Knabe, dann Mädel.

46: Leichtsinn (Unbedachtsamkeit) in geschäftlichen Angelegenheiten.

48: Hemmungen durch Intrigen (Merkureinfluß).

49: Hemmungen durch Verwandte (Saturneinfluß).

1, 4 (an der Herzlinie): Abzweigungen sind günstige Zeiten für Herzensangelegenheiten in dem Jahre, da die kleinen Zweige die Herzlinie verlassen.

Die Zeiten, in welche die Schnittpunkte der Linien 1—1, 4—4, 5—38, 7—7, 40, 10, 14, 17, 19 auf die Saturnlinie fallen, sind günstige Zeiten für Bekanntschaften und Freundschaften.

Bei Linie 5—38 sehen wir, daß eine Verbindung teilweise fehlt. Für diese Ausdeutung gehen uns die Linien nur so weit an, als sie zwischen Herz- und Kopflinie liegen. (Herz = Liebe, Kopf = Verstand: Freundschaft.) Bei Linie 5 liegt die „eigene Seite" (Seite des Daumens), bei der Linie 38 liegt die Seite der anderen Partei. Sie ist länger als die eigene. Dies zeigt: daß bei der anderen Seite mehr Zuneigung sich zeigt oder vorhanden ist als auf der eigenen; Versuch, ohne Zustandekommen der Angelegenheit. — Die Zeit bei Linie 4 und 7 und 10 ist dagegen sehr günstig und gut auslaufend.

*　　*　　*

Ich glaube, mit diesem Abschnitt vielen Fragen begegnet zu sein, viele Fragen beantwortet zu haben, und will hoffen, daß alles klar genug ist, um es ganz zu verstehen. — Einige Merkmale in den anderen Bilderbeilagen habe ich weiter am Schlusse berücksichtigt.

Das Messen der Ereignisse.

> Kann man Zyklen, Entfernungen und Ereignisse im Weltenraume messen, dann kann man es auch in der Hand. Wie oben, so unten.

Bild 33 gibt einen Gesamtüberblick der Maßeinteilung, wie sie von Kennern dieses Wissens angewandt wird. Man findet in der alten Literatur sehr oft, daß die Lebenslinie wohl bis 90 Grad oder Jahre gemessen werden kann, aber auch, daß die verschiedenen Dezennien verschiedene Größe in der Fläche haben. Da eine derartige Messung keine Genauigkeit ergeben kann, verbesserte ich die Maße so, wie sie auf den beigefügten Meßkarten (Bild 34) angegeben sind. Um ein Ereignis bzw. die Ereignisse zu messen, suche man eine Ereignislinie auf dem Anfang der Lebenslinie. Nehmen wir an: im 15. Lebensjahre war ein Trauerfall oder eine sonstige seelische Erschütterung eingetreten, welche sich dann auch als eine Linie anzeigt, die von der Lebenslinie — nicht weit vom Anfange — nach der Herzlinie führt (weil Herzensempfindungen in Betracht kommen!). Auf den Schnittpunkt dieser Ereignislinie mit der Lebenslinie legen wir die Zahl 15 der Meßkarte (Lebenslinienmaß), halten fest und lesen dann die anderen Schnittpunkte der weiteren Ereignislinien auf der Lebenslinie ab. Falls Erfolgslinien, das sind von der Lebenslinie nach den Bergen aufsteigende Linien, vorhanden sind, stellen wir auch deren Schnittpunkt mit der Lebenslinie und so das in Betracht kommende Jahr fest. Um „günstige Zeiten für Beruf und Geschäft" zu erkennen, mißt man die eben beschriebene Erfolgslinie und kontrolliert mit dem „Barometer des Lebenswegs", der Saturnlinie. Z. B. steigt die Erfolgslinie aus der Lebenslinie mit dem 35. Jahr. Auf der Saturnlinie haben wir dann das 35. Jahr zu finden; das ist der Punkt, der auf dem Dreiviertel der Länge der Saturnlinie, zwischen den Schnittpunkten der Herz- und Saturnlinie und Kopf- und Saturnlinie liegt. Ist die Saturnlinie in dieser Gegend gut markiert, gut in der Farbe, so ist allgemein günstige Zeit vorhanden. Ist am bestimmten Zeitpunkt aber noch eine aufsteigende Gabellinie, so ist die Zeit besonders günstig. Ein weiteres Kontrollzeichen wäre evtl. die Apollolinie. Andere Dinge abzumessen, z. B. günstige Zeiten für gute Bekanntschaften und Freundschaften, ermöglicht uns die Saturnlinie ebenfalls. Um hierüber ausführlich Klarheit zu gewinnen, nehme man Bild 22 mit der Tafel über die „Linienformationen" zur Hand. Am Schlusse dieser Tafel (h) finden sich die betreffenden Zeichnungen hierfür. Ich will sie der Reihe nach erklären. Die Konstellation „A" zeigt eine senkrechte Linie, welche ich hier als den Teil der Saturnlinie annehmen will, der zwischen dem 20. und 40. Jahr liegt — also zwischen den beiden Schnittpunkten der Herz- und der Kopflinie. Pfeil 1 zeigt hier eine aufsteigende Gabellinie, ein Zeichen dafür, daß günstige Zeiten für Beruf oder Geschäft vorhanden sind. Der Anfang dieser Zeit wäre das 36. bis 37. Jahr. — Pfeil 2 zeigt einen waagerechten Strich, eine Querlinie. Alles, was quer liegt, ist eine Hemmung, ein Hindernis. Die Stärke des letzten ist nach dem Ausdruck der Querlinie zu erkennen. Ist diese Linie nur sehr fein, so ist das Hemmnis nur leicht und wird bald übergangen; ist die Linie sehr dick, so ist das Hemmnis stark und von nachwirkender Dauer. Ist die Linie aber gleich der mit Pfeil 5 bezeichneten, daß sie von der Herz- bis zur Kopflinie führt, so ist die Formation ähnlich einer Gabel und muß Gutes mit sich bringen. Diese Linie bedeutet auch, daß diese Zeit — hier z. B. das 26. Jahr — günstig für Freundschaften, evtl. Herzensbekanntschaften. Pfeil 3 und 4 zeigen kleine Ereignisse an, die erst im Werden begriffen sind. Die Konstellation „B" zeigt wieder die aufsteigenden Gabellinien in starker und schwacher Form (8). Pfeil 7 deutet auf eine sich evtl. bildende günstige Zeit. Noch ist sie es nicht! — Bei „C" zeigt Pfeil 9 eine unten offene Gabellinie. Kommt die Linie 9 von der Lebenslinie, so ist sie eine aufsteigende Linie, welche die Saturnlinie im 25. Jahre trifft und für diesen Zeitpunkt einen guten Einfluß zeigt. Ebenso Linie 10, wenn sie aus dem Mondberge kommt. Sie zeigt an: Geschäfts- oder Berufseinfluß guter Art. Schneidet sie aber die Saturnlinie, so ist der Einfluß kein guter bzw. „vorteil"hafter. — Bei „D" sehen wir bogenartige Querlinien. Diese sind in allen Fällen Zeichen nachwirkender Hemmnisse, genau wie im großen der Venusgürtel solches Allgemeinhemmnis darstellt, wenn er die Saturnlinie und Sonnenlinie schneidet, um die Zirkulation der Kräfte zu binden. — „F" zeigt eine Saturnlinie, die mehrere Male gebrochen ist, um gleich nebenher weiterzugehen in ungeschwächter Stärke. Pfeil 15 zeigt Veränderung im Beruf oder sonst merklicher Art. Pfeil 16 ebenso, doch nicht ganz so drastisch, da die Bruchstücke verbunden sind. Pfeil 17 zeigt eine Lücke (Pause) und Linie 18 einen Einfluß oder ein Ereignis, das in der Bildung begriffen ist. Bei „G" haben wir eine schöne starke Linie. Pfeil 19 zeigt eine Einflußlinie, vom Mondberge kommend, sich in eine starke Parallele verwandelnd, welche Stabilisierung des Lebenswegs bedeutet, und dies durch Bekanntschaft, die auf Reisen gemacht wird, oder durch eine Person des anderen Geschlechts. Diese Konstellationen gelten jedoch nur für die Schicksals- und Apollolinie. — Für die Magenlinie und Lebenslinie kommen sie nicht in d i e s e r Art zur Ausdeutung, sondern müssen da zusammen mit physiologischen Merkmalen in Betracht gezogen werden. Jede Linie, jeder Berg, jeder Handteil hat seine eigene und bestimmte Bedeutung. Ein Bruch in der Saturnlinie wird eine Pause, unter Umständen auch eine Veränderung der Verhältnisse bedeuten; in der Lebenslinie kann derselbe Bruch Todesgefahr heißen; in der Kopflinie: Kopfverletzung.

Zum Messen besonders notwendig sind die Maße der Lebenslinie und die der Saturnlinie, weil sich auf diesen beiden Linien hauptsächlich die einschneidendsten Daten ergeben. Die Fläche auf der Saturnlinie, die zwischen den Kreuzpunkten der Kopflinie (20. Jahr) und der Herzlinie (40. Jahr) liegt, ist in verschiedenen Händen meist verschieden. Einmal sind es 2 cm, ein andermal 2,5 cm, wieder in einer anderen Hand vielleicht nur 1,5 cm. Immer sind es 20 Jahre, und diese in der Hand einmal bestehende Entfernung muß, für die Zeit nach dem 40. Jahre, von der Herzlinie aufwärts übertragen, weiter gemessen werden. Gewiß gibt es auch hier Ausnahmefälle, jedoch kommen sie selten vor. Unter dem Kreuzpunkte der Kopflinie kam ich immer mit 0,5 cm für jedes Jahr (bis zum 15. Jahre) zurecht. Weiter abwärts ist die Zeit nicht genau an der Schicksalslinie zu bestimmen.

Bei der Lebenslinie trifft j e d e r Grad zu. Hier ist nur die Hauptsache, den Nullpunkt g e n a u festzustellen. Ihn findet man ungefähr, wenn man sich eine senkrechte Linie, ein Lot, von der Spitze des Jupiterfingers bis auf die Lebenslinie gezogen denkt. Der Schnittpunkt auf der Lebenslinie läßt den Nullpunkt dann ziemlich genau erkennen. Um ihn aber dann zu „korrigieren", findet man in dieser Gegend ein Ereignis heraus. Z. B. haben die meisten Leute in den ersten Lebensjahren einen Todesfall zu melden, vielleicht den des Großvaters, der Großmutter, eines Onkels oder einer Tante; seltener von Geschwistern oder Eltern. Wenn auch als Kind die „seelische Erschütterung" dieses Ereignisses nicht bewußt durchlebt wird, wenigstens in den meisten Fällen, so ist die Linie (von der Lebenslinie zur Herzlinie) d o c h eingezeichnet. Warum? Weil wir gerade mit den sechs angeführten Personen in einer magnetischen und blutsrhythmischen Verbindung stehen. Daß dies tatsächlich so ist und nicht etwa ein herangezogener

Gedanke, wird durch folgendes bewiesen: Beobachten wir bei Bekannten oder Verwandten, daß ein Onkel oder eine Tante stirbt, dann werden wir auch finden, daß in den allermeisten Fällen zur s e l b e n Zeit ein Neffe oder eine Nichte der oder des Verstorbenen krank wird. Es kann sich um Tage oder Wochen handeln, welche den Zwischenraum der Geschehnisse ausfüllen. In der Hand erkennen wir dieses Doppelereignis daran, daß wir auf der Lebenslinie in dem betreffenden Jahre die Trauerlinie finden (zwischen Lebenslinie und Herzlinie), aber auch: daß von dem Schnittpunkt in der Lebenslinie desselben Jahres d i e - s e l b e Linie eine Verlängerung in den oberen Venusberg, den kleinen Mars, aufweist. Einflüsse dieses Marsbergs sind (hitzige) Krankheiten fiebriger Art. Es sind oft die sog. „Kinderkrankheiten", denen wir dann ausgesetzt sind.

Weiter herunter an der Lebenslinie treffen wir auf andere Doppelereignisse: Eine Trauerlinie, die gleich beim Verlassen der Lebenslinie sich mit einer kleinen senkrechten, aus der Lebenslinie aufsteigenden Linie trifft (und darüber hinausgeht), so ein kleines Dreieck formend. In d i e s e m Jahre treffen zusammen: Ein Todesfall, eine Herzensbekanntschaft (oder Gelegenheit für Ehe) u n d, wenn die Trauerlinie noch die Saturnlinie schneidet, ein Jahr für günstige Bekanntschaften, das aber meistens ein a n d e r e s Jahr ist und auf der Saturnlinie abgemessen wird. Das sind d r e i Ereignisse, durch dieselbe Linie dargestellt oder angezeigt. Ein v i e r t e s kommt hinzu, wenn die Trauerlinie in die Herzlinie mündet. Hier wird nun der Punkt an der Herzlinie gemessen und ergibt: eine günstige Zeit oder ein Ereignis, das mit Liebessachen in Verbindung steht. S o spart die Natur und zeigt mit e i n e r Linie drei, vier oder, wie in diesem Falle, fünf Ereignisse an: zwei negative (Tod eines anderen und Krankheit) und zwei bis drei positive, günstige Ereignisse. Und da jammern die Leute über den „Verlust einer Person", wenn ihnen auf der anderen Seite doppelte oder dreifache Vergütung zu teil wird! — Welche Undankbarkeit gegen das Schicksal, gegen Gott, — weil sie nicht den Zweck des Lebens erkennen w o l l e n.

Die Kopf- und auch die Herzlinie mißt man mit derselben Maßeinteilung, die bei der Lebenslinie Anwendung findet. Die hier gebrachten Maße (Bild 34) sind für eine mittelgroße Hand bestimmt. Für größere oder für Kinderhände sind die auf dem nächsten Blatt befindlichen vier Maße bestimmt. Die mit L. L. bezeichneten Bogenlinien werden in der Weise an der Lebenslinie angelegt, daß der Innenteil des Bogens den Venusberg (Daumenballen) bedeckt. Auf diese Weise erspart man sich das Anheben des Maßes und kann sofort die Schnittpunkte der Ereignislinien auf der Lebenslinie (Ereignisse) erkennen und den Linienverlauf verfolgen, was bedeutend erleichtert. Es ist streng darauf zu achten, daß die Abstände der Dezennien (von zehn zu zehn Jahren) immer g l e i c h g r o ß e sind und in diesen ebenso die einzelnen Längen der Jahre. Wird dies genau beachtet, dann wird sich niemand über Ungenauigkeiten zu beklagen haben.

Mißt man an fremden Händen Ereignisse aus und fragt dabei nach einem Ereignis (um einen Anhaltspunkt für den Nullpunkt zu haben), so kommt es vor, daß jene Personen von keinem Ereignisse wissen wollen, weil sie es vergessen haben. Ein wenig Übung läßt bald zu, daß man den Nullpunkt ziemlich genau an der Lebenslinie schätzen lernt. Wenn dann z. B. im fünften Jahr eine Ereignislinie zu sehen ist, lasse man sich nicht abweisen. Das Ereignis m u ß in der Gegend liegen, es i s t tatsächlich dagewesen, denn sonst wäre die Linie nicht da! — Also kann es sich nur darum handeln,- daß das Ereignis ungefähr im fünften Jahre war. Es kann im vierten oder sechsten Jahre gewesen sein. Wenn man auf diese Art etwas nachhilft, besinnt sich mancher darauf. Tut er es dennoch nicht — manche Menschen sind in der Tat sehr vergeßlich —, nun, dann behalte man den Punkt 5 auf dem geschätzten fünften Jahre der Lebenslinie und korrigiere an einem Ereignisse, das in d e n Jahren liegt, welche der Betreffende gerade hinter sich hat, also in den letzten vergangenen Jahren. Da ergibt sich dann schon eine Bestätigung. Hierauf schaut man nochmals nach Punkt 5, der sich durch die Korrektur vielleicht auf das dritte, siebente oder sechste Lebensjahr verschoben hat. D a n a c h hält man an diesem letzten Meßpunkte fest und rollt so das Leben, die Lebenslinie des Betreffenden ab und notiert die Ereignisse, eines nach dem anderen (wie sie folgen). Stimmen zwei bis drei Ereignisse mit dem Maße bzw. der in Anwendung stehenden Maßeinteilung, dann stimmen sie a l l e. Auch für die Zeit n a c h dem Lebensjahr, in dem der Betreffende steht. Zuerst linke, dann rechte Hand!

Da die meisten Leute (aus Religionslosigkeit und Mangel an seelischer Kraft als Folge davon) nicht vertragen können, daß sie erfahren, wie lange sie ungefähr zu leben haben, warne ich vor solchen Diagnosen. Man spreche bei solchen als für das Leben einschneidend eingezeichneten Zeichen von: „kritischen Zeitpunkten für Gesundheit". D a s sagt genug für d e n, der seinen Verstand gebrauchen w i l l.

In letzter Zeit wird von einigen Verfassern neuerer Schriften über Chirosophie zu erklären versucht, daß man Lebensereignisse aus den Handlinien n i c h t ausmessen könne. Einige versuchen sogar eine abnorme Meßart — Verschiedenheit der Größe der Dezennien — zu bringen. Man lasse sich jedoch durch derartige „eigene Systeme" nicht beirren. Wie schon gesagt, müssen die Abstände der 10-Jahreszyklen g l e i c h groß bleiben, da sonst Ungenauigkeiten eintreten. Meine heute über 45jährigen praktischen Erfahrungen haben m e i n e Maßeinteilung — 90 g l e i c h e Teile für die Lebenslinie — immer noch als richtig durch Beobachtung und Bestätigungen in mehr als einigen 100 000 Handuntersuchungen bewiesen. D a s bedeutet praktisch mehr als die „Meinung" von Anfängern oder von Unbegabten. Ich habe Handanalysen von Menschen angefertigt, die ich persönlich nie gesehen habe, und von denen mir n u r Handphotographien und Handabdrücke, sowie die Daten etwa zweier Ereignisse aus der Jugendzeit zur Korrektur zur Verfügung standen. Sie haben dann bestätigt, daß alles, auch die Ereignisse und Zeiten, genau übereinstimmten. Dies ist wohl der beste objektive Beweis.

Handabdrücke.

stellt man am besten auf folgende Weise her: Mit einem nicht zu trockenen schwarzen Stempelfarbkissen streiche man über die Innenhandfläche und Finger, bis alles ganz gleichmäßig geschwärzt und feucht ist. Besser noch, weil leichter abwaschbar, ist die Verwendung von „Japan Aqua Schwarz". Dieser Farbstoff ist in Tuben in Geschäften für Künstlerbedarf zu haben. Es wird ein wenig davon aus der Tube gedrückt und auf den Innenhandflächen gleichmäßig, aber nicht zu reichlich verrieben. Dann spreize man die Finger ein wenig und drücke fest auf ein Blatt tintenfähiges weißes Papier, das man vorher auf eine gute Unterlage (etwa fünf einmal zusammengefaltete Zeitungen) gelegt hat. Damit nun auch die unter Umständen hohle Stelle der Innenhand gedruckt wird, senke man den Ellenbogen bis zur waagerechten Lage mit der Hand. Dann drücke man mit der freien Hand auf das Druckblatt dicht vor die Finger und rolle die geschwärzte Hand nach hinten (über das Handgelenk) ab, die Finger zuerst in die Höhe hebend. Mit einiger Übung werden die Abdrücke fein sauber und genau sein.

Stempelfarben in violett, rot und grün sind sehr schwer zu entfernen, diese Farben sind auch giftig.

Wer die Absicht hat, viele Handabdrücke herzustellen, der tut besser den genannten Farbstoff in kleiner Menge auf eine dicke Glasplatte, walzt ihn mit einer Gummiwalze dünn aus und rollt ihn dann mit der Gummiwalze auf die Innenhand auf. Hierdurch wird der Farbstoff gleichmäßig aufgetragen, und der Abdruck ist klar. Außerdem sind aber immer für j e d e Analyse gute, d. h. scharfe Fotos der Handf o r m e n erforderlich, eine von der linken Innen- und eine von der rechten Außenhand; denn diese bilden die Grundlagen der Handanalyse. Ohne die Wertung der Handformen bleibt jede Handanalyse ungenau und daher unzuverlässig.

Für eine Sammlung oder Einsendung zur Begutachtung und Analyse müssen die Abdrücke ebenso gut in der Ausführung sein wie das hier beigefügte Bild 64, damit man die einzelnen Linien und Zeichen auch wirklich erkennen kann. Bei verwischten Abdrücken läßt sich nichts erkennen, und deshalb sind sie das Aufheben nicht wert.

Es ist immer wertvoll und lehrreich, wie auch interessant, solche Handabdrücke von seiner ganzen Familie oder seinem Stammbaum zu haben. Da kann man sehr gut herausfinden, woher die einzelnen Krankheiten vererbt sind und deshalb auch einzelne Charakterrichtungen. Ich beschrieb schon, Krankheit und Charakter stehen immer in Wechselwirkung, sind Polaritäten im menschlichen Leben, deshalb auch im Schicksal der Familie und des einzelnen.

Gewiß kann man diese Sammlung der Handabdrücke noch vervollständigen, indem man dem Abdruck hinzufügt: Geburtsdatum, möglichst mit genauer Stundenangabe, Kopfphotographie und Autogramm.

Solche Sammlung nützt jedem einzelnen Menschen im moralischen und ethischen Sinne sehr; denn er erkennt seine Zusammensetzung, sein Material und die Grenzen des Erreichbaren auf Grund dieser höheren Physiologie.

––––––––––

Ich lasse hier die Deutung eines Handabdruckes folgen und hoffe, daß sich der Schüler gut in die Materie hineinfindet. Um dies zu erleichtern, nahm ich einen Handabdruck mit sehr wenig Linien. Wer seine Augen etwas an die Runenschrift der Hände gewöhnt hat, der wird noch mehr finden, als ich aufgeführt habe. Ich habe mit den Abdrücken und den Erklärungen nur zeigen wollen, w i e die einzelnen Zeichen in Natur aussehen, weil man mir oft mitteilte, daß man sich bei Zeichnungen nicht das richtige Bild von den wirklichen Zeichen machen könne. Man sieht hier wohl, daß die Zeichen mit denen, die ich auf den Handzeichnungen brachte, übereinstimmen.

Nach dieser Analyse will ich noch auf einige beachtenswerte Zeichen und Konstellationen der anderen beigefügten Bilder hinweisen. Die Erklärungen soll der Schüler aber s e l b s t durch Nachdenken erarbeiten. Anhaltspunkte bieten ihm die Analyse von Bild 36, die Musteranalyse und das ganze Buch.

Die Praxis.

Analyse von Bild 36.

Dieses Bild zeigt den Abdruck einer Innenhand, die einem anscheinend eckigen Handtyp angehört. Nehmen wir für diesen Fall an, sie s e i eckig. Bei einem Abdruck ist die Form und Plastik nicht zu bestimmen, weshalb ich hier diese Dinge — leider — fortlassen muß.

Zuerst die Bedeutung der eckigen Hand:

Kleinlichkeit, Genauigkeit, Pflichtbewußtsein und Nützlichkeits-prinzip, sowie konservatives Denken. Da die Hand groß ist und die Finger einen Eindruck der Schwere machen, kommt der Eigner mehr für sehr kleine Arbeiten, Feinmechanik in Frage. Der Daumen ist kurz, aber gut entwickelt, ebenso der Knoten im ersten Gelenk, nicht bieg-sam: Eigener Sinn und Hartköpfigkeit, sogar Grobheit ist vorhanden. Das Maß des Willens ist nicht groß, und daher sind Energie und Durch-setzungskraft nur gering, wenn auch Eigensinn und Hartköpfigkeit einen kleinen Ausgleich zu bieten vermögen, der jedoch nur Schein darstellt. Aus diesen Gründen können Pläne, Unternehmungen auch nur teilweise durchgeführt werden. Da der Daumen sich nicht im rechten Winkel abbiegen läßt, kann die Unabhängigkeitsliebe nicht betätigt werden. Der Merkurfinger ist normal lang und ziemlich eckig: weniger Redner-talent, jedoch Sinn für Organisation und Geschäft. — Alles zusammen: Ein Mann, der ganz auf das Praktische und Nützliche eingestellt ist und sich im täglichen Leben auch durchsetzen könnte, wenn er nicht zu sehr an der Kleinlichkeit und dem Althergebrachten hinge.

Die Plastik der Berge ist auf diesem Bilde nicht ersichtlich, weshalb ich zu den Linien übergehe. Die Herzlinie ist im allgemeinen kraftvoll, hat nahe ihrem Anfang durch Insel zu große Breite, was eine Disposi-tion zu organischem Herzfehler bedeutet und dadurch auch Nörgelei. Sie endet mit (2) einem Aste zwischen Jupiter- und Saturnfinger, was Bitternisse in der Ehe bedeutet, jedoch abgeschwächt wird durch den zweiten Ast (16). In der Linie unter dem Saturnfinger sind kleine Punkte enthalten; sie weisen auf schadhafte Zähne hin (6). Eine kurze und abgebrochene Apollolinie zeigt Schönheitsempfinden an, und da sie in der Saturnlinie entspringt, kommt der Mann durch seinen Beruf auf jenes Gebiet. Diese Interessen setzen für eine Zeit (30. bis 50. Jahr) aus und beginnen dann erst im späteren Alter wieder stärker hervor-zutreten.

Die Kopflinie (17—12) beginnt im Anfang (17) ein wenig getrennt von der Lebenslinie (18—18), um sich später (20) nochmals mit ihr zu vereinigen. Solche Leute sind zeitweise hastig im Entschluß, ein andermal wieder sehr schwerfällig. Die Linie ist aber kraftvoll und gut (ungestört), und dies sagt: guter Intellekt (verstärkt durch 5), gute Gehirnnerven. Die Gedanken- oder Denkrichtung (Richtung der Kopf-linie!) geht wohl nach der phantasievollen und idealeren Seite des Lebens, neigt aber auch schon stark zu Grübelei (12). Das ist immer gefährlich, und da hier der Mondberg (Säfte) stark entwickelt erscheint, was schon aus der Fläche zu ersehen ist, gibt dieses eine Neigung zu Schwindelgefühl und Fall durch Blutandrang zum Kopf (bei roten

Nägeln und gewölbtem Mondberg) oder Blutleere (bei blassen Nägeln und flachem Mondberge).

Die Magen- oder Merkurlinie ist wohl vorhanden, aber etwas gewunden (Krampf) und gebrochen (Nierenstörung) (13). Es lagert eine Menge von Medizinalgiften im Körper (14). Intuition (15) zeigt sich hier sehr gut im Werden begriffen an, technische Fähigkeiten durch die Ecke im unteren Handgelenk bei der Raszette.

Die Saturnlinie kommt ungefähr aus der Handmitte nahe der Raszette, und das gibt Streben nach Selbständigkeit und Sichdurchsetzen. Da diese Linie nur ein wenig hin- und hergebogen ist, aber nicht schlecht im Ausdruck, wird der Eigner auch einen ziemlich geraden Lebensweg haben, der kleine Abwechslungen in Veränderungen zeigt, die aber nicht schwierig verlaufen. An der Kreuzstelle mit der Herzlinie erleidet die Saturnlinie eine Unterbrechung: Hemmung durch Frauen oder Gutherzigkeit im 42. Jahre. Gleich danach ergibt sich aber schon eine neue Bahn, die gut und stabil ist. Günstige Zeiten für Bekanntschaften und Freundschaften sind (auf den Querlinien der Saturnlinie abzumessen): Lebensjahr: 17., 19. (bei 9), 25., das am besten und günstigsten in dieser Hinsicht ist.

Lebensjahre für Gram, Kummer, Depressionen (Linien vom Venusberge nach der Herzlinie): 27., 34. (20), 40. (schwach zu erkennen), 45. (23), 51. (24), 65. (26); im 71. Jahre macht sich ein absteigender Ast (allgemeine Körperschwäche) bemerkbar, und 79. und 83. Jahr sind sehr kritische Jahre für die Gesundheit und das Leben (27).

Die mit 19, 19 bezeichneten dicken Linien im Venusberge sind solche für stärkere Sinnlichkeit (und dadurch zumeist Undankbarkeit). Linien 1 in den Fingern sind gute Ströme. Linie 3 und 4 gehen durch die Beugegelenke und verletzen sie. Ihre Bedeutung: Warnt vor Verletzung der Beine (3) und der Arme (4).

Um die Hauptlinien besser herauszukennen, habe ich sie mit Planetenzeichen beschrieben. Ich glaube, daß dieser linienarme Abdruck für den Anfänger eine klare Übersicht gibt. Für den Fortgeschrittenen bringe ich das viel reichhaltigere Bild 37, in welchem ich die Hauptlinien ebenfalls wieder mit den betreffenden Planetenrunen bezeichnet und sonstige Zeichen durch einen Strich mit einer Nummer an der Grenze der Hand markiert habe.

Erklärung der Zeichen auf Bild 37.

1. Linie im zweiten Gliede des Jupiter: Diplomatie.
2. Im dritten Gliede Querlinien: Heftigkeit, die im beruflichen Leben Schaden bringt.
3. Ein Hauptast der Herzlinie endet hier: Bitternisse im Eheleben.
4. Dreieck auf Saturnberg: Sinn für Religion und Magnetismus.

5. Kreuz auf Saturnberg: Neigung zu Unfall durch Körperverletzung.
6. Querlinien im dritten Gliede des Saturnfingers: Grübeleien.
7. Warnungs(quer)linien im zweiten Gliede des Saturnfingers: Vergiftung durch Medizinalgift.
8. Ebenso: Gasvergiftung.
9. Senkrechte Linien durch das zweite Beugegelenk: Warnt vor giftiger Speise, Pilzgift usw.
10. Linie von Saturn kommend, die Apollolinie schneidend: Hemmungen in der Betätigung auf künstlerischem Gebiete durch Verwandte.
11. Senkrechte Linien im Apollofinger (wie überall): Gute Ströme.
12. Querlinien: Hemmungen im Empfindungsleben.
13. 14. Dreiecke auf dem Apolloberge: Sinn für Ethik und Ästhetik.
15. Insel in der Herzlinie: Herzfehler, Disposition vererbt, mütterliche Linie.
16. Dreiecke auf Merkurberg: Routiniert, klug in Wissenschaft und Handel.
17. Querlinien im Merkurfinger, erstes Glied: Verdirbt das ehrliche Denken.
18. Querlinien im Merkurfinger, zweites Glied: Verdirbt Ausführungen durch Hemmungen seelischer Art.
19. Zahl der Kinderlinien im Merkurbeugegelenk. Die Zahl der Möglichkeit, nicht der Tatsächlichkeit. Diese Zeichen sind zu vergleichen mit den auf den Ehelinien (21, 22) senkrecht stehenden Kinderlinien.
20. Endung der Magenlinie auf Merkurberg: Sprachtalent.
21. Eheangelegenheiten im 35. Lebensjahre. Ausgang: Entfremdung, Mißverstehen, Trennen.
22. Eheangelegenheit im 27. Lebensjahre. Ausgang: Plötzlicher Abbruch.
23. Eheangelegenheit im 24. Lebensjahre mit traurigem Ausgange.
24. Stern auf Apolloberg: Günstig ist das 28. Jahr für Bekanntschaften mit Angehörigen der freien Berufe. Betreffender wird klug, aber herzleidend sein und im Aussehen Sonne-Merkurtyp mit etwas Saturn im Wesen.
25. Verästelungen an und in der Herzlinie: Traurige Herzensaffären.
26. Marslinie: Feindlich gesinnte Person; oder soviele Linien: Personen.
27. Stern im Marsberg: Körperverletzung. An einer Linie, die aus der Herzlinie kommt: Unfall durch große Tiere. Derselbe Stern hängt an Operationslinie 51, 52. Dreieck: Strategie. (Aus den unter 27 bezeichneten Punkten läßt sich schon das Ereignis gut kombinieren und konstruieren, wenn man die umliegenden Zeichen noch in Betracht zieht.)

28–41 ist die Kopflinie mit zwei Ausläufern 28, 28 als Gabel: Vielseitigkeit.

28, 28 und der Beginn von 25 ergeben fast die Formation einer viereckigen Insel in der Kopflinie: Sie ist noch nicht vollständig, doch kommt dies noch nach. In diesem Falle: Folgeerscheinung nach vererbter Disposition für Gehirnerweichung, starke Kopfschmerzen.

29. Insel in der Magenlinie. Diese Stelle: Disposition zu Gallenleiden.

30. (und auch neben 29) Dreiecke in der Magenlinie. Magnetismus.

30. Im unteren Winkel dieses Dreiecks kreuzen sich Saturn- und Magenlinie.

31. Neptun- oder Giftlinie: Medizinalgifte im Körper. Die Insel in dieser Linie gibt: Enttäuschungen in Liebessachen. Siehe 21, 22, 23.

32, 65, 40 bis neben 10: Saturnlinie, gut, lang und stabil. Diese Linie gibt einen guten, geraden Lebensweg. Weil sie unten aus dem Mondberge kommt, nicht beschädigt ist, wird der Betreffende auch Glück in Übersee haben, außerdem auf Reisen, mit Reisenden und solchen Bekanntschaften, mit dem anderen Geschlechte, mit Dingen, die mit „Mode und Konjunktur" in Verbindung stehen. Ein wechselvolles, aber doch schönes Leben. — Diese lange gute Linie vom unteren Mond- bis zum Saturnberge gibt auch eine vererbte Anlage zu Wahrträumen.

33. Uranus- oder Intuitionslinien geben Einfühlung und guten Instinkt, Vorfühlen.

34 ist eine Linie, die ihren Anfang in der Lebenslinie (60) hat und sich von dort in Bogen nach der Handwurzel zieht: Neigung oder Versuch zu Selbstmord, starke Depressionen. Zeit festzustellen durch Messen der Lebenslinie.

35. Linien im Jupiterbeugegelenk aufwärts: Leberstörung.

36. Schräge Linie, welche dies Gelenk schneidet, bei Frauen: Fehlgeburt.

37. Dreieck auf dem Jupiterberge: Sinn für Politik.

38, 39. Zwei schräg über den Berg laufende Linien: Blasenschwäche.

40. Kleine Insel in der Saturnlinie, nahe Herzlinie, in Verbindung mit dem Dreieck (oder Insel) in der Lebenslinie unten (63): Vorfahr hatte Magenkrebs. Mütterliche Generation.

41, 42. Linien aufsteigend aus Anfang der Lebenslinie, Strebsamkeit.

43 ist eine Strahllinie eines Sternes im Anfange der Kopflinie: Augenverletzung.

43, 44 zusammen ergeben eine kleine Insel, die mit diesem Sterne zusammenhängt und deshalb Operation bedeutet.

43, 44 als zwei Linien weiter verfolgt, enden sie gegen den Merkurberg mit einer kleinen Biegung in der Herzlinie: Todesfälle oder Depressionen in Verbindung mit materiellen (Merkur) Verlusten.

45. In diesem (20.) Lebensjahre Trauer starker Art. Linie endet in Herzlinie.

45 ist auch die waagerechte Abschlußlinie an einem kleinen Dreieck an der Lebenslinie, das durch die aufsteigende Linie (46) gebildet wird: Im selben Jahre Liebessache oder günstige Gelegenheit für Ehe.

46. Ein aufsteigender Ast von der Lebenslinie: Günstige Zeit für Unternehmen im Berufe oder Geschäfte. Da diese Linie bis hoch in den Jupiter geht, eine Gelegenheit, die sich zum allerbesten ausnutzen läßt. Auszumessen an der Lebenslinie (22./23. Lebensjahr).

47, 48, 49, 50. Jede Linie ein Fall von Depression, Gram, Trauer.

50. Noch ein Ereignis, den Verstand oder Kopf betreffend: Ärger, Streit.

51 endet am Mondberge: Günstige Zeiten für große Wasserreisen. Die bei 41 in der Lebenslinie anliegende Insel deutet auf Leiboperation.

52 (und 51). Zwei sehr feine Linien, welche in eine stärkere münden, die in der Richtung des Marsberges läuft: Verletzungen durch Metall, evtl. Operation.

53. Linie um das zweite Daumenglied laufend: Hemmungen in der Erkenntnis. (Läuft diese Linie rund um das Glied: Tod durch Erhängen; dies braucht n i c h t Selbstmord zu sein, sondern kann auch durch Unfall geschehen.)

54. Zwei Dreiecke, deren gemeinsame Basis die Linie 53 konstruiert: Hinweis, daß diese Person nach Erkenntnis durch Sinnen u n d Tat streben soll.

55. Querlinien im ersten Daumengliede (wenn sie auch im ersten Gliede des Saturnfingers vorhanden sind): Melancholie; bis zum Lebensüberdruß sich oft auswirkend.

56. Diese Linie bildet mit der aus 51 kommenden hier einen Stern in der zweiten Saturnlinie: Finanzielle Verluste der Eltern.

57 formiert mit 51 und 59 einen Stern neben der Saturnlinie im Marsfelde: Zeigt Streitigkeiten mit Heftigkeit an.

57 geht zum Schluß in die Magenlinie und zeigt damit an: Störung in der Gesundheit.

58. Eine Linie, nach dem Mondberge zeigend: Günstige Zeit für weite Reise.

59. Aufsteigende Linie in Saturnlinie mündend: Günstige Zeit für Unternehmen.

A. Dreieck auf Venusberg: Berechnung und Vorsicht im täglichen Leben, besonders bei Herzensangelegenheiten.

60. Saturnlinie. Daneben aufsteigende starke Linie in die Magenlinie

mündend: Besserung der Gesundheit und günstige Zeit im allgemeinen.

61. Absteigende Linie aus der Lebenslinie kommend: Abnehmen der Körperkräfte.

62. Beginn und Aufstieg der Apollolinie. An derselben Stelle scharfer Schnitt in die Lebenslinie: Kritische Zeit für Gesundheit und Leben.

63. Kritischer Zeitpunkt für Gesundheit und Leben.

64. Wie 63, mit Linie nach Marsberg: Plötzlicher und heftiger Tod.

Die Jahre der Ereignisse lassen sich leicht mit der Meßkarte an der Lebenslinie abmessen. Das geschieht in der Weise, wie sie im Anfang dieses Abschnitts beschrieben worden ist. — Zu diesen Ereignissen kommt noch die Handformanalyse, und dann wird beides miteinander verbunden. Die Art des Erlebens der Ereignisse ist von Charakter, geistigem Niveau und Lebenskunst abhängig und sollte bei einer ausführlichen Analyse in Betracht gezogen werden.

Je nachdem, wieviele Linien in den Händen vorhanden sind, wird die Handanalyse klein oder umfangreich. Selbstverständlich kommt nach der linken noch die r e c h t e Hand in derselben Weise zur Betrachtung, und beides wird verglichen, reduziert oder ergänzt, bis das vollständige Lebensbild ausführlich vorhanden ist. Auf der r e c h t e n Hand liegt der H a u p t w e r t. Sie ist die positive!

Zu solch einer vollständigen Handanalyse benutze man die listenartige Aufstellung, wie ich sie hier in drei Formularen folgen lasse.

Der Reichtum an Handlinien und Zeichen darf nicht verwirren. Immer eines nach dem anderen, wie ich es in dieser Erklärung des Abdrucks Bild 37 getan habe, oder, wenn weniger Linien, wie mit Bild 36.

Bei jeder Handanalyse werden die einzelnen Merkmale gesammelt, und zwar zugleich aus beiden Händen derart, daß man also zur gleichen Zeit z. B. die Herzlinie links u n d rechts vom Beginn bis zur Endung aufmerksam und genau absucht und jedes Merkmal notiert. So auch bei den anderen Linien und den Bergen. Die Reihenfolge ist auf folgenden Formularen angegeben. Natürlich ist und bleibt die B a s i s zur Begutachtung immer die äußere Hand - F o r m !

Nachdem die Vorarbeiten fertig sind, wird aus den Merkmalsgruppen das Gesamtbild zusammengestellt. Begonnen wird die Analyse mit dem, was bei der Betrachtung der Hände zuerst oder stärkstens ins Auge fällt. Daran wird angeknüpft, und die weiteren Ergebnisse werden wie Bausteine eingefügt, so daß ein Lebensbild entsteht, ein Gesamtüberblick bei einer großen Analyse. Wenn nur eine Analyse in bestimmter Richtung erwünscht ist, wird nur von Merkmalen und Merkmalsgruppen verwendet, was hierfür erforderlich ist.

Um auch das genau zu wissen, folgt hier im Anschluß eine entsprechende Aufstellung. Danach lasse ich die e r s t e Arbeit einer meiner Schülerinnen folgen: eine Handanalyse mit den Vorarbeiten. Sie möge als Arbeitsmuster dienen. — Bei Analysen ist zu beachten, daß negative Angelegenheiten nicht zu stark betont werden. Dagegen sind Optimismus, Lebensmut, Selbstgefühl und vor allem die s e e l i s c h e   K r a f t zu stärken!

Die Reihenfolge der Merkmale zur Ausarbeitung von Handanalysen.

G e s a m t - C h a r a k t e r i s t i k   d u r c h :
Handform, Fingerformen, Daumen und Berge kombiniert mit den Hauptmerkmalen der Linien. Ändernde Einflüsse durch Kopflinien, Nebenlinien, Zeichen und Nägel.

B e r u f   d u r c h :
Handform, Fingerformen, Daumen und Berge. Saturnlinien-Verlauf, Apollolinien, Kopflinien. Lebenslinien-Ablauf.
Konjunktur des Berufes zur Zeit der Beratung oder Feststellung.

B e r u f s - W e g   d u r c h :
Handform und Fingerform für die Eignung. Daumen wegen der Durchführung. Saturnlinien-Verlauf in beiden Händen, so auch die Apollolinien. Zeiten der Aufstiegslinien an der Lebenslinie und das augenblickliche Jahr auf der Saturnlinie; hier die Konstitution der Linie und deren Farbe feststellen.

P s y c h o - A n a l y s e ,   s e e l i s c h e   S t ö r u n g e n :
Grundbild der Hand- und Fingerformen, Berge, Daumen.
Alle Hauptlinien, besonders die Kopflinie, genau beachten.
Venusgürtel, Apollolinie, Vorgeburtslinien, Mondlinien, Uranus- und Neptunlinie, Milchstraße genau nachsehen. Inseln, Punkte, Ringe, Sterne, Quadrate suchen. Evtl. Merkmale für Lähmung oder gewaltsamen Tod in der Familie. Als Ergänzung: Gesichtsausdruck, auch Handschrift hinzunehmen.
(Dieses Kapitel ist in Band II ausführlich behandelt.)

K r a n k h e i t s b i l d   d u r c h :
Handtyp, Fingerformen und deren evtl. Deformationen, Nägel, Zeichen auf den Bergen und die Berge, wenn sehr hoch, Daumen.
A l l e Hauptlinien nachsehen auf Farbe, Vererbung (Inseln), Punkte, Sterne, Ringe, Gitter, Quadrate. Unterschiede: was vererbt, angeboren oder erworben. Operationen oder Verletzungen, kritische Zeitpunkte. Lebensdauer gibt man nicht bekannt!

Kriminalistik:

Hand-Typ, und Fingerformen. Besonders aber Kopflinien-Verlauf und ob doppelt. Saturn-, Merkurberg und Finger, Mondberg nach Gittern und Querlinien absuchen. Merkmale für Brutalität physisch und geistig, für Unaufrichtigkeit, Raffsucht und „Diplomatie", krankhafte Phantasie und ebensolche Medialität. D a u m e n , Handwurzel; evtl. Mangel an Linien in guter Hand. Merkmal für gewaltsamen Tod in der Familie. Erbliche Belastungen.

Esoterik durch:

Hand-Prä-existenz, Beinform für jetziges, Kopf für folgendes Leben. Handform, Fingerform und Daumen als Gesamtbild. Deformationen und deren metaphysische Bedeutungen. Hauptlinien-Konstitution und Verlauf. Alle „schlechten" Eigenschaften. Ereignislinien, besonders Herz-, Saturn- und Kopflinie beachten; Venusgürtel in Betracht ziehen und karmische Zeichen.

Chirognomisches Schema für linke Hand.

Handtyp.

Rasse (Art) und kabbalistische Welt.

Daumen.

1. Glied.
2. Glied.

Finger.

1. Finger.
2. Finger.
3. Finger.
4. Finger.
Länge der Hand.
Länge der Finger.
Länge und Breite des Hand-
    tellers.

Konsistenz.

Knotig oder nicht
1. oder 2. Knoten.
Glatt.
Weich.
Hart.
Fest.
Trocken.
Aktiv.
Passiv.
Haut.
Farbe.
Nägel.
Niveau.
Besonderes.

Chirognomisches Schema für rechte Hand.

Handtyp.

Rasse (Art) und kabbalistische Welt.

Daumen.

1. Glied.
2. Glied.

Finger.

1. Finger.
2. Finger.
3. Finger.
4. Finger.
Länge der Hand.
Länge der Finger.
Länge und Breite des Handtellers.

Konsistenz.

Knotig oder nicht.
1. oder 2. Knoten.
Glatt.
Weich.
Hart.
Fest.
Trocken.
Aktiv.
Passiv.
Haut.
Farbe.
Nägel.
Niveau.
Besonderes.

Chiromantisches Schema.

Handtyp.

|

Daumen (Wille).

1. Glied.
2. Glied.

Welche der drei kabbalistischen Welten.

Spirituell.
Intellektuell.
Materiell.

Berge.

1. Venusberg.
2. Jupiterberg.
3. Saturnberg.
4. Apolloberg.
5. Merkurberg.
6. Marsberg.
7. Kleiner Marsberg.
8. Mondberg.
9. Der regierende Berg.

Linien (evtl. Länge in cm und mm).

1. Kopflinie.
2. Lebenslinie.
3. Saturnlinie.
4. Herzlinie.
5. Sonnen- (Apollo-) Linie.
6. Magen- (Leber-) Linie.
7. Venusgürtel.
8. Uranuslinie.
9. Neptunlinie.
10. Marslinie.
11. Temperenzlinie.
12. Raszette.

Zeichen (Sterne, Kreuze, Punkte usw.).
Karmische Zeichen.

194

„Swastika" Arbeitsstätte für Charakterologie.

Spezialfach: Wissenschaftliche Chirologie und Krankheits-Diagnostik aus Hand und Nägeln. — Berufs-Eignungsprüfung.

E. ISSBERNER - HALDANE, BERLIN

Folgende Daten zeigen den Rhythmus der betreffenden Persönlichkeit an, wie er von Geburt an festgesetzt ist und sich auch in Ereignissen auswirkt.

Daten nach Lebensjahren (aus den Händen gemessen). Ausgangsdatum vom ... Jahre, in dem ein Ereignis bestätigt ist (Nullpunkt).	Tag der Diagnose:

1. Jahre mit seelischen Erschütterungen, Trauer, Gram, Depressionen:

2. Jahre für Bekanntschaften, ⎫ günstig:
3. Freundschaften, evtl. auch für Teilhaberaufnahme: ⎰ ungünstig:

4. Günstige Jahre für Herzensangelegenheiten:
5. Ehebekanntschaften günstig nur:

6. Jahre für Unternehmungen,   günstig:
7. Erfolg, Aufstieg,   ungünstig:

8. Jahre für große Reisen und ⎫ günstig:
9. Veränderungen: ⎰ ungünstig:

10. Kritische Jahre für Gesundheit, leichterer Art:
11. Zeiten für Schwermut, Depressionen:

12. Jahre für Lebensgefahr, Verletzung (auch Operation, Eingriff usw.):

13. Rhythmus der Todesjahre: väterl. Generation:
14.   mütterl. Generation:

15. Todesart (plötzlich, heftig, langsam):

16. Mögliche Kinderzahl: 17. Dispos. zu Leiden:

18. Anfangsbuchstaben markanter Namen für das Leben:

19. Erbliche Belastungen:

20. Ungünstige Menschentypen:

Unterstrichen: verstärkte Bedeutung; eingeklammert: abgeschwächt.

Besonderes:

Vorarbeiten zur Handanalyse: Frau W. K.

(Schüler-Analyse von W. Fahnert) *)

Handform:

Handtyp: Eckig mit zarten Knoten und konischem Einschlag. (An der rechten Hand ist zu beachten, daß die Knoten durch Gicht verursacht sind.)

Besitzer solcher Hände sind vorwiegend Verstandesmenschen. Bei der zarten, feinen Haut jedoch kommt hier viel Empfindungsfähigkeit der Seele hinzu. Auch der konische Einschlag schwächt etwas das rein Intellektuelle ab. Die Handform zeigt, daß diese Persönlichkeit gewissenhaft, pflichttreu, zuverlässig, sehr ordnungsliebend und etwas konservativ eingestellt ist.

Fingerform:

Der Daumen ist lang, rechts noch länger als links, die Spitze etwas nach außen gebogen. Das erste Glied is, genau so lang wie das zweite. — Ein Mensch mit einem starken Willen, guter Durchsetzungskraft, feiner Einfühlungs- und Anpassungsfähigkeit. Letztes schwächt hier den starken Willen ab und macht die Frau anschmiegsam und beeinflußbar. Nach dem 28. Lebensjahr wird der Selbstbehauptungstrieb stärker, sie wird eigenwilliger und nicht mehr ganz so nachgiebig.

Zeigefinger: An der linken Hand verhältnismäßig kurz, das 1. Glied nach dem Mittelfinger zu gebogen. — Das Persönlichkeitsgefühl ist in der Jugend nicht sehr stark; es treten dadurch Minderwertigkeitsgefühle auf. Viele Traurigkeiten wurden erlebt, viel Kummer und Sorgen. (Leber.)

Der rechte Zeigefinger ist viel länger, weshalb auch das Persönlichkeitsgefühl nach dem 28. Lebensjahre stärker ist.

Der Saturnfinger ist an beiden Händen normal lang, eckig. — Das Verantwortungsbewußtsein ist groß, die Handeignerin ist vorwiegend ernst und nachdenklich und hat Sinn für wissenschaftliche Themen. Das 3. Glied ist links ziemlich lang, was auf Vorliebe für Arbeit im Freien hindeutet, auch auf Sinn für Sport. An der rechten Hand ist das nicht mehr so augenfällig.

Der Apollofinger ist links viel länger als der Zeigefinger: der Idealismus ist in der Jugend sehr ausgeprägt. Es ist in der Handeignerin ein ständiges Suchen nach dem Ideal, dem man nachstreben kann. Rechts ist er so lang wie der Jupiterfinger. Nach dem 30. Jahre

---

*) Die Unterlagen zu dieser Schüleranalyse gingen durch die Kriegsereignisse verloren. Doch zeigt die Arbeit die Art des Aufbaues einer Handanalyse klar genug, um als Beispiel zu dienen.

ist mehr innere Harmonie vorhanden. Der Idealismus hat etwas nach-
gelassen, und diese Persönlichkeit versucht nunmehr, sich durch eigene
Kraft und Reife zu vervollkommnen, als durch das träumende Streben
nach Idealen, die doch nicht erreicht werden können.

Der Merkurfinger hat eine normale Länge. Da er etwas konisch ist,
wird die Redeart dieser Handeignerin feinfühlig und nicht ver-
letzend sein.

Da die ersten Fingerglieder alle gut ausgeprägt sind, ist auch viel
Sinn für geistige Arbeit und eine gute Intelligenz vorhanden.

Was von all diesen Eigenschaften nun ergänzt, abgeschwächt oder gar
aufgehoben wird, das zeigt uns die Innenhand.

Innenhand:

Die Berge:

Sie sind verhältnismäßig schlecht zu erkennen, weshalb ich hier nicht
sehr viel näher auf sie eingehe. Man sieht, daß der Venusberg voll
und kräftig ist. Es ist viel Sinnlichkeit, Leidenschaftlichkeit, Hingabefähigkeit, Sinn für ein nettes Heim, für die Kinder und den Gatten vorhanden. Ein guter Venusberg gibt auch viel Gutherzigkeit und warmes
Mitempfinden.

Der Jupiterberg ist auch gut zu erkennen. Es ist viel Strebsamkeit
vorhanden, auch Sinn für Kameradschaft.

Der Saturnberg scheint vom Apolloberg angezogen zu sein. Das
Empfindungsleben ist mit sehr viel Ernst, Nachdenklichkeit und auch
etwas Melancholie durchsetzt.

Mars und Mondberg sind sehr gut entwickelt. Deshalb ist auch Mut
vorhanden und sehr, sehr viel Träumerei, auch Phantasie. Der gute
Saturnberg und der gute Mondberg zusammen geben viel Träumerei
und melancholische Romantik. Gut ausgeprägte Berge zeigen immer
Sinn für Lebensgenuß an. Das ist hier sehr wertvoll, weil Menschen
mit eckigem Handtyp leicht zu Geiz neigen; denn alles, was das Leben
verschönt, jeglicher Genuß, erscheint ihnen als Verschwendung. Deshalb wird dieser negative Charakterzug hier verbessert, und die Handeignerin gönnt sich hin und wieder schon eine Lebensfreude, allerdings
wenn sie es verantworten kann.

Linien.

Kopflinie:

l.: Verläuft etwas gewellt bis an die Grenze zwischen Mars und
Mondberg. Sie ist zu Beginn 1 cm mit der Lebenslinie verbunden. —

Die Denkrichtung geht in das Intellektuelle. Die Entschlußkraft ist normal. Eine Insel in der Linie warnt vor Kopfschmerzen.

r.: Die Kopflinie ist länger geworden und im Intellektuellen geblieben. Dadurch ist der Eigensinn gewachsen. Die Entschlußkraft ist genau so geblieben, gut.

Herzlinie:

l.: Ziemlich breit, bis an den Jupiterberg heranreichend: Viel Herzlichkeit, Gutmütigkeit, Herzensjugend, aber auch etwas Egoismus ist vorhanden, da die Linie nicht in den Berg läuft. Die Inselbildung deutet auf einen organischen Herzfehler und eine große Liebesenttäuschung.

r.: dasselbe.

Venusgürtel:

l.: Nur am Anfang vorhanden: Starke sexuelle Unterdrückungen.

r.: dasselbe.

Apollolinie:

l.: Stückweise vorhanden, eine Inselbildung: Das Innenleben ist zerrissen. Es besteht die Gefahr der inneren Zersplitterung. Die Insel zeigt Schüchternheiten.

r.: Die Linie ist schon wesentlich besser. Ein harmonisches Innenleben wird gefunden. Allerdings zeigt eine kleine Insel immer noch Schüchternheit an. Die Linie beginnt im Marsfeld. Es wird viel Mühe, Kampf und Energie kosten, um das ersehnte Ziel zu erreichen.

Magenlinie:

l.: Etwas zerrissen, aber stückweise gut. Darm- und Leberstörungen. Das Stück Magenlinie auf dem Merkurberg gibt Sprachentalent.

r.: Die Linie ist hier besser, doch gewunden. Das gibt eine Disposition zu Krampf. Hier sieht man sehr gut, wie die Magenlinie aus dem Venusberg kommt. Es ist dadurch eine leichte Empfänglichkeit für Sexualkrankheiten gegeben. Anderseits zeigt solch eine Linie eine vorgeburtliche Belastung der Betreffenden durch Leid der Mutter während der Schwangerschaft. Auch die Apollolinie, die teilweise aus dem Venusberg kommt, zeigt diese vorgeburtliche Belastung.

Schicksalslinie:

l.: 2fach: Eine sehr gute Linie, die bei der Raszette beginnt, klar gezeichnet ist bis an das dritte Glied des Saturnfingers, wahrscheinlich sogar da hineingeht. Das gibt meist ein trauriges Schicksal. Die 2. Linie beginnt auf dem Mondberg, geht bis in den Handtisch und setzt sich dann stückweise bis in den Saturnberg fort. Dies gibt eine Tendenz zum Reisen, zum Aufstieg durch indirekte Mithilfe des anderen Geschlechts. Der Stern zu Beginn der Linie sagt, daß die Eltern in der Jugend der Handeignerin einen finanziellen Verlust hatten.

r.: Kommt die Linie mit einem Ast aus der Raszette, mit einem aus dem Mondberg. Eine Insel ist zu Beginn vorhanden. Diese Insel gibt Hellfühlen, auch Disposition zu Wahrträumen. Mehrere Seitenlinien münden vom Mondberg her in die Schicksalslinie ein. Es machen sich also immer mehr äußere Einflüsse wirksam geltend. Diese Linien vom Mondberg geben aber auch eine innere Ruhelosigkeit, ein ständiges Suchen und Ringen nach Harmonie.

Lebenslinie:

Über die Lebenslinie ist hier nicht mehr viel zu sagen, da auf ihr alle markanten Ereignisse des Lebens sichtbar sind, die ausgemessen werden. Da die Linie aber stabil ist, zeigt sie eine gute, körperliche Widerstandskraft. Links geht sie zum Mondberg hinüber. Es sind Eierstockstörungen links vorhanden.

Sonstige Zeichen:

Linke Hand: Aus dem Beugegelenk des Jupiterfingers gehen zwei kleine Linien in den Berg: Zwei Fehlgeburten. Im 1. Glied des Saturnfingers sind Querlinien: Lebensüberdruß.

Querlinien im 1. Glied des Apollofingers: Überreizte Kopfnerven.

Kreuz neben der Saturnlinie auf dem Mondberg: Warnung vor Verlust durch Diebstahl.

Kreuz auf dem Jupiterfinger: Warnung vor Brandschaden.

Rechte Hand: Querlinie im 2. Glied des Jupiterfingers: Diplomatie. Querlinie im 3. Glied desselben Fingers: Heftigkeiten.

Ein kleines Viereck im 2. Glied des Saturnfingers: Unvermeidliches Unglück.

Dreieck auf dem Jupiterberg: Sinn für Politik, auch Diplomatie.

Gesundheitliches:

Disposition zu folgenden Leiden: Blasenleiden, lange Querlinie über den Jupiterberg. Überreizung der Sexualnerven durch Unterdrückungen. Gebärmutterstörungen: Insel am Venusgürtel zwischen Jupiter- und Saturnfinger.

Eierstockstörungen links: Ast an Lebenslinie zum Mondberg. Schilddrüsenleiden: Kleine Kreuze zwischen Kopf- und Lebenslinie. Ebenfalls Bronchialkatarrh Disposition.

Disposition zu Krampf, Gicht (Magenlinie gewunden).

Schüler-Handanalyse für Frau W. K. 1937.

Die Handeignerin ist eine innerlich vornehme, sehr zart empfindende Persönlichkeit. Man kann sich auf sie verlassen; denn was sie tut, tut sie mit ihrer ganzen Kraft. Ein starkes Verantwortungsbewußtsein läßt sie alles nach bestem Wissen und Gewissen ausführen. Sie tut alles genau, korrekt, manchmal ein wenig zu kleinlich.

Ihre Denkrichtung ist vorwiegend konservativ. Sie hängt an der Tradition, an alten Sitten und Anschauungen und kann sich innerlich nicht so schnell umstellen, wenn etwas Neues kommt. In der Jugend war das nicht so ausgeprägt. Da war sie empfänglich für alles Neue, war sehr anpassungsfähig und konnte sich gut in jede neue Situation hineinfinden. Dadurch war sie innerlich aber auch nicht sehr gefestigt; sie wußte nicht recht, wohin mit sich selber, und ließ sich deshalb leichter beeinflussen als später, wo sie nicht mehr so überaus anpassungsbereit ist, sondern den Willen hat, ihr Schicksal selber so gut wie möglich zu gestalten.

So besitzt sie in der Jugend eine sehr empfindliche Seele, zu wenig Selbstbewußtsein, nimmt alles, was ihr begegnete, viel zu ernst, macht sich viel zu viele Gedanken und Sorgen um das Leben, so daß sie schwer zu einer inneren strahlenden Heiterkeit kommt. Dabei kann sie sehr lebhaft, temperamentvoll, lustig sein. Aber solche Hochstimmungen dauern nie allzulange an. Es ist ein steter Kampf gegen Depressionen und Minderwertigkeitsgefühle.

Die ethische Seite des Lebens zieht sie besonders stark an, obwohl sie auch sehr für alle irdischen Genüsse zu haben ist. Aber sie schwelgt nicht gern darin, nur vorübergehend, um sich dann wieder intensiv ihrer Arbeit zu widmen. Sie sieht ein, daß alles Materielle lebensnotwendig ist, auch alle materielle Arbeit. Doch in ihren Mußestunden sehnt sie sich danach, den inneren Menschen zu entwickeln. Obwohl sie religiös veranlagt ist, wird ihr der Weg zum inneren Frieden doch sehr schwer. Ein ständiger Konflikt ist vorhanden zwischen Verstand und Gefühl, zwischen Herz und Kopf. Intuition ist vorhanden und kann ihr den rechten Weg zeigen, aber sie hört nicht darauf. Die Seele ist bereit zu einem großen Schwingen, ist bereit zu starkem Erlebnis, doch hemmt der Intellekt noch sehr. Dadurch entsteht dann die innere Disharmonie, dieses Nicht-Wissen, was man tun soll. Nach dem 28. Lebensjahr wird dies besser. Das Selbstbewußtsein wächst, ein größerer Durchsetzungswille macht sich dann geltend, und dadurch, daß sie sehr viel um die eigene Reife kämpfen muß, erkennt sie ihr wahres Ich, ihr Ziel.

Es ist schicksalsbedingt, daß sehr viele traurige Erlebnisse ihre Seele berühren müssen, und man sieht auch, daß sie sich deshalb schon sehr,

sehr viel gegrämt, gesorgt hat. Solange man sich aber noch dermaßen viel sorgt und grämt, hat man keine wahre Religion. Erst wenn man sich nicht mehr über das Schicksal beklagt, erst wenn man erkennt, daß alle auch noch so traurigen Ereignisse gottgewollt sind zur Erziehung, dann kommt man in Harmonie mit dem All. Und gerade hier ist ersichtlich, daß das Schicksal sie durch eine Schule führen will, damit sie die große, führende Macht erkenne und freudig ja sage zu allem, was geschieht.

Die Phantasie ist groß, und bis zum 28. Lebensjahr wurde viel geträumt, vieles sich wunderschön ausgedacht und ausgemalt, und in Gedanken wurde an schöne, glückliche Tage gedacht. Es wurde alles zu ideell angesehen, in der Phantasie zu bunt ausgemalt, so daß das Leben dann oft sehr entsetzte. Weil die Handeignerin selber ein guter Mensch ist, deshalb sah sie in anderen Menschen dasselbe. So gab es manche Enttäuschung. Erst nach dem 28. Jahr kommt zu der Phantasie und Träumerei die Tatkraft, kommt der Wille, sich nicht mehr vom Schicksal treten zu lassen, sondern sein Leben selber in die Hand zu nehmen. Die Überempfindlichkeit wird abgestellt, die Durchsetzungskraft wächst, und die Nachgiebigkeit ist nicht mehr so groß.

Hemmend für eine innere höhere Entwicklung sind auch die vorgeburtlichen Einflüsse, die von traurigen Erlebnissen der Mutter während der Schwangerschaft herrühren. Dadurch macht sich eine gewisse Menschenscheu geltend, eine eigene Unsicherheit, Schüchternheit, die ein freies, ungehemmtes Auftreten verhindert. Auch über diese seelischen Hemmungen hilft der Wille hinweg.

Ein normales und natürliches Maß von Sinnlichkeit ist vorhanden, und auch auf diesem Gebiet machen sich unterdrückte Regungen geltend. Dadurch werden die Nerven überreizt, die innere Ruhe, die noch nicht vorhanden ist, wird noch schwerer gewonnen. Da eine Anlage für Heftigkeiten vorhanden ist, die aber im allgemeinen nicht hervortreten, kann es durch diese Unterdrückungen zu plötzlichen Heftigkeitsausbrüchen kommen. Auch die Depressionen, die sich manchmal bis zum Lebensüberdruß steigern, nehmen dadurch zu. Gerade die erotische Seite darf bei dieser Persönlichkeit nicht vernachlässigt werden, weil durch sie viele angeborenen Schwächen geheilt werden können. So war auch in der ersten Zeit die Sinnlichkeit etwas verkrampft durch innere Hemmungen. Doch kann das leicht gut werden, sobald von beiden Seiten Liebe und Verstehen vorhanden sind. Schicksalsmäßig sind in der Liebe keine Traurigkeiten angezeigt, wohl aber in der Ehe. Daher wird die betreffende Persönlichkeit wahrscheinlich eine falsche Wahl treffen und wird einen Partner heiraten, der ihr doch nicht der Lebenskamerad wird, der er zu versprechen schien.

Da sie selber ein guter Kamerad ist, sich gern in das Los des Partners fügt, viel Weiblichkeit besitzt, werden die Eheschwierigkeiten wahrscheinlich mehr von der anderen Seite herrühren. Ich sagte ja schon, daß sie dazu neigt, alles zu idealisieren, weshalb sehr leicht eine Enttäuschung entsteht. Soll sie nicht seelisch verhungern, so muß sie trotz einer ersten wahrscheinlich traurigen Ehe versuchen, den Menschen zu finden, den sie liebt. Schicksalsmäßig müßte sie ihn finden. Und da ihr Karma ja sonst für dieses Leben viel Traurigkeiten birgt, wäre hier die Quelle, wo sie sich Kraft und Mut holen kann. Es ist gut, daß sie trotz der Empfindsamkeit seelisch so widerstandsfähig ist; denn sonst wäre sie schon innerlich zerbrochen. Doch steckt die Kraft in ihr, sich über alles hinweg zu setzen. Harmonie wird auch später gefunden, eine innere Ruhe aber nicht leicht. Damit muß die Handeignerin sich zufriedengeben. In ihr stecken so viele Entwicklungsmöglichkeiten, daß sie ihr Leben lang bestrebt ist, sich höher zu entwickeln, und deshalb nie zur Ruhe kommt.

Sie besitzt gute, geistige Fähigkeiten, aber, da die Kopfnerven zart und durch viele Grübeleien und quälende Gedanken sehr angegriffen sind, ist es nicht gut, sich allzuviel geistig zu beschäftigen. Die Nerven müssen sich erst einmal wieder erholen. Jetzt ist es besser, die seelische Seite zum Schwingen zu bringen durch Beschäftigung mit Kunst, Musik, Natur usw. Sie besitzt Naturliebe, ist gern im Freien, wandert gern und kann dabei Erholung suchen. Ihrer Veranlagung nach besitzt sie viel natürliche, weibliche Intelligenz, gemischt mit Diplomatie, so daß sie es nicht einmal dringend nötig hat, ihr Wissen aus Büchern zu schöpfen, sondern, in sich hineinlauschend, selber richtige Schlüsse ziehen kann. Gerade einem Manne könnte sie mit ihrem weiblichen Empfinden gut zur Seite stehen. Aber sie muß wirklich mit der Seele erfühlen wollen, was sie wissen will; denn der Intellekt kann irren und wirkt oft hemmend, wie auch hier. Nach dem 30. Lebensjahr macht sich eine feine Hellfühligkeit bemerkbar, eine Anlage auch zu Wahrträumen, und es liegt an ihr, diese zu entwickeln oder nicht.

Trotz der großen Gutherzigkeit und Warmherzigkeit macht sich manchmal ein wenig Egoismus breit. Dieser ist zu bekämpfen!

Es ist ein Warnungszeichen vorhanden vor Brandschaden, und auch vor Diebstahl. Vorsicht ist anzuraten.

Gesundheitliches: Disposition zu folgenden Leiden: Blasenstörungen, Überreizung der Sexualnerven durch Unterdrückungen; Gebärmutter- und Eierstockstörungen links, Schilddrüsen- und Bronchialleiden, Disposition zu Krampf, zu Gicht. Schwache Kopfnerven und leichte Kopfschmerzen, auch Milzstörungen. Ein undefinierbarer organischer Herzfehler. Dies sind Dispositionen, die sich früher oder später bemerkbar machen können, aber sie müssen es nicht! Jede Krankheit hat eine geistige Ursache und danach löst sie sich früher oder später oder auch gar nicht physisch aus. W. F.

Zu den Bildbeilagen

Im voraus muß darauf hingewiesen werden, daß aus den Lichtbildern der Innenhände nur sehr wenige und gänzlich unzureichende Auskünfte gegeben werden können, da — durch Licht und Schatten verhindert — die Linien zumeist nur teilweise erkannt werden können. Nur klare gute Handabdrücke sind geeignet. Infolgedessen werde ich bei solchen Abbildungen auch nur soweit auf die Innenhand eingehen, wie Merkmale deutlich ersichtlich sind. —

Bild 38 (oben): Eine konische weibliche Hand mit einem Einschlag zum eckigen Typ. Die mehr zarten Formen zeigen, daß es sich hier um eine feinnervige, sensitive Person handelt, deren Vorfahren auf gute — entsprechende — Auswahl eines mehr geistig entwickelten Ehepartners hielten. Daher das schmale Handgelenk. Minimale Anflüge zur Spatelform an einigen Fingerspitzen weisen auf Sinn für größere Pläne hin und auf Anlagen zu feinen Handarbeiten kunstgewerblicher Art. Die fehlenden Nagelmonde zeigen Herzneurose, und die auffallend kleine Form des Fingernagels am linken Merkur deutet an, daß organisches Herzleiden in der mütterlichen Generation vorhanden war.

Bild 38 (unten): Die mehr fleischige Hand weist auf eine freudige Genußfähigkeit dieser weiblichen Person (gute Entwicklung aller Berge). In der linken Hand zeigt die Kopflinienrichtung noch Neigung zu idealistischem, phantasievollem und romantischem Gedankenleben. In der rechten Hand (nach dem 28. Lebensjahr) erfolgt jedoch eine Umstellung zum intellektuellen, d. h. verstandesmäßig-materiellen Denken. Diese Hand ist — im Gegensatz zu der oberen — physisch und psychisch kraftvoller, die Konstitution des Körpers stabiler (dickere Handgelenke!). Doch weisen die ersten Fingerglieder in ihrer beachtlichen Länge auf gute geistige Veranlagung hin.

Ist die obere Hand mehr das Merkmal eines feinnervigen Empfindungsmenschen, der feinste Ströme aufzunehmen imstande ist, aber weniger kraftvollen Magnetismus ausstrahlt, so ist die untere Hand mehr die eines gesunden und kultivierten Triebmenschen mit starker magnetischer Anziehung und kraftvoller Erotik.

Bild 39 (oben): Man beachte genau — da sehr wichtig! — die vom Handgelenk abgebogenen Hände. Diese Verschiebung in der Länge des Zeigefingers im Verhältnis zu den anderen muß schon eine falsche Begutachtung ergeben. Das wird an dem Bilde der rechten Hand deutlich. Hier erscheint durch die Schiefhaltung des Armes naturgemäß der Zeigefinger länger als der Apollofinger. Läge der Arm in gleicher Richtung, d. h. in einer geraden Linie, die von der Mittelfingerspitze bis zum Ellenbogen verläuft, dann wären die beiden genannten Finger gleich lang. Die linke Hand dieses Bildes zeigt die Situation nicht so auffällig.

Auch an dieser Hand sind die ersten Fingerglieder (mit den unteren) in gleicher Länge, so daß eine geistige Begabung vorhanden ist. Da aber die Kopflinien, wie klar ersichtlich, parallel mit der Herzlinie zum Marsberg verlaufen, ist diese Begabung mehr verstandesmäßig. Hierdurch ergibt sich — trotz guten aber nicht mit ihm verbundenen Mondberges — ein Mangel an Gestaltungskraft. Die vollen Berge zeigen bei diesen eckigen Händen den Genießer an, der nur mit dem Verstande, nicht mit der Seele genießt und egoistisch ist.

Bild 39 (unten): zeigt den konischen Handtyp eines Mannes. Ein leichter eckiger Einschlag macht sich in den Fingern bemerkbar und weist auf eine

Mischung von gemüthafter Einstellung zur Umwelt mit dem Versuch, alles verstandesmäßig zu verwerten. Infolgedessen ist er nicht kleinlich und konservativ, sondern hat immerhin noch eine angenehme Mischung von beidem. Der Zeigefinger der linken Hand ist etwas kürzer, doch nur um einige Millimeter, während der Apollofinger reichlich lang ist und den Idealist aus Berechnung anzeigt. Gleichzeitig zeigt der verkürzte Zeigefinger auch Mangel an Persönlichkeit an.

Sind in der oberen Hand die Daumen biegsam und deuten Anpassungsvermögen, sowie etwas Nachgiebigkeit an, so sind die Daumen der unteren Hand steif, ohne Biegsamkeit; daher erscheint der Handeigner ohne Anpassungswilligkeit.

Bild 40: zeigt die Hände der Malerin Käthe Kollwitz (1929). Der Ausdruck allein dieser Hände ist der einer sehr gütigen und klugen Mütterlichkeit, in der sich das Gehirn- und Herzdenken harmonisiert hat.

Bild 41: Die linienreiche Hand einer Sängerin weist auf starke Erlebnistiefe. Die gerade verlaufende Kopflinie — genau auf der Grenze Mars — Mondberg endend — weist auf sachliches Denken und wenig Gestaltungskraft und Einfühlung. Daher ist hier auch der innere Zwiespalt zwischen Kopf- und Herzdenken und somit keine ganze Harmonie im Wesen gekennzeichnet. Die durch Querlinien gestörte Apollolinie zeigt, daß die berufliche Laufbahn als Künstlerin durch Intrigen (Linien vom Merkurberg), aber auch durch Zersplitterung des seelischen Erlebens (Splitterung der Linie selbst), sowie durch Lampenfieber (Insel in der Apollolinie oberhalb der Herzlinie) zu leiden hat. Der Ansatz des Venusgürtels endet in der Apollolinie: Leichtsinn (Unbedachtsamkeit) in Liebesangelegenheiten.

Bild 42: Hier ist die plötzlich und ganz tief abfallende Kopflinie mit hakenförmiger Endung in den Mondberg auffällig. Diese Kopflinienformation weist auf starke Tendenz zum Selbstmord durch Wahnanfälligkeit des Betreffenden selbst, sowie auch darauf, daß Ähnliches bei den Vorfahren dieses Mannes geschehen ist. Die sehr schmale und in ihrer Konstitution sehr schwache Handstruktur weist auf eine sehr schwache und dekadente Körperlichkeit durch Überzüchtung. Der Stern auf dem Saturnberg disponiert zu körperlicher Katastrophe — wahrscheinlich durch eine Frau. Die Intuitions-(Uranus-)linie zeigt sich in ihrer Formation, jedoch stark zersplittert und weist auf krankhafte Medialität, — üble astrale Einflüsse.

Bild 43: konische, materielle Mädchenhände. Der linke Daumen zeigt in der Form des ersten Gliedes: Neigung zu Jähzorn bis zum 30. Jahre. In der rechten Hand fällt die lange gerade Herzlinie auf. Da diese aber nicht mit der Kopf- und Lebenslinie verbunden, ist eine Disposition zu gewaltsamem Tod nicht gegeben. Doch waren bei den Vorfahren väterlicherseits (rechte Hand!) Lähmungserscheinungen vorhanden, die hier als Nachwirkungen zeitweise Platzangst zeitigen können. Im übrigen zeigt die Länge der Herzlinie Nymphomanie — als Veranlagung, die bei der vorhandenen Verliebtheit (siehe Herzlinie) und der genießerischen Sinnenfreudigkeit (mollige Hand) leicht zur Entfaltung kommt.

Bild 44 A (links): Diese auch in ihrer Fülle schöne Frauenhand hat konische Form. Die sonst bei konischen Händen vorhandenen Stimmungsschwankungen und oft auch Haltlosigkeit charakterlicher Art fallen hier ganz fort durch den geraden, festen Daumen (Selbstbewußtsein und Eigenwilligkeit), sowie durch den leichten eckigen Anklang der Fingerform bei Saturn- und Apollofinger. Dennoch zeigt diese Hand ein hohes Maß von Gemüt, Hingabefähigkeit, Fraulichkeit und Zärtlichkeitsbedürfnis (Fülle, Weichheit, Grübchen).

Bild 44 B (rechts): zeigt die ziemlich primitive, aber praktische Hand eines 15jährigen Mädchens. Die Fingerformen sind eckig; das Gedankenleben ist daher nur materiell-verstandesmäßig ohne tiefere Gemütswerte. Der Daumen ist kräftig und etwas biegsam, wenn auch nicht ganz in normaler

Länge. Also: obgleich eigenwillig und stur, kann sich die Handeignerin anpassen und ist auch nicht ohne Beeinflußbarkeit und Nachgiebigkeit, wenn der angeborene Egoismus dieses Types seine Vorteile erkennt. Die ersten Fingerglieder sind kurz; daher keine besondere geistige Begabung.

Bild 45: zeigt elementar-konische Mischung. Großer, breiter Handrumpf, kurze, konische Finger, feste Hand. Instinktiv und praktisch, und da die Hand groß und plump ist: starkes Verlangen nach materiellem Besitz. Die sehr kompakte Basis der Hand (Venus- und Mondberg mit dicken Handgelenken) zeigt eine sehr feste und widerstandsfähige Körperlichkeit, die jedoch leicht zur Verschlackung neigt. Die Kopflinie verläuft in rein intellektueller Richtung (wie auch die Kopfform zeigt), daher vollkommene Unterdrückung des seelischen Erlebens, wie es die linienarme Innenhand beweist. Die Daumen sind stark und starr. Eigenwilligkeit und Herrschlust, keine Anpassung, starrköpfig.

Bild 46: Elementar-eckiger Handtyp mit der Daumenform, die Jähzorn (bis zur Tobsucht) anzeigt. Verstärkt wird diese Reizbarkeit zum Jähzorn noch durch die starke Behaarung der Hände und Arme, sowie durch die kurzen Fingernägel (organische Herzstörungen, daher leichte Erregbarkeit). Es sind die Hände eines bekannten Lustmörders von 1924. Die eckige Handform weist auf Genauigkeit, alles andere auf Rohheit und Brutalität. (In jungen Jahren Fleischer, später Anatomiediener, zuletzt Mörder von — nachgewiesenermaßen — 16 Frauen, die er sehr „sachgemäß" zerteilte und als Fleisch und Würstchen ausbot. In seiner Behausung hielt er peinlich Ordnung. — Die Aufnahme ist technisch leider nicht gut, aber lehrreich.

Bild 47: Idealer Handtyp. Es sind die schönsten Hände in Bau und Ausdruck. Die Handeignerin ist eine vornehme, feine und kultivierte Natur mit einer guten Einfühlung und Feinspürigkeit (wie die schlanken, langen Finger zeigen). Die leichte Aufwärtsneigung der Fingerspitzen bedeutet Wißbegierde und Großzügigkeit. Diese Naturen sind zwar keine „guten Hausfrauen" in bezug auf Wirtschaftlichkeit, aber sie verstehen es, das Heim wohnlich, anheimelnd und künstlerisch zu gestalten und dem Ehepartner mit ihrem besonders feinen Instinkt beste Hinweise zu geben. Die Form der Nägel weist auf Nierenstörungen hin.

Bild 48: zeigt eine Mischung von einem schlanken eckigen Handtyp mit einem Einschlag zum idealen Typ. In genauer Einteilung: spirituell als Basis, intellektuell als zweite und materiell als dritte Unterteilung. Es ist eine harmonische und darum gute Hand, die als schön zu bezeichnen ist. Da der Daumen nur an der Spitze leicht gebogen ist und sonst gerade und fest, sind damit angezeigt: fester Charakter und geistige Anpassung. Die etwas angedeuteten Mittelknoten der Finger zeigen einen Ordnungssinn an, der nicht überaus kleinlich im Selbstordnen, wohl aber solches von anderen verlangt.

Bild 49: zeigt drei Männerhände in der Unterschiedlichkeit von spirituell, intellektuell und materiell — oder erkennen, begründen, ausführen — oder erfinden, berechnen, herstellen usw.

Bild 50: a) Eckig mit Knoten; b) konische weiche Genießerhand, weich und innig, ganz Weib; c) guter schlanker konisch-eckiger Typ einer Künstlerin (Sängerin).

Bild 51 oben: Die Pianistenhand von Liszt (eckig-spatel in Form), daher Virtuosität.

Bild 52: Die Hände des weltbekannten Schriftstellers und Kenners der okkulten Medizin G. W. Surya. Die Handform ist eine Mischung konisch-eckig. Intuitives Erkennen, vernunftmäßiges Erfassen und sachliche Bearbeitung der Probleme und Erkenntnisse. Verfasser von „Okkulte Medizin", 12 Bände, 1922.

Bild 53: Die rechte Hand des bedeutenden Anthropologen, Sprachen- und Religionsforschers, Cisterzienserpriesters Dr. Jörg Lanz v. Liebenfels. Handtyp eckig mit leicht konischem Einschlag, geistig und auch praktisch, gut geformter Daumen, 1937.

Bild 54 links: Die Hand des bedeutenden schwedischen Kunst- und Bildnismalers Ivar Kamke. 1930. Handtyp konisch-eckig mit leichter Knotenbildung in den mittleren Fingergliedern.
Rechts: Die gemischte Hand eines weitgereisten Wissenschaftlers, 1930. Handtyp gemischt: Zeigefinger und kleiner Finger konisch, Mittelfinger eckig, Ringfinger spatelförmig. Eine feste kräftige Hand mit feiner Haut, geradem, kräftigem Daumen ohne Biegung. Mischung spirituell-materiell (geistig-seelisch und körperlich harmonisiert).

Bild 55: Die Hände des deutschen Kunstmalers Professor Fahrenkroog. 1927. Handtyp schmal eckig mit leichter Bildung der Mittelknoten und kräftigem, etwas biegsamem Daumen.

Bild 56: Die rechte Innenhand des bekannten indischen Philosophen, Yogalehrers und Schriftstellers Swami Vivekananda.

Bild 57: Die rechte Innenhand der ehemaligen Präsidentin der Theosophischen Gesellschaft Anni Besant. Schmaler knotiger Handtyp, übermäßiger Linienreichtum; zersplitterte intellektuelle Kopflinie in Verbindung damit zeigt seelische Disharmonien in hohem Grade. Rissige Herzlinie verstärkt noch.

Bild 58: Die rechte Innenhand der weltbekannten Schauspielerin Sarah Bernhard. Handtyp schmal und konisch. Gerader fester Daumen. Man beachte die lange Apollolinie mit der Sonne auf Apolloberg (Berühmtheit); die Saturnlinie entspringt im Handgelenk (der Lebensweg wird aus eigener Kraft gestaltet); Einflußlinie vom oberen Mondberg zum Saturnberg mit Kreuz für Katastrophe des Körpers (Unfall auf einer Fahrt und Verlust eines Beines dadurch); scharfer Querstrich schneidet die Lebenslinie im 80. Lebensjahr (ihr Ableben).

Bild 59: Die linke Hand der berühmten Opernsängerin Geraldine Farrar, 1904. Saturn-, Apollo- und Merkurlinien beginnen im Venusberg in dieser guten konischen Hand. (Aufstieg durch das andere Geschlecht). Drei gute Raszetteringe weisen auf ein hohes Alter. Der spitze, aber gerade Daumen zeigt eine einfühlende und eigenwillige Persönlichkeit mit guter Durchsetzungskraft.

Bild 60: Die eckig-konische Hand einer begabten Sängerin, 1920. Die Finger besonders auch ihr erstes Glied sind etwas kurz; daher eine mehr verstandesmäßige und materielle Einstellung. Grübchen weisen auf viel Zärtlichkeitsbedürfnis; der steife, unbiegsame und etwas kurze Daumen zeigt Eigenwilligkeit, Mangel an Anpassung und Energie. Hier muß Eigenwilligkeit die fehlende Energie ersetzen. Zarte Haut: lange Jugendlichkeit und großes Feingefühl.

Bild 61: Handbild von Strindberg, dem weltbekannten Schriftsteller. Man beachte die typische Kopflinie für Depressionen und Schwermuttendenz. Der Daumen ist sehr lang und kräftig: Energie und Zähigkeit; Eigenwilligkeit und wenig Anpassung (entsprechend seinem geistigen Niveau). Der starke Jupiterberg weist auf Ehrgeiz. Der Handtyp ist sehr ähnlich dem von Bild 54, rechts.

Bild 62 (links): Die in ihrer Proportion sehr gut ausgeglichene Hand des Schriftstellers Mac Manus.
Rechts: Die sehr disharmonische und materielle Hand des Malers Eugen Carriere. Die Fingerlängen im Verhältnis zum Handteller sehr kurz, der Daumen sehr tief angesetzt. Die unteren Fingerglieder verdickt, die Hand fleischig: Bequemlichkeit, materieller Schlemmer, ungeistig, lasch.

Bild 63 (links): Handbild des Schriftstellers Emile Zola. Eine konische, fleischige Genießerhand mit nach aufwärts gerichteten Fingerspitzen. Durch die intellektuelle Kopflinie als Gemüts- und Empfindungsmensch disharmonisch.

Rechts: Handbild (und Handhaltung!) des Staatsmannes Clemenceau. Man beachte die doppelte Kopflinie und den starren kraftvollen Daumen!

Bild 64: Das Handbild des britischen Staatsmannes Gladstone. Ein klarer guter Handabdruck, wie er für Studien und für Fernbegutachtung sein muß! Handtyp geistig, knotig, mit kraftvollem, etwas biegsamem knotigem Daumen. Eine besonders gute und auch feine Hand mit guten, klaren Linien. Studienhand.

Bild 65: zeigt die außerordentlich linienreichen Hände einer 24jährigen Stenotypistin. Dieser in seiner Reichhaltigkeit interessante und klare Abdruck sei hier als ein — auch für einen Könner — komplizierter Fall zum Studium und Üben beigegeben. Ein Photo der Handform, die der Umrandung ziemlich genau entspricht, konnte leider nicht beigebracht werden.

Bildtafeln 66 bis 73: bieten Gelegenheit für Studien und Übungen zur Charakterisierung von Hand-F o r m e n. Es ist dem Studierenden zu empfehlen, von jeder dieser Handformen eine Charakteristik auszuarbeiten. Das wird ihm mit der Zeit und bei fleißiger Übung die nötige Sicherheit geben, genaue und reichhaltige Analysen zu fertigen. In diesen Fällen fällt allerdings die Betrachtung der Kopflinie fort, was zu Fehlern Veranlassung geben kann. Dennoch sind diese Übungen sehr wichtig. Als Beispiel wähle ich das Handbild Tafel 70 A, die Hand eines bedeutenden Reform-Arztes:

Diese gemischte Männerhand setzt sich aus dem konischen und dem eckigen Typ zusammen. Daher ist der Handeigner eine Persönlichkeit, die viel Genauigkeit und Gründlichkeit besitzt, was aber durch den konischen Einschlag nie zur Pedanterie ausartet. Er wird eher oft großzügig, schwunghaft, aber auch etwas Stimmungsmensch sein.

Treibt die erstgenannte Veranlagung zu Tätigkeit und gewisser Rastlosigkeit, so die andere zu Gemächlichkeit und Ruhe des Körpers, nicht aber zu Ruhe der Gedanken. Die zarte Haut zeugt von Einfühlung, Empfindungsfähigkeit, langer Jugendlichkeit, körperlich und auch im Temperament.

Da auch der Daumen gute und starke Form (Persönlichkeit) zeigt, wird sich der Handeigner in jeder Richtung durchzusetzen wissen und dies mit kraftvoller Betonung unterstreichen, worauf die kraftvolle Handform im ganzen und der Ausdruck des Daumens und der Finger im einzelnen hinweisen.

Die hier in der Länge stärker ausgebildeten mittleren und unteren Glieder des Zeige-, Mittel- und Ringfingers zeigen an, daß diese Persönlichkeit besondere Begabungen für mehrere Berufe besitzt: Der Zeigefinger, konisch mit eckigem Einschlag (Mystik) und langem 3. Glied, als Geistlicher. Sinn und Liebe für Natur und einfühlende Naturwissenschaft sind hierdurch ebenfalls betont.

Der Mittelfinger, mehr eckig und mit langem 3. Glied: Verantwortungsfreudigkeit, Gewissenhaftigkeit, ausgeprägtes Gerechtigkeitsgefühl und Betätigung praktischer Art in Richtung Landwirtschaft und leichterer körperlicher Sport.

Der Ringfinger, leicht konisch und mit leiser Andeutung für Spatelform, langes 3. Glied: gute Intuition in jeder Richtung, Gedanken für praktische Dinge und Vorausschau, Begabung für Kunst (Musik) und Literatur.

Der kleine Finger zeigt Rednergabe an; das 1. Glied lang und konisch weist nochmals auf Intuition, gewählte Ausdrucksart, Sinn für spirituelle Studien.

Der untere Teil der Hand ist fleischig und voll, kräftig. Dies zeigt eine
stabile körperliche Widerstandskraft, gute, gesunde Erbmasse, starken
Magnetismus und eine besonders freudige Genußfähigkeit, sowie Lebensbejahung.

Es ist somit die Hand eines verläßlichen, gütigen, vielseitig begabten
und anziehenden Mannes mit inneren Werten. Da er, wie oben bemerkt,
auch sehr religiös ist, kann er nur Natur- und Priesterarzt sein. Begabung
für Chirurgie sei nebenbei bemerkt.

Bild 66 A zeigt eine Photoaufnahme mit Selbstbelichtung durch Auflegen
der Hand auf die Platte im dunklen Raum. Die Ausstrahlungen, besonders
der Finger, zeigen den menschlichen Magnetismus, die Strahlkraft der
Aura, die nicht nur den Fingern, sondern dem ganzen Körper eigen ist.

Etwas über medizinische Hand-Diagnostik.

Da a l l e physischen Geschehnisse primär geistige und sekundär psychische Ursachen haben, ist es selbstverständlich, daß sich Dispositionen
zu körperlichen und seelischen Leiden lange vor Erscheinen (Auswirken)
zumeist auch körperlich irgendwie bemerkbar machen. Es ist jedoch ein
Irrtum zu glauben, daß bei einem im Werden begriffenen oder vorhandenen Leiden sich auch gleichzeitig Schmerzen bemerkbar machen
müssen. Wie oft kommt es vor, daß jemand gar nicht weiß, daß er z. B.
ein Magengeschwür hat. Wenn man ihn aber an den hierfür in Betracht
kommenden Schmerzzentren der Bauchdecke berühren würde, dann
würde er Unbehagen oder Schmerzen fühlen. So ist es auch mit vielen
anderen Leiden. J e d e r Mensch bringt schon bei der Geburt Dispositionen zu bestimmten Leiden mit. Sie können ererbt oder auch angeboren sein; später kommen evtl. erworbene noch hinzu. Und diese
Dispositionen lassen sich teilweise schon rein äußerlich erkennen durch
die Konstitutions-Typologie, die Merkmale der Vorder-, Rücken-,
Seitenbelastung (Kuhne), durch Haltung, Gang usw. Erbliche Belastungen
lassen sich z. T. im Gesicht, am Ausdruck der Augen, an Ohren, Hasen-
scharte u. a. erkennen. Nicht nur da, sondern auch in den Händen!
Erkennt man in der Iris den augenblicklichen Zustand von Gesundheit
und Krankheit, so in den Händen mehr die Dispositionen, sowie
erbliche Belastungen, was prophylaktisch von besonderem Wert ist;
denn Vorbeugen ist immer besser als Kurieren! Gerade die Möglichkeit, die die Handdiagnostik durch ihre zuverlässigen objektiven Merkmale zur Verhütung von Erbkrankheiten bietet, hebt sie über andere
Methoden hinaus. Als Forscher und Schöpfer dieses Spezialgebietes
(seit 1905) fand ich bisher etwa 150 medizinisch-diagnostische Merkmale, davon allein 42 Merkmale an den Fingernägeln. Diese hand-
diagnostischen Merkmale werden bereits von einer sehr beachtlichen
und ständig wachsenden Zahl von Ärzten und Heilpraktikern in ihrer
Praxis mit allerbestem Erfolg verwendet.

Um Wiederholungen zu vermeiden, verweise ich auf mein Werk (das
erste dieser Art überhaupt) „M e d i z i n i s c h e H a n d - u n d N a g e l -
D i a g n o s t i k", 5. Aufl., mit Vorwort von Dr. med. R. Steintel und
im besonderen auf die darin ebenfalls erstmalig veröffentlichten Kapitel
„Seelenheilkunde und Handdiagnostik" und „Merkmale zur Verhütung
von Erbkrankheiten".

Chirosophie und Astrologie.

> Jede Religion unter der Sonne hat eine astro-
> logische Grundlage, und jede Wissenschaft, die
> der menschliche Geist zu bearbeiten fähig ist,
> nimmt ihren Ursprung von den Sternenhimmeln
> Uranias. Dahin kehrt sie zurück, darin versinkt
> sie wieder.
> „Alles ist geordnet nach Maß, Zahl und Gewicht,
> und die Gesetze sind ohne Wandel!"

Es besteht kein Zweifel, daß die Ergebnisse und Bedeutungen, die
auf Grund astrologischer Berechnungen und chiromantischer (erfahrungs-
mäßiger) Ausdeutungen und Messungen gewonnen werden, sich vollkommen decken. Es kommt hier nur auf das Wissen des Betreffenden
an. Ich habe sehr viel Gelegenheit gehabt und genutzt, Horoskope und
Chiroskope zu vergleichen; ich tue es oft heute noch, soweit es meine
Zeit erlaubt. Charakter, Talente, Fähigkeiten, Neigungen, Ereignisse,
alles deckt sich übereinstimmend, auch die Krankheitsanlagen und
-erscheinungen. Besonders dies letzte dürfte viele interessieren, die sich
mit Heilkunde beschäftigen. Auf die Krankheitsdiagnosen auf astrologischer Grundlage kann ich hier nicht weiter eingehen und verweise die
Interessenten auf die hervorragende Arbeit von G. W. Surya, Bd. 4
der „Okkulten Medizin" (Verlag Karl Rohm, Lorch/Württbg.), sowie auf
das grundlegende Werk des Wiener Arztes Feerhow „Medizinische
Astrologie". Gewiß gibt es noch vieles, was in der Chiromantie heute
noch nicht ganz wiedergefunden worden ist in bezug auf manche Ereignisse, da ein vielhundertfaches Nachprüfen außerordentlich schwierig ist.
Warum ist das so? — Weil sehr viele Menschen nicht wissen, ob dieses
oder jenes Leiden, Ereignis usw. bei den Voreltern vorgelegen hat.
Andere Dinge, die augenblicklich zu bestätigen wären, werden oft aus
Prüderie, Verschlossenheit u.dgl. nicht eingestanden, obgleich man weiß,
daß es so und nicht anders ist. Doch mit der Zeit wird das besser
werden. Das Wissen der alten Weisen ist immer noch vorhanden, es
ist nicht verloren; an uns liegt es, es wieder zu finden. Es gibt — wenn
auch sehr selten — hier und da in den verschiedenen Ländern Menschen,
die noch etwas über die Astro-Chiromantie wissen, auf deren Basis

sich auch Ereignisse auf kleinere Zeitperioden als Jahre, also auf Monate und Wochen berechnen lassen, ja selbst auf Tage. Leider erfährt man zu wenig davon. In diese verfeinerte Wissenschaft einzudringen, ist sehr schwer; die Studien sind sehr langwierig. Aber die Möglichkeit besteht, das habe ich praktisch erlebt.

Kunstbildhauer W. Th. Wulff, Hamburg, ist auf d i e s e m Gebiete der Astro-Chiromantie erfahren, sowohl durch Begabung intellektueller und spiritueller Art, als auch durch Studien in Anatomie usw. und nicht zuletzt dadurch, daß i h m sehr alte und äußerst seltene Schriften zugänglich waren, von denen die allermeisten Astrologen nicht die geringste Ahnung haben, und in denen andeutungsweise sehr wertvolle Hinweise vorhanden sind, die wiederum nur von jenen verstanden werden können, welche schon ein tiefes Wissen in verschiedenen Richtungen besitzen. Wulff war so gütig, mir seine „Tierkreisverteilung in der Hand" zur Veröffentlichung zur Verfügung zu stellen. Bild 76 zeigt diese Einteilung, und ich habe sie für diejenigen zur besseren Anschauung hier beigefügt, welche mich verschiedentlich gelegentlich meiner Vorträge und Kurse danach fragten. Da ich die Astrologie nicht ganz beherrsche, habe ich in der Astro-Chiromantie bis jetzt zu wenig Erfahrung.

Für die Kundigen der Astrologie gebe ich nachstehend eine Gegenüberstellung zum Vergleich. Obgleich sich bei der Astrologie ein kleiner Mangel zeigt, ist ihr großer Wert durchaus nicht zu unterschätzen. Alle unsere heutigen Wissenschaften sind sehr mangel- und lückenhaft, und man arbeitet auf jedem Gebiet weiter auf Vervollkommnung hin, wenn auch nicht immer in richtiger Weise. Wenn die Menschen selbst erst reiner vom Materialismus und Intellektualismus und deshalb vollkommener sind, wird es auch die Wissenschaft sein. Der Grund liegt also nicht in der Lehre, sondern im Menschen selbst.

Eine Beurteilung des vorhandenen Maßes des Willens, seiner Stärke und Zähigkeit ist bis heute astrologisch nicht gelungen. Es läßt sich die Veranlagung nach dieser Richtung wohl erkennen, nicht aber die Entwicklung, wie man sie aus Form und Ausdruck des Daumens erkennen kann. Gewiß, der gewöhnliche Mensch hat keine Willensfreiheit, sondern nur Wahlfreiheit, doch sind das Maß und die Zähigkeit des Willens, der Energie immer die Hauptsache bei allen Handlungen und Unternehmen. Wer in der Zähigkeit bei der Verfolgung seiner Pläne und Ziele nachläßt, stellt den Erfolg in Frage.

Ebenso ist es mit der Verstandes- und Gedankenrichtung, beides Dinge, die am Daumen und an der Kopflinie zu erkennen und zu beurteilen sind. Einige Astrologen bestreiten die Wirkungen der Planeten Uranus und Neptun. Dessenungeachtet kann man aber die

Wirkung ihrer ihnen entsprechenden Eigenschaften deutlich — und mitunter recht drastisch — wahrnehmen nach dem Horoskop sowohl als auch nach der Hand. Warum auch nicht? Ihre Kraft- und Lichtausstrahlungen sind dieselben wie die der anderen Planeten, und eine genaue Grenze der Kraftwirkungen aufzustellen, erscheint mir beschränkt und anmaßend; gibt es doch andere Körper und Körperkomplexe im Kosmos, die in derselben Entfernung auch ihre Wirkung haben. Auch hier kann man wieder vergleichen mit der drahtlosen Telegraphie.

Chirosophie:	Astrologie:
1. Größe der Willenskraft.	1. „Stern in der eigenen Brust". (Ererbte Rassen-, Körper- und Geistesmerkmale.)
2. Einfluß (spirituellen) Welt.	2. fehlt.
3. der kabba- (intellektuellen) Welt.	3. fehlt.
4. listischen (materiellen) Welt.	4. fehlt.
5. Einfluß von Jupiter	5. Jupiter.
6. „ „ Saturn	6. Saturn.
7. „ „ Sonne Erste	7. Sonne.
8. „ „ Merkur Reihe der	8. Merkur.
9. „ „ Mars Kräfte.	9. Mars.
10. „ „ Mond	10. Mond.
11. „ „ Venus	11. Venus.
12. „ „ Uranus Zweite	12. Uranus.
13. „ „ Neptun Reihe der	13. Neptun.
14. „ „ E. (Isis) Kräfte.	14. (Pluto oder Isis?)
15. Die Hauptlinien. Karma.	15. Durch Planetenstand zur Geburtszeit am Geburtsort (Radixaszendent). Saturn!
16. Nebenlinien und Siegel.	16. Tierkreiseinfluß und Verhältnis von Planeten zu Fixsternen.
17. Die Farbe der Haut.	17. Einfluß für Temperament.
18. Zeichen und Nebenmerkmale.	18. Fortschreiten der Planetenstände, Transite.
19. Rasse, Art, Geschlecht*).	19. fehlt.
20. Grad d. spirituell. Bewußtseins.	20. Feuer- und Luftzeichen.
21. Lebensdauer.	

Wenn die Entfernung zwischen zwei Stationen zu groß ist, um Wirkungen und Resultate zu erzielen, wird eine dritte Station dazwischengebaut. Wissen wir denn, ob im großen Universum nicht auch solche Zwischenstationen vorhanden und wirkend sind? Ein Weltall, das so wundervoll gesetzmäßig bis ins kleinste arbeitet — ich erinnere hier nur an das Karmagesetz, das Vererbungsgesetz und die Periodengesetzmäßigkeit großer Ereignisse im Leben der Völker wie des einzelnen —, sollte Dinge, die oft über unseren beschränkten Verstand hinausgehen, nicht betätigen? Das zu bestreiten, überlasse ich jenen,

---

*) Da dies aus einem Horoskop nicht ersichtlich, ist es für den Astrologen erforderlich, ein Lichtbild von dem zu sehen, dessen Horoskop berechnet werden soll. Ein gewissenhafter Astrologe wird auch die Handschrift verlangen, um daran den erreichten Stand der Entwicklung zu erkennen. Daher sind Schrift und Lichtbild erforderlich. Das muß beachtet werden!

die ihren mitunter recht unschöpferischen Verstand als die höchste
intellektuelle Instanz des unermeßlichen Weltalls betrachten und
anmaßend genug sind, behaupten zu wollen, daß einzig und allein
auf unserem kleinen Weltkörper Menschen vorhanden seien. Die
Grundzüge des Lebensweges sind jedem Menschen vorbestimmt. Dies
erkennt man sowohl am Geburtshoroskop wie auch an der Formation
der Hauptlinien der Hand. Solche durch kosmische Gesetze festgelegten Grundzüge des Lebensweges — und somit Schicksals — sind
weder durch den Willen noch durch die Wahlfreiheit zu ändern; sie
sind das konzentrierte Programm, das w i r s e l b s t im vergangenen Lebenszyklus schufen, indem wir die Resultate früherer
Ursachen auslebten, die jedoch neue Ursachen in sich trugen
und sich nun wieder auslösen müssen. — W i e sie sich auslösen
und in Erscheinung treten, das zeigen uns — wie im Horoskop
die Direktionen und die Transite — in der Hand die Nebenlinien und
Ereignislinien, anderseits die Zeichen. Je feiner ein Instrument gebaut
ist — z. B. Seismograph, Chronometer u. dgl. —, desto genauer zeigt
es an. So ist es auch mit dem Menschen. Je feiner seine Seelen-
schwingungen und deshalb auch seine Nerven, desto zahlreicher, feiner
und klarer zeigen sich die Linien in seiner Hand, weshalb man bei
solchen Personen, die einen spirituellen Einschlag haben, m e h r lesen
und erkennen, also auch m e h r ausdeuten kann, als bei einem
primitiven, materiellen oder unschöpferisch intellektuellen Menschen.
Daß die Astrologie von heute vollkommen ist, hat keiner behaupet;
ebensowenig kann man das von der Chiromantie sagen. Aber das ange-
sammelte Material aller Geisteswissenschaften ist derart reich, daß man
auf dem besten Wege zur Vollkommenheit ist. Anderseits ist es aber
gut so; denn gerade in der heutigen Zeit beweisen die Menschen in
ihrer Lebensart und Weltauffassung, daß sie wirklich weder reif noch
wert sind, das ganze Wissen zu besitzen. Es ist eine sehr weise göttliche
Vorsicht, daß nur e i n z e l n e M e n s c h e n (nicht Leute!) — immer
ihrem i n n e r e n Wert entsprechend! — tiefe Erkenntnis und darum
tiefes Wissen erlangen. Für die Beurteilung von Fähigkeiten und
Talenten zur Berufswahl ist es ziemlich einerlei, ob dies auf astrologischer, graphologischer, chirognomischer oder phrenologischer Basis
erfolgt. Bei der phrenologischen Leseart kann man sehr gut die Fähigkeiten und Anlagen, nicht aber die Hindernisse erkennen, die sich durch
Verhältnisse, Umstände usw. ergeben. Alles das kann man aber sehr
gut bei der Anwendung der Astrologie und der Handkunde ersehen. Bei
der Astrologie langsamer, wegen der Berechnungen; bei der Handkunde
s o f o r t, weil alles klar vor Augen liegt. Natürlich müssen alle
Analysen übereinstimmen. Sie tun es auch, wenn wirkliches Können

vorhanden ist. Alle vier Wissenschaften von einer Person beruflich ausgeübt, ergeben nur bei allerbester Begabung keine Zersplitterung, weil jede dieser Wissenschaften ein sehr weites Feld ist, viel Gewissenhaftigkeit und Verstand, aber auch Verantwortlichkeit erfordert, dazu ein sehr gutes Gedächtnis.

Im Interesse des einzelnen Menschen und des Allgemeinwohls wäre es wünschenswert und richtig, wenn jeder sich betreffs seiner Fähigkeiten und Anlagen durch diese Wissenschaften informieren ließe. Jeder würde dann den für ihn richtigen Beruf (entsprechend seinen Fähigkeiten) wählen und nicht erst einen verkehrten nach dem anderen, um nach vielen sorgenvollen Enttäuschungen durch Unfähigkeit nochmals einen verkehrten, oder wenn es gut geht, endlich den rechten Beruf zu ergreifen.

Zur Vervollkommnung des tieferen Studiums der astralen Einflüsse auf den Menschen und die Hand bringe ich in folgendem die r e i n e n speziellen Einflüsse der einzelnen Planeten. Jeder der dabei beschriebenen Menschentypen stellt den reinen Typ dar, d. h. einen Menschentyp, der von dem einen Planeten den g a n z e n Einfluß hat, — ohne andere starke Einflußmischung.

Bei der Beurteilung einer „Personenlinie" oder „Personeneinflußlinie" hat man genau, sehr genau zu beachten, von welchem „Berge" (Planeten) diese Linie kommt. Sie ist in den allermeisten Fällen nur haarfein gezeichnet; deshalb braucht sie auch nur sehr kurze Zeit, um in Erscheinung zu treten oder zu verschwinden. Ist sie nur in oder durch einen Berg gehend: dann kommt ein Personeneinfluß dieses Planeten (Menschentyps) in Frage. Verläuft die Einflußlinie jedoch im Anfang zwischen zwei Bergen, so kommt ein Personentyp in Frage, welcher die gemischten Eigenschaften und das Aussehen hat, das sich aus der Mischung der beiden betreffenden Planetencharaktere ergibt . . . D i e s e Art des Ausdeutens — des Lesens der Handlinien — ist sehr schwer, und man muß wirklich schon ein großes Wissen und sehr viel Praxis haben, um sich hierin zurechtzufinden. Man muß sich sozusagen in die Hand hineinleben und sich sehr stark konzentrieren, was nicht jedem gelingt. Ein sehr geübtes Auge, eine gute starke Lupe und gutes Licht sind hierfür unbedingt notwendig. Aus diesen Gründen ist d i e s e Art der Deutung nicht mehr wissenschaftlich zu nennen, soweit sie eben d i e s e n Teil betrifft. — Sie ist ein Hilfsmittel, wie es jede Wissenschaft hat, das von Nichtkennern und Pfuschern benutzt, die wissenschaftliche Chirologie nur in bösen Ruf bringen kann. Ich warne deshalb sehr zur Vorsicht und empfehle die Benutzung dieses Teiles nur den weit fortgeschrittenen Chirologen für Studien und Weiterbildung.

Planeten-Menschentypen.

1. Die Signaturen der Venus (Bild 77).*)

Figur: die unter dem Venuseinfluß geborenen Menschen haben eine
große physische und moralische Ähnlichkeit mit jenen, die unter dem
Jupitereinfluß geboren sind; nur ist die Schönheit der Venusgeborenen
mehr weiblich. Sie haben schöne, helle, weiche und rosige Haut, sind
von gutem Wuchs und schöner Figur. Ihre Haare sind lang, dicht, geschmeidig, blond oder braun und dauerhaft in der Farbe. Die Augenbrauen sind schön, gutgeformt und dicht. Ihre Stirn ist rund, eher
klein als groß; die Wangen sind rundlich und mit Grübchen versehen.
Die Gesichtsknochen sind kaum bemerkbar. Die Nase ist gerade,
etwas fleischig und doch schön oder fein. Ihre Augen sind groß, freund-
lich, feucht und sehr angenehm durch ihren Ausdruck, hellbraun oder
blau, sehr magnetisch und auch sinnverwirrend, „streichelnd"; die
Augenlider rund und schwer. Ihr Mund ist klein bis mittel, frischrot.
Die Lippen sind voll und schön geschwungen; die Zähne gut. Das
Kinn ist rund, etwas voll und hat ein Grübchen. Die Ohren sind meist
klein, das Ohrläppchen fleischig. Ihr Hals ist weiß, rund und von
mittlerer harmonischer Länge; die Schultern sind rund und voll, ab-
fallend. Die Brust ist meist schmal, doch fleischig; der Busen der
Frauen voll und rund — wie bei der antiken Venus. An den runden
schönen Armen stehen keine Knochen hervor. Die Hüften sind gut
entwickelt, die Lenden wohlgeformt und die Schenkel voll, schlank
und elegant. Die Knie sind ebenfalls voll und etwas nach innen
geneigt, die Beine kräftig, die Waden schöngeformt und die Fesseln
rund und dünn. Die Füße sind klein.

Eigenschaften: Der Venustyp liebt Eleganz und Harmonie in Klei-
dung und Äußerlichkeiten. Er neigt sehr stark zur sexuellen Liebe, da
die Sinnlichkeit eine der stärksten Eigenschaften ist. In der Liebe ist
er gut und sanft, zärtlich und willenlos. Besonders stark ist die Vorliebe für Blumen, Düfte, Musik, Plastik, Farbe und alles Schöne in
Form und Farbe. Der reine Venustyp ist immer Künstler; nicht umgekehrt! Gefallsucht macht sich meist bemerkbar, wenngleich oft nur
ganz leise und diplomatisch. Das träumerische Wesen im Verein mit
der Sinnlichkeit, wird hier oft zum Schaden. Das harmonische und
deshalb verträgliche, gütige Wesen läßt ihn allen mit Wohlwollen
begegnen. Dem Zank und Lärm ist er abgeneigt, da sein Wesen stets
heiter, frohsinnig, humorvoll ist. Venus gibt dem Menschen weibliche

---

*) Zum Studium der Charakteristik der Planetentypen empfehle ich das vorzügliche Werk
von Stein: „Charaktertypen". (Aszendenten-Typen!) Die Kopfzeichnungen der Planetentypen sind dem großen Werk von Carl Huter: „Physiognomik" mit Erlaubnis entlehnt, in
dem sie als Farbentypen gebracht wurden.

Formen und daher auch weibliche Neigungen. Männer dieses Typs tragen gern Frauenschmuck.

Der Venuseinfluß begabt Künstler, Redner, Komponisten usw., durch das Dargebrachte zu rühren, oder „Seele" in die Musik, in die Malerei, in die Skulptur, in die Rede zu legen; also das tiefe vibrierende Schwingen der Seele. Es gibt keinen Künstler, der nicht starken Venuseinfluß hätte. Gibt es dennoch mal einen solchen, so ist das von ihm Dargebrachte nur ein Produkt des Könnens ohne Empfinden, also ein Produkt verstandesmäßiger Imitation. Je mehr Venuseinfluß, desto mehr schöngeistiges Empfinden.

Hände: Die Hände des reinen Venustyps sind voll, etwas weich und mit Grübchen versehen (Oberhand). Die Finger sind glatt, von normaler Länge oder ein wenig kürzer. Die Haut ist weißlich bis weißrosa. Der Daumen ist etwas kurz, der Venusberg sehr voll und stark und reichlich mit Linien versehen.

Venus regiert die Nieren, das Seelische, die Erotik. Metall: Kupfer; Farben: hellgrün, hellblau, rosa; Stein: Achat. (Typ Mozart.)

2. Die Signaturen des Jupiter (Bild 77).

Figur: Menschen, die unter dem ganzen Einfluß des Jupiter geboren sind, haben folgende Merkmale: Die Figur ist groß und stark, manchmal auch etwas über mittelgroß. Die Haut ist hell und farbenfrisch, guter Teint, ihre Stimme ist klar. Sie haben große, feuchte, freundliche Augen, blau oder hellbraun; lange Augenwimpern. Die Augenbrauen sind etwas gelockt und dicht. Die Nase ist mittelgroß und gerade, der Mund ziemlich groß; die Lippen sind stark. Die Oberlippe ist meist etwas überragend. Die Zähne sind groß und gut; die Backen derb und fleischig; das Kinn ist etwas lang und voll. Ihre Ohren sind etwas anliegend, der Hals ist wohl proportioniert. Die Schultern sind groß und fleischig; der Rücken ist fest und dick. Im Alter neigen sie zu Fettleibigkeit und zu Haarverlust. Füße und Hände sind dick und ziemlich fest, die Beine behaart. Kopf und Stirn schwitzen leicht.

Eigenschaften: Ihr Gang ist gelassen, ruhig. Sie lieben das Bequeme, die Vergnügungen, Feste und Gastmähler. Sie haben religiöses Empfinden (Zeremonien, wenn möglich mit Pomp); Familiensinn, großes Selbstvertrauen; sie sind anziehend, sehr sympathisch, stolz, großzügig, ehrgeizig und tüchtig. Auch sind sie lebhaft, zeitweise zornig aufbrausend, aber nicht nachtragend. Sie lieben die Ruhe und den Frieden; sind höflich, gütig, edelherzig, leichtsinnig im guten Sinne, gefällig, beliebt und sinnlich. Im allgemeinen ist ihr Leben glücklich (weil sie schon im Gedankenleben darauf hinarbeiten). (Jupitertyp sind: Albr. Dürer, Friedrich III.)

Jupiter regiert Blut, Leber. Metall: Zink; Farben: purpur, blau; Stein: Saphir, Türkis, Lapis.

3. Die Signaturen des Saturn (Bild 77).

Figur: mittelgroß oder klein. Die Haut ist bräunlich, erdfarbig, mitunter blaß, trocken und runzelt leicht. Das Haar ist schwarz, glatt und grob, fällt aber meist früh aus oder lichtet sich. Der Kopf ist lang (nur bei bestimmten Rassen mehr rund). Die Augen sind sehr dunkel, hohl, traurig und verdunkelt, jedoch durchdringend und listig bei Verdacht, Argwohn oder Zorn. Das Weiße des Augapfels ist mehr gelblich, die Augenbrauen sind schwarz, evtl. über der Nase zusammengewachsen. Die Ohren sind groß, die Nase ist mittel oder lang, mit der Spitze mehr oder weniger abwärts geneigt. Die Nasenlöcher sind mittel bis groß. Der Mund ist groß, die Lippen sind dünn — bei bestimmten Rassen wulstig oder wurstähnlich —, wobei sich die Unterlippe etwas nach vorn schiebt oder sich über die Oberlippe hebt. Die Zähne sind in der Jugend gut, meist weißlich und zuweilen doppelt, verderben aber schnell. Das Zahnfleisch ist blaß. Der Bart ist schwarz; das Kinn lang, unten breit und vorspringend. Der Hals ist hager, zuweilen dünn, mit starken Muskeln und ausgeprägten Adern. Der „Adamsapfel" ist bei diesem Typ sehr stark und deutlich. Im allgemeinen sind diese Menschen mager, haben aber starke Knochen. Die Brust ist schmal und behaart, die Schultern sind hoch; die Arme knochig und muskulös.

Hände: Die Hände sind oft mager, die Finger lang und zum Teil knotig. Der Saturnfinger hat Spatelform. Der Daumen ist meist stark und groß. — Die Adern der Füße sind stark sichtbar, und die Neigung zu Krampfadern ist ausgesprochen. Die Beine werden frühzeitig schwach und im Alter träge, daher meist der gebeugte Körper und unsichere Gang, was diese Menschen prädisponiert, Unfälle des Körpers zu erleiden, besonders aber der Beine. Man findet unter diesem Typ viele Rheumatiker, Gelähmte und Hinkende, Bucklige und Krüppel. Auch Taubheit ist ein Einfluß des Saturn.

Eigenschaften: Saturnbeeinflußte Menschen sind stark melancholisch, neugierig, innerlich unruhig, mißtrauisch, grübelnd. Sie lieben die Einsamkeit, das Spielen aus Gewinnsucht und Kombinationslust. Sie sind tüchtig im Berg- und Ackerbau, in Wissenschaft, Musik, sind sehr arbeitsam und meist geizig, weniger vergnügungssüchtig. In der Musik leisten sie bisweilen Großes. (Saturntypen sind: Paganini, Mephisto.)

Der echte Saturnier verbringt meist einen Teil seines Lebens in Abgeschiedenheit, Einsamkeit, im Gefängnis usw., da dieser Einfluß oft zu Schlechtigkeiten geneigt macht.

Saturn regiert die Knochen, Milz. Metall: Blei; Farben: schwarz, Dunkelgrün, braun; Stein: Onyx, Smaragd.

4. Die Signaturen der Sonne (Apollo) (Bild 77).

Figur: Mittlerer Wuchs und glatte Körperproportionen. Die Farbe der Haut ist gesund, leicht bräunlich. Die Haare sind lang, voll, wellig, geschmeidig, fein blond oder braun. Die Stirn ist mittelhoch, gewölbt; die Augen sind groß, glänzend, etwas feucht; das Weiße ist rein und klar. Der Augenausdruck ist streng und sanft zugleich und die Irisfarbe hellbraun oder blau, die Wimpern sind voll und geschwungen. Die Brauen sind dicht und glatt, sanft gewölbt. Die Wangen fleischig und fest; die Nase ist gerade und fein, jedoch nicht scharf. Der Mund ist von mittlerer Größe, die Lippen sind von normaler, gleichmäßiger Fülle. Die Zähne sind gut und etwas gelblich. Die Stimme ist stark, angenehm und voll, wohlklingend. Das Kinn ist rund und etwas hervorstehend. Die Ohren haben mittlere Größe — eher klein als groß; das Ohrläppchen ist fleischig und von guter Farbe. Der Hals ist mittelstark, muskulös, ohne daß die Muskelformen hervortreten. Der Körper ist unbehaart. Die Brust ist groß und stark, gewölbt. Die Sehnen der Glieder sind dünn und kräftig, die Schenkel von eleganter Form, die Beine schön. Das Sehvermögen ist leicht der Schwäche, Augen und Beine einem Leiden ausgesetzt.

Eigenschaften: Die von der Sonne stark beeinflußten Menschen sind angenehm, weil natürlich und ungezwungen; immer sympathisch und magnetisch, bescheiden, strebsam, verläßlich. Sie sind beliebt und gute, treue Freunde durch ihre aufrichtige Gesinnung. Sie sind etwas heftig, jedoch sofort wieder ruhig, sehr liebenswürdig und haben angeborene Höflichkeit und Herzenstakt; ein heiteres, sonniges Wesen, Humor. Sie haben angeborene innere Würde, übervorteilen nie, sind edelherzig und beredsam. Sie besitzen Scharfsichtigkeit durch ihre Intelligenz u n d ihre Intuition, die sie alles richtig erkennen und beurteilen läßt. (Dies ist ihre hervorragendste Eigenschaft.) Sie sind religiös, doch basiert ihre Religion mehr auf der inneren Betrachtung, Verehrung und Erkenntnis, auf der geistigen Idee, dem inneren Sinn und Wert (Esoterik), nicht auf Aberglauben und Orthodoxie. Von der Sinnlichkeit (Erotik) werden sie stark beeinflußt und sind leicht jemandem zugeneigt. Die Sonnebeeinflußten sind Erfinder und Ausübende aller möglichen Unternehmungen, da sie sehr vielseitig sind. Sie erfinden ungezwungen, mehr durch Inspiration, weniger durch besondere Studien, hauptsächlich in der Kunst und Wissenschaft. Sie sind oft Künstler, Literaten; immer aber Kunstliebhaber.

Hände: Der Sonnentyp hat gemischte Finger, leicht knotig; der Daumen ist mittelgroß, stark und harmonisch. Der Knöchel der Unabhängigkeit (zwischen erstem und zweitem Daumenglied) ist gut entwickelt; der Apolloberg gut ausgebildet und mit einer guten Sonnenlinie oder Parallelen durchfurcht.

Die Sonne regiert das Herz, Rückgrat, die Augen, solar plexus; Metall: Gold; Farben: Gold, orange; Stein: Rubin, Karneol.

5. Die Signaturen des Merkur (Bild 78).

Figur: Die unter vollem Merkureinflüße stehenden Menschen sind klein bis mittelgroß, schlank, angenehm. Sie bewahren ziemlich lange ein kindliches Wesen und erscheinen infolgedessen immer jünger, als sie sind. Ihre Hautfarbe ist zart und etwas blaßgelb; die Haare sind braun und zum Kräuseln geneigt. Die Stirn ist hoch und gewölbt, der evtl. Bart kurz und dunkel, die Augenbrauen sind schmal, lang gewölbt. Ihre Augen sind grau oder braun (seltener blau), unruhig, lebhaft, scharf und durchdringend. Das Weiße der Augen ist gelblich und der Gesamtausdruck verschmitzt, klug. Die Nase ist gerade oder leicht gebogen, lang und gut geformt, evtl. scharf, die Spitze etwas rund und oft mit kleinem Grübchen. Ihre Lippen sind dünn; die Oberlippe tritt etwas hervor über die nach außen gesenkte Unterlippe. Das Kinn ist lang und spitz. Der Kopf ist an der Seite oben, wo die Organe des Erwerbssinns liegen, stärker entwickelt, weshalb bei dem Merkurtyp das Talent für Handel und Erwerb stets von Natur aus stark hervortritt. Der Hals ist stark und wohlgeformt, die Brust mittelgroß, fleischig; die Lenden sind wohlgeformt, biegsam; die Arme dünn, jedoch kräftig. Ihre Stimme ist gut, doch nicht sehr stark.

Eigenschaften: Die unter dem Einfluß des Merkur geborenen Menschen sind körperlich und geistig lebhaft, gewandt, geschickt in körperlichen Übungen sowie in Handfertigkeiten. Sie besitzen lebhafte Intelligenz, schnelle Auffassung, sind intuitiv und witzig; alles Eigenschaften, welche List und Schlauheit ergeben. Sie lieben alle Wissenschaften, besonders die okkulten und metaphysischen Studien; sind gewissenhaft in allen Sachen, beharrlich und schätzen das Vergeistigen aller Genüsse. Sie besitzen eine gute und natürliche Beredsamkeit. Man findet unter ihnen Philosophen, Physiker, Ärzte, Sprachlehrer, Geometer, Akrobaten, Tänzer, Händler. Durch ihr schnelles und großes Fassungsvermögen und die schnelle Übersicht, Liebenswürdigkeit und Vielseitigkeit sind sie die „geborenen Geschäftsmenschen". Aber auch Neid ist eine ihrer Eigenschaften. Der schlecht beeinflußte Merkurtyp mißbraucht seine guten Eigenschaften, und deshalb ist dieser Typ — in niederer Entwicklung — sehr gefährlich, beim Manne sowohl wie bei dem Weibe. („Merkur, der Gott der Diebe und Huren", heißt es in der alten Mythologie: ebenso „Hermes" — ein anderer Name für

Merkur —, d. h. der dreifache Meister des Wissens.) Vermöge der ausgezeichneten Rednergabe, Intelligenz und Intuition ist es ihm leicht, Menschen, mit denen er zu tun hat, schnell zu erkennen und sie mit passenden Redensarten und Wortschwall einzuwickeln und zu beeinflussen. Vom Merkur stark beeinflußte Frauen haben dieselben Eigenschaften, und wenn sie nicht auf einer sehr hohen seelischen (ethischen) Entwicklungsstufe stehen, sind sie immer habsüchtig und nützen alle Gelegenheiten, die „etwas einbringen". Sie sind sehr gute „Schauspieler", faszinierend stark, berauschen und sind leidenschaftlich bis in ein hohes Alter. Ebenso wirken sie sinnlich erregend, was für jüngere, unwissende Leute ohne festen Willen, die unter Mond, Venus oder Jupiter geboren sind, gefährlich werden kann.

Hände: Die Hände des Merkurtyps sind lang; bei Frauen klein. Die Finger sind meist glatt und ungleich — gemischt. Der Merkurfinger ist meist spitz oder eckig und lang. Die Hand ist im allgemeinen geschmeidig, der Daumen lang und biegsam.

Merkur regiert die Nerven, die Arme, die Lungen, das Denken; Metall: Quecksilber; Farben: gelb, grau; Stein: Jaspis, Topas, Bergkristall.

6. Die Signaturen des Mars (Bild 78).

Figur: Die unter diesem Einfluß geborenen Menschen sind mittelgroß bis groß, von derbem Wuchs und starker Körperkonstitution. Der Kopf ist kurz und dick, die Stirn niedrig bis mittelhoch. Ihr Gesicht ist rundlich bis breit, die Haut fest, hart, von dunklerem Rot, mitunter rotbräunlich. Die Haare sind kurz, dick und borstig, evtl. kraus; in der Farbe rot, rotblond oder schwarz. Die Augen sind ziemlich groß, glänzend, kühn; ihre Farbe dunkelbraun, grau oder graurötlich bis rostfarben. Das Weiße des Augapfels ist oft gerötet. Der Mund ist groß, die Lippen sind etwas schmal, die Unterlippe ist etwas wulstig. Ihre Augenbrauen sind dicht, meist struppig, und neigen zur Vereinigung über der Nasenwurzel. Ihre kräftige — gerade oder gebogene — Nase macht einen „hervorragenden" Eindruck; die Nasenlöcher sind weit, das Kinn ist hervorspringend. Der Bart ist meist kurz, struppig. Ihre Ohren sind mittelgroß bis groß und etwas abstehend, die Backenknochen etwas hervorstehend. Der Hals ist kurz, dick, muskulös und rot, die Brust breit, die Schultern und der Rücken sind stark, fleischig; die Beine grobknochig und muskulös.

Eigenschaften: Die Marsbeeinflußten sind immer mutwillig, streitsüchtig, rechthaberisch, herrschsüchtig, meist auch brutal und roh. Die Stimme ist stark, laut, etwas metallisch. Sie schreien und befehlen gern, zu Hause wie auch sonst. Sie stellen das kriegerische (und deshalb zumeist das vernichtende) Prinzip dar. Sie können großmütig sein;

doch kommt dies weniger von Herzen als von der Selbstverherrlichung und dem Bewußtsein ihrer Macht (Kraft). Sie sind mutig und kaltblütig in Gefahren, jedoch sehr hitzig im Wortstreit, da sehr reizbar und rabiat bis zum Haß. Sie lieben starke Getränke, Spiel und Orgien. Starke Sinnlichkeit und brutale Kühnheit machen sie bei manchen „Damen" anfangs beliebt; doch die Streitsucht läßt die Harmonie nicht von Dauer sein. Sie essen gern viel und sind Liebhaber des rohen Fleisches und der scharfen Gewürze, renommieren und übertreiben gern. Sie beschäftigen sich gern und vorwiegend mit Dingen, die aus Metall sind oder damit zu tun haben. Deshalb findet man sie auch meist als Fleischer, Soldaten, Chirurgen, Schlosser, Schmiede, Zahnärzte usw. Als Redner haben sie eine derbe, kraftvolle Ausdrucksart, im Gegensatz zu der Feinheit und Gewandtheit der Merkurbeeinflußten.

Hände: Ihre Hände sind fest bis hart; die Finger grob, stark und im dritten Gliede dick (Genußliebe). Das erste Daumenglied ist groß, breit, meist mehr oder weniger Ballenform, keulenartig. Der Mars- oder Venusberg ist stark entwickelt, die Marsebene ist oft mit vielen kleinen Linien und Kreuzen belebt.

Mars regiert die Geschlechtsorgane und die Kraft des Trieblebens, Därme, Galle; Metall: Eisen; Farbe: rot; Stein: Diamant.

7. Die Signaturen des Mondes (ähnlich Bild 77 — Jupiter — aber weicher).

Figur: Die unter dem Mondeinflusse geborenen Menschen haben einen runden Kopf und ein volles, weiches Gesicht. Die Stirn ist nicht hoch, sondern mehr breit und rund. Ihre Hautfarbe ist matt, blaß oder wenig gefärbt. Durchschnittlich sind sie klein bis mittelgroß, dick, fleischig und schwammigweich. Der Körper ist wenig behaart. Die Haare sind fein, weich, lang und blond. Ihre Nase ist etwas kurz, flach und breit. Der Mund ist mittelgroß, die Lippen sind fleischig und stark, die Zähne groß und fehlerhaft. Die Augen sind groß, rund, klar, etwas hervortretend; ihre Farbe ist blau oder blaugrau. Die Augenlider sind ziemlich dick, die Brauen dünn, blond und sehr glatt anliegend. Das Kinn ist dick, voll und fett; die Ohren sind anliegend. Der Hals ist fleischig, dick und weiß. Brust, Hüften, Lenden und Beine sind stark fleischig, aber dabei weich. Es ist stets Neigung und Anlage zur Fettleibigkeit vorhanden. Ihre Füße sind dick und groß.

Eigenschaften: Die Mondbeeinflußten sind unbeständig, unruhig, egoistisch, wenig kriegerisch, deshalb unzuverlässig. Sie sind kalt, matt, faul, gleichgültig und schwerfällig; weniger der ethischen Liebe, mehr aber der Sinnlichkeit und dem Genuß zugeneigt. Sie lieben, in den Tafelfreuden zu schwelgen. Sie trinken und sprechen viel und haben viele weibliche Eigenschaften. Sie sind mehr mystisch als religiös, haben eine große Einbildungskraft, Phantasie und oft gute Intuition, Wahrträume, Ahnungen, besonders wenn sie in der Einsamkeit leben. Sie lieben Reisen, Wasser und Bequemlichkeiten, die Künste, alles Schöne und romantische Literatur. Sie sind groß im Wortemachen, nicht aber in der Tat. Gute Redner findet man sehr selten unter ihnen. Ihre Unbeholfenheit und ihr Phlegma lassen sie schnell ermüden, weshalb sie keine guten Fußgänger sind und gern „Station" machen. Es fehlt ihnen an Ausdauer, Zähigkeit und Wollen. Die vom Monde stark beeinflußten Frauen geben sich leicht hin; nicht aus Liebe, sondern mehr aus Neugierde, meist aber aus Mangel an Widerstandskraft. Mondbeeinflußte ziehen immer Leute im gereiften Alter den jüngeren vor.

Hände: Die Hände sind meist weich, fleischig; der Mondberg ist gut entwickelt, die Finger sind glatt, kurz, spitz oder spatelförmig. Der Daumen ist mittelgroß, das erste Glied kurz.

Mond regiert das Wässerige, die Säfte des Körpers, das Gefühlsleben, Stimmungen, Magen, Gehirn; Metall: Silber; Farben: alle hellen und blassen Farben; Stein: Mondstein, Katzenauge, Koralle.

8. Die Signaturen des Uranus (Bild 78).

Die Figur läßt sich nicht ganz genau beschreiben; denn einmal sind Uranustypen nicht alltäglich, zum anderen findet man sie s e h r selten — viel seltener als die anderen Typen — rein, weil wir noch gar nicht die Auswirkungen des Uranus in d e m Maße kennen wie die der anderen Planeten unseres Systems. Das Uranuszeitalter hat erst begonnen.

Im Umriß läßt sich aber über das Äußere des Uranustyps soviel sagen: Meist über mittelgroß, vollschlank oder schlank. Haare sind meist dunkelblond oder dunkler, die Augen dunkelblau oder hellbraun, groß, mit scharfem, sicherem Blicke. Die Augenbrauen sind dicht und breit, in der Farbe sehr dunkel oder schwarz; meist aber schwarz, auffällig. (Dies ist das beste Kennzeichen für den starken Einfluß des Planeten.) Die Farbe der Haut ist eher hell als dunkel, das Gesicht markant, die Stirn frei und hoch. Die Nase ebenfalls markant und kräftig. Die Hände sind näher dem intellektuell-spirituellen Typ, wie auf Bild 49. Die Finger konisch-eckig mit Knotenbildung. Die Lippen sind eher schmal als dick. Das Kinn ist gut markiert und stark. — Wenn ein Vergleich hier überhaupt erlaubt ist, könnte man sagen; eine Kombination von Sonne, Merkur, Mars und Venus. Goethe und Paracelsus waren starke Uranustypen, wenn auch keine reinen. Eckige Bewegung des Körpers.

Eigenschaften: Die stark Uranusbeeinflußten haben vor allem eine sehr gute und schnelle Auffassungsgabe, rasches Begreifen. Sie sind sowohl intellektuell (verstandesmäßig) als auch spirituell (intuitiv-inspirativ) im Denken. Ihre Interessen liegen meist auf Gebieten, die eigenartig und originell sind, und die man als „ausgefallen" bezeichnet. Sie sind gute Erfinder und Techniker, gute Ingenieure und Elektriker, Aviatiker, Altertumsforscher, Antiquitätensammler und -kenner. Im Wesen anfangs reserviert und innerlich beobachtend, vorfühlend, später mehr auf die Dinge eingehend und sie geistig verarbeitend. Sie können sehr plötzlich heftig werden, wie denn überhaupt Plötzlichkeiten Auswirkungen des Uranus sind; Blitz, Explosionen, Kurzschluß.

Zeitweise sieht man Frauen mit feinerem Gesicht und starken, breiten, dunklen Augenbrauen. Diese haben starke Uranuseinwirkung und Uranuscharakteristik. Besonders blonde Frauen mit breiten, schwarzen Brauen. Typ-Leonardo.

Uranus regiert das feinere Nervensystem, die Drüsen, gibt inneres Erkennen der tiefsten Zusammenhänge, Hellsinnigkeit, starke Neigung zu Studien und Beschäftigung mit Okkultismus, im besonderen mit Kosmologie. Metall: Radium, Uran; Farbe: blauviolett, harmonische Farbenkombination bestimmter Art: Blauviolett mit Gold, mit Silber, mit Gelb; Edelstein: Alexandrid, Bernstein, Magnetstein, Scarabäus.

9. Die Signaturen des Neptun („Eros", nach Schopenhauer).

Hierüber läßt sich nur sehr wenig sagen, da seine Schwingungen noch feiner sind als die des Uranus. Infolgedessen läßt sich auch der Neptun-typ in bezug auf die Person nicht gut beschreiben. Einige Merkmale sind: sehr hohe, oben breite Stirn; Haarfarbe verschieden, mittelblond bis dunkel; Augen (bei reinem Typ) stark hellblau, hellblau-grau, groß, klar, strahlend und doch etwas verschleiert; Nase fein und schmal (Jakob Böhme); der Mund gut; mittelvolle Lippen. (Oft bringt dieser Einfluß sehr viele Falten in den oberen Teil des Gesichts.) Neptun beeinflußt die Aura.

Eigenschaften: Meist etwas verworrene Anschauungen und Gedankengänge. Hochgeistiges Schauen. Jedoch — bei gutem Typ — starker künstlerischer Einschlag und starke Medialität. Bei schlechtem Typ — Einfluß — sexuelle Irrwege und Perversität, Liederlichkeit.

Farbe: ultrarot, rotviolett (lila), blasse Farben; Stein: Amethyst.

10. Verbrecher- oder dämonischer Typ.

Er ist auf Bild 78 dargestellt in zwei gänzlich unharmonischen Köpfen. Man erkennt auf den ersten Blick das satanische Prinzip, das sich hier verkörpert hat und sich ausprägt, weshalb ich das entsprechende Symbol beifügte; denn unter einen bestimmten Planeten kommen beide Typen nicht! Sieht man ein solches Gesicht, einen solchen Kopf, mit d e r Plastik, dann weiß man sofort, was i n solchem Geschöpfe steckt. Daß von ihm nichts Gutes, Edles zu erwarten ist, ist selbstverständlich; denn: Wie innen, so außen, wie außen, so innen, das ist ein uraltes Naturgesetz, das wir Menschen nicht umstoßen, auch nicht mit dem so oft mißbrauchten „Mantel der Nächstenliebe" zudecken können. Wer Augen hat zu sehen, der s e h e !

Alles was häßlich ist, ist dämonisch, weil nicht gut (göttlich). Dämonische Wesen m ü s s e n sich in Häßlichkeit verkörpern, wie sich göttliche Wesen in Schönheit verkörpern. Man darf nur nicht „schön" mit „pikant" oder „interessant" verwechseln. I m m e r , in j e d e m Falle kommt es auf die Plastik des Kopfes, des Gesichts, der Hand an, nicht auf das, was sie s c h e i n e n , oder was durch „Hilfsmaterial" hinzu- oder hinaufgelogen wird. In dieser Zeit der Täuschungen ist es Pflicht des einzelnen, auf diese Unterschiede zu achten, oder — er täuscht und enttäuscht sich.

Chirosophie und Kriminalwissenschaft.

Fingerabdruckmuster.

Die Fingerabdrücke auf Bild 79, A, B, C, D, E und F stellen die Fingerabdruck-Muster dar, wie sie in der Daktyloskopie vorkommen. A ist das sog. Bogen- oder A-Muster ohne Delta. B und C sind Schlingen- oder Schleifenmuster mit Delta, und zwar einmal links und einmal rechts. Die Deltas sind durch kleine Pfeile kenntlich gemacht. D ist ein Tannen- oder T-Muster, ebenfalls mit einem Delta. E ist ein Wirbel- oder W-Muster mit zwei Deltas. F ist ein Doppelschlingenmuster. — Die ersten vier zählen alle unter die Kategorie Schlingenmuster, die beiden letzten unter die der Wirbelmuster.

Alle Fingerabdrücke kommen immer in diesen Zeichnungen vor, nur mit mehr oder weniger großen Abweichungen in bezug auf die Anordnung der Papillarlinien. Die gleichen Muster finden wir auch auf der Innenhand (!), und zwar vorwiegend auf dem Mond- und Venusberg. Zwischen Jupiter-, Saturn-, Apollo- und Merkurberg findet man in der Regel nur die Schleifenmuster; mitunter kommt es auch vor, daß ein Wirbelmuster anzutreffen ist, dies jedoch nur in vereinzelten Fällen.

Das Deltamuster kommt unter allen Fingern auf den Bergen vor, und zwar h i e r in allen Händen. Die anderen Muster k ö n n e n noch nebenher an diesen Stellen vorkommen, doch immer mit Unterschieden.

Wie weit die Kriminalpolizei für den Erkennungsdienst zur Zeit die Zeichen der Innenhand, im besonderen die Delta- und Schlingenmuster benutzt, ist mir nicht genau bekannt. Sicherlich ist dies doch ein sehr wertvolles Gebiet, und es würde der deutschen Polizei von größerem Nutzen sein, wenn sie nicht nur die Papillarlinien, sondern auch die übrigen Handlinien in ihrer Bedeutung zu Rate zöge, wie es z. T. im Auslande schon geschieht.

Ein System, nach dem man aus den verschiedenen Formationen der Fingerabdrücke Charaktereigenschaften herausfinden kann, ist in Europa bisher nicht bekannt.

Die chinesischen Chiromanten haben sich nicht nur auf die Ausdeutung der Handlinien beschränkt, sondern haben auch noch die Formen der Papillarlinien an den Fingerspitzen herangezogen. Sie haben 2 Typen von Papillarlinienbildern aufgestellt: die Wirbelmuster (wie auf Abb. E, chinesisch tou oder lo = Schnecke genannt) und die Schleifenmuster (Abb. C, chinesisch ki = wörtlich Sieb).

Die lo oder tou bedeuten Glück, die ki das Gegenteil. A. H. Smith sagt in „Proverbs and common sayings from the Chinese", Shanghay 1902, p. 314: Ein alter, in China allgemein geläufiger Spruch heißt: Ein Wirbelmuster = arm, 2 Wirbelmuster = reich, 3 Wirbel, 4 Wirbel = eröffne ein Pfandleihgeschäft, 5 Wirbel = werde Kommissionär (gemeint ist das sehr einträgliche und im chinesischen Handel so wichtige Amt des Compradors), 6 Wirbel = ein Dieb, 7 Wirbel = Unglückswurm, 8 Wirbel = friß Stroh, 9 Wirbel und eine Schleife = brauchst nicht zu arbeiten, hast zu essen, bis du stirbst.

Dieser Spruch zeigt, wie die Kenntnis von den verschiedenen Mustern der Fingerlinien in die breitesten Schichten des chinesischen Volkes gedrungen ist.

Die physiognomischen Schriftsteller in Hellas und im alten Rom beschäftigten sich eingehend mit der Rolle, die die Hand und die Finger in der Wahrsagekunst spielten, aber über die Bedeutung der Papillarlinienbilder ist bei diesen Autoren nichts zu finden.

Nach p. 740 des „Picture writing of American Indians" von Mallery erscheint es auch nicht unwahrscheinlich, daß die Steinzeichnung der Mic-Mac-Indianer im Zusammenhang mit der Chiromantie steht. Eine andere Deutung des Petroglyphen wäre folgende: Auf prähistorischen amerikanischen Töpferwaren ist auffallend häufig das Auge als Ornament verwendet. Nach einem Bericht in den „Verhandlungen der Berliner Gesellschaft für Anthropologie, Ethnologie und Urgeschichte" vom 20. März 1886, S. 209, gab ein hierüber befragter Bella-Coola-Indianer (Nordwestamerika) folgende Erklärung: „Er zeigte auf die Volarflächen seiner Fingerkuppen und auf die feinen Lineamente, welche die Haut an denselben bietet; nach seiner Meinung bedeute ein rundliches oder längliches Feld, wie es gewöhnlich zwischen den gegeneinanderstoßenden oder parallelen Linien erscheint, gleichfalls ein Auge, und das komme daher, daß ursprünglich jeder Teil des Körpers in ein Sinnesorgan, und zwar speziell in ein Auge ausgegangen und erst später auf derartige rudimentäre Zustände zurückgebildet sei." Die ganze Natur stellt sich also, wie es scheint, in der Vorstellung dieses Indianers als belebt und sinnlich veranlagt heraus, nur daß im Laufe der Zeit ein großer Teil der Anlagen bis auf bloße Andeutungen verschwunden ist. Das vorerwähnte Zeichen zeigt, wie die Indianer im äußersten Norden Amerikas schon auf der primitivsten Kulturstufe, in der Periode der Bilderschrift, Kenntnis der Papillarlinienmuster und sogar ihrer charakteristischen Unterschiede hatten.

Die japanischen Chiromanten nannten die Tastrosetten an den Fingerspitzen: Hamon, wegen der gerollten Form und lehrten, je regelmäßiger sie seien, desto glücklicher werde ihr Träger sein. Je nachdem dieser oder jener Finger regelmäßige oder unregelmäßige Wirbel trage, zeige dies Glück oder Unglück verschiedener Art an.

Auch die Malaien scheinen den Papillarlinien ihre Aufmerksamkeit nicht versagt zu haben. W. Skeat bemerkt in „Malay Magic", daß bei den malaiischen Chiromanten Wirbelmuster an den Fingerspitzen als Zeichen von Schlauheit betrachtet wurden.

Fragen und Antworten aus der chirologischen Praxis.

1. Welche äußeren und inneren Merkmale muß ein guter Charakterologe aufweisen?

Der indische Gelehrte Varaha Mihira (siehe: Das große Buch der Nativitätslehre „Brihat Jataka" des V. M., deutsch von Wilh. Wulff, Atair-Verlag, Hamburg) schreibt über das Aussehen und die Beschaffenheit eines guten Astrologen — was auch für den Chirosophen und andere Charakterologen gilt — folgendes: „Ein Astrologe muß von guter Herkunft sein, ein angenehmes, freundliches Aussehen, einen ebenmäßigen Körper, edlen Wuchs und wohlgeformte Gliedmaßen haben, er darf nicht durch einen Körperfehler verunziert, und seine Hände, Füße, Nägel, Augen, Zähne, Ohren, Augenbrauen, Stirne und Kinn müssen wohlgestaltet und schön proportioniert sein, überhaupt muß er eine gute Konstitution und eine helle, klare, wohlklingende Stimme besitzen, kurz, ein stattlicher Mann sein; denn in der Regel besteht ein Zusammenhang zwischen den guten und schlechten moralischen Eigenschaften eines Menschen und seinem Aussehen.

Weiter wird von ihm Sittenstrenge, Wahrhaftigkeit, Edelmut, Schlagfertigkeit, Scharfsinn, Wissen, Milde und Güte verlangt, er darf weder aufgeregt noch boshaft sein und muß durch sein Wissen seine Standesgenossen überragen, damit er durch seine erfolgreiche Tätigkeit den Ruhm der Wissenschaft vermehrt. Er muß nicht allein befähigt, sondern auch frei von Lastern sein, muß die Sühneopfer kennen, Heilkunde und die weiße Magie beherrschen, fromm und gottesfürchtig leben, fasten und sich Bußübungen auferlegen. Er muß einen hervorragenden Geist besitzen, um in hinreichender Weise jede Frage beantworten zu können, ausgenommen in solchen Fällen, wo seinen Kenntnissen durch übernatürliche Einflüsse Grenzen gesetzt sind . . ." Diese Forderung ist durchaus gerechtfertigt. — Personen, die äußerlich übel aussehen, sind auch übel im Innern. Die bekannte Warnung im Volk „Hüte dich vor dem Gezeichneten!" ist kein Vorurteil, sondern hat Berechtigung. — Es geht auch deutlich genug aus obiger Vorschrift hervor, daß ein guter Charakterologe nicht minderrassig sein darf. Denn: „Wie außen so innen, wie innen so außen", so heißt eine alte Regel in der Geheimlehre, die sich auch hier bestätigt. Auch damals hat es sicherlich viele Pfuscher gegeben, davon zeugt die Stelle: „Einen angeblichen Astrologen (Chirosophen) ohne wissenschaftliche Vorbildung darf man nicht um Rat befragen. Wer ohne wissenschaftliche Vorbildung den Beruf eines Astrologen (Chirosophen) ausübt, ist ein Bösewicht und eine Schande für die menschliche Gesellschaft."

Wenn heute auch im allgemeinen diese Vorschriften bei uns in Europa nicht beachtet werden, weil die Leute zu gedankenlos und zu „tolerant" geworden sind, so wird sich doch in jedem Falle die Nichtbeachtung von Seiten des Publikums rächen. Daher auch meine immer wieder betonte Forderung: Fragt den Charakterologen (Chirosophen, Astrologen, Graphologen usw.) nach einem Zeugnis und schaut ihn euch v o r h e r an, bevor ihr ihn um Rat fragt! — Habt den Mut, ihn evtl. abzulehnen, wenn ihr kein Vertrauen zu ihm habt, oder wenn er den obigen Vorschriften nicht entspricht!

2. Gilt eine Handanalyse für das ganze Leben?

Bleibt die Diagnose eines Arztes für das ganze Leben gültig? Nein! Alles ist dem Wandel unterworfen; auch der menschliche Körper. Da Krankheit und Charakter Polaritäten sind, die in ihrer Wechselwirkung das Schicksal ausmachen, und da wir täglich weiter und Neues denken und damit die Körperorgane positiv oder negativ beeinflussen, ändern sich Denkrichtung, Ursache und Wirkung wieder und wieder. So auch das Wohlbefinden, die Gesundheit, somit auch das Schicksal im alltäglichen Sinne. So kön-

nen Zeichen und kleine Linien in den Händen kommen und gehen,
— sie müssen es nicht. Wenn sich dann neue Ereignislinien zeigen
(durch neue seelische Einwirkungen), so muß man sie erneut absuchen, lesen und auswerten. Alles ist Wandel und Wechsel, Werden und Vergehen, um wieder zu werden. Eine große, ausführliche
Handanalyse hat denselben Wert wie ein gutes Horoskop. Die
festgelegten und erklärten Eigenschaften und Ereignisse bleiben so.
Nur was sich durch das Erkennen und Auswirken der Ereignisse
als Folge und neue Kombination bildet, kann sich später durch
entsprechende Wandlung etwas anders gestalten und durch neue
Linien zeigen. Schriftliche Analysen sind Lebensweiser!

3. Ist die Chiromantie eine Wissenschaft?

Ja, weil sie auf Ursache und Wirkung von Erfahrungstatsachen
beruht und von jedem mit gutem Verstande begabten Menschen
nachgeprüft werden kann. Sie ist eine höhere Art der Physiologie
und genau wie diese und alle Naturwissenschaften eine Wissenschaft, die gelehrt werden kann. In Frankreich (Paris) wurde die
Chiromantie 1913 wieder als Wissenschaft anerkannt.

**4. Kann man auch aus den Fingerabdrücken der Daktyloskopie, wie
sie die Kriminalistik benutzt, etwas erkennen oder herauslesen?**

Gewiß wird es auch das geben, doch ist hierüber wenig bekannt.
A l l e s am Körper spricht!

**5. Haben Kinder auch schon Handlinien und -zeichen, an denen
man Ereignisse des Lebens erkennen kann?**

Gewiß, mitunter sogar sehr stark und klar, ein andermal weniger ausgeprägt.

6. Bedeuten die Linien und Zeichen in den Fußsohlen auch etwas?

Gewiß haben auch diese Formationen ihre Bedeutung, nur ist
das System, sie zu lesen, verschieden. Reichliche Linien auf dem
Fuße siehe Bild 35. Ein Schweizer erforscht sie heute.

7. Kann der Mensch sein Schicksal ändern?

Darüber spricht die Einführung dieses Buches ganz ausführlich.

**8. Warum wird in den verschiedenen Lehrbüchern nie eine Auf-
stellung der alten Literatur mit Kommentar zu den einzelnen
Werken gebracht, so daß der Schüler einen genauen Überblick über
den Wert aller Werke hat?**

Diesen Mangel habe auch ich erkannt und habe ihn abgestellt,
indem ich im „Lexikon der Handlesekunst, der Berufseignungs-

prüfung und der Literatur" eine lexikalische Aufstellung mit entsprechendem Kommentar brachte.

9. **Sind die Handlinien nicht Zufall, oder entstehen sie nicht durch Falten wie bei Tuch und Papier?**

Nein! Die Linien sind ebensowenig Zufall wie alles andere, was wir in der Auswirkung zu erleben haben, weil wir es selbst veranlaßten. Was der Mensch säet, das wird er ernten! — Man wird doch nicht glauben, daß ein neugeborenes Kind oder ein über fünf Monate alter Fötus, die mitunter mehr Linien in den Händen aufweisen als ein alter Mensch, dauernd die Hände auf- und zugemacht haben. Außerdem: versuchen Sie dieses Experiment selbst! Es wird sich n i e bestätigen. Alle Linien sind von kosmischen, seelischen Kräften durch frühere Ursachen zur Auswirkung (Materialisation) gelangt.

10. **Kommt es vor, daß Hände mehrerer Personen gleich sind?**

Ähnliche Menschen werden ähnliche Charaktere und ähnliche Hände haben, aber dennoch nicht g a n z gleiche!

11. **Kann der Chiromant in jedem Falle Zeitpunkte nennen?**

Nur dann, wenn dafür die Linien und Zeichen vorhanden sind. Hände mit wenig oder nur den drei Hauptlinien bedeuten für den Chirosophen ungefähr dasselbe, was für jeden anderen eine Zeitung ohne Buchstaben bedeutet, d. h. in bezug auf Zeitpunkte. Es lassen sich aber nur J a h r e ausmessen, nicht Monate usw.

12. **Warum hat die Chiromantie im allgemeinen Feinde?**

Weil sie durch die verwässerten Überlieferungen zu einer Scheinwissenschaft wurde, die gewissenlosen Personen viel Material bot, um Pfuscherei zu treiben und falsche Diagnosen zu stellen. Außerdem sind gewisse kirchliche Kreise daran interessiert, daß Wissenschaften, welche das Erkennen des Menschen ermöglichen (wie Chirologie, Astrologie), weil sie mit dem Göttlichen und den Geisteswissenschaften zusammenhängen, also wahre Religion sind, nicht ins Volk dringen. Daß diese Wissenschaften in den Händen von Pfuschern und Nichtskönnern viel Schaden anrichten, ist selbstverständlich.

Die meisten Anfeindungen aber stammen von jenen Leuten, die von diesen Dingen nichts verstehen oder nichts verstehen wollen. Jeder, der tiefer in Dinge und Geschehnisse, wie auch tiefer in Personen hineinschauen kann, ist ihnen unbequem. Man darf nicht vergessen, daß es manchen Leuten durchaus nicht recht ist, daß man sie erkennt und durchschaut.

13. Kann man die Zukunft voraussagen?

Ja, soweit es sich um Ereignisse handelt, die nicht mit Formalitäten zusammenhängen. Es gibt keine Vergangenheit und keine Zukunft, sondern alles ist ein laufendes Jetzt. Man kann sagen: Alle Ereignisse im Weltall, so auch bei Menschen, wiederholen sich periodenweise in ähnlicher Art, doch mit kleinen Änderungen. Siehe „Periodenlehre" von Fließ, desgleichen von Swoboda, Meewes, Reichenbach u. a. Lebensdauer ist erkennbar.

14. Warum gibt es soviel Schwindler und Pfuscher auf diesem Gebiet?

Weil bisher die ganze erreichbare Literatur der Handlesekunst nicht zuverlässig und nicht von Praktikern geschrieben war. Wenn nun ein Interessent ein solches Buch in die Hand bekam, so mußte er folglich falsche Lehren in sich aufnehmen. Versuchte er, sie an den Händen seiner Mitmenschen anzuwenden, so konnte das Resultat nur Schwindel sein. Besonders viel Unheil auf diesem Gebiete brachten Geßmanns Katechismen usw. Die Handformenkunde stimmt fast in allen alten Büchern, nur die Handlinien- und Zeichenkunde nicht. Sie wurde erst später in zuverlässiger Art veröffentlicht; in kleinem Maße von Ottinger, in größerem vom Verfasser. Jeder kann helfen, dem Pfuschertum zu steuern: Wer zu einem Chirologen geht, der keinen bekannten Namen hat, verlange stets die Vorlage eines Zeugnisses. Wer etwas kann, wird sich nicht scheuen, eine Prüfung zu machen. Vorläufig ist dies die einzige Selbsthilfe gegen betrügerische „Chirologen".

15. Kann man, wie in der Physiognomik, Iriskunde, auch aus der Hand Krankheiten erkennen?

Ja! Soweit es sich um Krankheitsdispositionen, Vererbungen, evtl. auch um überstandene Krankheiten und Operationen handelt. Solche können allerdings von Geburt aus bestehen oder auch vererbt sein; die Unterschiede kann man sehr leicht und sicher erkennen. Die Sicherheit der Hand- und Nageldiagnosen beträgt 98 v. H. Das ist mehr, als die klinische Diagnostik aufweisen kann. Diese Diagnostik wird seit einiger Zeit schon von sehr vielen Ärzten mit gutem Erfolg benutzt. Alle diese Diagnosen bestätigen sich gegenseitig, wie die Praxis seit langen Jahren bewies. Siehe „Medizinische Hand- und Nageldiagnostik" (5. Aufl.).

16. Warum benutzen Ärzte diese Diagnose nicht?

Sie benutzen sie schon vielfach, wenn auch heimlich. Es gibt heute eine neue Strömung, auch bei den jungen Studenten der Medizin, und jeder versucht irgendwo und irgendwie, sich mit dem Wissen zu bereichern, das auf Hochschulen nicht geboten wird. In Zukunft werden Ärzte sich viel mehr mit den neuen (und doch uralten) Arten der Diagnostik praktisch beschäftigen. In England, Amerika, Indien, in der Schweiz und anderen Ländern tut man es längst. Ich gab Ärzten Unterricht.

17. Kann man aus der Hand auch den Beruf erkennen?

Es gibt keine Schneider-, Schuhmacher-, Bäcker- oder Lehrerlinien; deshalb kann man auch nicht erkennen, welchen Beruf jemand hat. Viele Menschen haben einen falschen Beruf gewählt und wechseln später oft mehrere Male. Man kann aber sehr gut und genau die Anlagen und Talente, mit einem Worte, die technischen und geistigen Möglichkeiten einer Person auf Grund der Handform (Struktur und Plastik) erkennen und daraufhin mit Sicherheit angeben, für welche Berufe der Betreffende in Frage kommt. Man darf hier nicht Talent mit Interesse verwechseln; das sind verschiedene Dinge. Es kann Interesse vorhanden sein und doch kein Talent, oder Talent und kein Interesse. Eines allein führt zu nichts oder nur zu Halbheiten. Beides zusammen ergibt den Erfolg für den betreffenden Beruf.

18. Schadet das Beschneiden der Nagelhaut?

Es schadet sogar sehr! Es ist eine Fahrlässigkeit der Manikure, die Nagelschutzhaut zu verletzen oder abzuschneiden. Die Nagelhaut ist zum Schutz der Nagelwurzel gewachsen. Verletzt man sie, dann entsteht dadurch eine — wenn auch fast unsichtbare — Wunde, durch die die magnetischen Kräfte, helle Säfte ebenfalls, ausströmen. Außerdem wird der Nagelwurzel der nötige Schutz genommen und Unreinigkeiten haben Zutritt. Hierdurch kann als Folge eine sehr schmerzhafte Nagelwurzelentzündung entstehen. Die Behauptung, daß die Nagelhaut überwächst oder hart wird, hat keinen Bestand. Sie kann durch Einfetten weich gehalten und überflüssige Teile mit heißem Seifenwasser und Nagelbürste entfernt werden. — Bei der Anwendung der Kapillar-Diagnostik werden die Nagelhäute mit Öl eingerieben und durch ein Mikroskop genau betrachtet. Man sieht dann deutlich die Säfte kreisen. Verdickte Flußstellen zeigen an, wo ein Leiden zu suchen ist. Diese Art Diagnostik ist an der Stelle unmöglich, wo die Nagelhaut entfernt wurde. Aber — der Mode wird ja viel geopfert, selbst die Vernunft!

19. Kann man aus den Papillarlinien der Finger etwas erkennen?

Sicherlich ist das möglich; doch gibt es darüber m. W. in europäischen Sprachen keine Lehrbücher, ausgenommen über die Daktyloskopie. Im Chinesischen hat man allerdings einige Regeln über die Bedeutung einer Anzahl von „Schnecken" und „Schlingen". Was darüber bekannt ist, habe ich im Kapitel „Chirosophie und Kriminalwissenschaft" im vorliegenden Werk schon beschrieben. Die feinen Hautmuster zeigen jedoch das geistig-seelische Niveau des Handeigners und werden auf dem Mondberg am besten gefunden.

20. Welche Hand bezeichnet man als gut?

Gute Hände sind solche, die in ihrer Form und Plastik sowie in den Linienformationen harmonisch und nicht durch schlechte Zeichen, rohes Aussehen und ähnliche Merkmale verdorben sind. Eine gute Hand mit einem Mörderdaumen ist k e i n e gute Hand; ebenso ist es mit einer guten Hand, die in der Innenfläche viele Gitter aufweist.

21. Ist zu ersehen, welche Menschentypen für den Betreffenden ungünstig sind?

Ja, dies erkennt man an bestimmten Zeichen auf den Bergen, die wieder ihrerseits bestimmte Planetentypen (physiognomisch) darstellen. Siehe Abbildungen Nr. 77 und 78.

22. Kann man durch die Chirosophie sein Schicksal verbessern?

Ja! Indem man sich diese Wissenschaft zu eigen macht, lernt man das kosmische Wirken kennen, sich selbst, andere Menschen und die Urkraft — Gott. Wenn man sich, seine Schwäche und Stärke erkannt hat, kann man ihnen besser begegnen, sie besser abstellen bzw. anwenden. Dann beginnt das bewußte Arbeiten. Wenn jemand aber weiß, was er tut und tun soll, ist ihm schon viel geholfen. Er stellt sich dann mehr darauf ein und unterläßt vieles, was er unwissentlich sonst getan hätte. Oder er stellt sich darauf nicht ein, schlendert seinen Gang weiter, wie früher, und wird noch mehr vom Schicksal getreten, bis er sieht, daß größere Kräfte g e g e n ihn arbeiten, wenn er nicht m i t ihnen arbeitet. So verbessert sich der Mensch erst geistig, dann materiell. Umgekehrt wäre es unnatürlich.

23. Was ist von den verschiedenen psychologischen Typenlehren zu halten?

Die Typenlehren sind zumeist nur in der Benennung verschieden, je nach der Wissenschaft, die einer vertritt. Einige dieser Richtungen sind unvollkommen, andere weisen Parallelen miteinander auf. In neuerer Zeit tauchen Anfeindungen gegen die Typenlehre auf, ganz zu Unrecht. Typen sind Klassifizierungen und erleichtern die Erklärungen jedem bedeutend, der einigermaßen Toleranz besitzt und sich ihrer bedient. — Man lasse sich nicht von Nörglern verleiten, eine Sache zu verwerfen, die in Wirklichkeit naturgegeben ist. Am weitesten kommt man immer noch mit der ältesten Typenlehre: Spirituell, Intellektuell, Materiell, da sie der kosmischen Dreiteilung: Geist, Seele, Körper genau entspricht. — Wenn neuerdings versucht wird, in der Handlesekunst anstatt der v o r h a n d e n e n sieben Typen (Handformen) nur drei zu benutzen, so ist das unvollständig aus Mangel an besserer Beobachtung. —

24. Ist die Chirologie eine Basis für Psychoanalyse?

Man muß sich wundern, daß moderne Nervenärzte noch nicht darauf gekommen sind, die Handlesekunst als eine Basis für ihre psychischen und psychologischen Behandlungen aufzunehmen. Einige dieser Ärzte benutzen schon die Astrologie zu diesem Zweck und erreichen erklärlicherweise damit sehr viel mehr als andere, die zu voreingenommen sind, sich dieses alten Wissens zu bedienen. Die Handlesekunst bietet objektiv die beste Basis zur Erkennung körperlicher und seelischer Zustände und ihrer Ursachen. Das ist ihr besonderer Wert. In „Medizinische Hand- und Nagel-Diagnostik" brachte ich bereits einen Abschnitt über die Verwendung der Chirologie zur Erklärung seelischer Leiden und ihrer Aufdeckung. — Wen es interessiert, der mag dort nachlesen. —

25. Kann man aus der Entfernung (brieflich) Handanalysen erhalten, und wie macht man das?

Gewiß ist das möglich. Als Unterlagen müssen hierfür eingesandt werden: ein Photo von einer Außen- und einer Innenhand, dazu Abdrücke beider Innenhände mit Fingern und Daumen. Die Photos können klein, 6 × 9 cm, müssen aber scharf und die Abdrücke klar und genau sein, nicht zuviel, nicht zuwenig Farbe. Als Farbe benutzt man „Japan Aqua schwarz" (leicht abwaschbar) oder, wo nicht zu haben, schwarze oder blaue Stempelfarbe. Rot, grün, violett sind schwer zu beseitigen. — Ferner ist die Angabe einiger Sterbe-Daten von Onkel, Tante oder Großeltern aus den väterlichen und mütterlichen Generationen erforderlich. Außerdem ein Paßbild, um die Rassen- oder Stammeszugehörigkeit festzustellen, was aus der Hand nicht ersichtlich, aber zu wissen notwendig ist, da jede Rasse ihre besondere seelische Struktur hat.

Eine ausführliche Handanalyse ist ein guter Lebensweiser. Günstig ist es auch, wenn besondere Fragen dazu gestellt werden, auf

die man dann genauer eingehen kann. Jedoch können keinerlei
Angaben über Eltern, Kinder usw. gemacht werden, da dies nicht
aus den Händen zu erkennen ist. Eine solche Handanalyse um-
faßt etwa vier Seiten Maschinenschrift, wenn die Hände viele
Linien aufweisen. —

26. Erteilt Verfasser Unterricht in Chirologie?

Verfasser gab viele Unterrichtskurse, hat aber die berufliche
Ausbildung auf besonders gut Begabte beschränkt. Bei Anfragen
betr. Unterricht ist stets Lichtbild einzusenden. Ablehnung vorbehalten. — Eine berufliche Ausbildung als Chirologe gebe ich
nur; doch mache ich darauf aufmerksam, daß diese allein nicht
zur Ausübung des Berufes genügt. Da Chirologie ein Zweig der
Charakterkunde ist, der Charakterologe aber auch beraten muß,
ist es erforderlich, außer medizinischen im besonderen auch psy-
chologische und physiognomische Kenntnisse und Lebenserfahrung
zu besitzen, um wirklich ein guter und zuverlässiger Berater sein
zu können. Darum glaube niemand, daß er durch das Studium der
Chirologie allein eine ausreichende Existenz findet. Selbst wer
alles Wissen und Können besitzt, muß sich erst einmal einen
Namen und Ruf schaffen, der von Können und Erfolg abhängig ist.
Das dauert Jahre, wie bei jedem anderen ernsten Studium. —
Darum meine kritische Auswahl!

27. Ist es richtig, wenn der Chirologe ungünstige Ereignisse oder Ver- anlagungen verschweigt?

Nein, es ist nicht richtig; denn jeder hat das Recht, genaue
Tatsachen zu erfahren, soweit es ihn selbst betrifft. Man kann
a l l e s sagen, es kommt nur darauf an: w i e und w e m ! Die
Sprache ist reichhaltig genug, um gefährliche Dinge sehr deutlich
zu umschreiben. Ein gewissenhafter Chirologe wird immer die
Nervenkonstitution und das geistige Niveau des Besuchers in Betracht ziehen und sich seelisch auf ihn einstellen. Er muß versuchen, mit seinem Geist in den anderen einzutauchen und durch
d e s s e n Augen die Welt zu betrachten, zu durchleben, um dessen
Einstellung zur Umwelt zu erfassen. Dann wird er dem Klienten
gerecht. — Es ist jedoch nicht angängig oder richtig, seine Kenntnisse über Andere dritten Personen mitzuteilen. Dadurch kann
viel Schaden für jeden Beteiligten entstehen. Bei jedem gewissen-
haften Charakterologen und Psychologen werden Besucher nur
einzeln empfangen, auch dann, wenn sie sich in Begleitung von
„Verwandten" befinden. Verschwiegenheit ist erstes Gesetz für
jeden Berater; hier noch mehr als beim Arzt! —

28. **Was ist nötig, um ein außergewöhnlich erfolgreicher Charakterologe und Berater zu werden?**

Diese verschiedentlich an mich gerichtete Frage sei mit folgendem ausführlich und mit ganzer Ehrlichkeit beantwortet.

Machen Sie Reisen, wenn es geht bis in die äußersten Winkel der Welt! Arbeiten Sie alles, was Ihnen in den Weg kommt! Lernen Sie das Leben in allen Situationen kennen und so auch die Menschen, ihre Charaktere, Leiden und Sorgen! Dann studieren Sie die Physiognomik aller Völker und auch ihre Sitten, Gebräuche und ihre Religion. Dann studieren Sie, soweit sich Gelegenheiten bieten und finden lassen, Krankheiten und deren Merkmale (Somatologie). Dann folgen Psychologie, metaphysische Zusammenhänge von Charakter und Krankheit; ferner Graphologie, Astrologie und Chirologie. Zwischendurch müssen Sie sich aber immer über alle Möglichkeiten der verschiedensten Berufe informieren. — Haben Sie das alles getan, d a n n sind Sie — Begabung vorausgesetzt — ein guter, zuverlässiger, gewissenhafter Berater und l e b e n s n a h e r Charakterologe, der nicht n u r den Suchenden analysiert, sondern ihm auch helfen kann: sich selbst zu finden und das, was für ihn geistig, seelisch und körperlich nötig ist. — Trotz allerbesten Könnens werden Sie auch dann noch — wenn auch selten — feststellen: daß es leere Schriften, schweigende Horoskope und stumme Hände gibt, weil wir irdischen Menschen eben — manchmal! — dem Suchenden (schicksalsmäßig!) nicht helfen dürfen und er seinen Weg allein finden soll und muß. — Sonst aber werden Sie, wenn Sie den geschilderten Weg gehen, eine bedeutende Kraft dieses priesterlichen Berufes sein. — Das ist m e i n e genaue Antwort auf obige Frage. —

29. **Chirologie und Ereignisdeutung.**

Es besteht im weiten Publikum immer noch eine irrige Auffassung über das: „Was in den Händen steht." Das kommt daher, weil sich unzählige Personen mit der Handlesekunst befassen, die diese Wissenschaft nie gründlich studiert haben und nur einmal darüber etwas gelesen haben und n u n ihre persönliche Einfühlung hinzu nehmen. — Sie arbeiten mit einer mehr oder minder guten Intuition und berichten z. B. über das Ergehen der Eltern, der Geschwister, Erhalten einer neuen Stellung, Nachricht von Freunden, oder „d a ß" der Betreffende heirate. D a s alles steht aber n i c h t in den Händen und ist daher auch nicht — objektiv — erkennbar, sondern: erfühlt! — Es ist nun nicht an dem, daß ich jede Intuition verwerfe! Ich will und muß nur darauf — auch an dieser Stelle — darauf hinweisen, daß n u r das als zuverlässig in der wissenschaftlichen Chirologie zu betrachten ist, was man an den entsprechenden Merkmalen objektiv erkennen und zeigen kann. Und was diese Ereignisse betrifft, so sind es deren wenige. Ich nenne: 1): Merkmale für seelische Erschütterungen (Trauer, Gram), Todesfälle in der mütterlichen (linke Hand) und väterlichen (rechte Hand) Generation. Allerdings sind diese Ereignisse, die in diesem Fall „Verluste von Blutsverwandten" anzeigen, gekoppelt mit 2): Ereignissen, die eine Begegnung mit außergewöhnlich sympathischen Personen anzeigt (Liebesbekanntschaften), so daß das Schicksal hierdurch einen Ausgleich für den „Verlust" bietet. 3): Es sind mit diesen beiden Ereignissen noch gekoppelt: Zeitpunkte für Begegnungen, die mehr Bekanntschaften, Freundschaften oder Partnerschaften geschäftlicher Art anzeigen und — evtl. 4): Zeitpunkte für körperliche Krankheiten. Alle Zeitpunkte können nach Jahren genau ausgemessen werden, nicht aber nach Monaten, Wochen oder Tagen, wie es manche „Wahrsager" angeben!

Da nun die oben genannten v i e r oder drei Ereignisse durch e i n e Ereignislinie angezeigt werden, ist damit auch die Gewißheit für bestimmte Rhythmen in der Sippe und der Einzelpersönlichkeit festgelegt! Es gibt noch andere Rhythmen, die sich in den Ereignissen der Handmerkmale zeigen.

Z. B. machen sich die in der eigenen Sippe von Onkeln, Tanten (besonders stark), von Großeltern, weniger von den Eltern erreichten Lebensdauer in den Händen der Nachfahren als gesundheitliche Krisen deutlich bemerkbar. Eine dieser Krisenzeiten ist DIE Krise: die Dauer des eigenen Lebens (in der rechten Hand zu suchen!), was wieder mit der Lebensdauer eines bestimmten väterlichen Vorfahren in engster Verbindung (Rhythmus-Ähnlichkeit) steht.

Was sonst noch an Ereignissen zu erkennen ist, ist folgendes: 1): Zeiten, in denen die Wahl des Ehepartners schicksalsmäßig (d. h. der eigenen Entwicklung entsprechend) am besten ist. 2): Zeiten für materiellen Aufstieg, — oder Verlust, sowie günstige Zeiten für Protektion (Prüfungen, Examen). 3): Zeiten, die kritisch für die Gesundheit sind, wie Operationen. 4): Evtl. Zeiten günstig für große Reisen. 5): Evtl. Jahre, in denen besonders kritische Depressionen (Lebensüberdruß) auftreten. Damit aber haben sich alle Ereignisse objektiv (!) offenbart, soweit die bis heute abgeschlossene Zuverlässigkeit gediehen ist. — Alles andere ist unzuverlässige Einfühlung.

Die medizinische Hand- und Nageldiagnostik

von Prof. h. c. Ernst Issberner-Haldane

In diesem Lehrbuch der medizinischen Handlesekunst werden die Eigenschaften der Berge, Linien und Zeichen der Hand nur so weit behandelt, wie sie für die Erkennung von Krankheiten in Betracht kommen.
Die modernen wissenschaftlichen Untersuchungsmethoden der neuzeitlichen Medizin haben ohne Frage einen hohen Grad der Vervollkommnung erreicht, und doch lassen sie in so vielen Fällen im Stich. Hier kommen dann die Untersuchungsmethoden zu Hilfe, die aus dem uralten, Jahrtausende überdauernden Schatze der Geheimwissenschaften geschöpft werden können und zu denen vor allem auch die Handlesekunst zählt.
An Hand vieler Beispiele und Abbildungen zeigt der Verfasser, welche Merkmale in der Hand auf welche Krankheit schließen lassen.

Aus dem Inhalt:

Zur Einführung in die wissenschaftliche Handdiagnostik — Wie und wodurch entstehen die Zeichen — Die Nageldiagnose — Erklärung der Bezeichnungen der einzelnen Handteile — Die Haut — Handform — Handlinien — Lebenslinie — Kopflinie — Herzlinie — Magen-, Leber- oder Gesundheitslinie — Venusgürtel — Sonnen- und Apollolinie — Uranus- oder Intuitionslinie — Neptun- oder Giftlinie — Raszette oder Armband — Verletzungs- und Vererbungszeichen — Chirologische Drüsenmerkmale — Liste der Krankheitsdiagnosen aus der Hand — Alphabetisches Verzeichnis der Krankheitszeichen — Chirosophie und Psychoanalyse — Psycho-Diagnostik — Der Organismus der Seele (Schichten) — Über die Psychoanalyse und ihre Systeme — Die Chirologie als Hilfsmittel für die Seelenheilkunde — Psycho-Diagnosen — Handdiagnostische Merkmale bei erblicher Belastung.

Dr. med. Feldmann schreibt über dieses Buch:

„Die Handlesekunst und Handdiagnostik aus Hand und Nägeln möchte ich in meiner Praxis nicht mehr entbehren, da sie nicht nur als Hilfsmittel in der Diagnostik an erster Stelle steht, sondern auch erst im Entstehen begriffene Krankheiten anzeigt."

6. Auflage, 180 Seiten, 64 Abbildungen, Ganzleinen

DIE WISSENSCHAFTLICHE
HANDLESEKUNST

Von

ERNST ISSBERNER-HALDANE

ANHANG

80 Abbildungen auf 48 Tafeln.

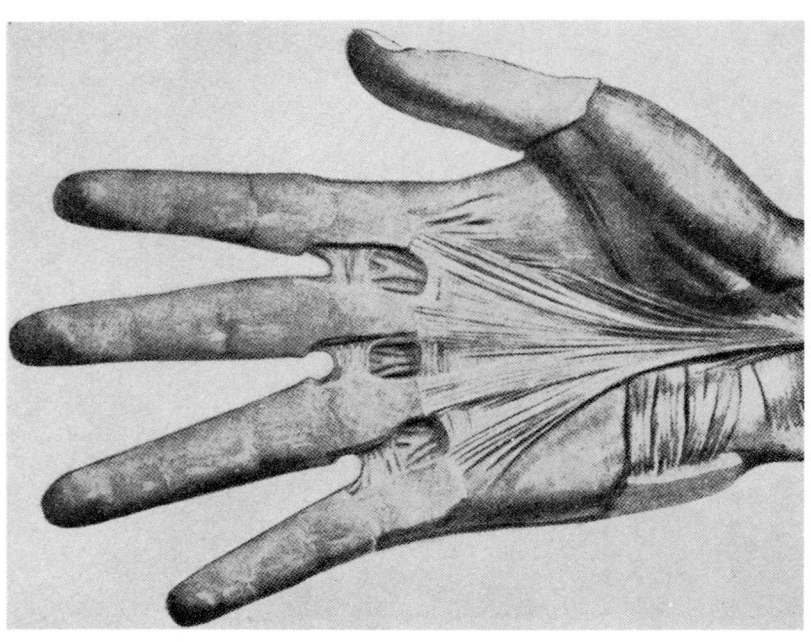

Bild 2. Das Innere der Hand bloßgelegt,
Muskeln, Sehnen, Adern, Häute.

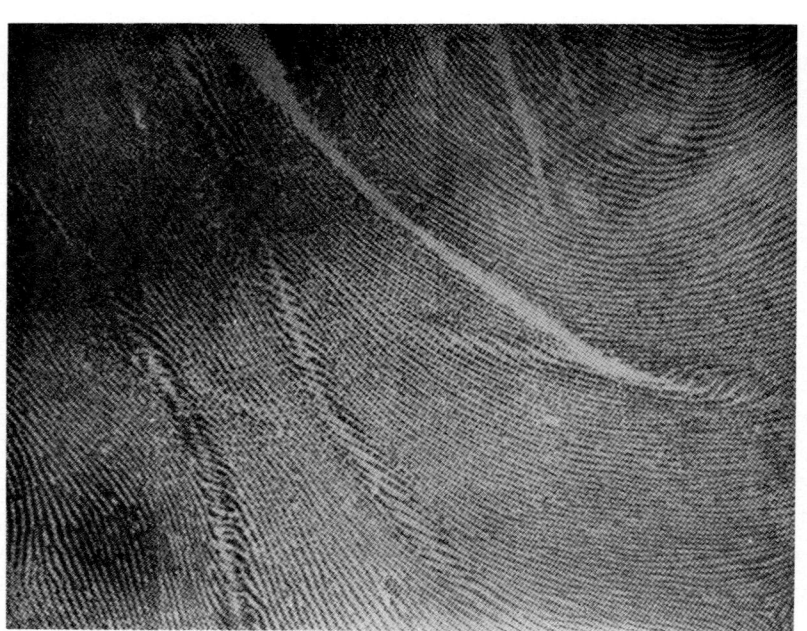

Bild 1. Unabhängig vom Verlauf der Hand-Linien bildet sich
die Haut-Textur und zeigt das geistig-seelische Niveau.

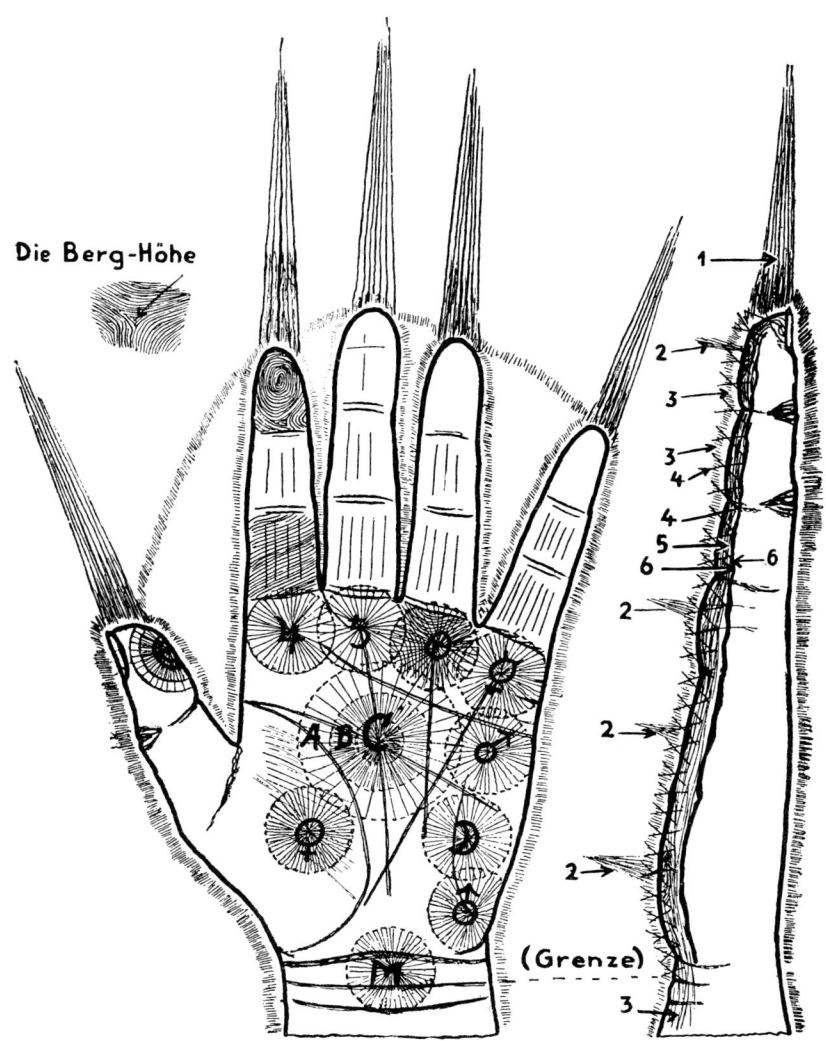

Die Berg-Höhe

1
2
3
3
4
4
5
6 6
2
2
2
(Grenze)
3

A B C ♂ ♀ ☊ ☿

Bild 3. Die Strahlen, Aura und Nervenzentren der Hand

3

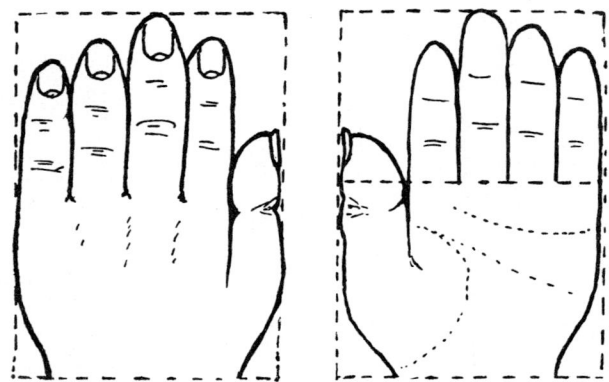

**Extrem elementare Form - fast quadratisch -
nur materiell**

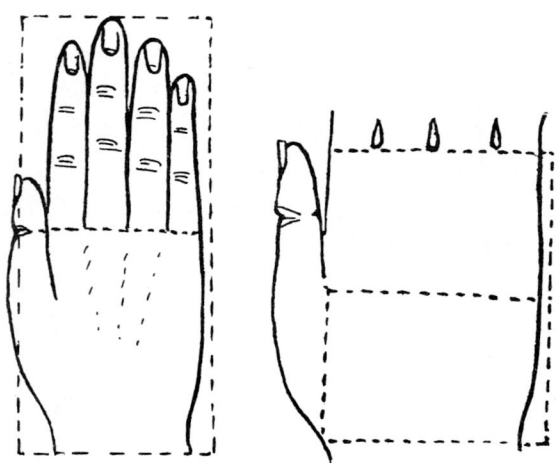

**Extrem geistige Form - hohes Rechteck -
nur geistig**

Bild 4.   Extreme Handtypen.

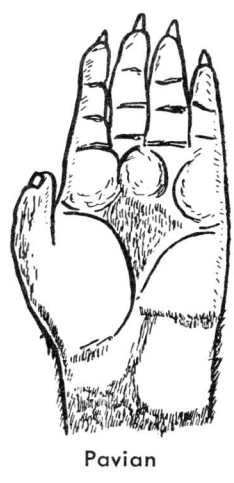

Pavian

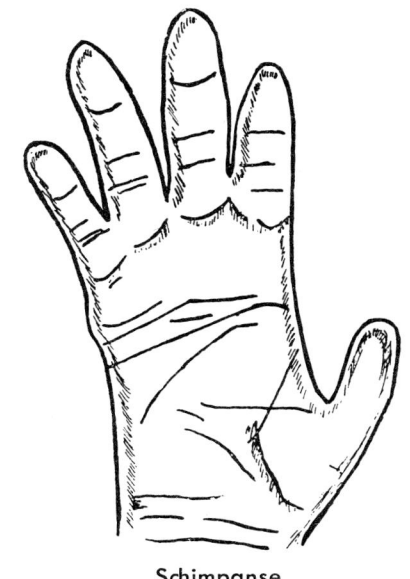

Schimpanse

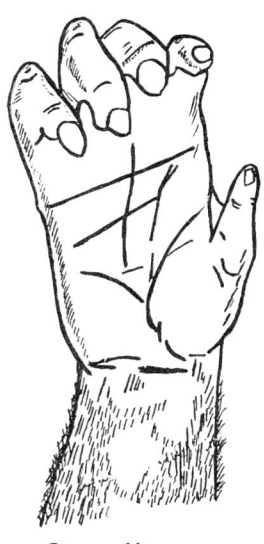

Orang-Utang

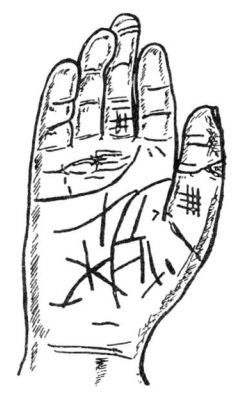

Elementare (Primitive) Hand

Bild 5. Niedere Handtypen: Pavian, Schimpanse, Orang-Utang, Mensch.

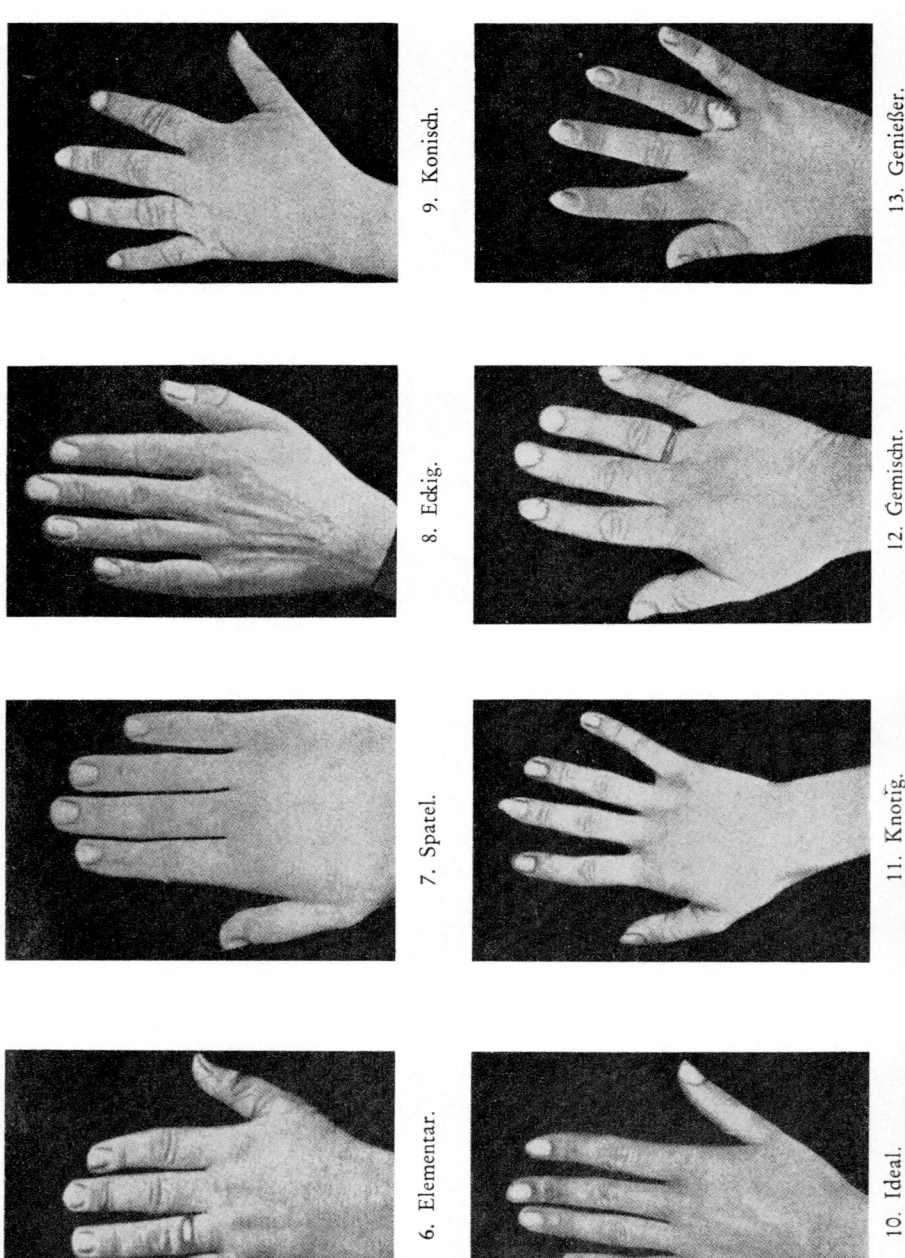

6. Elementar.

7. Spatel.

8. Eckig.

9. Konisch.

10. Ideal.

11. Knotig.

12. Gemischt.

13. Genießer.

Bild 6—13

6

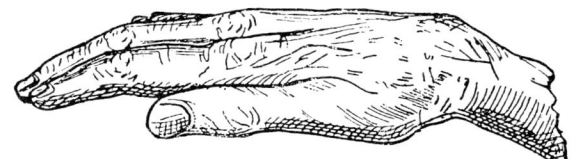

Bild 14. Greisenhand.

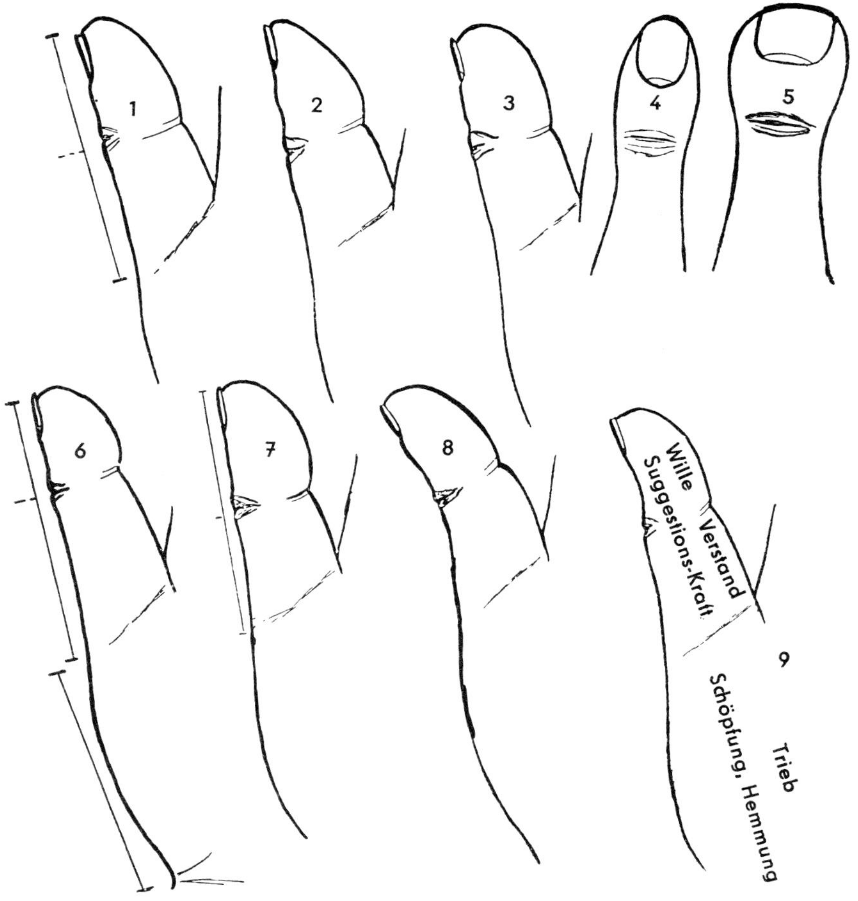

1 2 3 4 5

6 7 8

Wille Verstand
Suggestions-Kraft

9

Schöpfung, Hemmung Trieb

Bild 15. Daumen-Proportionen. Verschiedene Daumen im Profil.

7

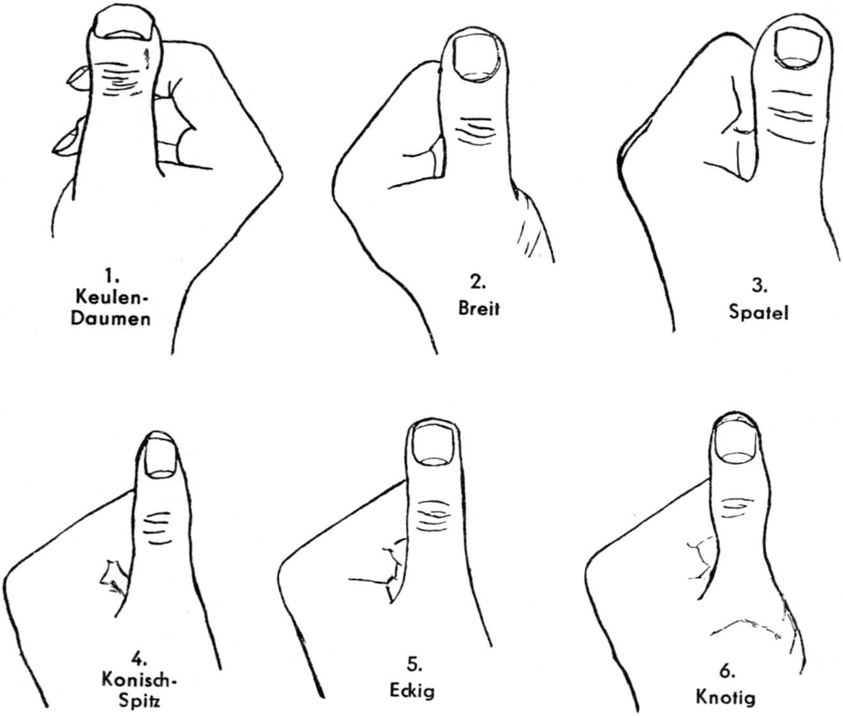

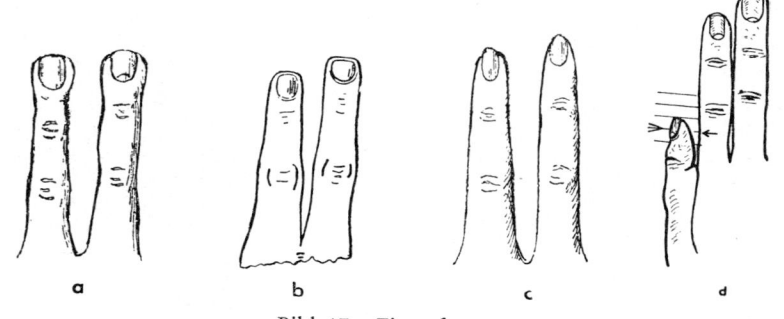

1.
Keulen-
Daumen

2.
Breit

3.
Spatel

4.
Konisch-
Spitz

5.
Eckig

6.
Knotig

Bild 16.   Daumenformen.   Verschiedene Daumen en face.

a

b

c

d

Bild 17.   Fingerformen.

a) Spatelförmige Finger, b) Eckige Finger, c) Konische Finger, d) Daumenlängen.

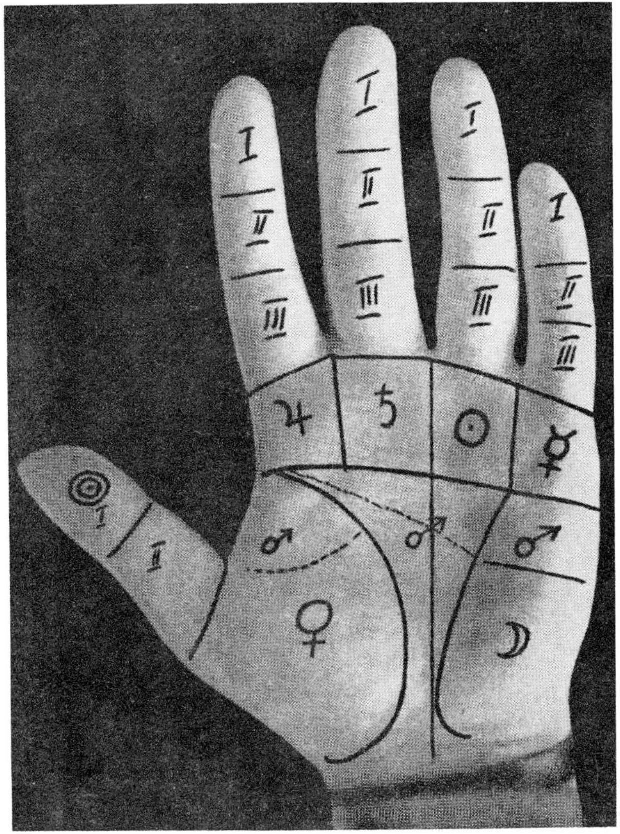

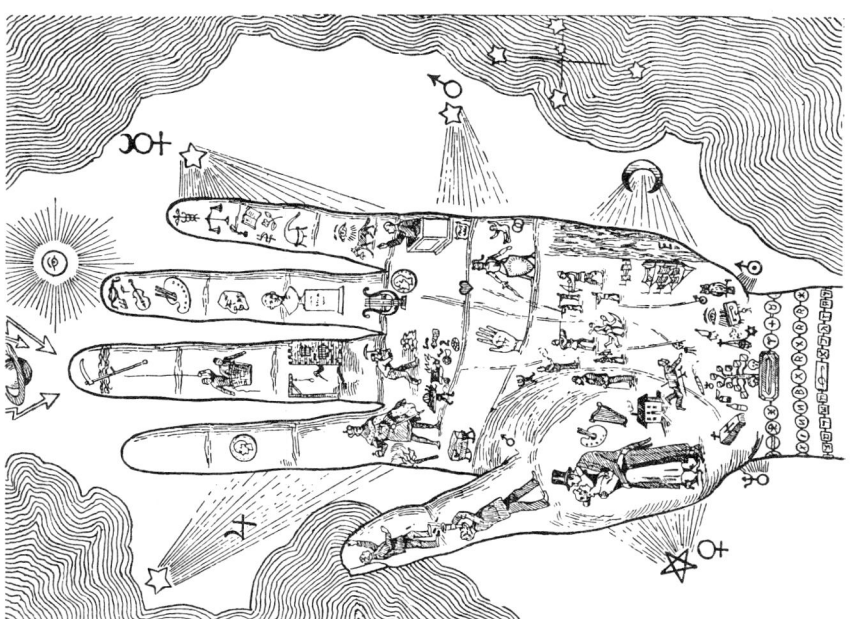

Bild 18. Handberge, genaue Begrenzung.

Bild 19. Die astrale Bedeutung der Hand.

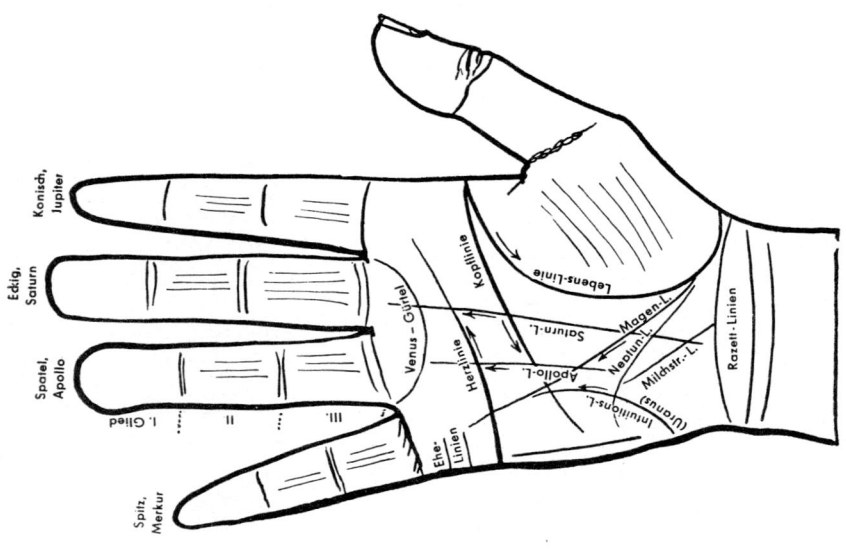

Bild 21. Hauptlinien der Hand und ihre Lage.

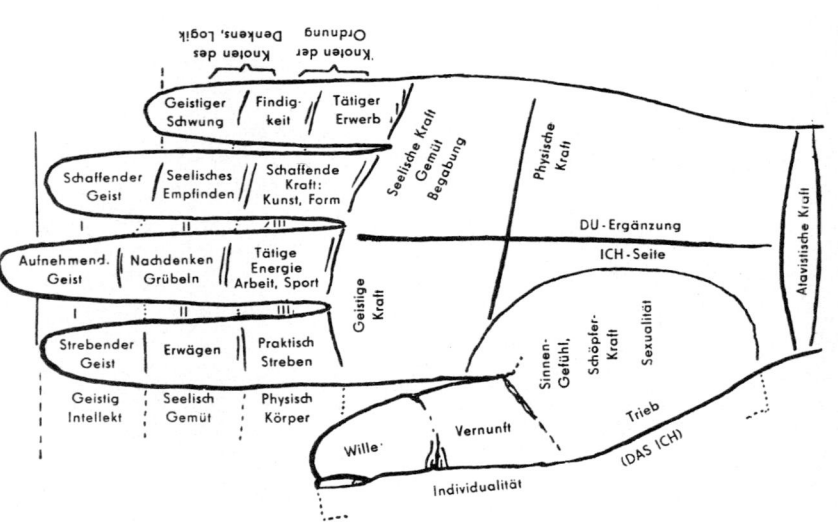

Bild 20. Kabbalistische Einteilung (Ur-arisch).

10

LINIEN-FORMATIONEN:

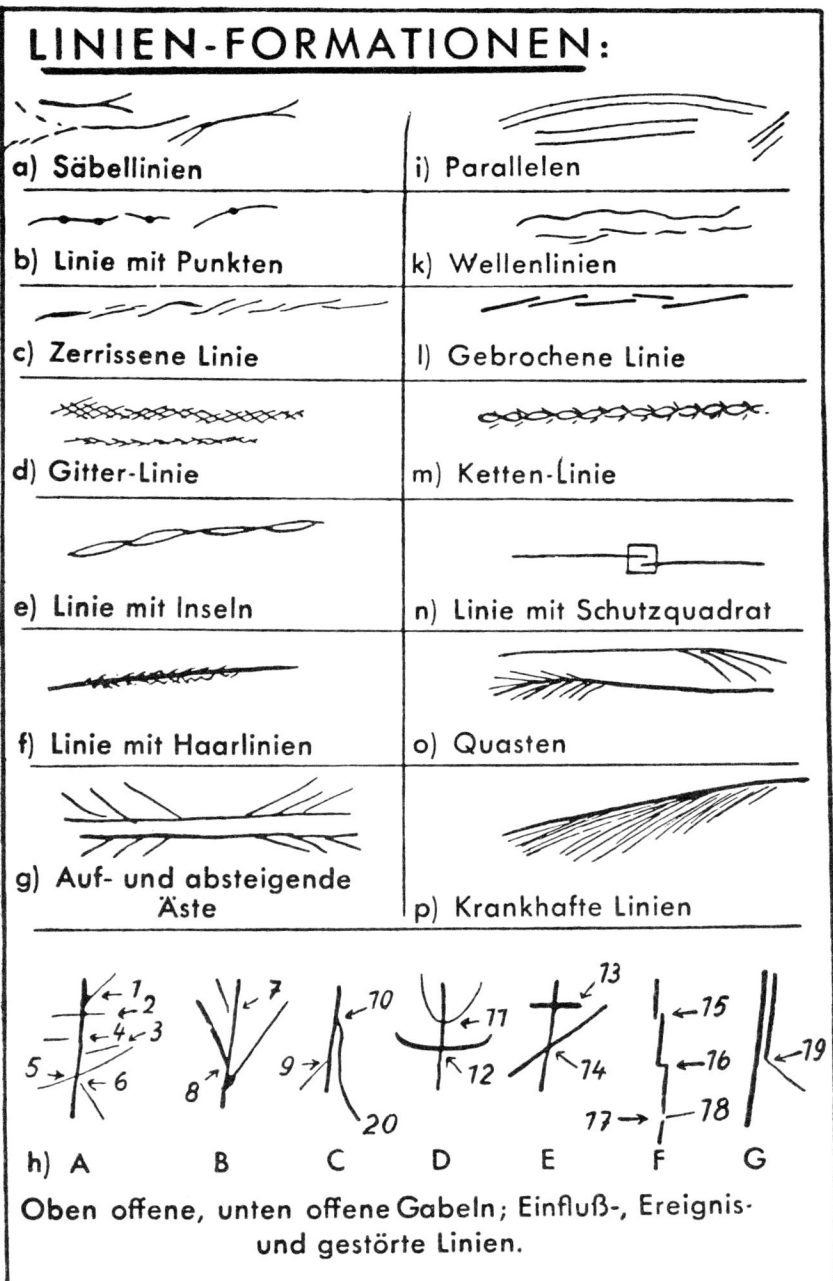

a) Säbellinien	i) Parallelen
b) Linie mit Punkten	k) Wellenlinien
c) Zerrissene Linie	l) Gebrochene Linie
d) Gitter-Linie	m) Ketten-Linie
e) Linie mit Inseln	n) Linie mit Schutzquadrat
f) Linie mit Haarlinien	o) Quasten
g) Auf- und absteigende Äste	p) Krankhafte Linien

h) A   B   C   D   E   F   G

Oben offene, unten offene Gabeln; Einfluß-, Ereignis-
und gestörte Linien.

Bild 22.

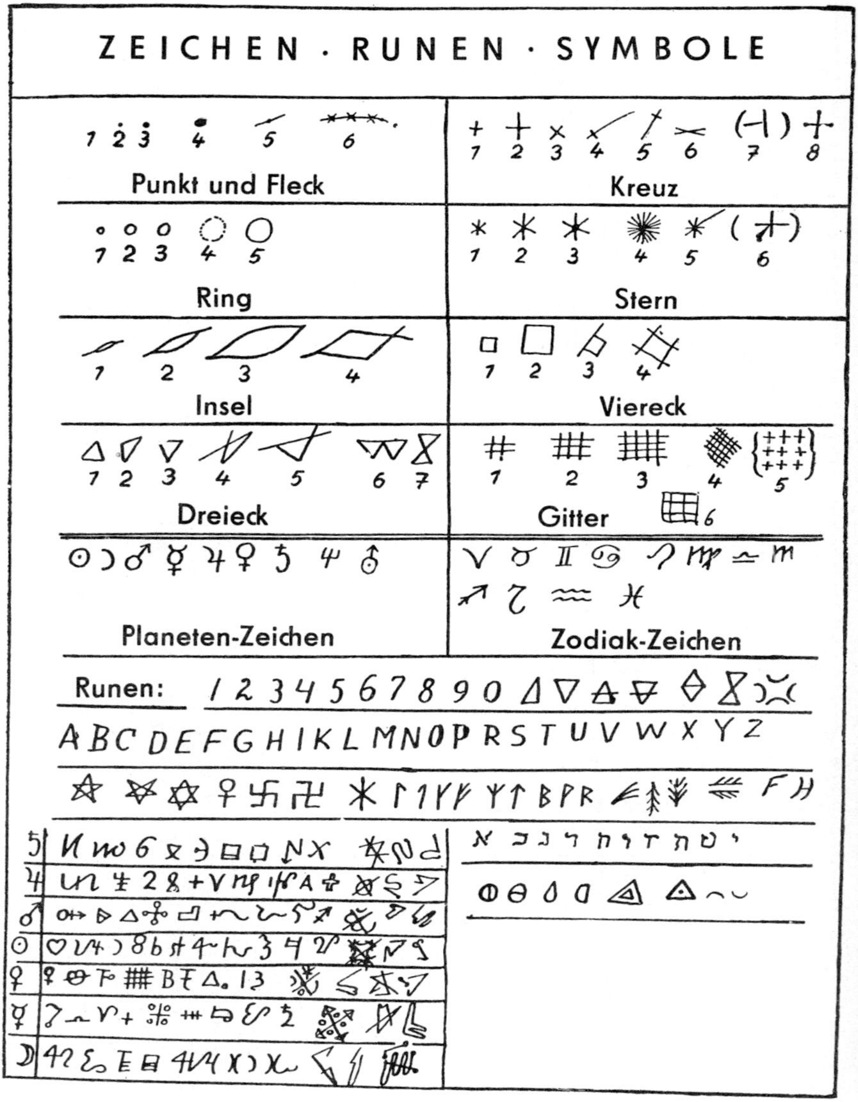

ZEICHEN · RUNEN · SYMBOLE

Punkt und Fleck

Kreuz

Ring

Stern

Insel

Viereck

Dreieck

Gitter

Planeten-Zeichen

Zodiak-Zeichen

Runen: 1 2 3 4 5 6 7 8 9 0 △ ▽ ...

A B C D E F G H I K L M N O P R S T U V W X Y Z

Bild 23.

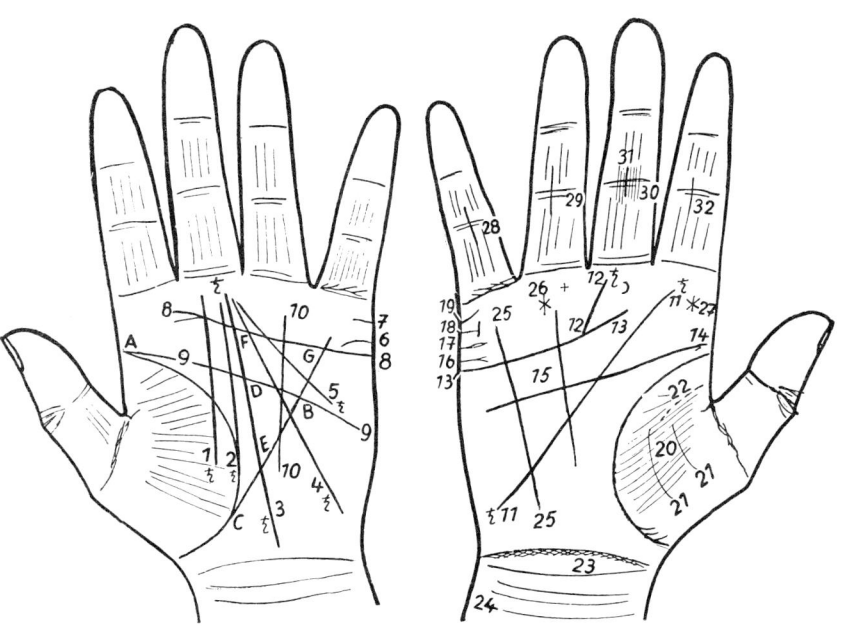

Bild 24. Verschiedene Linienkonstellationen und Zeichen.

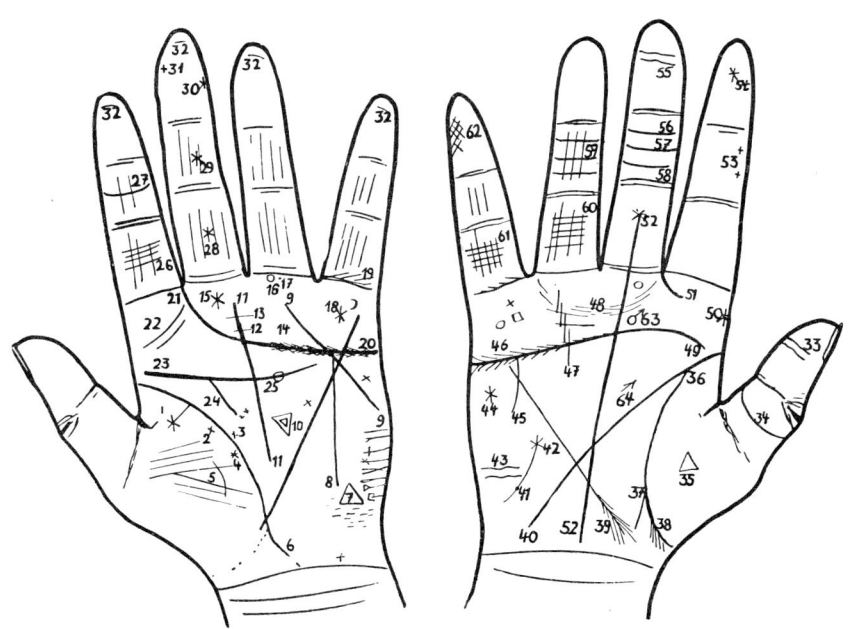

Bild 25. Verschiedene Linienkonstellationen und Zeichen.

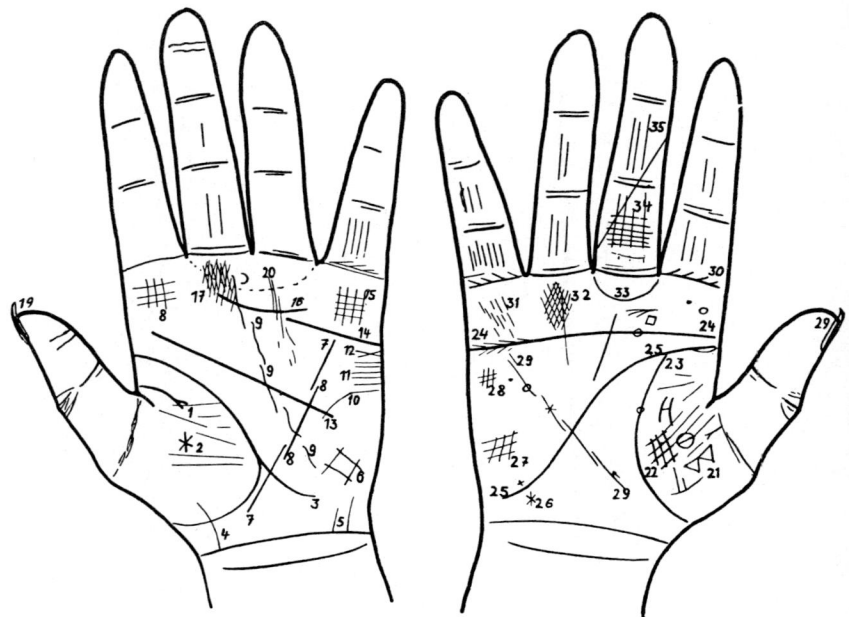

Bild 26. Verschiedene Linienkonstellationen und Zeichen.

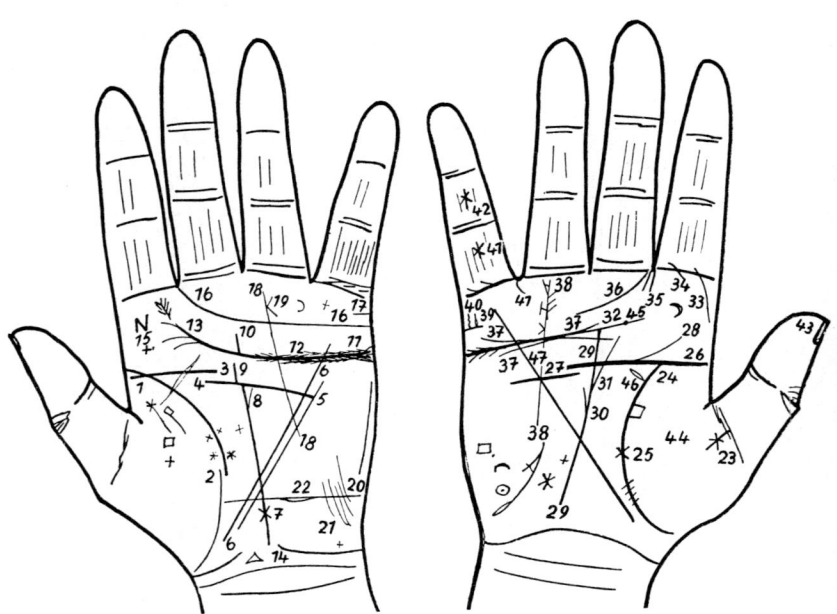

Bild 27. Verschiedene Linienkonstellationen und Zeichen.

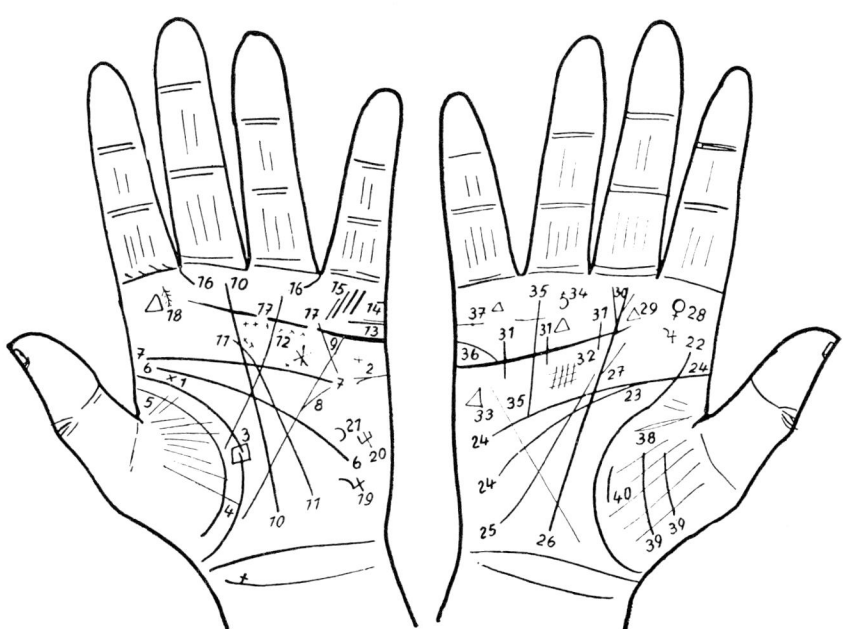

Bild 28. Verschiedene Linienkonstellationen und Zeichen.

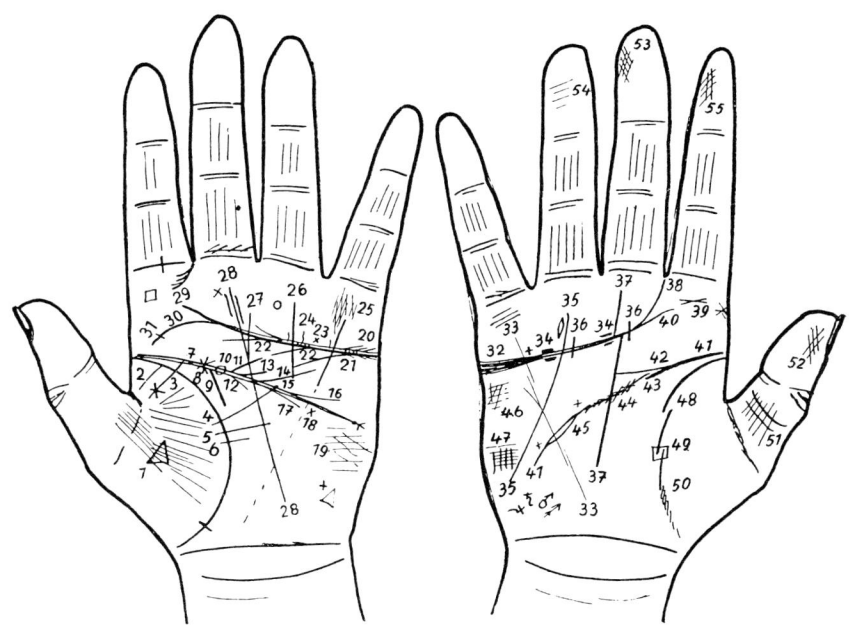

Bild 29. Verschiedene Linienkonstellationen und Zeichen.

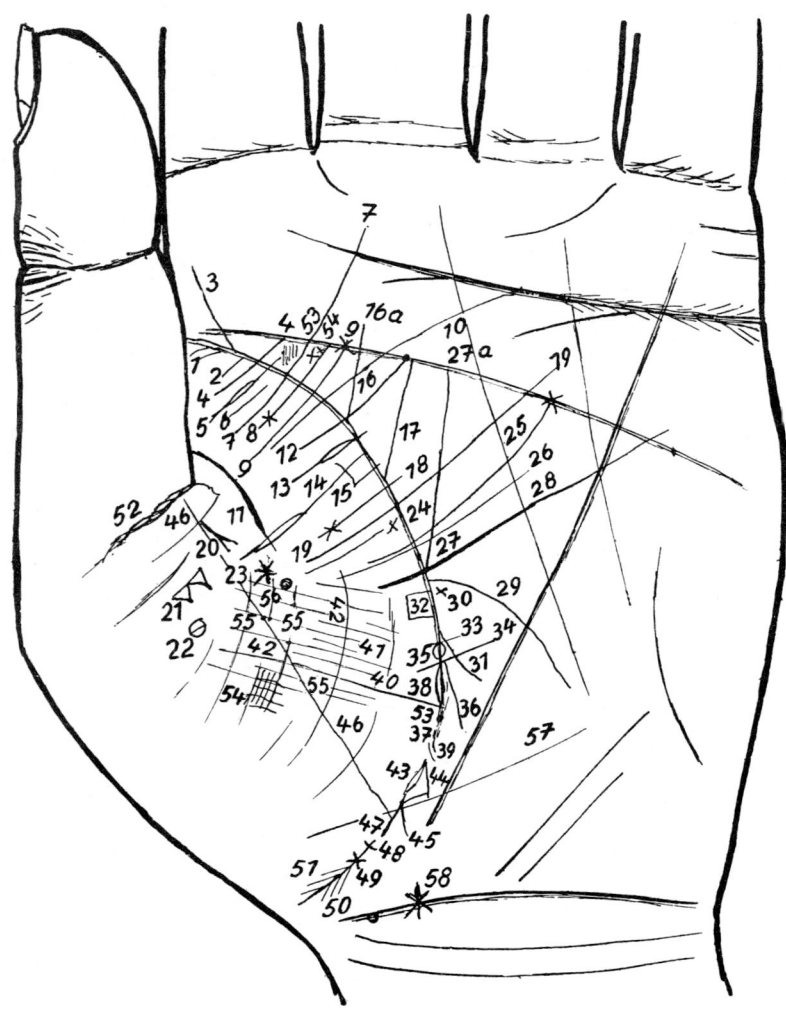

Bild 30. Linien- und Zeichenkombinationen in Verbindung mit Venusberg,
Lebenslinie und Kopflinie.

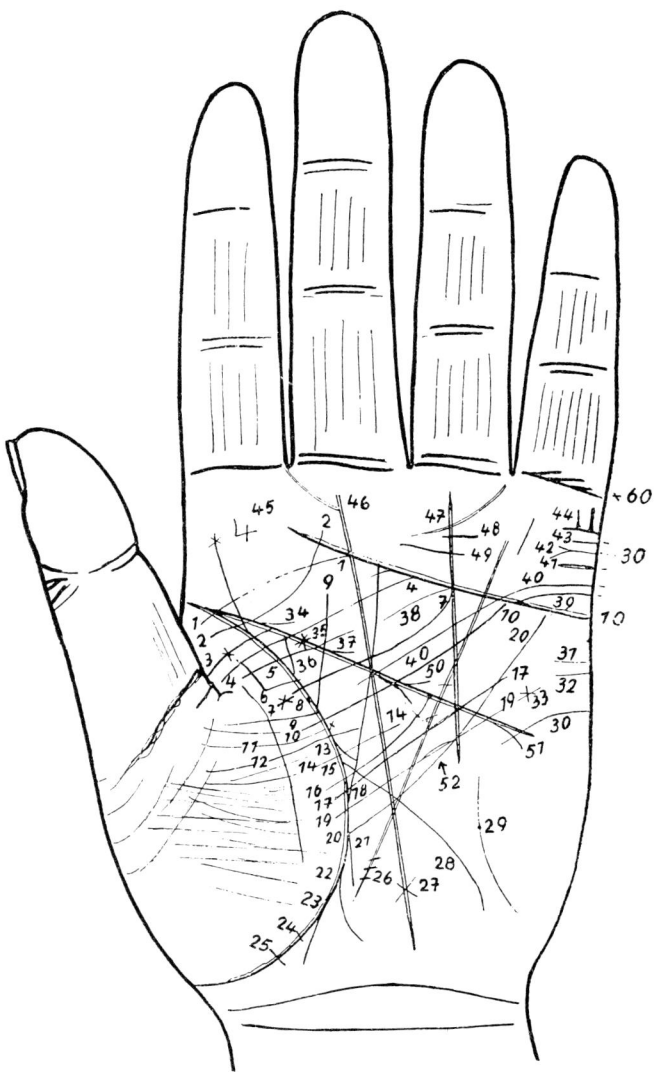

Bild 31. Ereignislinien und deren Kombinationen.

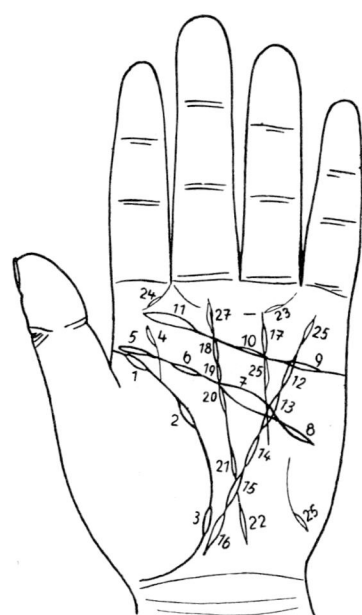

Bild 32. Vererbungszeichen für Krankheiten in den Hauptlinien.

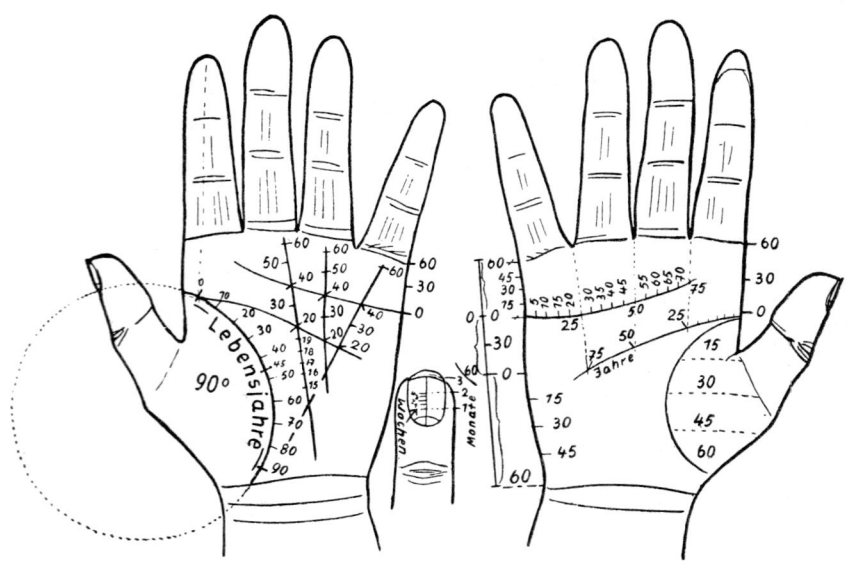

Bild 33. Maßeinteilung der Linien, Berge und des Nagels.

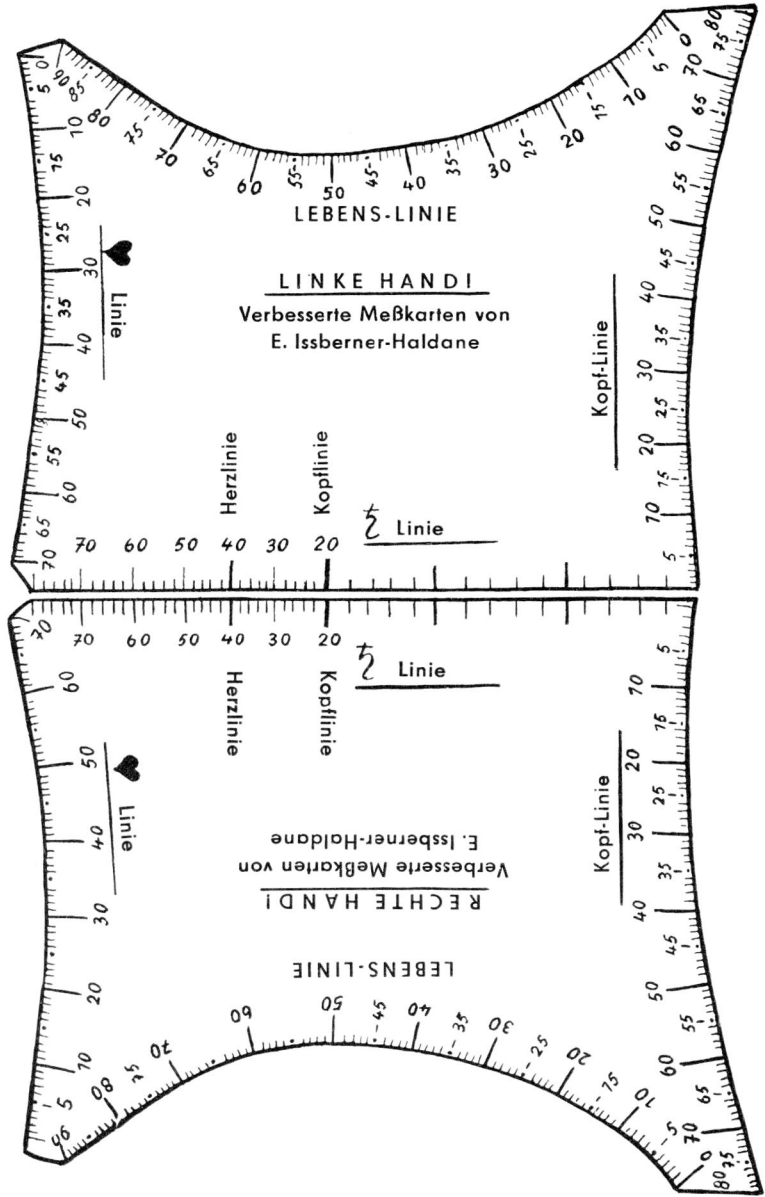

Bild 34. Meßtafeln für die Handlinien.

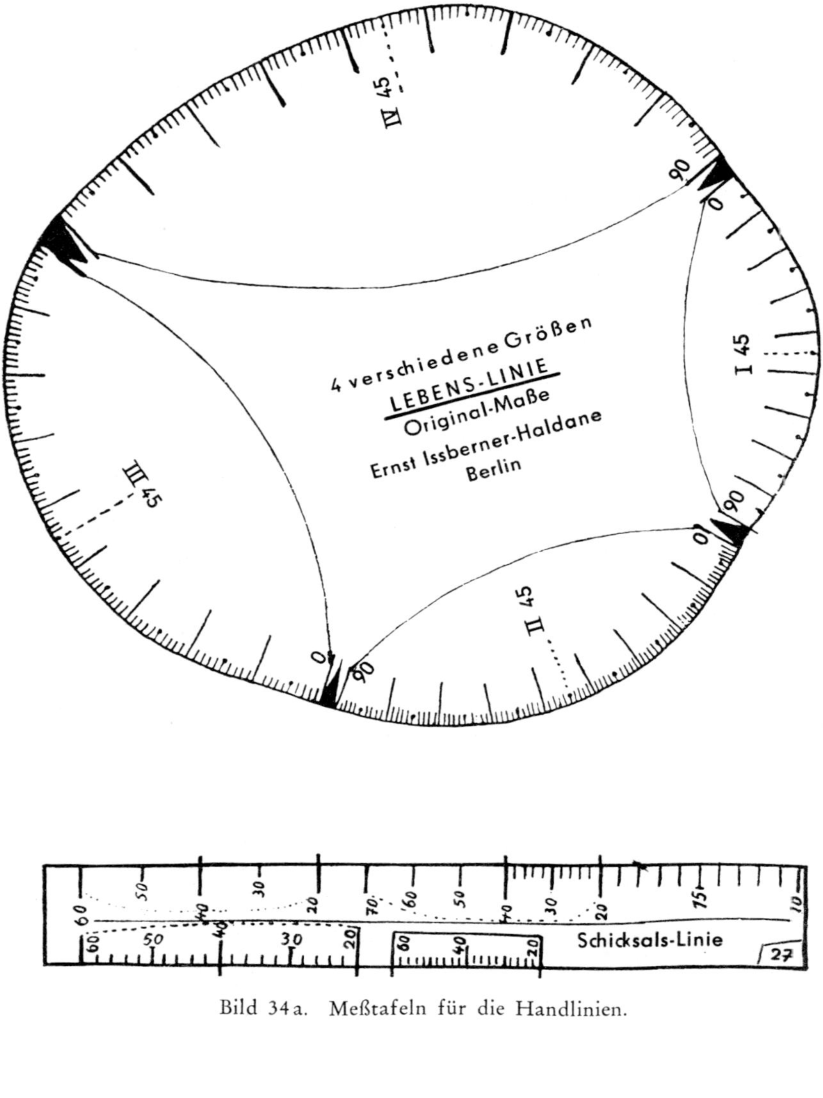

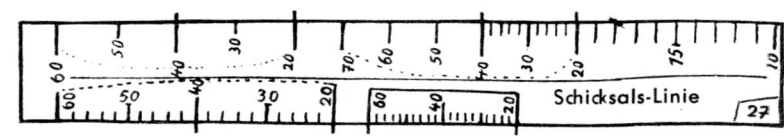

IV 45

90

0

I 45

4 verschiedene Größen
LEBENS-LINIE
Original-Maße
Ernst Issberner-Haldane
Berlin

90

90

0

0

III 45

90

II 45

Schicksals-Linie

27

Bild 34a. Meßtafeln für die Handlinien.

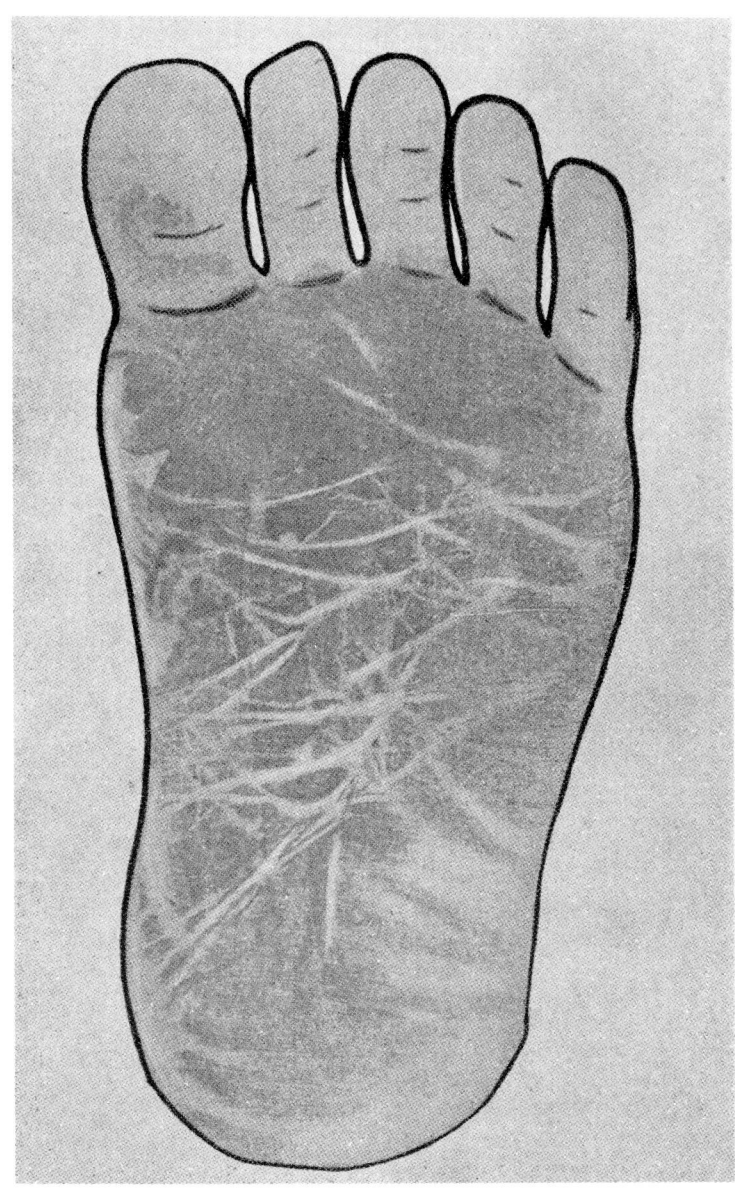

Bild 35. Abdruck der Fußlinien (Herr Unthan, ohne Arme geboren).

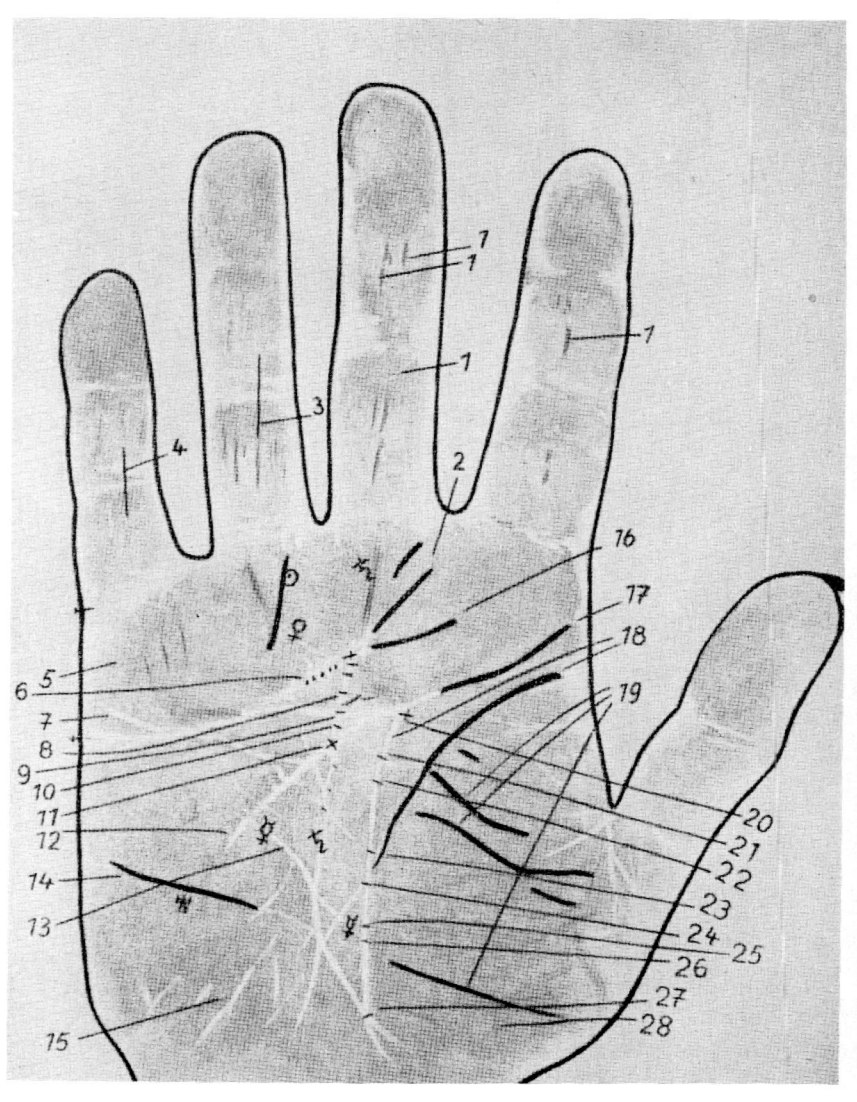

Bild 36. Handabdruck mit wenig Linien, mit Analysenübung.

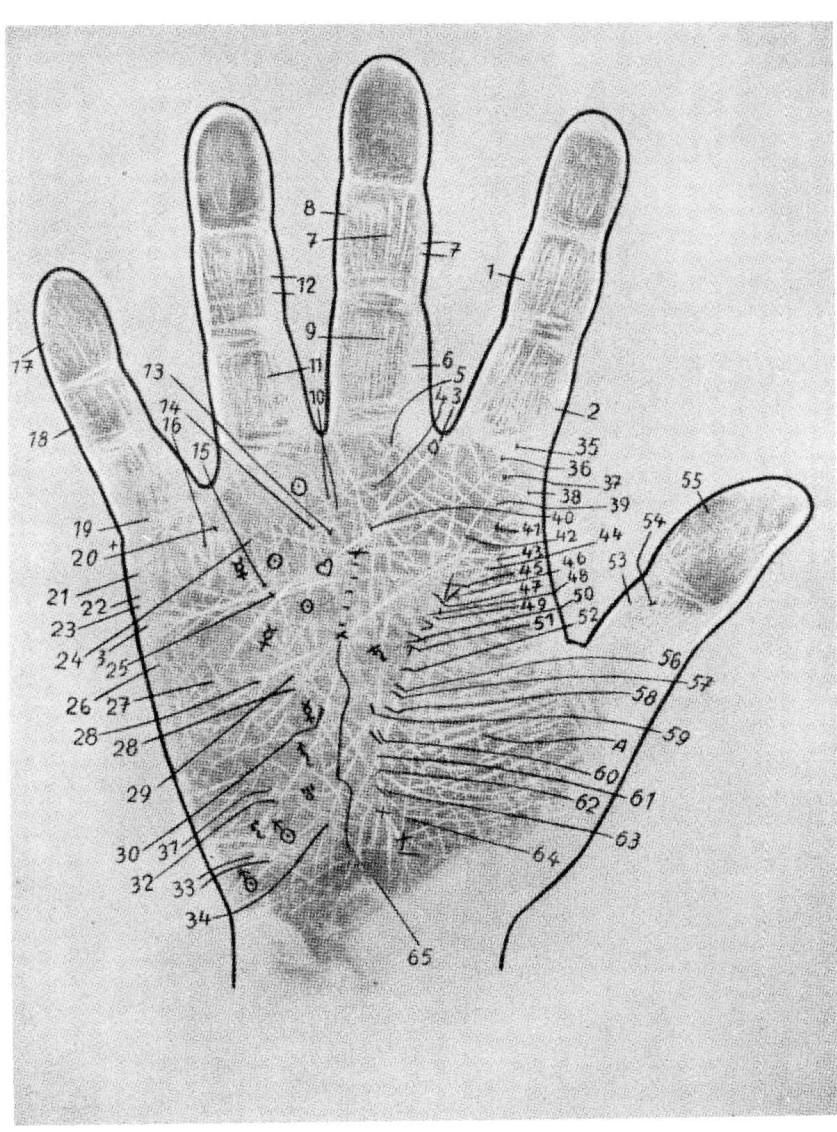

Bild 37. Handabdruck mit vielen Linien, mit Analysenübung.

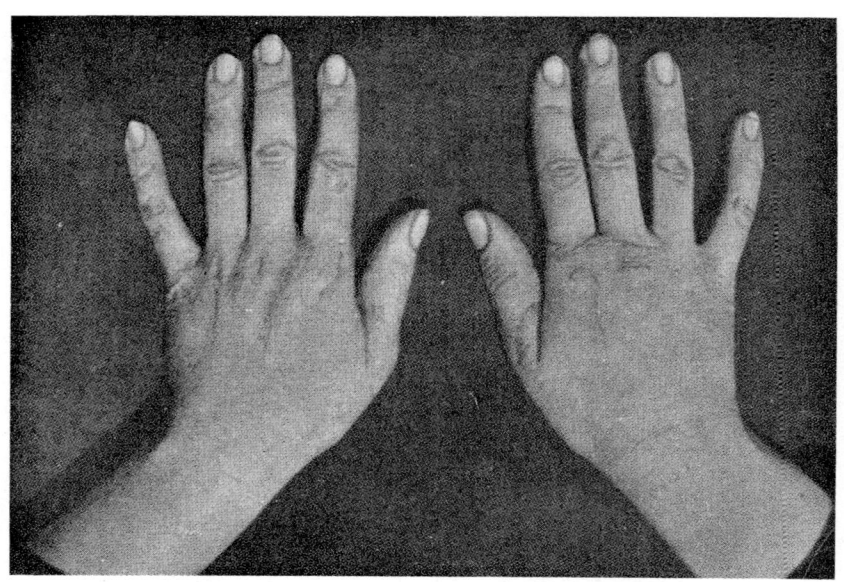

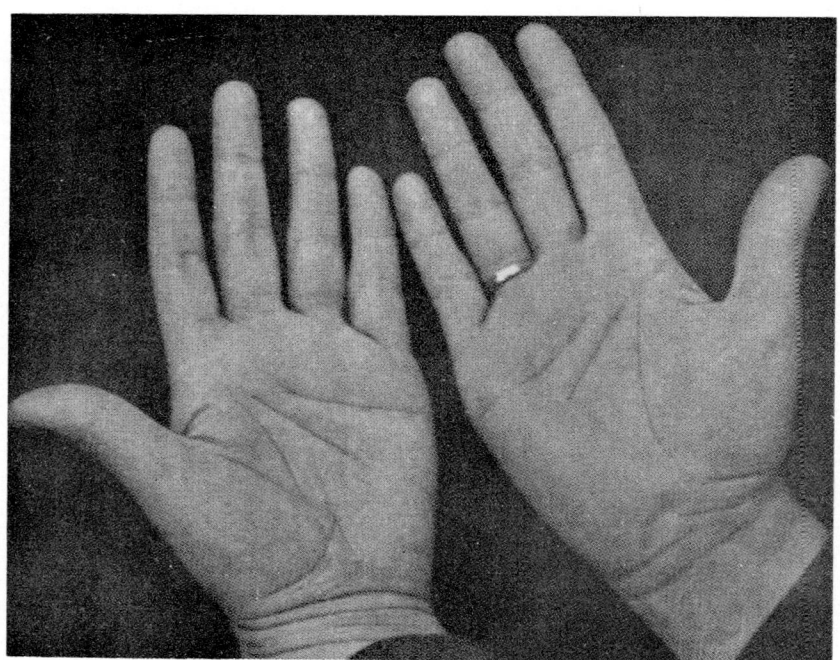

Bild 38. Weiblich: Konische Hand mit eckigem Einschlag.

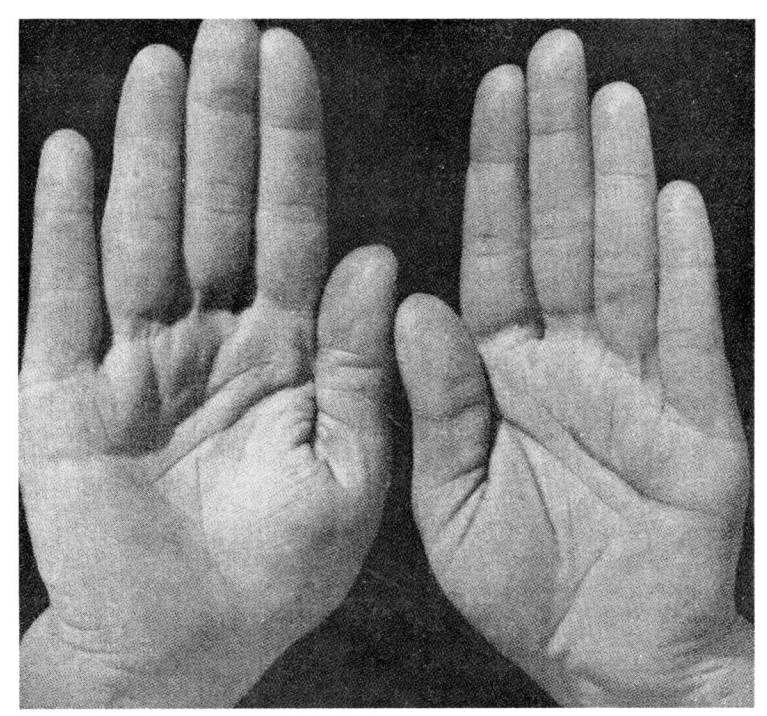

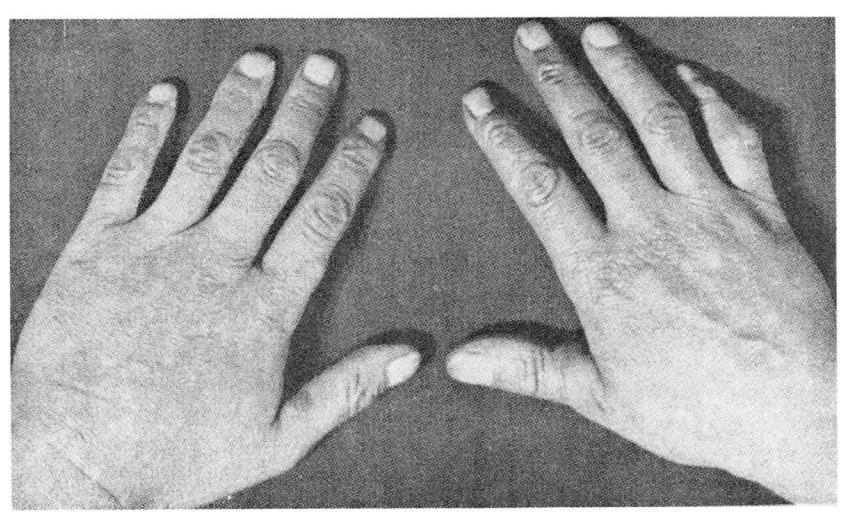

Bild 39. Weiblich: Grundtyp Konisch-Materiell gemischt.

25

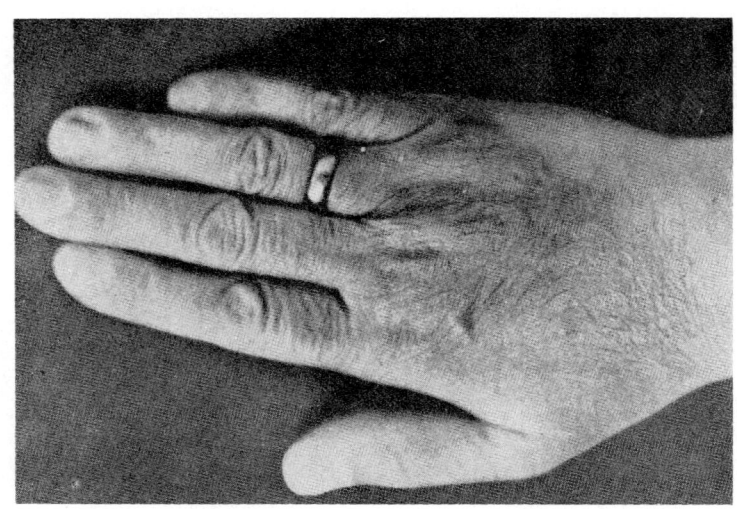

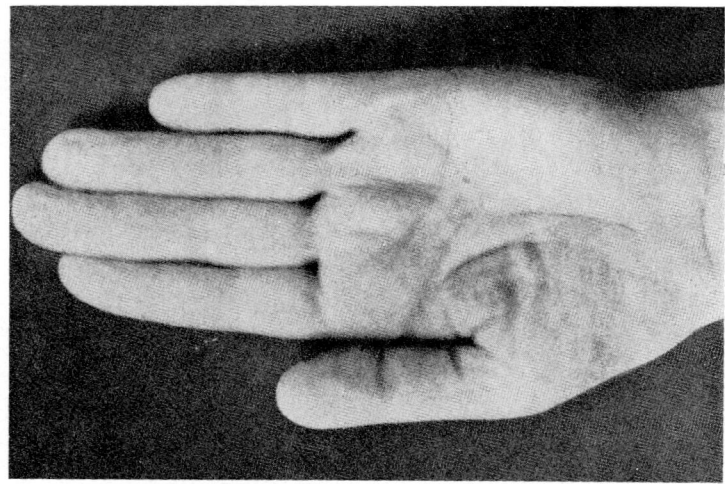

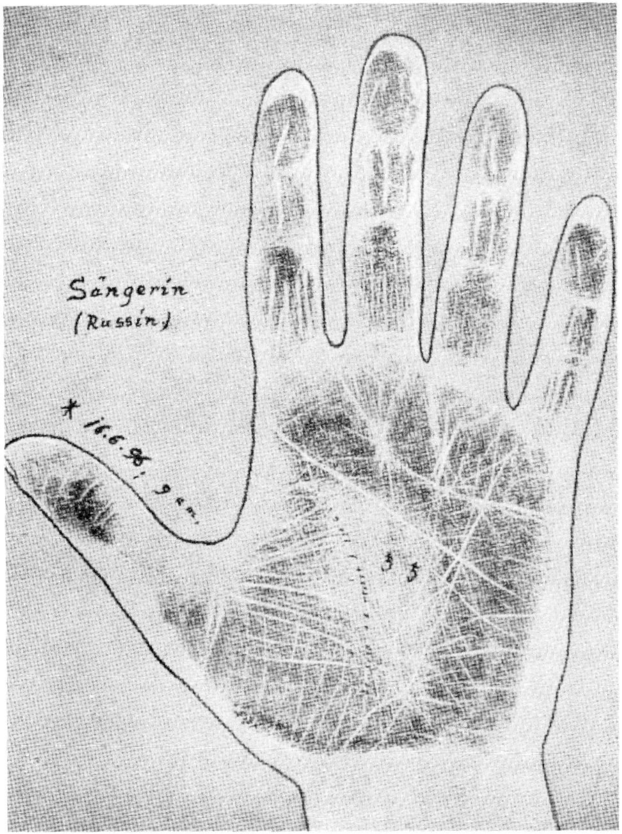

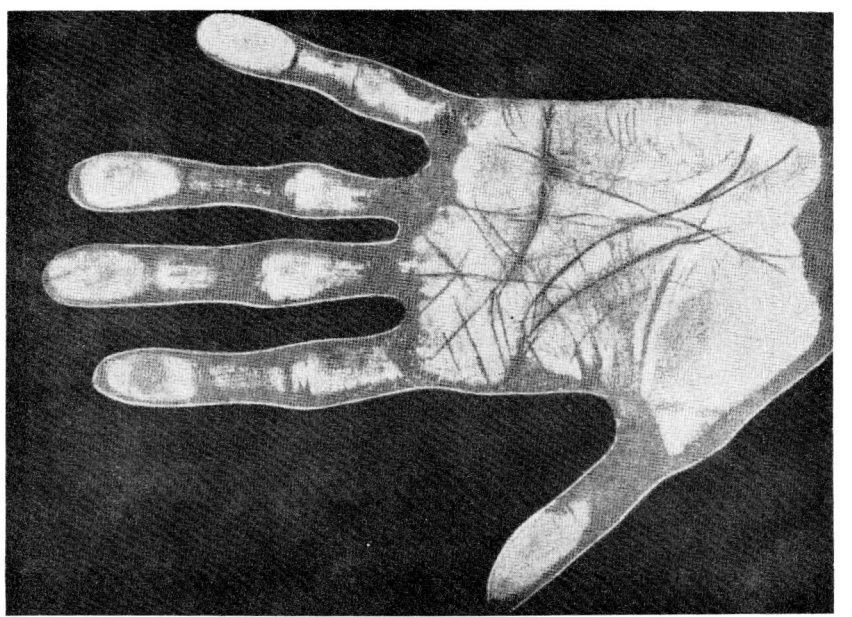

Bild 41. Damenhand mit teilweise sehr guten Linien.

Bild 42. Hand eines Selbstmörders (typische Kopflinienformation).

Sängerin
(Russin)

* 166.96; 9 a.m.

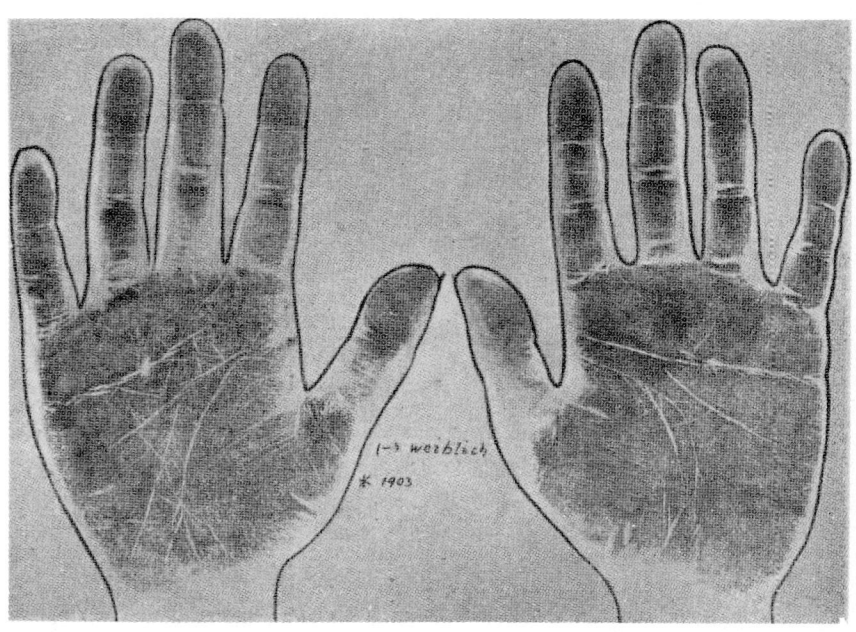

Bild 43. Mädchenhand mit meist schlechten Linienkonstitutionen.

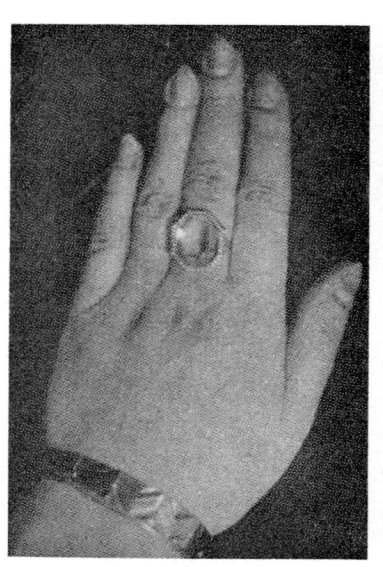
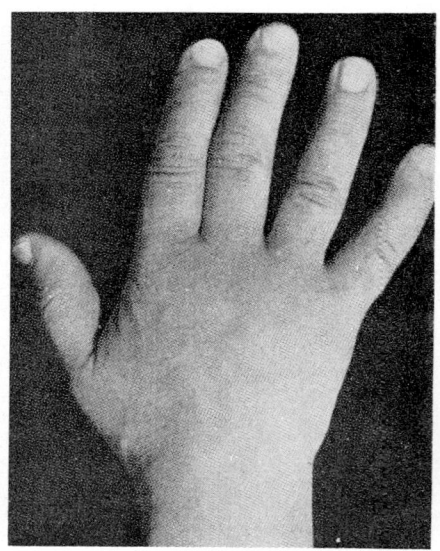

a   Bild 44.   b
a) Sensibel-konisch materielle Hand.
b) Jugend: Praktisch-materielle eckige, gute Handwerkerhand.

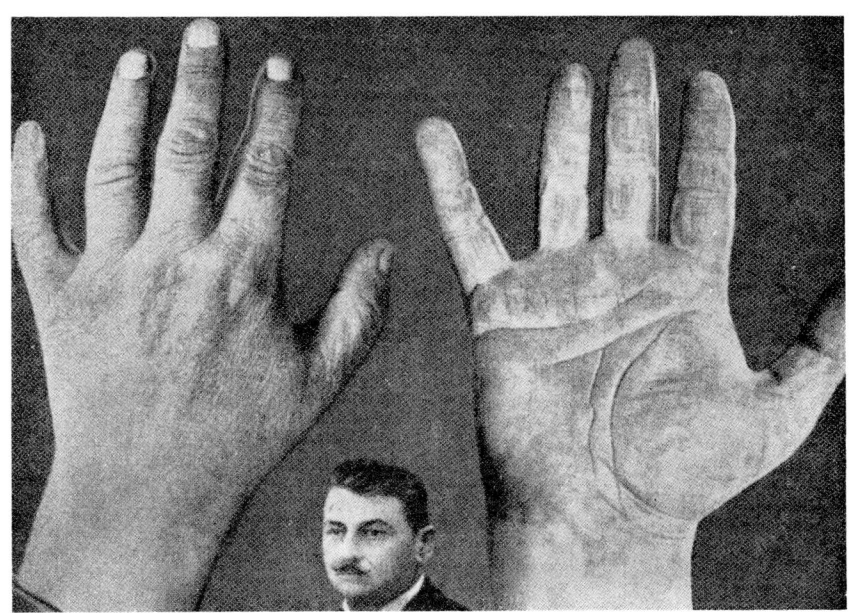

Bild 45. Elementar-konischer Handtyp.

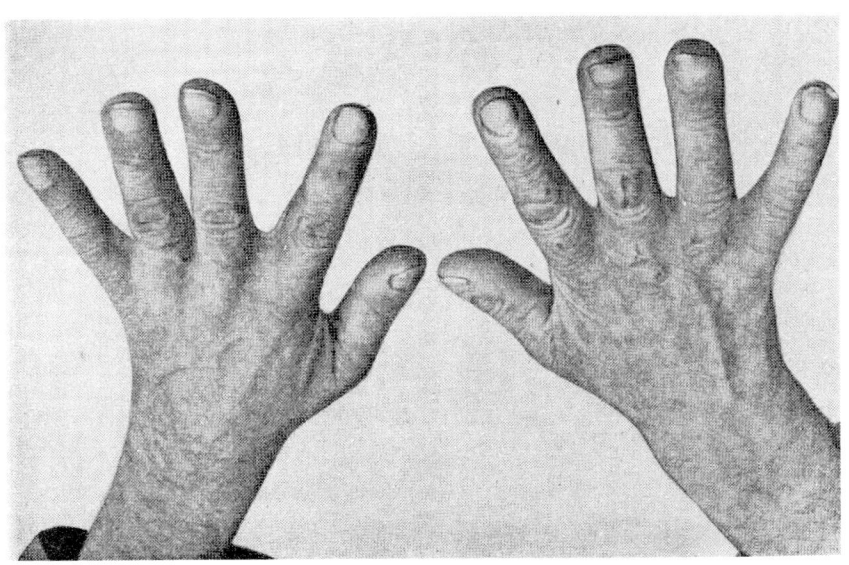

Bild 46. Elementar-eckiger Handtyp, Mörderdaumen.

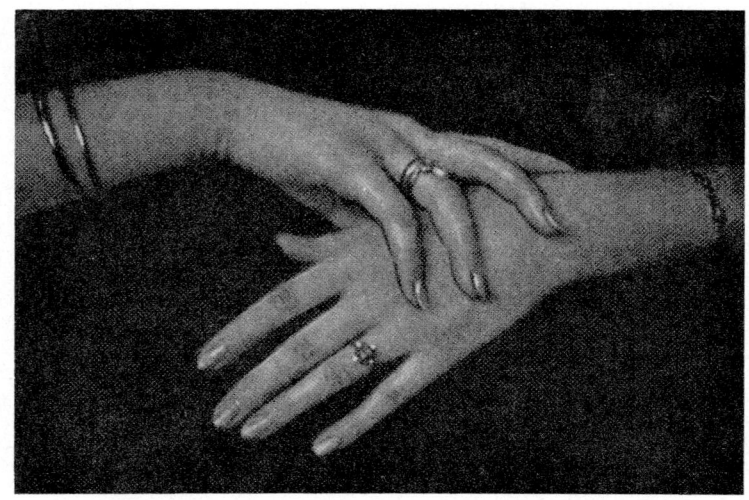

Bild 47. Idealer Frauenhandtyp (mit leicht konischer Beimischung).

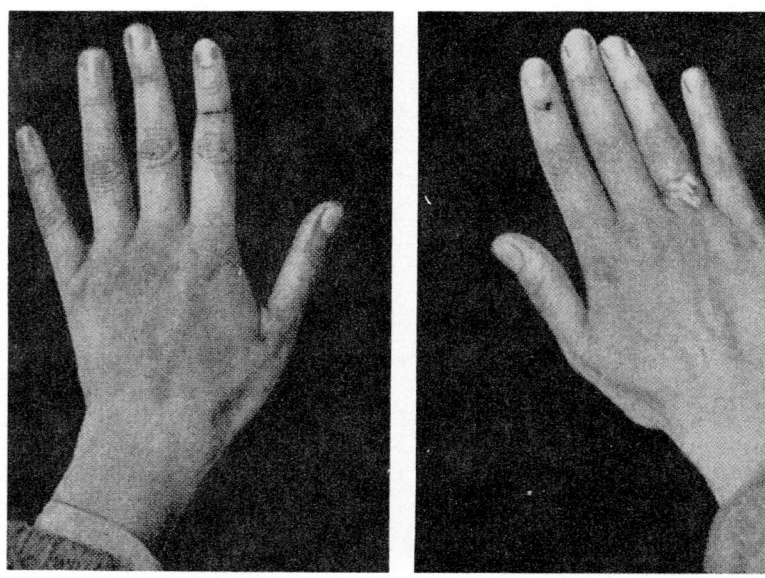

Bild 48. Eckig-konischer Handtyp, idealer Einschlag.

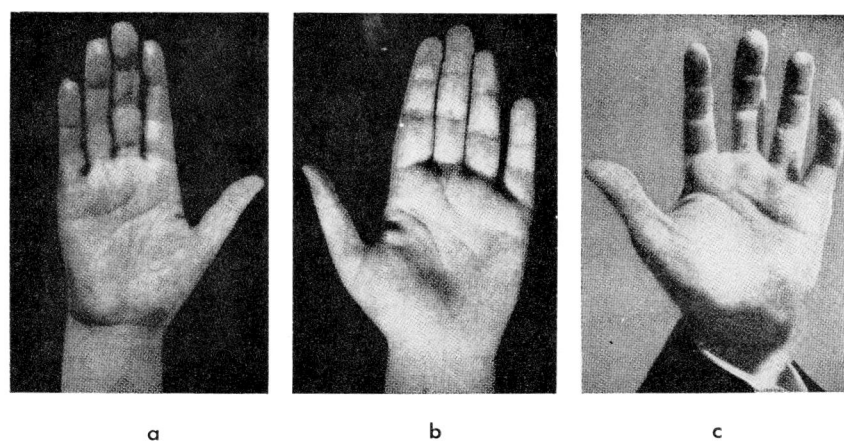

a   b   c

Bild 49. Handtypen der Dreiteilung.
a) Spirituell, b) intellektuell, c) materiell.

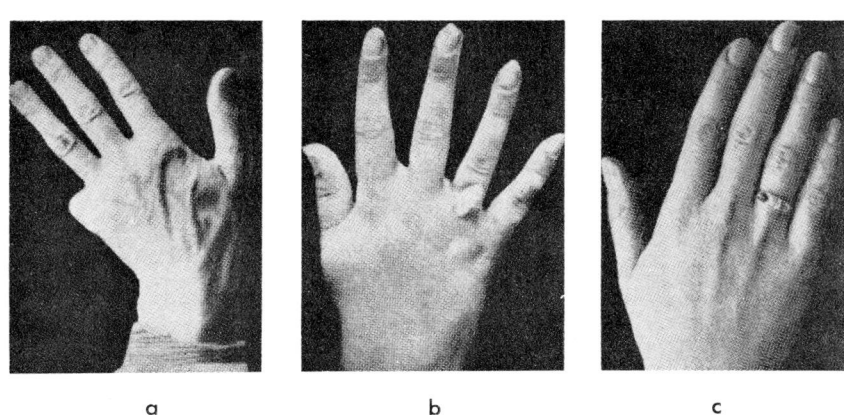

a   b   c

Bild 50. Handtypen.
a) Eckig mit Knoten, b) Konisch weich, c) Konisch-spatel.

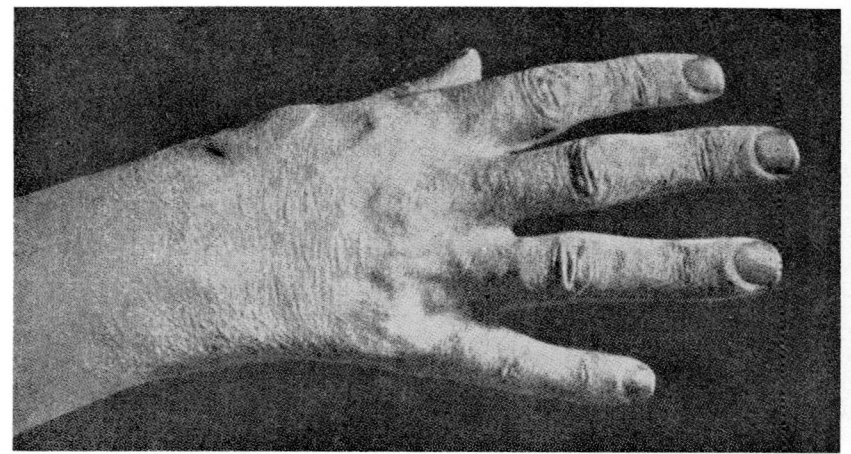

Bild 51. Liszt.

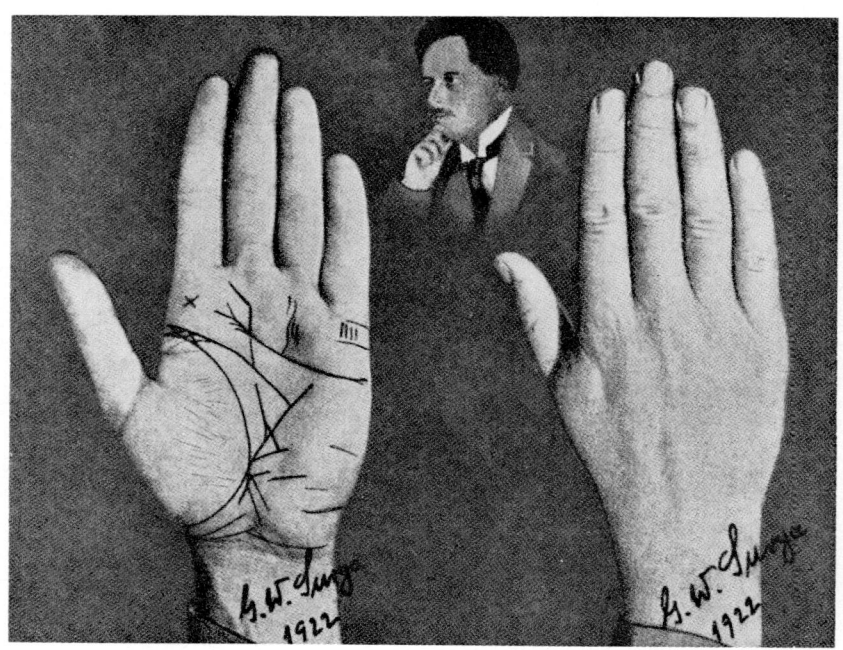

Bild 52. G. W. Surya, einer der bedeutendsten Schriftsteller wissenschaftlich-
okkultistischer Literatur.

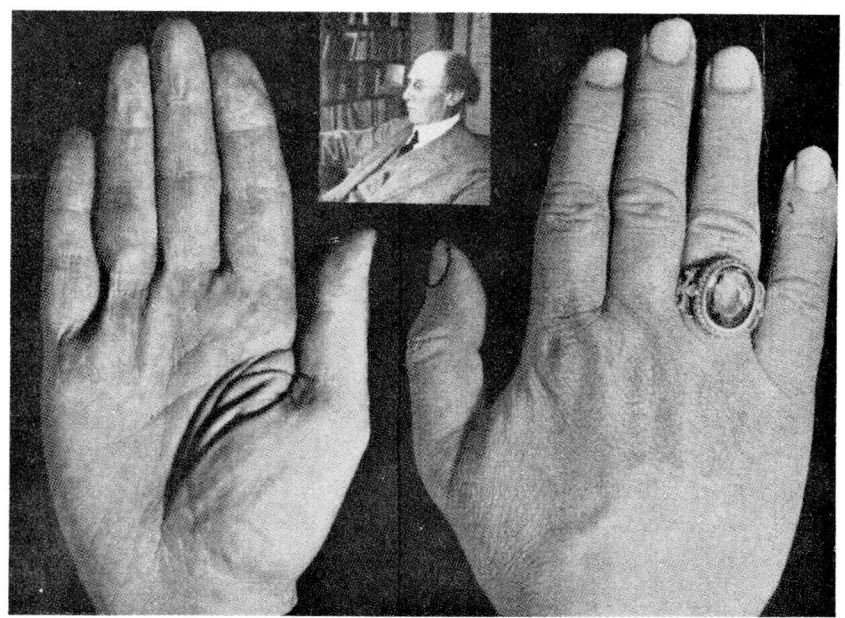

Bild 53. Die Hand des bekannten Anthropologen, Altsprachen- und Religionsforschers, ehemaligen Zisterzienser-Mönches Dr. Baron J. Lanz von Liebenfels.

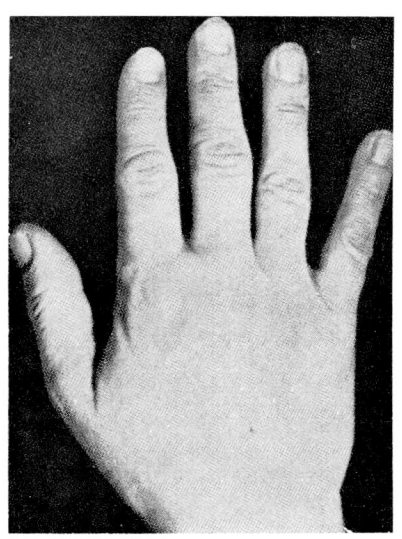 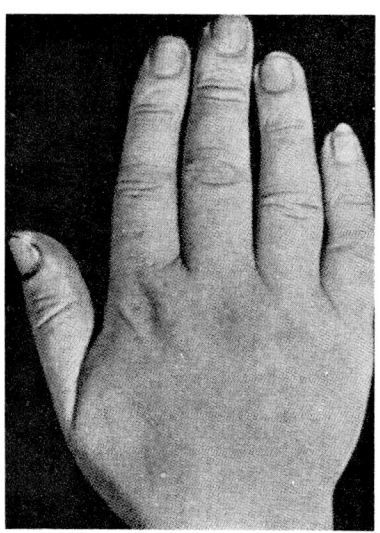

a Bild 54. b
a) Die Hand des bedeutenden schwedischen Kunst- und Porträtmalers Ivar Kampke.
b) Die Hand eines weitgereisten Wissenschaftlers.

33

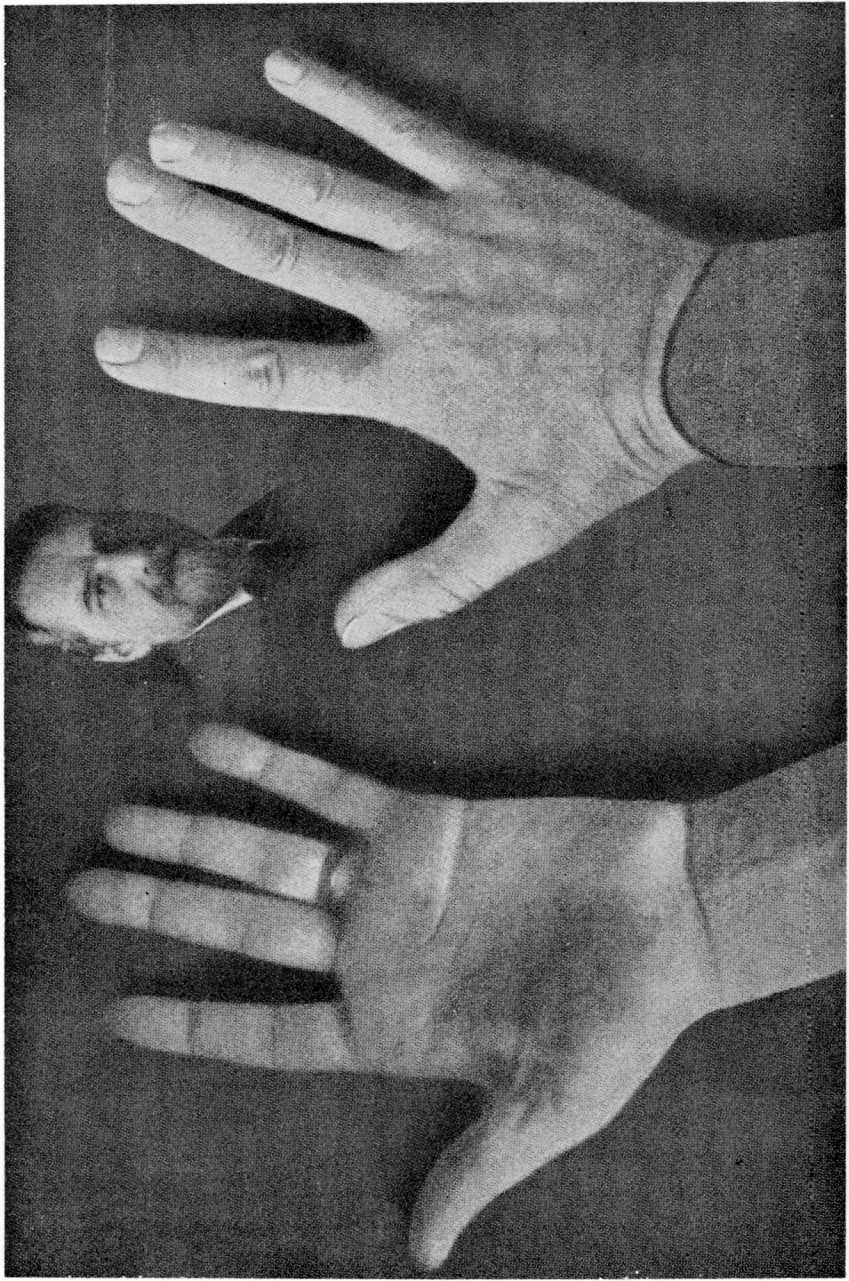

Bild 55. Professor Ehrentreue, Barmen, hervorragender deutscher Maler.

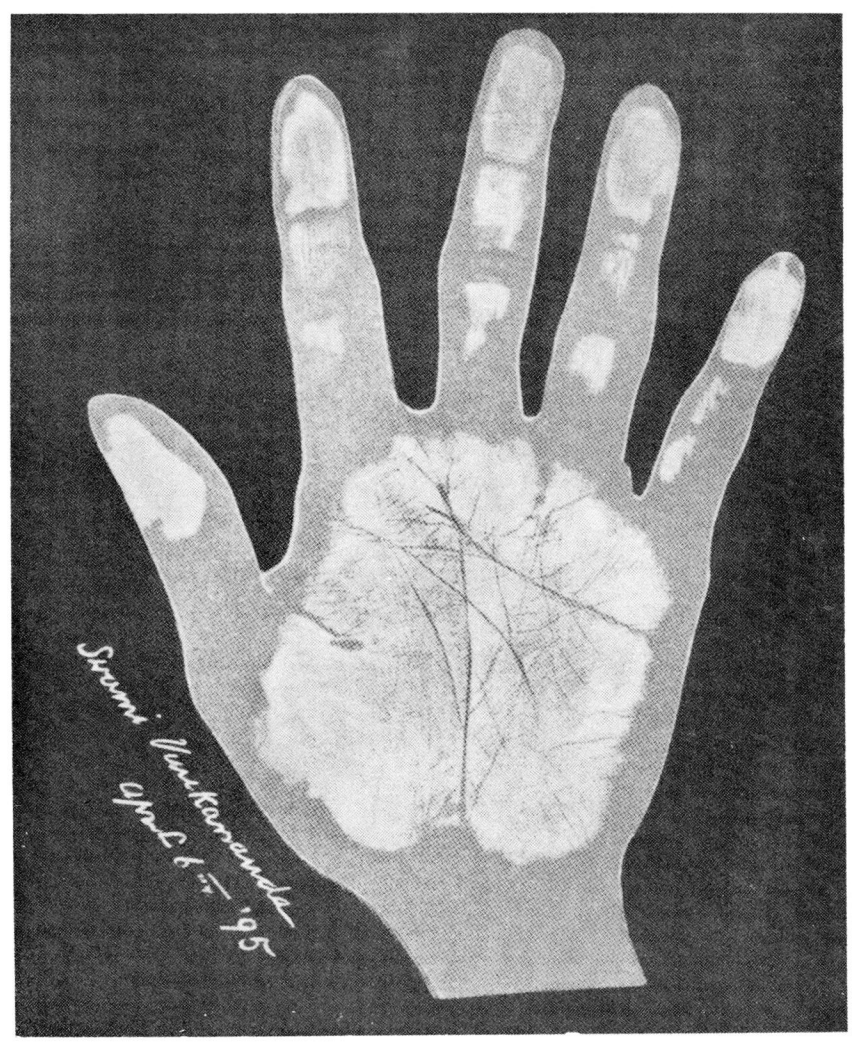

Bild 56. Swami Vivekananda, bekannter indischer Philosoph und Schriftgelehrter.

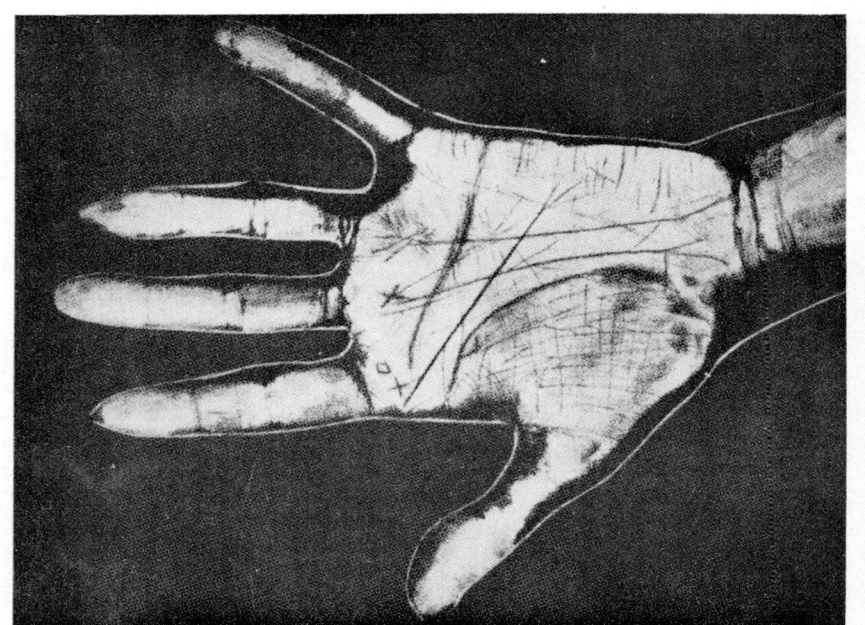

Bild 58. Sarah Bernhard.

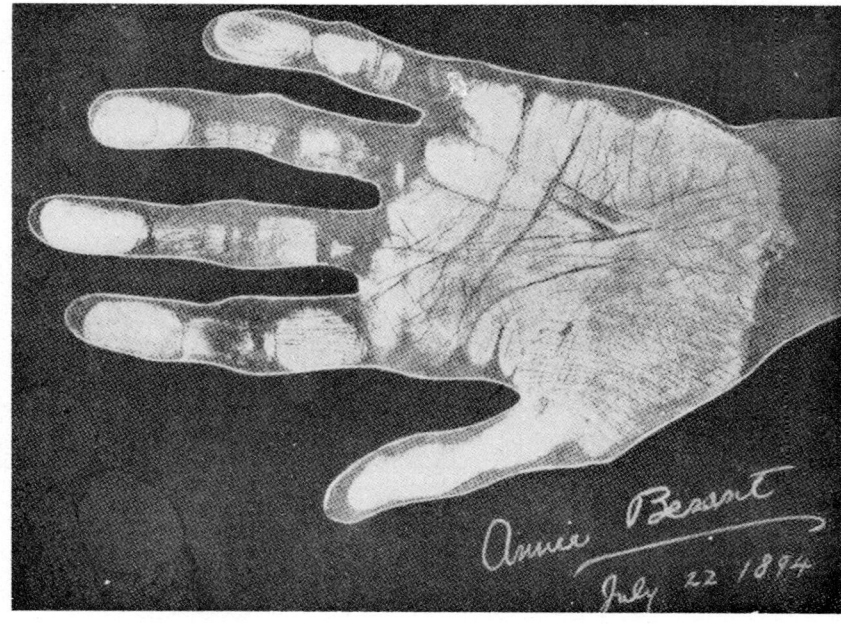

Bild 57. Anni Besant, Präsidentin der Theosophischen Gesellschaft

Annie Besant
July 22 1894

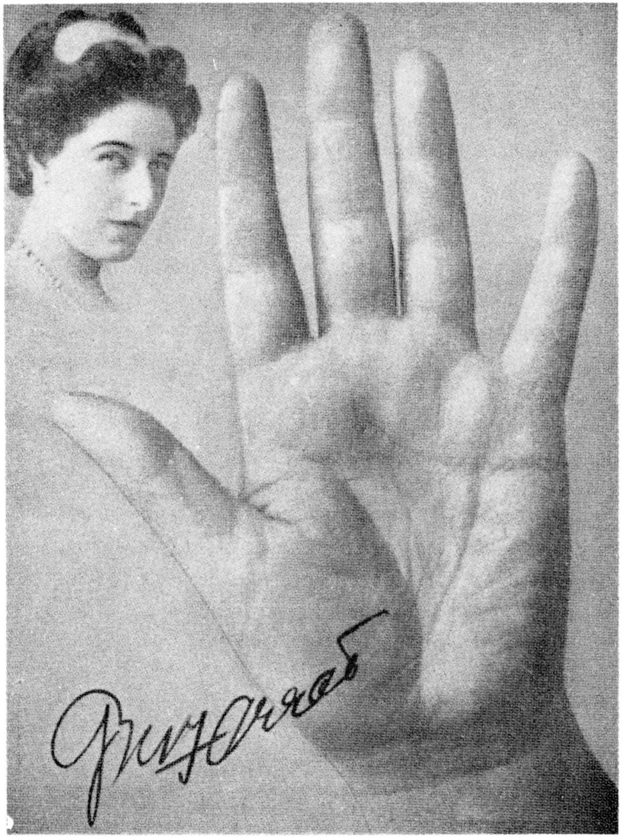

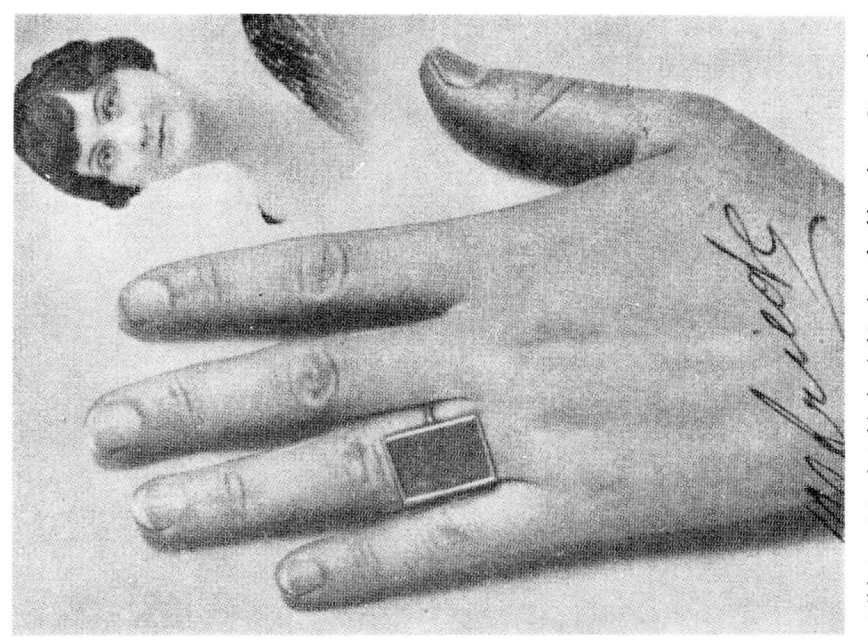

Bild 60. Hand (eckig-konisch) einer hochbegabten Sängerin.

Bild 59. Geraldine Farrar, weltbekannte Operndiva und Kinostern.

37

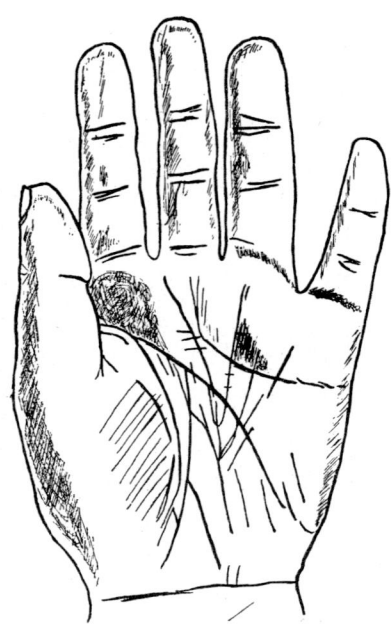

Bild 61. Strindberg (typische Kopflinie für Schwermut).

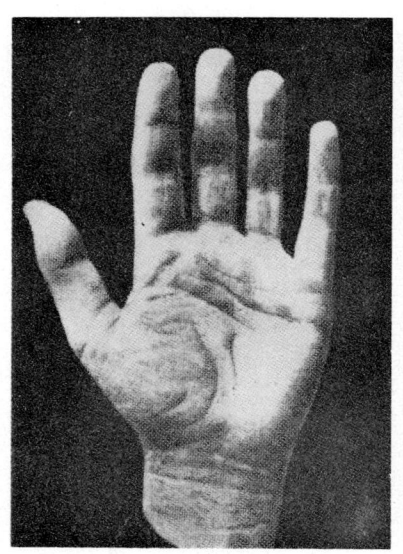

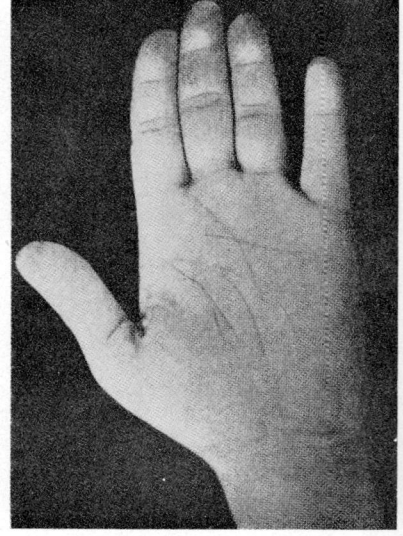

a   b

Bild 62.
a) S. MacManus, Schriftsteller. b) Eugen Carriere, Maler.

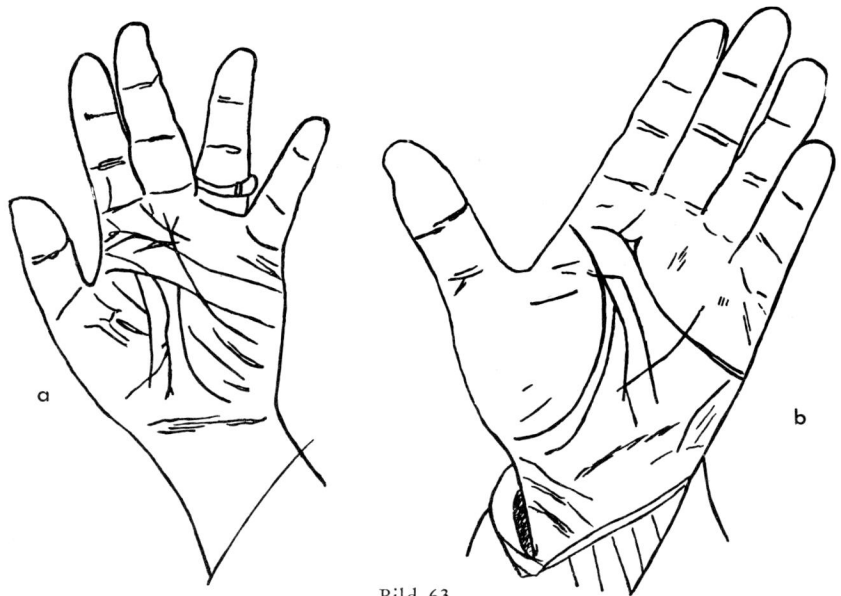

Bild 63.
a) Emile Zola (konische, weiche Genießerhand).
b) Clemenceau (doppelte Kopflinie).

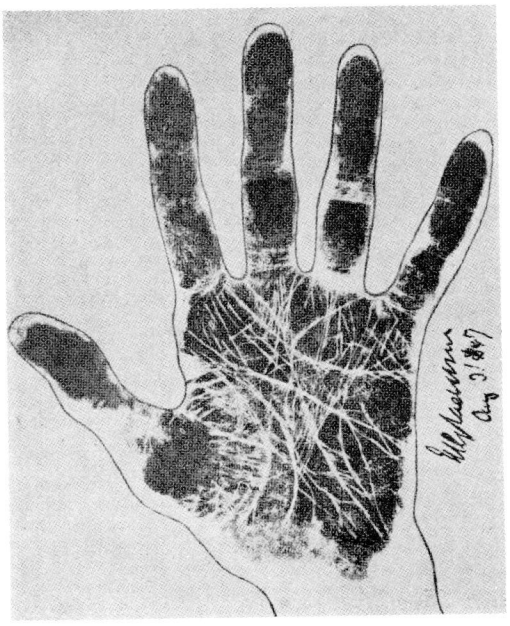

Bild 64. W. E. Gladstone, britischer Staatsmann.

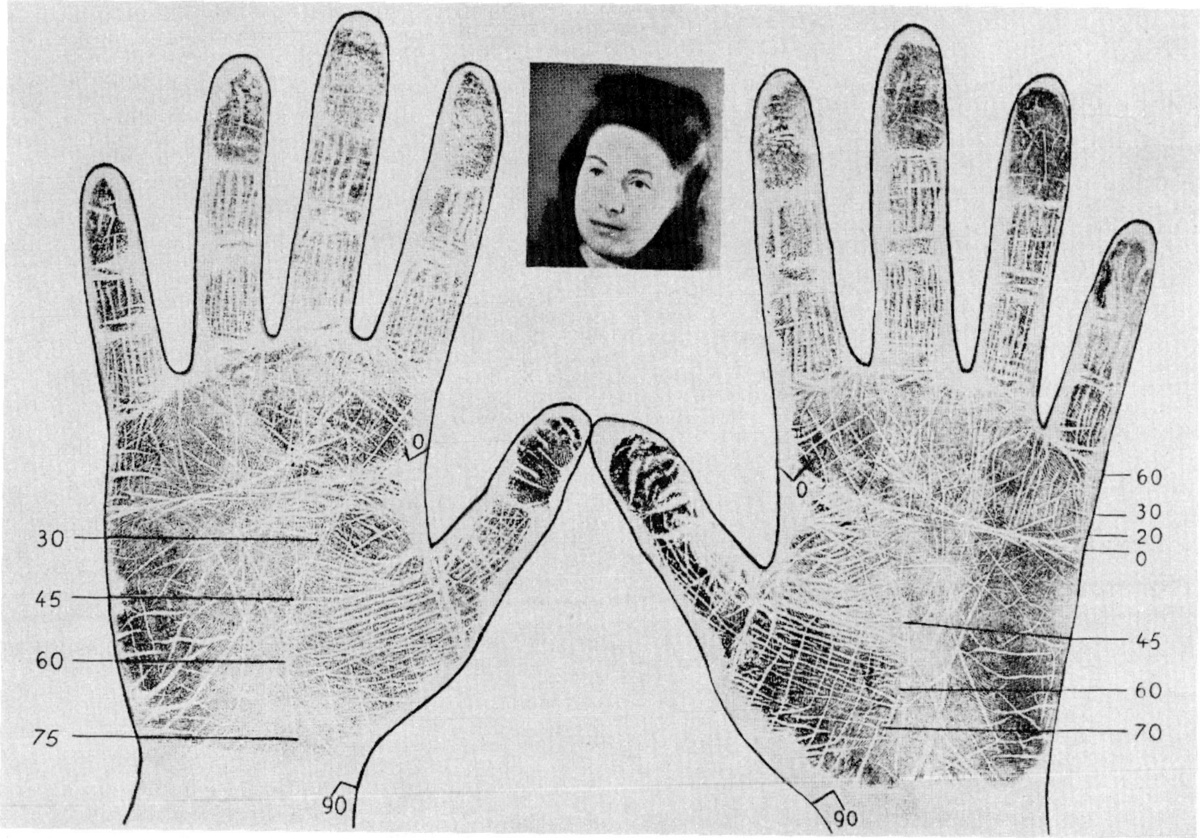

Bild 65. Linienreiche Studienhand einer Stenotypistin.

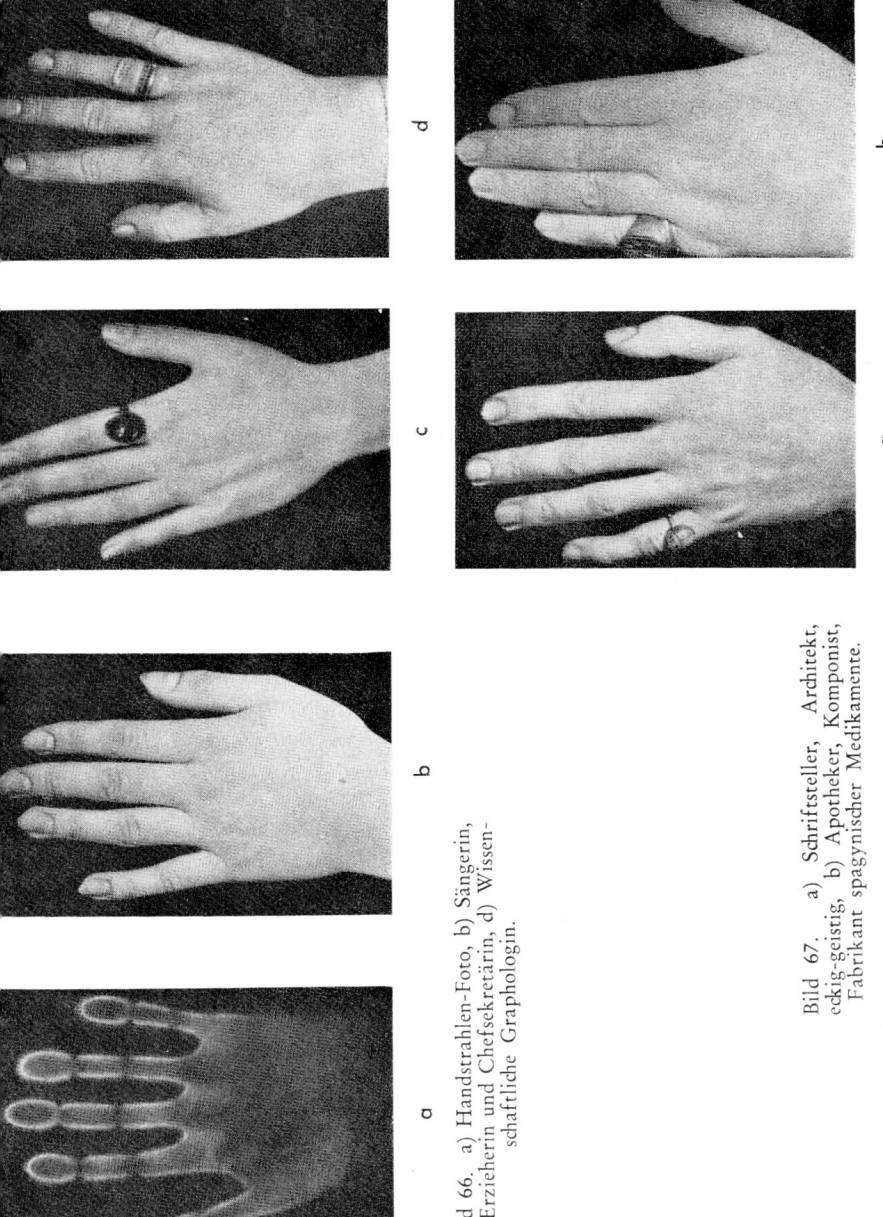

Bild 66. a) Handstrahlen-Foto, b) Sängerin,
c) Erzieherin und Chefsekretärin, d) Wissenschaftliche Graphologin.

Bild 67. a) Schriftsteller, Architekt,
eckig-geistig, b) Apotheker, Komponist,
Fabrikant spagyrischer Medikamente.

42

Oben: Bild 68. a) Theologin, b) Theologe, c) Dipl.-Ingenieur elekt., d) Studentin rer. pol.
Unten: Bild 69. e) Kunstgewerblerin, f) Medizinerin, g) Hausfrau, h) Künstlerin

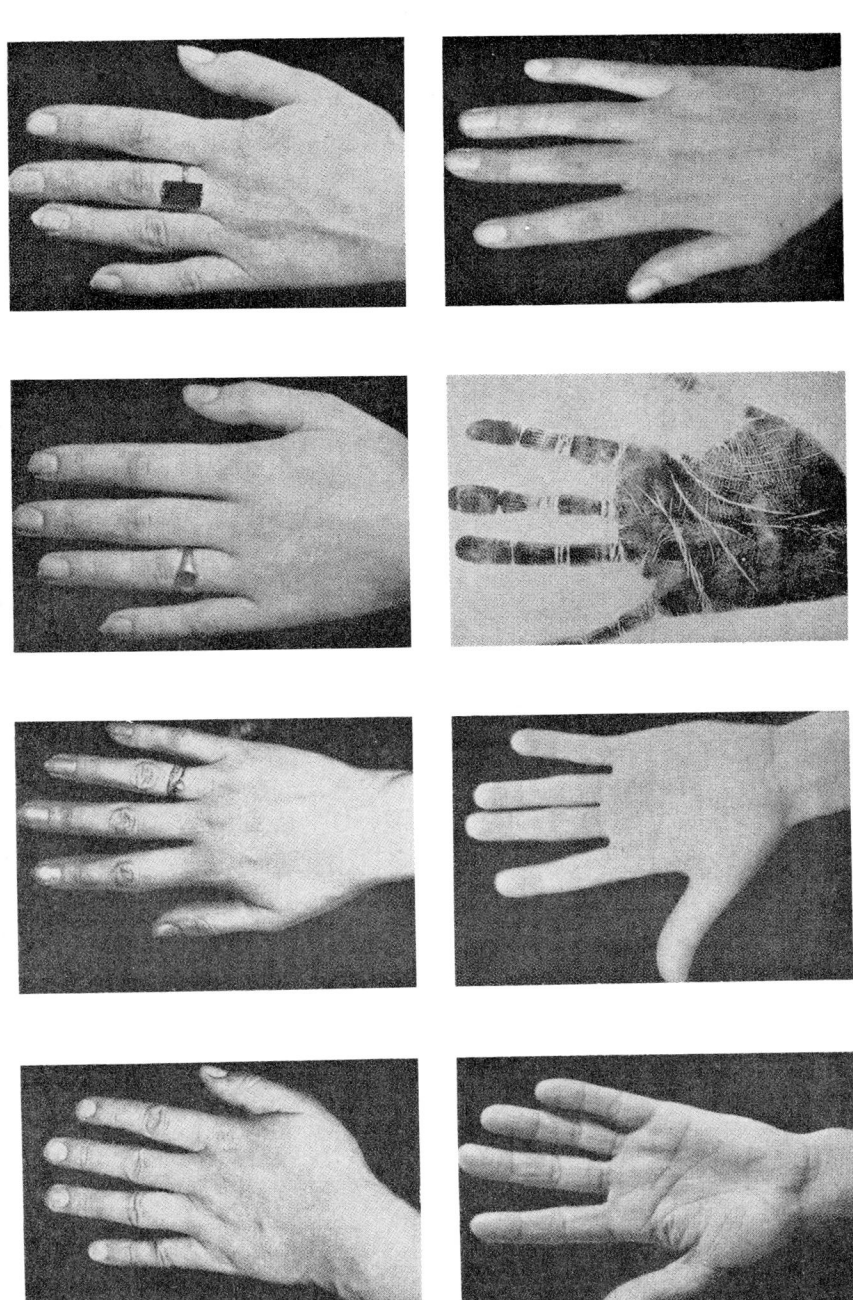

Oben: Bild 70. a) Dr. med. R. Steintel, b) Ärztin, c) Kinderhortnerin, d) **Schullehrerin.**
Unten: Bild 71. a) Malerin, b) Bildhauerin, c) und d) Innen- und Außenhand eines Mädchens.

44

Oben: Bild 72. a) Damenschneiderin, b) Gutsbesitzerin.   Unten: Bild 73. a) Studcrin der Phil. et Lit. b) M

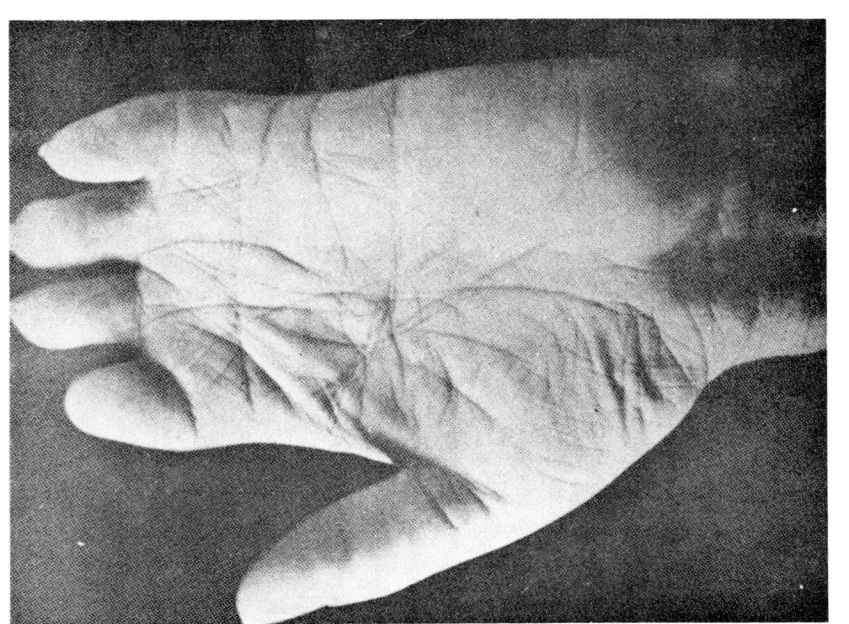

Bild 75. Angeborene Verwachsung (Dekadenzerscheinung).

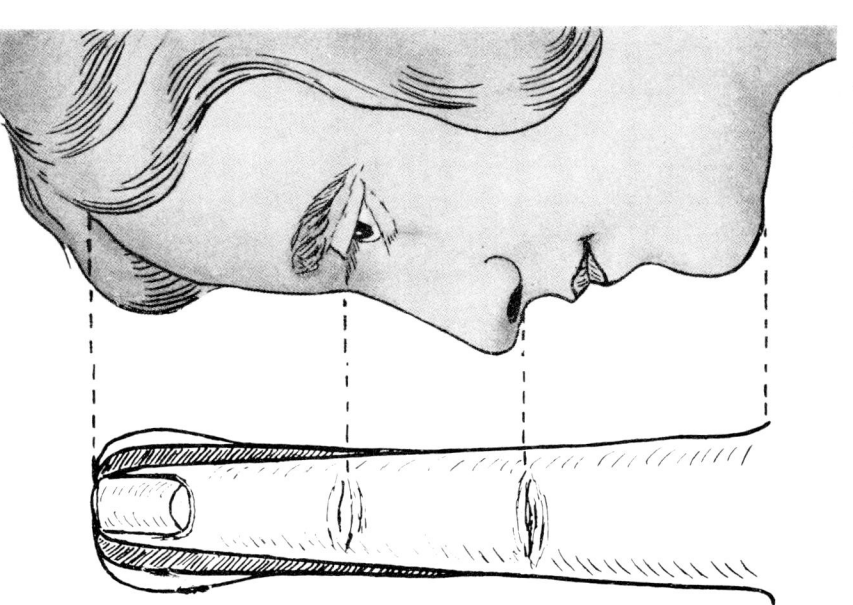

Bild 74. Die drei Zonen an Kopf, Gesicht, Finger.
Drei Fingertypen übereinander zeigt Unterschiede deutlich.

45

ASTRO-CHIROMANTIE
nach Th. W. Wulff, Hamburg 24

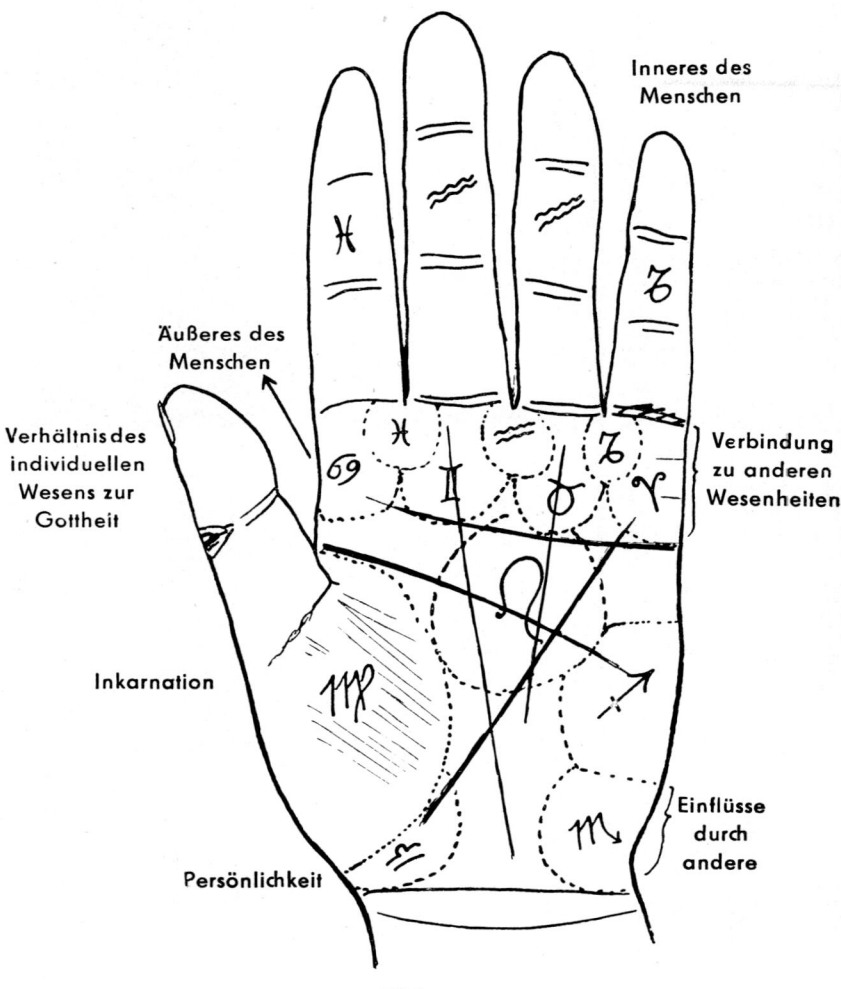

Inneres des Menschen

Äußeres des Menschen

Verhältnis des individuellen Wesens zur Gottheit

Verbindung zu anderen Wesenheiten

Inkarnation

Einflüsse durch andere

Persönlichkeit

Bild 76.

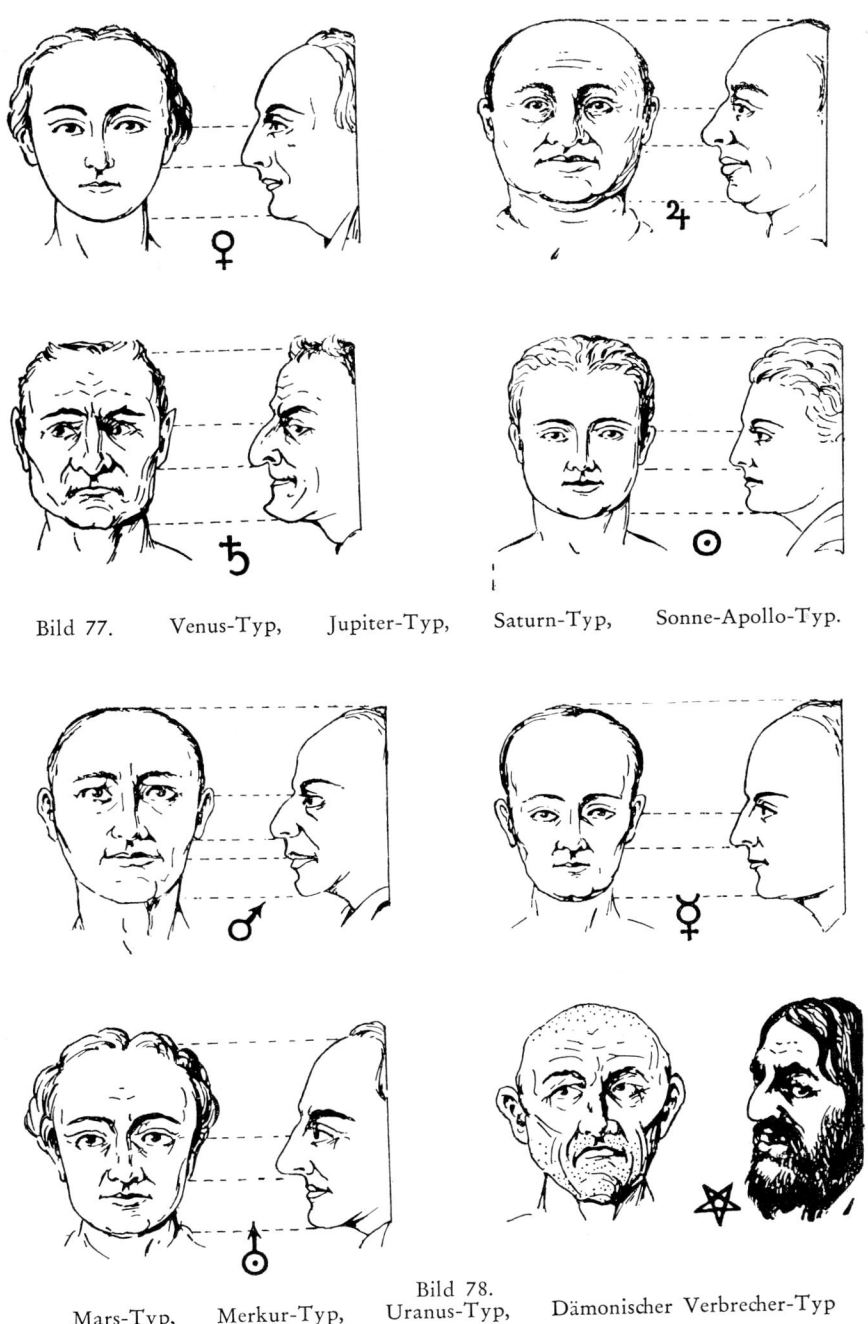

Bild 77.   Venus-Typ,   Jupiter-Typ,   Saturn-Typ,   Sonne-Apollo-Typ.

Mars-Typ,   Merkur-Typ,   Bild 78.   Dämonischer Verbrecher-Typ
                              Uranus-Typ,

47

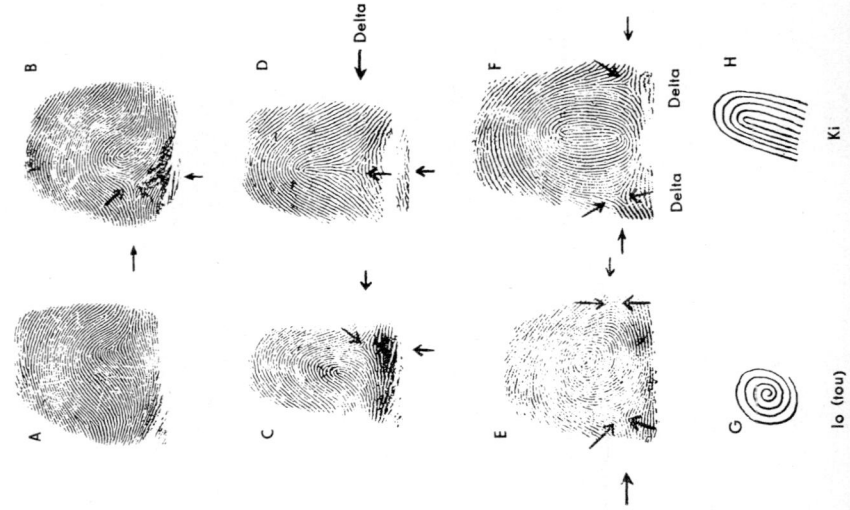

Bild 79. Fingerabdruckmuster.

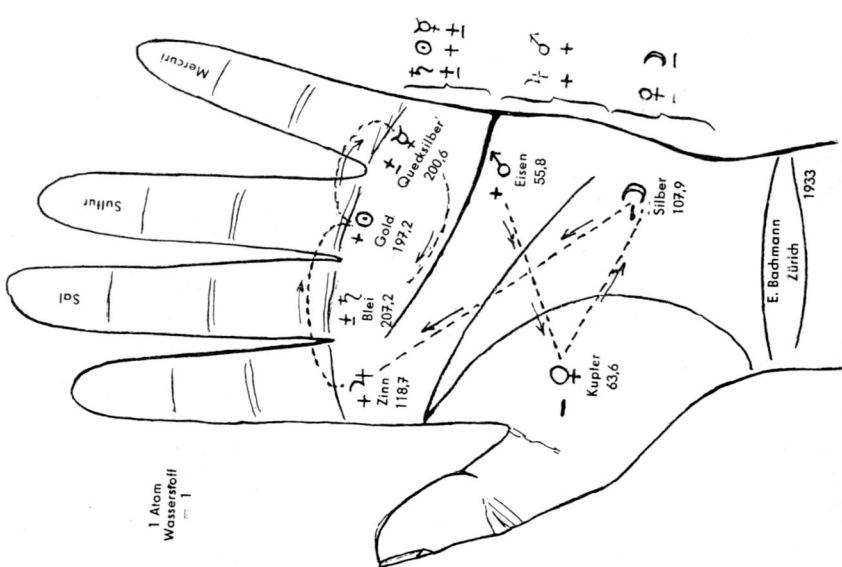

Bild 80. Die Ausdehnungen der einzelnen Handflächen (Berge) verhalten sich im umgekehrten Verhältnis zu ihren zugeeigneten Atom-Gewichten. D. h. die Handfläche mit dem kleinsten Atomgewicht Mars (Eisen) beansprucht den größten Teil, im Gegensatz zu Saturn (Blei) mit dem größten Atomgewicht und der kleinsten Flächenausdehnung.

48